HEYNE BÜCHER

D1993939

ESOTERISCHES WISSEN

Christa Zettel

Die Macht der Mondin

Eine Reise zu den
Wurzeln des Matriarchats

Originalausgabe

WILHELM HEYNE VERLAG
MÜNCHEN

HEYNE ESOTERISCHES WISSEN
Herausgegeben von Michael Görden
Nr. 08/9701

Umwelthinweis:
Dieses Buch wurde auf chlor- und säurefreiem Papier gedruckt.

Copyright © 1996 by Wilhelm Heyne Verlag
GmbH & Co. KG, München
Printed in Germany 1996
Umschlaggestaltung: init. Büro für Gestaltung, Bielefeld
Umschlagabbildung: IFA Bilderteam
Satz: MPM, Wasserburg
Druck und Bindung: Ebner Ulm

ISBN 3-453-11823-5

»Kehre wieder, kehre wieder,
Gott Panu, kehre wieder!
Die Dir feindlich waren
sind nicht mehr da.
Ach, schöner Helfer, kehre wieder,
damit Du mich anschaust, Deine Schwester,
die Dich liebt.
Und nicht nahst Du mir?
Ach, schöner Jüngling, kehre wieder, kehre wieder.
Nicht sehe ich Dich,
mein Herz ist betrübt um Dich.
Ich irre umher nach Dir, um Dich zu schauen in der
Gestalt der Nai,
um Dich zu schauen, Du schöner Geliebter.
Um Dich zu schauen, die Strahlende,
um Dich zu schauen, Gott Panu, den Strahlenden.
Komm zu Deiner Geliebten, seliger Onofris,
komm zu Deiner Schwester, komm zu Deinem Weib,
Gott Urtuhet, komm,
Komm zu Deiner Hausfrau.«

(Totenklage der Isis)

Inhalt

I Brennende Schiffe

Tyche, die wir Zufall nennen, ist eine junge Göttin. Eigentlich bedeutet ihr Name Glück. Immer noch spinnen die uralten Moiren die Schicksalsfäden. Selbst Zeus gelang es nicht, diese Göttinnen zu unterwerfen. Klotho, die Spinnerin, Lachesis, die Maßnehmende und Atropos, welche weder umgangen noch vermieden werden kann. Sie verkörpern die Dreifaltigkeit der Mondgöttin – die Mädchengöttin des Frühlings (Neumond), die Nymphengöttin des Sommers (Vollmond), und die Altweibergöttin des Herbstes (abnehmender Mond) – neues Leben, Blüte, Fruchtbarkeit und Tod.[1]

Ich glaube nicht an den Zufall. Ohne ein bestimmtes Erlebnis während meines ersten Aufenthaltes in Griechenland vor über zehn Jahren hätte ich nicht zu schreiben begonnen. Olivenbäume, die sich in den Himmel recken, schwarz und silbrigschimmernd, blaß. Ein Himmel aus Alabaster, und weit, so weit ... Ohne die Liebe zu diesem Land, das nicht mein Vaterland ist, aber vielleicht mein Mutterland, wäre ich in jenem Sommer nicht auf jene Insel gekommen und hätte dort nicht jene Erfahrung gemacht, die mein weiteres Leben grundlegend verändern sollte. Ohne diese Veränderung hätte ich nicht jenen Traum geträumt, welcher der Beginn einer aufregenden Entdekkungsreise werden sollte.

Es war mein erster Aufenthalt auf Korfu oder Kerkyra, wie die Insel im Altertum genannt wurde. Die Üppigkeit der Insel war neu für mich, denn ich hatte das Land der Griechen als karg kennen und lieben gelernt, als felsig und ausgebleicht, der erbarmungslosen Sonne schutzlos preisgegeben. Hier aber bogen sich die Bäume unter der Last goldgelber Orangen und Zitronen, roter Äpfel und Birnen. Wilder Wein wucherte die Hügel hinauf, Efeu, Kiefern, Platanen, Zypressen, Erdbeer-, Feigen- und Olivenhaine überzogen die Berge, deren höchster, der Pantokrator, die Insel überschattete. In den Ebenen wogten satte Wiesen und Felder, am Wegrand wuchsen Rosmarin, Ginster, Rhododendron, Jasmin und Oleander. Dazwischen nickten Bananenstauden, standen dickstämmige Kakteenbäume und wucherte Farngestrüpp. Und immer und überall duftete es nach Thymian, Lorbeer und Oregano.

Nie verdirbt die Frucht, »noch fehlt sie Winters und Sommers, während des ganzen Jahres, sondern der stetige Westhauch treibt die einen hervor und läßt die anderen reifen«. So beschrieb Homer die Insel, denn Korfu gilt als das sagenhafte Scheria der Phäaken, auf das es den griechischen Helden Odysseus im Zuge seiner »Irrfahrt«, die auf die Zerstörung Trojas folgte, verschlägt.

Im Nordwesten Korfus liegt die Sidari-Bucht. Während eine starke Strömung von der Adria her gegen die weiter westlich gelegenen Klippen schlägt, tut sich hier eine weitgeschwungene Bucht mit Feldern und Olivenhainen auf. Jahrtausendelang angeschwemmter Sand hatte die Bucht verflachen lassen. An windstillen Tagen umsäumt ein weicher Sandteppich den Strand, an stürmischen springt Gischt an den Klippen hoch und unterwäscht das poröse Kalkgestein, das Stück für Stück ins Meer bricht. So holt sich die See das Land zurück und wird dadurch nur noch weiter zurückgedrängt.

Das Dorf zieht sich die Hauptstraße entlang, die aus den Bergen kommend der Küstenlinie folgt. Wohnhäuser im Inselstil, pastellfarbig, mit Erkern, Balkonen und Vorgärtchen, ein Erbe der venezianischen Eroberer vergangener Zeiten, Hotels, Geschäfte, Tavernen, eine Diskothek, Souvenirläden, die Kirche und den Markt unter Platanen, viel mehr gab es nicht. Von den Sommermonaten abgesehen mochte es ein noch idyllischer Ort sein, denn zwischen Juni und September wimmelt es von Touristen.

Aber am frühen Morgen, wenn die Sonne »rosenfingrig« aus graublauen Fluten steigt und die Klippen wie mit Marzipan überzieht, oder abends, wenn die geschwungenen Strände den streunenden Hunden gehören, kann man den Zauber der Bucht noch genießen. Die Luft ist dann schwer von Thymian, es riecht nach Lorbeer und Nadelwald. Die Stille des in sich ruhenden Meeres und die sich langsam färbenden Küsten ... Man hört kaum eine Welle am einsamen Strand – »als schliefe das Meer in den Armen der Erde«.[2] In solchen Augenblicken verflüchtigen sich die Jahrtausende. Noch haben die griechischen Götter den Olymp nicht erobert. Noch wandert Eurynome, die Große Göttin der Sumerer, als Mond über den Himmel.[3] »Nackt erhob sie sich aus dem Chaos, aber sie fand nichts Festes, darauf sie ihre Füße setzen konnte. Sie trennte daher das Meer vom Himmel und tanzte einsam auf seinen Wellen.«[4] Die Sidari-Bucht ist jener Ort, an dem der Inselüberlieferung nach die erste Begegnung zwischen dem schiffbrüchigen Odysseus und Nausikaa, der Tochter der Phäaken, stattgefunden haben soll.

*

Das Haus in Sidari, in dem ich wohnte, gehört Freunden, Jutta und Anton. Anton ist Grieche. Griechischer ist kein Grieche, dennoch unterscheidet er sich von meinen früheren griechischen Freunden. Das waren zumeist sehr einfache Menschen wie Giorgos, der alte Fischer auf Folegandros, gichtgekrümmt, ledrig, zäh. »Wenn ich mich mit Dir nicht in meiner Sprache unterhalten kann, bist du für mich

Ware, wenn ich mich mit Dir in meiner Sprache unterhalten kann, bist Du ein Freund.« Wassilis, seine breitgesichtige, kretische Frau, blauäugig und stimmgewaltig, räumte für mich das eheliche Schlafzimmer. Der Gast war noch König, und der einzige Polizist auf der Insel litt an Langeweile. Giorgos konnte weder schreiben noch lesen, aber er besaß jene reine Weisheit, die Analphabeten bisweilen auszeichnet.

Oder Lefteris, der Kutscher auf Spetse, den Strohhut überm Pferdegesicht. Einmal, in jüngeren Jahren, war Lefteris nach Thessalien gereist, in dem es noch heute die besten Pferde zu kaufen gibt. Alles ging gut, bis er auf dem Rückweg in Protochelli in einer Taverne einkehrte, um den guten Kauf und die glückliche Heimkehr zu begießen. Nur noch ein schmaler Wasserstreifen trennte ihn von seiner Insel. Bei einer einzigen Partie »Backgammon« verspielte Lefteris alles was er bei sich hatte, zuletzt das Pferd. Ohne eine Drachme für die Überfahrt, aber glücklich betrunken, stand er am Kai und sah übers Wasser. Dann begann er zu singen. Zur gleichen Zeit hob Ouzo, sein Hund, auf der anderen Seite der Bay laut zu kläffen an. Rebecca, Lefteris' Frau, verstand die Botschaft. Sie ging zum Hafen, bestieg das Boot, ruderte ans Festland und holte ihren Mann nach Hause.

Oder der Bürgermeister eines kleinen Dorfes auf Tinos, hoch oben in den Bergen. Mit der frischen Milch lieferte er die frischesten Tagesneuigkeiten, dabei behaglich Pfeife schmauchend, während sein zufriedener Blick über Insel und Meer zu seinen Füßen schweifte.

Eine Ausnahme bildete Kikos, der Student, der während seiner Ferien die Taverne seiner Tante in der Hauptstadt von Folegandros führte. Gemeinsam hörten wir nach dem Referendum zur Monarchie den Sender BBC, was verboten war; wir wußten, daß das Ergebnis in zumindest einem Fall gefälscht war.

Die Begegnung mit diesen Menschen ist in meiner Erinnerung eingeschlossen wie kostbare Tropfen Zeit in einem Meer von Belanglosigkeiten. Einige Jahre und viele Reisen später, die mich rund um die Welt führten, weiß ich, daß die Begegnung mit solchen Menschen und ihre Bereitwilligkeit, gerade die Alltäglichkeit mit dem Fremden zu teilen, die Würze jeglicher Reise ausmachen.

Anton ist anders. Die Hälfte des Jahres lebt er in Wien und führt sein griechisches Spezialitätenrestaurant, die andere, vermutlich bessere, verbringt er in seinem Haus in Sidari. Er schweigt zumeist, beobachtet, streicht seinen Bart, und es ist schwer zu erkennen, ob er nachdenkt oder nicht. Seine Frau Jutta ist sein Gegenpol. Ich mochte sie sofort. Sie strahlt Wärme aus, Gefühl. Nur bisweilen läßt ein Schatten in ihren graublauen Augen unauslotbare Tiefen ahnen.

Biegt man von der Hauptstraße, die den Ort durchschneidet, in eine schmale Gasse ein, die zum Strand führt, kommt man zur Villa Antoniadis. Zwischen blühendem Oleander betritt man den Innenhof. Alte Steinplatten, zwei Steinquader, an denen man früher das Vieh anpflockte, ein Feigen- und ein Apfelbaum, rankende Rosen auf weißem Mauerwerk und Basilikum, rundgezupft, in Töpfen und Steinwannen, schaffen Atmosphäre. Das Haus ist zweigeschossig und L-förmig angelegt und öffnet sich zum Meer. Wie bei allen griechischen Herrenhäusern ist die große Halle im Erdgeschoß, das Zentrum, das alte Megaron, in dem sich die Feuerstelle, heute ein Kamin, befindet. Von der Halle aus gelangt man in die Küche und in den dahinter liegenden Gemüsegarten, in dem Tomaten, Zucchini, Bohnen, allerlei Kräuter, Zitrusfrüchte und Erdbeeren wachsen. Von der Halle aus führt eine steile Holztreppe ins Obergeschoß zu den Schlaf- und Badezimmern. Die Fenster meines Zimmers sahen aufs Meer hinaus. Der kleine Raum war einfach, aber zweckmäßig eingerichtet – ein solides Holzbett, ein Nachtkästchen, ein Kasten, ein Tisch, ein Sessel. Mediterran waren die weißgekalkten Wände und das blaue Quadrat im offenen Fenster.

In diesem Sommer war auch eine Schauspielerin und Schriftstellerin, die den schönen Vornamen Erne trug, Gast in der Villa. Erne war etwa sechzig Jahre alt, klein und rothaarig und grünäugig. Ich erinnere mich an unseren ersten gemeinsamen Abend auf der Terrasse. Die Flamme im Wandlicht warf tanzende Schatten. Hinter uns flüsterte der Feigenbaum, vor uns sang das Meer. Wir tranken Retsina und unterhielten uns über gemeinsame Freunde und über die aktuelle politische Lage. Es war der Sommer nach Tschernobyl, eine Zäsur in der Geschichtsschreibung, wie wir überzeugt waren. Ich befand mich in einer schweren Krise. Hinter mir lag eine gescheiterte Beziehung und ich war wundgedacht. Erne, die in mir lesen konnte wie in einem Buch, entlockte mir gegen meinen Willen einige Details. Ich glaubte den Mann noch zu lieben, doch hielt ich im Grunde genommen nur an einer überlebten Beziehung fest, die von Anfang an zum Scheitern verurteilt gewesen war. Mein Stolz war verletzt worden, ja. Ich hatte projiziert, ja. Aber tun wir das nicht alle? Dann war überraschend auch noch meine Mutter gestorben, und ich fühlte mich einsam und litt unter Depressionen. Während der letzten Wochen hatte ich beinahe verzweifelt nach einer Idee für ein neues Buch gesucht, aber derlei fliegt einem nicht zu.

Wir schwiegen eine Weile. Das Windlicht flackerte und das Meer flüsterte und ich badete im Thymianduft. Dann sagte Erne: »Streck die Hände aus in die Dunkelheit und Dir wird geholfen werden. Du bist nicht allein. Du hast die Kraft. Benütze Deinen Körper, um zu sehen, zu hören und zu fühlen, aber laß ihn nicht über Dich triumphieren. Und dann handle!«

War es so einfach oder so kompliziert?

»Aber die Irrtümer, die Umwege, die Sackgassen?« fragte ich.

»Sind dazu da, Dich zum Wesentlichen zu führen. Ich weiß, es ist ein schmaler Grad, die Scheide zwischen Tag und Nacht, zwischen hell und dunkel.« Dabei wurden ihre Augen uralt.

Nein, es ist kein Zufall, daß ich Frauen wie Jutta und Erne mag. Uns verbindet eine Art Schwesternschaft, etwas, das sich schwer in Worte kleiden läßt, und das wir irgendwo entlang unseres Weges, nachdem man uns die »romantische Liebe« aufgedrängt hatte, verloren.

*

In der zweiten Nacht meines Aufenthaltes in Sidari träumte ich diesen Traum:

Zuerst kamen die Farben – das Blau des Himmels, helles, silbriges Grün, grelles Weiß. Dann die Empfindungen: Schmerz, Angst und Durst.

Ein Mann lag im Schatten eines Olivenbaumes. Durch das Blattwerk lugte der blaue Himmel. Unten am Strand brachen sich die Wogen.

Ich hatte oft von mir als Mann geträumt, zumeist in erotischen Träumen. Ich hatte vergewaltigt, nie war ich Opfer gewesen, immer Täter, doch getötet hatte ich nie. Diesmal war es anders. Wie immer wußte ich, daß ich träumte, aber es war, als träumte nicht ich, sondern der Mann, als erlebte ich meinen Traum durch ihn hindurch. Ich wußte auch, daß ich getötet hatte. Für den Mann verband sich mit dem Gedanken, zu töten, nichts Erschreckendes; er war Soldat.

Ich erwachte. In den Ecken des Zimmers nisteten Schatten, aber durch die geschlossenen Läden drang schon Tageslicht. Die Decke beiseitestoßend stieg ich aus dem Bett, ging zum Fenster und öffnete die Läden.

Flirrende Helligkeit. Das Meer dehnte sich spiegelglatt und ölig glänzend. Im Dunst konnte ich, violett bis indigoblau, die albanische Küste ahnen.

Träume sind Flügelschläge der Seele ... Ich dachte an die nächtliche Fahrt über die Berge vom Flughafen hierher. Was für ein Gegensatz! Hier und jetzt, herzerweiternd, die liebliche Landschaft, verspielt und voll heiterer Grazie wie ein Scherzo von Mozart, dort und damals eine ebenso liebliche Grundmelodie, aber düsterer und geheimnisvoll, burlesk bisweilen, in eine gewaltige Symphonie aus Hell und Dunkel mündend.

Es war nicht nur das Mondlicht gewesen, das bläulichkühl aus den Bäumen zu tropfen schien, nicht nur der Himmel, klargewölbt und sternenbesät, nicht das Ineinanderfließen der Schatten alleine, die schwer über dem Boden hockten und sich nach obenhin im Blattwerk verloren. Es war nicht nur die Nacht gewesen, wie dieser nun nicht nur der wiedergeborene Tag war. Es war das uralte Wechselspiel zwischen der dunklen und der lichten Seite eines einheitlichen Ganzen, zwischen Tod und Wiedergeburt, das ich in jenem Augenblick empfand. Ich glaube, damals spürte ich IHRE Anwesenheit zum erstenmal.

Draußen verblaßten die Schatten. Die Sonne triumphierte. Barfüßig und im Hemd lief ich die Treppe in die Halle hinab. Der Steinboden hielt die Kühle der Nacht gefangen.

Morgentau am rundgezupften Basilikum in den Steinwannen. Mit den Fingerspitzen strich ich darüber und eine würzige Wolke zitterte hoch.

Drüben an der Mole machten die Fischer die Boote klar zum Auslaufen. Eine Weile hockte ich auf dem Terrassenmäuerchen, dann sprang ich in den Sand.

Vorüber an den noch stillen Häusern schlenderte ich den Strand entlang. Ein kleiner Friedhof mit altersschiefen Kreuzen lehnte sich nah ans Wasser. Die weißen Steinkreuze hoben sich kaum vom Himmel ab. Vor mir wand sich die trockene Narbe des Flußbettes ins Landesinnere.

Dann kam das Flußbett wieder, aber es war nicht ausgetrocknet. Kaskadenartig ergoß sich das Wasser ins Meer. Ein Gesicht spiegelte sich darin. Mein Gesicht? Bevor ich es erkennen konnte, ließ es eine Brise in winzigen Wellen auseinanderlaufen. Wieder ein Gesicht. Das Gesicht eines Mannes mit blauen Augen und rötlich schimmerndem Bart ...

So begann es. Aber gibt es nicht immer ein DAVOR?

*

»Herrin, ich flehe Dich an,
bist Göttin Du oder sterblich?«
(Homer, Odyssee)

Ein Mann, zerschunden und nackt, ein Schiffbrüchiger, kniet vor einer schönen, jungen Frau. Sie, in kostbare Gewänder gekleidet, mit langem, kunstvoll geflochtenem Haar, die Wangen vom Ballspiel erhitzt, eine Gestalt wie ein »junges, aufgeschossenes Reis einer Palme«, ist um gut zwanzig Jahre jünger als der Mann.

Die ängstlich auseinanderstiebenden Mägde nah der Stelle, an der sich der »strudelnde« Fluß ins Meer ergießt, an dessen Ufer die Maultiere »süße Kräuter« fressen, abseits die Wagen mit den »schönen Rädern«, die gewaschenen Gewänder, »wo das Meer die Kiesel am meisten dem Lande zu reinspült« zum Trocknen in der Sonne ausgelegt, die blauschattigen Berge, umsäumt von üppigem Grün, das wogende Meer – so sehe ich die Szene vor mir.

Nausikaa erschrickt nicht. Sie sieht einen Mann vor sich, der Hilfe braucht. Sie hat keine Angst. Wovor auch? Sie ist eine schöne, selbstbewußte Jung(e)frau, die Mitleid mit dem vor ihr Knienden hat. Und was tut Odysseus? Er spricht die »schmeichelhaften, berechnenden Worte ...«.

Was wußte ich von diesem Prototyp des griechischen Helden, der half, Troja zu zerstören und zwanzig Jahre lang auf seiner sprichwörtlich gewordenen Reise hin- und herirrte, um schließlich, ein Spielball der Launen der olympischen Götter, an den Strand der Phäakeninsel gespült zu werden?

Er war rotgesichtig, hinkend, »listig«. Homer nennt ihn den »göttlichen Städtezerstörer« und weist sich durch diese Wortverbindung als Satiriker aus.

Odysseus beging Ehebruch mit Kalkidike, mit Kalypso, mit Kirke und mit anderen Frauen. Überall hinterließ er seine »Gesäten«. Nach seinen »Irrfahrten« wimmelt es geradezu von unehelichen Odysseus-Sprößlingen. Aber von seiner Frau, Penelope, erwartet er während zehnjähriger Abwesenheit Keuschheit. Mit welchem Recht?

Ich saß mit Jutta bei Plastiras. Das kleine Lokal an der Hauptstraße war Kaufladen, Taverne und Versammlungsort für die damalige sozialistische Mehrheit im Gemeinderat. Die Opposition traf sich in einer anderen Taverne am Ortsende. Dazwischen lag Niemandsland. Nie betrat ein Vertreter der einen das Lokal der anderen Partei. Das galt nur für die Männer, Frauen waren in öffentlichen Tavernen ohnehin nur selten, und wenn, nur in männlicher Begleitung anzutreffen. Auch jetzt hockten die Einheimischen an den blaugemalten Holztischchen auf der Terrasse unterm Traubendach, Männer mit von Wind und Wetter gegerbten

Gesichtern und schweißnassen Hemden. Einträchtig schwiegen sie. Hitze stülpte sich über den Ort. Um einen Eimer, aus dem Abfall quoll, schlich träge eine Katze. So wie hier, dachte ich, mochte sich das Leben jahrtausendelang abgespielt haben, ohne Elektrizität und ohne Kraftfahrzeuge und – ohne Frauen. Aber war das immer so?

Es ist an die hundert Jahre her, daß Johann Jakob Bachofen in seinem Werk »Mutterrecht und Ur-Religion« die kühne Behauptung aufstellte, daß die »Herrschaft der Männer über die Frauen« kein Naturzustand, sondern vorübergehender Art sei. Und immer noch ist das Wort Matriarchat ein Reizwort. Generationen von Historikern mochten wohl hier und dort während ihrer Studien auf Quellen gestoßen sein, die eine andere Sicht der Dinge ermöglicht hätten, aber weil offenkundig nicht sein kann, was nicht sein darf, hat sich am Blickwinkel des modernen Menschen seiner Vergangenheit gegenüber kaum etwas geändert. Anders lautende Überlieferung von Märchen und Sagen und jeder Art von Mythologie wurden in das Reich purer Phantasie verwiesen. Dank Schliemann, der seinem »Traum« folgte und Troja, wenn auch nicht das der Homerischen Quelle, fand, und ich halte es für keinen Zufall, daß er ein »Laie« und kein Wissenschaftler war, wurden wir eines Besseren belehrt. Seither setzt sich die Auffassung, daß Mythologie unter anderem eine – wenn auch verschlüsselte – Art von Geschichtsschreibung ist, immer mehr durch.

Wie traurig und absurd, daß das sogenannte schwache Geschlecht trotz einer großen Anzahl einschlägiger Publikationen während der letzten Jahrzehnte immer noch nicht beweisen darf, und dieser Beweis wäre auch ohne das trennende Etikett einer »feministischen« Forschung zu führen, daß es einen wesentlichen und nicht den schlechtesten Anteil an der Entstehung und Entwicklung der Kultur hatte. Als ich die Odyssee zum erstenmal gelesen hatte, war mir aufgefallen, daß im Phäakenkapitel das in beinahe allen Kulturkreisen in Märchenform abgehandelte Thema vom Prinzen wiederkehrt, den es in ein fremdes Land verschlägt, und der, nachdem er bestimmte Prüfungen besteht, die Königstochter heiratet und durch diese Heirat selbst König wird. »Und sie lebten glücklich und zufrieden bis an ihr Ende ...« Nur daß Odysseus NICHT BLEIBT!

In einem Lied, das ich Adam und Eva nannte, schrieb ich, »Adam haßt Eva immer noch«, und traf damit unbewußt des Pudels Kern. Oder sollte es richtiger heißen, Adam fürchtet Evas Stärke immer noch?

Der Schlüssel zur Angst des Mannes vor der Stärke der Frau liegt in der Vergangenheit verborgen. Im Mythos spiegelt sich ein langer Kampf wieder. Es kommt nur wie bei allen Dingen auf den Blickwinkel an, aus dem heraus man ein Geschehen betrachtet. Zum Beispiel:

Der König Agamemnon führt Krieg gegen Tantalos, den König von Pisa, tötet ihn im Kampf und zwingt dessen Witwe, Klytaimnestra, der er das Kind an der Brust erschlägt (!) zur Ehe[5]. Klytaimnestra hatte von Anfang an kaum Grund, diesen Mann zu »lieben«. Der Verbindung entspringen ein Sohn, Orest, und drei Töchter, darunter Iphigenie, die der Vater bekanntlich einer Flaute wegen opfert. Bei matrilinearer Erbfolge (die Tochter erbt von der Mutter, nicht der Sohn vom Vater) wäre Iphigenie die eine Erbin Mykenes – wie ihre Mutter, die Schwester Helenas (!), Erbin Spartas war. Ob Iphigenie nun gerettet wurde oder nicht, allein der Versuch sie zu töten, stellt in Klytaimnestras Augen ein großes Verbrechen dar. Daß sie sich während Agamemnons langjähriger Abwesenheit einen Liebhaber, einen Nachfolger, nimmt, ist in ihren Augen nur rechtmäßig. Nach seiner Rückkehr tötete sie nach dem Willen griechischer Mythographen den Agamemnon und dessen mitgebrachte Geliebte, Kassandra, die Seherin, die als Trojanerin in eine vor-mykenische und vor-griechische Welt zurückweist.

Wie stirbt Agamemnon? Mit einem Netz über dem Kopf, mit einem Bein noch im Bad, mit dem anderen auf dem Fußboden, im Badehaus, »weder bekleidet noch unbekleidet, weder im Wasser noch auf trockenem Land, weder im Palast noch draußen«. Was für eine seltsame Beschreibung für einen Mord! Die (Doppel-)Axt, mit der Klytaimnestra Agamemnon erschlägt, ist das Symbol kretischer Herrschaft, das Netz ein Symbol für die lunare Kosmologie einer versunkenen Kultur, der man weltweit vom alten China bis zu den rätselhaften Maya Mittelamerikas begegnet. Wann stirbt Agamemnon? Am dreizehnten Tag des Monats Gamelin (Januar). Nach altem Mondkalender, als die Kalendermonate noch Mondmonate, Monde, waren, ist Agamemnons Tod im Juni anzusetzen, zur Zeit des Vollmondes, als die traditionelle Opferung des Königs erfolgte, der dadurch Unsterblichkeit erlangte und in einem Reich weilte, das nicht von dieser Welt ist – weder im Wasser noch auf (trockenem) Land, weder im Palast noch draußen, weder auf der Erde noch im Himmel, und doch mit jeweils einem Bein in beiden!

Parallelen dazu gibt es in verschiedenen Mythen und sie beziehen sich immer auf die Opferung des Heiligen, des Sakral – oder wie bei den Kelten des Eichen-Königs oder des Heros zur Zeit der Sommersonnenwende.

In Form einer Gerichtsverhandlung wird das Geschehen von Aischylos in der Orestie aufgerollt. Angeklagt ist Orest, der Sohn, der aus Rache für den Vater die Mutter tötete. Sein Verteidiger ist Apollon, der Gott des Lichts, der für das neue Recht der Väter eintritt, welches das der Mütter verdrängt hatte. Apollon selbst war bis zu seiner Erhöhung zum griechischen Gott ein Orakel-Heros oder »Kuhhirte« der sogenannten semitischen Zentralgottheit Mond, die als

Kuh symbolisiert wurde, der Göttin »mit den tausend Namen«. Ankläger sind noch die alten, matrilinearen Göttinnen der Vergeltung, die Erinnyen, deren Name »verkörperte Flüche« darauf hinweist, daß ihre Rache nicht äußerer, sondern innerlicher Art war. Wer Zorn sät, wird Zorn ernten, wer Vergeltung übt, Vergeltung usw. – dies war die Maxime dieser »Göttinnen« des alten Rechtes der Mütter, während das neue Recht der Väter Rache und Zorn in den Vordergrund rückte.

Richterin in diesem Prozeß ist Athene, die Schutzgöttin der Stadt des neuen Vaterrechts. Wie der Prozeß ausgeht, ahnt man auf Grund dieser Konstellation. Orest wird freigesprochen, das Vaterrecht triumphiert. Aber Aischylos läßt dem alten Recht Gerechtigkeit widerfahren, indem er im Disput zwischen den Erinnyen und Orest, der sich für den Muttermord rechtfertigt, weil Klytaimnestra nicht nur ihren Mann, sondern auch Orests VATER tötete, die Erinnyen sagen läßt: »Sie war dem Mann, den sie erschlug, nicht blutsverwandt.«

Der Vater war nicht Sippenmitglied, also nicht verwandt, sein Tod gilt als Tod eines Fremden, er zählt weniger als der Tod der Mutter, denn Muttermord galt als größtes Verbrechen. Und die Erinnyen klagen: »O neue Götter, alt Gesetz und uraltes Recht. Ihr reißt sie nieder, reißt sie fort aus unserer Hand.«

Athene, die von »keiner Mutter« Geborene, die nach dem griechischen Mythos Zeus' Haupt, auch seinem Schenkel, entsprang, womit wohl verborgen werden sollte, daß sie eigentlich vaterlos war, ist nach Platon die um vieles ältere libyische Göttin Neith, die einer Epoche entstammte, die Vaterschaft noch nicht kannte. Nun lobt sie »vollen Herzens ... alles Männliche« und achtet »minder sträflich jetzt (!) den Mord (an) der Frau, die umgebracht hat ihren Mann, des Hauses Hort«.

Deutlicher läßt sich der Kampf zwischen altem und neuem Recht, zwischen alten und neuen »Göttern«, in dem sich der Triumph der vaterrechtlichen Invasoren, der archaischen Griechen über die mütterrechtliche Kultur der Urbevölkerung widerspiegelt, kaum ausdrücken.

Ernst Borneman erklärt das zwiespältige Verhältnis besonders des griechischen Mannes zur Frau, seine noch heute traumatische Unfähigkeit, sie als ebenbürtiges Wesen zu betrachten, mit eben diesem Zusammenprall, als die frauenlos zu ihren Beutezügen aufgebrochenen nomadisierenden Hirtenstämme indoeuropäischen Ursprungs auf die friedliche Urbevölkerung des späteren griechischen Raumes stießen. Zweimal fanden solche Konfrontationen statt: gegen Ende des dritten Jahrtausends v. Chr. und nach dem Trojanischen Krieg um das 12. Jahrhundert v. Chr. Frühere Invasionswellen, die etwa ab dem dritten Jahrtausend v. Chr. vom Nordosten her erfolgt waren, hatten sich offenkundig mit der kulturell stets höherstehenden Urbevölkerung auf relativ friedliche Weise arrangieren können. Um das Jahr 2000 v. Chr. jedoch stößt man im Mittelmeerraum allerorten auf Verwüstungen. Noch Jahrtausende später, berichtet Herodot, weigerten sich die Frauen seines Stammes, je mit griechischen Männern an einem Tisch zu sitzen, ja sie auch nur beim Namen zu nennen, selbst wenn es sich um die ihnen angetrauten Männer handelte – Herodot stammte als Karer selbst von der bäuerlichen Urbevölkerung ab.

Ist Lysistrates Aufruf, den Aristophanes überliefert, die Frauen mögen sich ihren Männern so lange verweigern bis sie den Krieg beenden, bloße Dichtung? Oder spiegelt sich hier das Trauma der zu Herodots und Aristophanes Zeiten bereits aller Rechte entkleideten und – undenkbar im Matriarchat – vergewaltigten Frauen und ihren Kulturen wider?

Nausikaa, so war ich von Anfang an überzeugt, lebte in einer Welt, welche die Angst vor dem Mann nicht kannte, die Frauen seit Jahrtausenden stets unterschwellig begleitet. Und sie sagt es auch: »Noch ward nicht geboren der Mann und möge auch niemals leben, welcher ins Land der phäakischen Männer kommt und Feindschaft bringt.«

SIE mochte ich sofort. Und Odysseus?

Er verkörpert das neue Recht der Invasoren. Er brach das alte Recht, als er Penelope, die Erbin Spartas, zwang, IHM in SEIN Königreich zu folgen. Er brach das Recht, als er die Freier, die sich um seine Nachfolge bemühten, ein legaler Vorgang nach altem Recht, tötete. Anschließend hängte er die Dienerinnen an einem einzigen Strick auf. Einfach so. Weshalb? Weil sie sich mit den Freiern vergnügt hatten. Na und?

Eine Passage wird in der Odyssee gerne überlesen. In ihr erzählt Penelope einem der Freier, Odysseus habe ihr, falls er nicht zurückkehre, geraten: »Wenn du aber am Sohn gewahrst, daß er bärtig geworden, dann vermähl dich, mit wem du willst, und verlasse das Haus hier.« Penelope aber wartete und webte und wartete und webte und wurde so zum willkommenen Muster der getreuen und keuschen Ehefrau. War das Überlieferung? War es ein Wunschgedanke aus Homers eigener, patriarchaler Zeit, als die Erinnerung an herrschende Königinnen, mächtige Göttinnen und Priesterinnen noch allzu frisch war?

Dem Ziegenhirten Melantheus, der Odysseus verspottete, schnitten sie Nase und Ohren ab, »rissen die Scham ihm aus zum rohen Fraß für die Hunde, schlugen die Hände und Füße ihm ab«. Und so weiter.

Je mehr ich über diesen Odysseus nachdachte, der log, betrog, stahl, mordete und vergewaltigte, desto weniger konnte ich ihn leiden. Ich habe ohnehin nie verstanden, weshalb die Belagerer vor Troja Helden gewesen sein sollen.

Was hat Mord, Raub und Vergewaltigung mit Heldentum zu tun? Auch wurde dieser Krieg kaum wegen einer Frau geführt. Trojas Schlüsselstellung am Zugang zum Schwarzen Meer war für die Griechen überlebenswichtig. Erst nachdem die Stadt, wie heute bekannt ist, durch ein Erdbeben und nicht durch die Belagerung der Griechen gefallen war; denn das berühmte Trojanische Pferd symbolisiert im Mythos Gott Poseidon, den Gott der Erdbeben, eröffnete sich den Griechen die östliche Handelsroute und der Zugang zu Asien. Athen verdankte seine Vormachtstellung seinen Kolonien. Und die ägyptische Überlieferung weiß von einer ganz anderen Darstellung des angeblichen Raubes der Schönen Helena, einem Namen, der die Helle, den Mond, auch Elen(a) bedeutet: Troja und Ägypten waren Verbündete, denn der ägyptische Herrscher sandte dem Paris, Sohn des Priamos, »10 000 Äthiopier« als Hilfstruppen zur Verteidigung von Troja gegen die archaischen Griechen.[6] Nicht die prähellenische Bevölkerung waren die »Barbaren«, die Griechen waren es, denen wir unsere Kultur verdanken. Darüber einmal nachzudenken lohnt wohl.

Neben uns hielt ein Lastwagen und das zwanzigste Jahrhundert hatte mich wieder. Ein Mann lud Steigen mit Lebensmitteln und Obst ab. Schwellende Pfirsiche, grüner Paprika und Tomaten stapelten sich übereinander, Melonengebirge wuchsen empor, grüngeädert oder honiggelb. Ein Junge mit feisten Schenkeln verjagte die Katze, die sich fauchend ins Oreganogestrüpp rettete. »Wir werden Oregano pflücken gehen«, sagte Jutta, »noch vor Ende Juli.«

»Weshalb ausgerechnet noch im Juli?«

Jutta lächelte: »Wenn man Oregano später pflückt, bringt das Krankheit im Winter«, und fügte hinzu, »sagt der Volksmund.« Was ich akzeptierte.

Aus dem Hotel schräg gegenüber begann Disco-Musik zu plärren. Die Siestazeit ging zu Ende. Jutta sah mich an und fragte: »Woran denkst Du?« Ich lachte. »Daran, daß Odysseus, als er Nausikaa zum erstenmal gegenüberstand, wie ein Salzhering ausgesehen haben muß und nicht wie ein strahlender Held.« Immerhin war er tagelang im Meer getrieben. Jutta nickte und sagte: »Ich kenne Deinen Gesichtsausdruck, so siehst Du aus, wenn Du Blut geleckt hast.«

Blut geleckt!

Ich sah die vom Blut dampfenden Hallen vor mir, die abgehauenen Köpfe, im Todeskampf zuckende Leiber, gepfählte und gemarterte Menschen, rauchende Scheiterhaufen, Gaskammern. Ein endloser Zug von Ermordeten rund um den Erdball. Der moderne Tod kommt lautlos und der Mörder bleibt sauber, ein Knopfdruck genügt.

»Die Männer haben Brand gelegt, sie rauben Silber, rauben Edelstein, vergießen Blut, ja Blut vergießen sie und wieder Blut.«[7] Als Lugalzaggisi um die Mitte des dritten Jahrtausends v. Chr. die sumerische Stadt Lagasch überfiel und zerstörte, bildete sich im ägäischen Raum die minoische Kultur heraus und eine Epoche begann, die in unserer seitherigen Geschichte einzigartig war: die Pax Minoica. Wie so viele nach ihm hatte sich der Herrscher des benachbarten Umma, der Lagasch in ein Blutbad stürzte, auf »göttlichen Auftrag« berufen.

»Wirst Du darüber schreiben?« fragte Jutta. »Ja«, sagte ich, »das werde ich.« Aber wie?

*

»Dunkel erschien ihm das Land,
wie ein Schild im Nebel des Meeres.«
(Homer, Odyssee)

Während der Nacht war Sturm aufgekommen und die See warf hohe, grünschäumende Wogen gegen die leeren Strände, über der Bucht ballte sich das Licht zusammen, der Himmel wirkte wie ein riesiges, an den Rändern hell, im Zentrum dunkel gefärbtes, allsehendes Auge, welches das Meer und das Land in sich aufzusaugen schien. Ich saß in einem windgeschützten Winkel auf der Terrasse und dachte: unter solchen Umständen muß Odysseus an die phäakische Küste gespült worden sein.

Ich war allein. Die Freunde akzeptierten mein Verlangen nach Einsamkeit. Philoi mou! Meine Freunde.

Ich lausche der Melodie der Worte. Zwei hohe Töne: phi-loi, und ein tieferer, mou. Im Deutschen, je nach Stimmung, zwei höhere und zwei tiefere Töne. Meine Freunde oder Meine Freunde: zwei tiefere und zwei höhere Töne.

Der Grieche Pythagoras, ein »reiner« Wissenschaftler, leitete, wie man bis in jüngste Zeit hinein überzeugt war, aus dem Verhältnis der Tonhöhe zur Länge der tönenden Seite eines der ersten uns bekannten mathematischen Gesetze ab. Forschungen der Universität Berkeley/Kalifornien ergaben mittlerweile, daß Pythagoras' berühmter »Grundsatz« bereits den Babyloniern bekannt war, wie auch die musikalische Ordnung in Oktaven, die gemeinhin den Griechen zugeschrieben wird. Ohne Kenntnis mathematischer Gesetze wären weder die Große Pyramide von Gizeh zu bauen gewesen, die diese Gesetze geradezu zu verkörpern scheint, noch die minoischen Paläste mit ihren ausgeklügelten Bewässerungsanlagen. Nur einer Physik, die sich von ihrer um vieles älteren Schwester, der Philosophie, getrennt hatte, war es möglich, eine Waffe wie die Wasserstoffbombe zu entwickeln. Und nur eine Philosophie, die sich von ihrer ursprünglich mystischen Basis getrennt hatte, aus der die Metaphysik hervorgegangen war, konnte eine derartige Entwicklung zulassen. Daß sich heute, über zweitausend Jahre später, die moderne Physik zunehmend wieder »metaphysischer« Ausdrucksformen bedient, ist wohl kaum ein Zufall. Wenn man akzeptieren kann, worauf alles hinweist, nämlich, daß Geschichte ein zyklischer Prozeß ist, nähern wir uns mit Riesenschritten dem Ende eines Zyklus, der entweder in die Selbstzerstörung oder in einen Neubeginn führen kann.

Pythagoras war noch ein in die alten Mysterien Eingeweihter, die man – abgesehen von ihrem esoterischen, »geheimen«, spirituellen oder religiösen Gehalt – als eine Art von Geheimwissenschaft bezeichnen könnte, die man auch »Hohe Magie« nannte. Er hatte gefordert, daß »nur an Leib und Seele Gereinigte« in die Wissenschaften eingeweiht werden sollten, die als »Mittel zur Reinigung der Seele« verstanden wurden. Segen und Fluch waren von allem Anfang an in dieser Krönung der Entwicklung zum rationalen Bewußtsein des Menschen eingeschlossen, die wir Wissenschaft nennen, und die sich aus der Hohen Magie der Al-Chemie gelöst hatte. Im Gegensatz zur vorwiegend geistig orientierten Wissenschaft der Alten begann sie erstmals die Materie und deren vielfache Erscheinungsformen in den Mittelpunkt des Interesses zu stellen. Doch war das Ziel der Al-Chemie immer noch ein geistiges, wie der Tiefenpsychologe C. G. Jung deutlich machte; nicht Blei in wirkliches Gold zu verwandeln war ihr Ziel, sondern die spirituelle Transformation, die Wiedergeburt der Materie aus dem Geist zu betreiben. Die Transformation (Umwandlung) der Materie konnte nur gelingen, wenn ihr die Transformation des Egos des Experimentierenden vorausgegangen war. Ziel war der Tod bzw. die Auflösung der Materie im »Mutterleib«, der Ur-Matrix, dem Nichts oder Chaos, der Nicht-Welt, des Egos in der Unterwelt der Psyche. Egoismus und Egozentrik der modernen Menschen sind relativ junge Errungenschaften der Menschheit, die zielgerade in den eigenen Untergang zu führen scheinen.

»So voller Harmonie sind himmlische Geister, nur wir, weil uns dies hinfällige Kleid aus Staub umhüllt, wir können sie nicht hören«, schrieb Shakespeare, der wie jeder wahre Dichter darum wußte, daß die sphärischen Harmonien im Inneren, dem »wahrhaftigen Selbst«, widerklingen müssen. In den Ohren des modernen Menschen erklingen bereits grell Jerichos Trompeten. Wir sind nicht nur taub, wir sind auch blind geworden. Dis-Harmonie anstelle von Harmonie. Wann geschah es und wie und weshalb?

Die Erbsünde – Mahnung wovor und Erinnerung woran? – ist gleichfalls eine relativ junge Erfindung. Die Ur-Christen des ägyptischen Alexandria wußten nichts von ihr. Gemeinsam mit der Gottessohnschaft und dem Sühnetod am Kreuz wurden diese »Wahrheiten« zum Dogma einer welterobernden Religion, die wesentlich ältere Überlieferungen übernommen hatte. Ist es die Erinnerung an die Vertreibung aus dem Paradies einer kriegelosen, friedlichen Welt, die hier anklingt? Aber wie läßt sich der Widerspruch erklären, daß jene Seite der Schlange, die zum »Fall« und damit zur Aufgabe paradiesischer Zustände führte, jene Seite der stets zweiköpfigen oder zweileibrigen »Schlange«, die einst nicht als teuflisch, sondern als Erkenntnis-Bringerin und als göttlich galt, die »Schlange des Materialismus« war[8] und daß nicht diese ursprünglich als »männlich« verstandene Seite der Schlange, sondern ihre andere, spirituelle »weibliche« Seite wie danach so gut wie alles »Weibliche« erfolgreich verteufelt wurde? Seit alters her ist die Schlange ein Fruchtbarkeitssymbol. Aber um welche Art von Fruchtbarkeit handelte es sich dabei? Spielt die Ur-Schlange nicht bereits in den SCHÖPFUNGSMYTHEN von Sumerern, Ägyptern, altmexikanischen Völkern, Schamanen aller Kulturen und auch im hebräischen Mythos eine bedeutende Rolle?

Feststeht, daß die Alten den Götzen des modernen Menschen, Mammon, nicht kannten. Auch beteten sie nicht zu den Göttern, sondern tanzten. Was für ein Unterschied zwischen frühen Kultplätzen, zumeist auf Bergkuppen oder in Hainen, immer inmitten der Natur, und unseren steinernen Prunkbauten. Bedarf Gott so viel äußeren Glanzes? Ich sah hinein in das Himmelsauge und wußte die Antwort. Heute ist der Mensch des Menschen größter Feind und war doch einmal Schwester und war Bruder.

Die Tage in Korfu vergingen rasch wie sorglose, heitere Tage immer rasch vergehen. Ich genoß sie, schwimmend, faul in der Sonne liegend, im Gespräch mit den Freunden, lesend, denkend. Abends schlemmten wir zumeist bei Wassili, dem Fischer, dessen Taverne an der neuen Straße, die zum Glück nie fertigzuwerden schien, als Geheimtip unter Einheimischen galt. Im Garten tummeln sich die Kinder, um die Beine streichen die Hauskatzen, der Großvater bringt den Wein. Bisweilen meckert beim Bauern nebenan eine Ziege oder der durch Mark und Bein gehende Schrei eines Esels durchschneidet die Dämmerung.

Über der Sidari-Bucht geht die Sonne unter. Von den Wiesen her duftet es nach Gräsern und Gewürzen. Hinter uns ragen die Berge in den »gefiederten« Himmel. Unsere Tische biegen sich »von Brot und Fleisch ... und Wein«. Auch die Phäaken verstanden zu leben, ließen sich »köstliche Speisen« schmecken, denn das »Gastmahl ist ihnen immer lieb und Tanz«, auch »häufiger Wechsel der Kleider und warme Bäder«.

Ich besuchte die malerische Stadt Kassiopi mit ihren zur Touristenattraktion degradierten Kanonen und träumte im Schatten alter Pinien im Hafen davon, daß das das Schicksal aller Waffen sein möge.

Ich erfreute mich am Anblick Paleokastrizzas an der Westküste – grünschäumendes Wasser, klar bis auf den Grund, zackige, wie von Gigantenfaust zertrümmerte Klippen, jäh abstürzend die dunkelgrünen Wälder, rauchblau die Luft, der »Nebel des Meeres« – und entdeckte ganz für mich ein Bergdorf mit dem schönen Namen Nymfes, durch dessen verwinkelte Gassen die Mädchen noch heute duftendes Brot in Körben tragen, und in dem die Frauen, an ihren Webstühlen vergnügt schwatzend, leuchtend bunte Schafwollteppiche herstellen. »Ihre (der Phäaken) Frauen waren Meisterinnen im Weben.« – »Fäden spinnend von Purpurwolle, ein Wunder zu schauen.« Faszinierenderweise berichtet Homer, daß die besten Weber der Vor-Antike die Kolcher vom Schwarzen Meer gewesen wären, die »schwarzhäutig« und »wollhaarig« waren und deren Kunstfertigkeit sich nur mit der der Ägypter und Äthiopier vergleichen ließe. Verbirgt sich hier ein Hinweis auf den Ursprung der Phäaken?

Ich kehrte in Lawrence Durrels »weißem Haus« in der Kalamai-Bucht ein, das heute eine Taverne für die Kaiki-Touristen ist, aber immer noch wirkt es »wie ein Würfel auf den Fels gesetzt«. Dort lernte ich eine Nausikaa unserer Tage kennen, ein junges Mädchen mit pfirsichfarbener Haut und lustigen, schwarzen Kulleraugen. Ich begegnete auch einer Nophrodite, einer Frau in mittleren Jahren mit dem schweren Gang der Matrone, und unterhielt mich mit Dada, einer über Siebzigjährigen, die ihr Haar immer noch schwarz färbt und jeden Nachmittag wie eine alte zerzauste Krähe auf der Bank vor ihrem Haus hockt und mit unendlicher Geduld den Touristenstrom an sich vorüberziehen läßt.

Von den korfiotischen Männern blieb mir in Erinnerung, daß sie zumeist klein, oft gedrungen, schwarzhaarig, und bisweilen krummbeinig sind. Die Nachfahren eines Bergvolkes, deren Blut sich mit den Dorern, den Spartanern, den Römern, Ostgoten, Normannen, Byzantinern, Sizilianern, Genuesern, Türken und Venezianern mischte. Danach waren die Engländer da und während des Zweiten Weltkrieges die Deutschen und die Italiener.

Ich besuchte den Inselheiligen, St. Spiridion, in seiner Kapelle in Korfu-Stadt. Sein Schicksal ist so wechselhaft wie das Schicksal der Insel selbst. Er war Ziegenhirte auf Zypern, wurde nach dem Tod seiner Frau Bischof, wirkte Wunder, starb, wurde begraben, wieder ausgegraben, verschwand, tauchte als Privatbesitz in Konstantinopel wieder auf, vereinigt mit einer Heiligen, mit der er – jeder Heilige in seinem eigenen Sack – nach Griechenland reiste, endlich nach Korfu kam, mehrmals vererbt wurde, bis er schließlich hier seine Ruhe fand. Zweimal im Jahr trägt man ihn im Triumph durch die Stadt. Eine wie mir scheint sehr griechische Karriere für einen Ziegenhirten. Heute ist beinahe jedes zweite, männlich geborene Kind der Insel nach dem Heiligen benannt.

Überhaupt die Stadt! Was für ein labyrinthartiges Gewimmel von Gäßchen und Straßen, in denen ein Laden den anderen ablöst. Da baumeln fetzige Baumwollfähnchen neben Plastikschwimmreifen, Ledersandalen neben Kupfergeschirr, Ansichtskarten, Keramik, Holzwaren und Souvenirkitsch. Auffällig sind die vielen, mit riesigem erigiertem Phallus ausgestatteten Satyr-Figürchen, dazwischen findet sich eine teure Boutique, ein Schallplattenladen, aus dem griechische Folklore dröhnt, ein Restaurant mit sich drehendem Grillspieß voll brutzelndem Lammfleisch im offenen Fenster. Im Hafen spucken dickbauchige Fährschiffe einen nicht enden wollenden Strom von Kraftfahrzeugen und Touristen aus, und das »How lovely!« und das »Isn't it nice?« summt in den Ohren. Es ist, aber man sehnt sich nach der Stelle vielleicht jener Tage zurück, als die unglückliche Kaiserin von Österreich, Elisabeth, Korfu zu ihrem Refugium wählte. Der Blick von der Terrasse ihres einstigen Palastes ist immer noch atemberaubend. Heute beherbergt der Palast der für den Geschmack ihrer Zeit zu viel denkenden und dichtenden letzten österreich-ungarischen Kaiserin ein Kasino. Die alte europäische Ordnung verblutete auf den Schlachtfeldern des Ersten Weltkrieges und legte den Samen für die nächste Weltkatastrophe. Das Rad der Zeit drehte sich weiter, stets rundherum im Kreis, wie lange noch, wer weiß ...

Ich sah zu Pondikonisi, der Mausinsel hinüber, die angeblich das von Poseidon aus Zorn über Odysseus' erfolgreiche Rückkehr nach Ithaka versteinerte Phäakenschiff ist. Poseidons Rache, die eigentlich Odysseus galt, traf die Phäaken! Weshalb?

Die Plianada, einer der schönsten griechischen Plätze, versöhnt mit Korfu, der Stadt. Hier ist der venezianische Einfluß nicht zu übersehen. Engbrüstige Giebelhäuser mit zierlichen Erkern und Balkons lösen einander in verwirrender Vielfalt und Buntheit ab. Über die breite Straße, die den Platz umrundet, traben inmitten hupender Kraftfahrzeuge und Motorroller phantasievoll geschmückte Pferde gleichmütig vor ihren Kutschen – vorüber am prächtig angelegten Park, hinter dem als reizvoller Kontrast zu schlank emporstrebenden Kokospalmen die Befestigungsanlage trutzt. In den Cafenions unter den Arkaden trifft man sich, um zu plaudern, Zeitung zu lesen, oder einfach zu sitzen und zu schauen, den Blick ins Leere gerichtet, oder vielleicht in die innere Fülle.

Und ich wanderte stundenlang durch die Olivenwälder. Kein Wald ist geheimnisvoller als ein Olivenwald. Die bizarr knorrigen Stämme und Äste haben etwas trollartiges und wirken besonders während der Dämmerung, wenn die Schatten ein Eigenleben entwickeln, unheimlich. Eine hagere, gelenkverschwollene Hand, die sich einmal aufwärts, einmal abwärts krümmt, skelettartige Finger, die nach oben und nach unten greifen, eine bockfußartige Klaue. Im Farngekräusel, das den hügelig ansteigenden Boden überwuchert, raschelt es. Da? Nein dort!

Diese absolute Stille zur Mittagszeit, wenn wie auf Kommando selbst die Zikaden verstummen! Es ist Pans Stunde. Wer den Klang seiner Flöte einmal vernahm, kommt nicht mehr davon los. Die ferne Erinnerung an eine einst gekannte lustvolle Verbindung mit der Natur durchweht die würzige Stille und vibriert in den Nervenfasern wider. Nymphen paaren sich zum Reigen und die Flöte lockt über die Hügel und Wälder. Aber der Große Gott Pan ist tot. Daß Pan/Dionysos, das Symbol phallischer Lust, das verzaubernd schwingende Instrument der älteren und mächtigen Athene gestohlen hatte, wie vorgriechische Mythen berichten, oder daß es Hermes neu erfinden mußte, weil sich die Göttin angeblich mit aufgeblasenen Backen nicht gefiel, ist längst vergessen.

Pan, der erwählte Liebhaber der Mainaden, orgiastischer Priesterinnen im arkadischen Fruchtbarkeitskult, wurde nach genossener Lust bei lebendigem Leib zerrissen, besagt der Mythos. Die arkadischen Bergbewohner galten als die primitivsten Bewohner Griechenlands, doch ist das ein Werturteil der erobernden Griechen. Manchen Quellen zufolge galt Pan als ein Sohn der Penelope, deren Name »die mit dem Netz über dem Antlitz« bedeutet. Diese Penelope, im griechischen Mythos Odysseus' treu wartende Gattin, war eine tätowierte Mainade, wie man auf einer Vase im Britischen Museum sehen kann. Das »Netz« bezieht sich auf die lunar-geozentrische Kosmologie dieser Priesterinnen, die wohl Schamanen waren, bevor die väterlichen Sonnengötter der nomadisierenden, erobernden Hirtenstämme die alten Ackerbaukulturen eroberten, deren Religion übernahmen und veränderten. Denn man symbolisierte die zyklische Wanderung des Mondes während der Nacht durch das »Auswerfen eines Netzes«, das mit seinem Rückgang in die Sonne wieder eingeholt wird. Den Quellen zum chinesischen »Buch der (Mond-)Wandlungen«, dem I-Ging, kann man entnehmen, daß »Lammfell« der Name war, der die symbolische Verkleidung des Mondes bei Neumond bildet. Dieses »Lammfell«, das »goldene Vlies« der Argonauten-Mythe, galt als Ausdruck des »Lichtgeistes«, der das »Sonnen-Ziel« der dunklen Seite des Mondes bei Neumond bedeutete; der Schattengeist war der Sternenhimmel, den man durch einen »Leopardenschmuck« symbolisierte. Allerdings machte der Sinologe Frank Fiedeler darauf aufmerksam, daß vor der Solarisierung der lunaren Kosmologie, die stets mit den Kulturen der »Mutter« in Verbindung steht, nicht Dunkelmond/Sonne für den Lichtgeist standen, sondern der volle Mond, der als lunare Achse den Sternen-Himmel symbolisierte.[9] In allen alten Mythen ist der Sohn die Sonne (son und sun in der englischen Sprache), Sohn der Mutter/Göttin, die Mond und Schlange begleiten.[9] Nephtys, die Todesgöttin, welche die Griechen Hekate nannten, war die andere, dunkle Seite der hellen Isis, der »Königin der Nacht«, welche die lunare Achse verkörperte; Erde und Himmel waren noch nicht voneinander getrennt und die beiden polaren Seiten der »Schlange« noch in EINEM Körper vereint. So sind Mainaden als Priester-Schamaninnen der Großen Göttin zu verstehen, der »Einen-in-sich«, der »Leben-im-Tod«, der Großen semitischen »Zentralgottheit« Mond, der »Göttin mit den tausend Namen«, auf deren frühe Spuren man weltweit und nicht nur bei Semiten stößt. Ihre

Fruchtbarkeitsriten, die weit über einen orgiastischen Kult hinausgingen, fanden innerhalb des Jahreszeitenzyklus zu bestimmten kosmischen Fixierpunkten statt, um den kosmischen Prozeß der GEISTIGEN oder energetischen Befruchtung der Erde und des Lebens durch die himmlischen Kräfte rituell zu unterstützen, die symbolisiert und erst später als »Götter« mißverstanden wurden. Pans Zeugung erfolgte bei der kollektiven Schwängerung Penelopes durch die Freier, besagt ein Mythos, der sich auf derartige orgiastische Jahreszeiten-Riten bezieht. Auch Hermes, der »Götterbote«, wohnte Penelope in Gestalt eines Widders bei, dem Attribut Pans, der sich in ein Ziegenfell kleidete, und als Vorläufer des katholischen Teufels anzusehen ist. Doch symbolisierte der »Sohn« ursprünglich nicht die Sonne, sondern das »Neujahrskind«, denn im Mittelpunkt der lunaren Kosmologie der »Mutter« bzw. alter Ackerbaukulturen, stand die Zeit, der Fruchtbarkeitszyklus der Erde, das Jahr, und der Widder bezieht sich auf das »Lammfell«, die symbolische Verkleidung des Lichtgeistes, weil die Sonne um 2333 v. Chr. zur Frühlingstagundnachtgleiche in das Tierkreiszeichen Widder eingetreten war. Während des »Widder-Zeitalters« (bis ca. 167 v. Chr.) fanden die Eroberungen des Mittelmeerraums durch indoeuropäische Völker statt, die sich später Griechen nannten, von grakoi, »Anbeter der grauen Göttin«. Der griechische Hermes ist wiederum mit dem ägyptischen Thoth gleichzusetzen, der – wie R. A. Schwaller de Lubicz aufmerksam macht – ursprünglich das lunare Prinzip symbolisierte Rà, (Re das solare). Thoth führte in Ägypten den Sonnenkalender ein, das heißt, er veränderte die Religion.

Andere wieder meinen, daß Pan nichts weiter als ein gemütlicher, fauler Hirtengott gewesen wäre, der nichts mehr liebte, als seinen Nachmittagsschlaf. Störte ihn jemand dabei, stieß er einen gräßlichen Schrei aus, worauf die zu Tode erschrockenen Störenfriede pan-ikartig die Flucht ergriffen. Schweigen aus diesem Grund während der Mittagszeit sogar die Zikaden?

Einer anderen, späteren Quelle nach ist Pan der Stiefbruder des Zeus, dessen Schrei beim Kampf der olympischen Götter die Titanen in die Flucht schlug. Laut Thallus, einem Historiker des ersten Jahrhunderts, fand der Kampf zwischen Zeus und seinen Götterkollegen, den (indoeuropäischen) Eroberern und der prähistorischen Urbevölkerung Griechenlands, 322 Jahre vor dem Trojanischen Krieg statt, also um 1505 v. Chr. Eine erstaunlich genaue Angabe. Die minoische Kultur Kretas bzw. der Ägäis ging zu dieser Zeit endgültig unter, die ägäischen Inseln befanden sich in archaischer Hand, und die Mykener traten das kulturelle Erbe der älteren Kulturen an. In diese Epoche verweist Odysseus, der »Städtezerstörer«.

»Und es bestaunte Odysseus die Häfen und die schwebenden Schiffe, die Märkte der Edlen selbst und die Mauern, die langen, hochgebauten, mit Pfählen gefügten, ein Wunder zu schauen.«

Was mich bewegte, war die Frage, wie sich die Phäaken ihre Kultur hatten erhalten können. Den Schlüssel zur Beantwortung dieser Frage glaube ich mittlerweile gefunden zu haben.

Und dann sah ich eines Tages eine alte Frau in der traditionellen Tracht der Korfiotin. Ich war dieser Tracht schon öfter begegnet. Auffallend sind die schwarzen Leibröcke, die weißen Blusen und die weiße Kopfbedeckung, ein Tuch, das wie eine Haube getragen wird. Traditionellerweise sind auch Strümpfe und Schuhe schwarz. Im übrigen Griechenland tragen die Witwen schwarz. Schwarz und Weiß sind die symbolischen Farben des Mondes, die Farben seiner hellen und dunklen Seite. Daß katholische Nonnen noch heute schwarz und weiß und auch sichelförmige

Haubenhörner tragen, ist so gesehen kein Zufall. Die Oberwelt (Sonne/Tag) war mit dem körperlichen Tod verbunden, die Unterwelt (Vollmond/Nacht) mit geistiger Unsterblichkeit. Isis oder Io, »Mond«, war die »Königin des Himmels« und ihre andere, dunkle Seite, Nepthys, Hekate usw., die »Todesgöttin«, weshalb man die Große Göttin »Leben-im-Tod« und »Die-eine-in-sich« nannte. Die Oberwelt, das sterbliche Leben, und die Unterwelt, das unsterbliche Totenreich, oder das Land der Seelen, die Materie, die aus dem Geist, das Licht, das aus der Dunkelheit, wie das Leben, das aus dem Tod geboren wird, ließen einander noch nicht trennen. »Es ist ein Schnitter, der heißt Tod.« Im Volksmund erinnert der Sensenmann an die einstige »Gerstengöttin« der Ackerbaukulturen und ihre beiden Seiten innerhalb der Mondtrinität, wie etwa Demeter als Kore, »grünes Getreide« (Sichelmond), Persephone, »reifes Getreide« (Vollmond) und Hekate, »geerntetes Korn« (Dunkelmond); Sense und Sichel sind ein lunares Zeitsymbol. So schnitten die keltischen Druiden rituell den Mistelzweig von der Heiligen Eiche ab, das heißt, die Eiche wurde »entmannt« und dadurch »weiblich«, weil das Weibliche einst untrennbar mit dem Göttlichen und Unsterblichen verbunden war. Vor dem Eichenkult kannten auch die Kelten einen Gerstenkult und der »Eichengott« war ursprünglich eine Eichen- und noch früher eine Gerstengöttin.

Wie hieß doch Kerkyra, Korfu, im Altertum? Drepane, die Sichel, was gemeinhin damit erklärt wird, daß Korfu mondsichelförmig der albanischen Küste zugekehrt liegt. Doch erhält sich in alten Namen oft eine Erinnerung an vorgeschichtliche Zeit. Homer nennt Korfu in der Ilias bereits Korkyra, Korfu trat erst im siebenten Jahrhundert v. Chr., also erst NACH den »dunklen Jahrhunderten« in seine bekannte Geschichte ein.

»Einstmals bewohnten sie (die Phäaken) Hypereia, das

reigenplatzreiche.« Sie kamen aus »Hyperions Gefilden«, heißt es in einer anderen Übersetzung. Hyperion ist der Sohn der Mondgöttin, »hyper« das Zeichen besonderer Größe, »Io« heißt Mond und später Helios, der Sonnengott, aus dem schließlich Apoll(on), der Gott des Lichtes hervorging, die »göttliche Vernunft«. Aber auch im Namen des Helios verbirgt sich noch DIE Helle, Helen(a), oder bei den Kelten »Elen«, der Mond, deren »männliche« Seite die Sonne bzw. der Dunkelmond war.

Hypereia, das »reigenplatzreiche«! Ein Hauptmerkmal matriarchaler Kulte war der Tanz. Er ist die älteste bekannte Form religiösen Ausdrucks – Magie als getanztes Ritual. Was tun die Phäaken, um ihren Gast Odysseus zu erfreuen? Sie tanzen! Sie rühmen sich, über die besten Tänzer zu verfügen. »Und es ist wirklich so«, gibt Odysseus zu, »mit Staunen erfüllt mich der Anblick.«

Der Tanz hatte vermutlich in Odysseus kriegerischer Welt nicht viel verloren. Und doch liegt er dem griechischen Mann noch heute im Blut. Wie paradox, daß in der Öffentlichkeit fast ausschließlich der Mann tanzt. Wer je dem Stampfen der Beine bei zurückgeworfenem Kopf, dem lockeren Balancieren der Arme, der stolzen Haltung des Oberkörpers, während die Hüften mitkreisen, diesem Sichverlieren im Tanz bewundernd gefolgt ist, mag festgestellt haben, wie graziös und wie männlich zugleich und wie erotisch Griechen beim Tanz wirken. Das eine schließt das andere nicht aus.

Ich fühlte, daß ich auf der richtigen Spur war. Konnte ich in der Odyssee noch andere Hinweise auf eine matriarchale Gesellschaft entdecken?

»Umfasse sodann mit den Händen unserer Mutter die Knie ... ist Dir jene erst freundlich gesonnen in ihrem Gemüte, darfst Du hoffen, die Deinen zu sehen und heimzugelangen.«

Nicht zum König schickt Nausikaa den Odysseus, um Hilfe für die Heimkehr zu erflehen, sondern zur Mutter, zu Arete, jener Königin, ... »die von Herzen geehrt (wird) und wird es noch heute von ihren eigenen Kindern und von Alkinoos (dem König) selbst und von den Leuten im Volk, die gleich einer Göttin sie ansehen ...« Sie (Arete) schlichtet Zwist »sogar unter Männern«. Das »sogar« drückt wohl Homers eigenes Unverständnis aus, denn zu seiner Zeit war die Frau bereits zum dienenden Wesen degradiert worden, und herrschende Königinnen und Priesterinnen gehörten schon den Legenden an. Was bedeutet eigentlich Aretes Name? Das griechische »areté« steht für das Ideal »des sich Ausbreitens in allem«.

Der König bietet Odysseus Tochter und Königreich an, falls er bleibt. Dabei hat er fünf Söhne!

Nausikaa ersucht Odysseus, im »Hain der Athene« zu warten.

Sie wäscht selbst die Wäsche – wie die Dienerinnen.

Dem König wurden »Besitz und das Amt vom Volk gegeben«.

Und schließlich, die Phäaken legen keinen »Wert auf Köcher und Bogen«, sie bevorzugen den friedlichen Wettkampf, um erhitzte Gemüter zu kühlen, und sie tanzen.

Was konnte ich aus all dem schließen?

Frau und Mann sind noch gleichberechtigt. Die Erbfolge ist matrilinear, die Tochter erbt, nicht der Sohn.

Kultstätten oder Schreine befinden sich noch im Freien, Tempel begann man den Göttern erst in hellenistischer Zeit zu errichten.

Es gibt noch keine Klassengesellschaft.

Der König wird vom Volk bzw. einem »Rat der Alten« gewählt.

Hier entdeckte ich einen Widerspruch. Alkinoos, Nausikaas Vater, heiratete nach dem Tod seines Bruders Rexenor dessen Tochter Arete. Er erhielt also die Königswürde sowohl durch die Heirat mit der Erbin als auch als Nachfolger seines vermutlich älteren Bruders. Denn nur der Schwestersohn oder der jüngere Bruder sind erbberechtigt. In dieser vermutlichen Spätphase matriarchaler Gesellschaften war die Königswürde offensichtlich bereits vererbbar. Nur für den Fall, daß kein Erbe vorhanden ist, wird der König oder Häuptling noch frei gewählt. Da Arete offensichtlich keine Schwester hatte und Alkinoos keinen jüngeren Bruder, war Nausikaa die Erbin – ihre Brüder waren von der Erbfolge ausgeschlossen. Matrilineares Erbrecht ist für uns Heutigen wohl ebenso schwer zu verstehen wie für Homer, zu dessen Zeit das Königtum nur noch patrilinear, vom Vater auf den Sohn, vererbt wurde. Doch scheint das König- bzw. Herrschertum, wie wir es kennen, an und für sich eine junge Erfindung der Menschheit zu sein, denn die Sprachforschung erkannte, daß die Wortwurzel reg-, auf die man im Zusammenhang mit Königtum und königlicher Macht allerorten stößt, nicht »eine gerade Linie zu arrangieren« bedeutet, wie »das gerade« und »das rechte« und »das richtige« stets mit dieser Wortwurzel und mit dem König in Zusammenhang steht, sondern »wirksam sein, mana haben« (J. P. Mallory).[10] Darüber hinaus untersuchte Hartmut Scharfe die indisch-arischen Veden und entdeckte, daß das Wort »rai« in den frühesten Vedischen Texten nicht das männliche Hauptwort mit der Bedeutung »König« meinte, sondern ein weibliches Hauptwort, das »Stärke, Kraft« inkludierte, eben den Besitz von mana, dem Brot (oder Fleisch) der Götter. Übereinstimmungen zwischen dem Sanskritwort »raian-« und dem griechischen »aregon« deuten auf ein proto-indoeuropäisches Wort für »Beschützer« oder »Person mit Kraft oder Charisma« hin und nicht auf »König«. Der proto-indoeuropäische König ist nach diesen Untersuchungen ein Mythos! Verbirgt sich nicht auch im

Namen des älteren Bruders Rexenor die Sonne, der »König«? Der König ist tot, es lebe der König! Deutet die Heiratsgeschichte Aretes auf den Opfertod eines Zwillingsbruders hin, wie man ihm im Heroen-Zeitalter der Mythen allerorten begegnet? Symbolisiert Alkinoos wie ursprünglich Thoth in Ägypten das lunare und Rexenor das solare Prinzip? Wenn es sich so verhält, dann konnte Alkinoos nur durch Arete, seine »Königin« herrschen wie der ägyptische Pharao ursprünglich nur durch seine Schwester, die Isis verkörperte, herrschen konnte. Ich begann zu verstehen, um welche »Kraft« es sich bei dieser »mana«-Kraft handelte, deren Ideal das »sich Ausbreiten in allem« ist – um die ursprünglich als »weiblich« verstandene, alles Leben befruchtende, spirituelle oder geistige Lebensessenz, die der Mond als »Ursprung aller Symbolischen« bzw. als »Verzauberer« versinnbildlichte, um »arete«, die »Mutter« Nausikaas!

Die Phäaken lehnen den Krieg ab und bevorzugen sportliche Wettkämpfe, auf die man im Mythos stets im Zusammenhang mit der Wahl des Sakral-Königs oder Heros stößt, der dank der Mysterien nicht nur geistig und spirituell, sondern auch körperlich fit sein mußte. Ihre Vorliebe für den Tanz verweist auf Schamanentum, denn der Tanz ist eines der ältesten Mittel der Schamanen-Priester alter Kulturen, um die Trance zu erlangen, die das nötige Tor zum Höhepunkt des Mysteriums, der Erleuchtung, darstellt, wodurch der Schamane »mana« erhält, die Kraft, die in den salomonischen Gesängen als »Liebesweisheit« umschrieben wird, und die einst als unerläßlich galt, um herrschen zu können.

Ich begann mich für die Familiengeschichte der Phäaken zu interessieren. Nausithoos, so heißt es in der Odyssee, Nausikaas Großvater, stammt von Periboea, der »schönsten unter den Frauen« ab, einer Tochter des Titanen Eurymedon und Poseidons. Schon wieder der »Erdenerschütterer«! Nun muß Poseidon im griechischen Mythos auffallend oft als Erzeuger herhalten, was wohl kaum an seiner übergroßen Potenz lag, sondern vielmehr daran, daß die Abstammung vom Klan der Mutter her keinen Vater berücksichtigte, wodurch die griechischen Mythographen, die wie die hebräischen Patriarchen in ihren Schriften das Vaterrecht zementierten, in beträchtliche Schwierigkeiten gerieten. Daß in der Odyssee beinahe nur noch Väter genannt werden und wo es keine gab, andere externe Geburtsmöglichkeiten erfunden wurden, wie Athenes Beispiel zeigt, die Zeus Kopf oder Schenkel entspringen muß, bedeutet keinen Widerspruch. Die Mütter zählten nicht mehr und waren aus einsichtigen Gründen einfach verlorengegangen.

Wie der lykische Bellerophon oder der Hebräer Abraham gilt auch Poseidon als jener »Gott«, der dem Vaterrecht zum Durchbruch verhalf. Poseidon ist Teil einer vermännlichten Triade, Zeus-Poseidon-Hades, die an die vedisch-männliche Dreifaltigkeit erinnert, Mitra-Varuna und Indra, die in einer hethitischen Abhandlung, datiert um 1380 v. Chr., aufscheint. Die Hethiter sind das erste sogenannte »indoeuropäische« Volk, das sich nachweisen läßt. Ab etwa dem dritten Jahrtausend v. Chr. waren ihre Vorfahren aus den Steppen Zentralasiens aufgebrochen, um dank aggressiver Reiter-Krieger und eines neuen furchtbaren Kriegsmittels, dem Kampfwagen, über die friedlicheren und kulturell stets höher entwickelten Kulturen Asiens und Kleinasiens hinwegzurollen; um 2000 v. Chr. drangen sie in die heutige Türkei ein. Vierhundert Jahre später war eines der mächtigsten Reiche des Altertums entstanden, das in seiner Hochblüte bis nach Syrien und Kanaan, dem späteren Reich der Phönizier, reichte.

Wie Gerhard Herm in seinem Buch »Die Kelten« aufmerksam macht, verdankten die aggressiven Reiter ihre

Errungenschaften, auch den Wagen und die Fähigkeit, Staaten zu errichten, zu verwalten und zu regieren, den von ihnen eroberten und unterworfenen Völkern,[11] die – wie Jahrtausende später die eingeborenen Menschen Amerikas – der Aggression ihrer Eroberer nichts entgegenzusetzen hatten. Die Esoterik (Geheimlehre) der Kelten jedoch verweist in ihrem Kern auf eine frühere und friedlichere Welt.

Waren die Phäaken ein mutterrechtlich orientiertes Volk, versteht sich Poseidons Rache von selbst, der nicht nur das heimkehrende Phäakenschiff versteinert, das Odysseus endlich zurück nach Ithaka gebracht hatte, sondern der auch droht, ein »großes Gebirge« rund um die Stadt zu ziehen.

Er zog es, und nicht nur um die Phäakenstadt. Über den gesamten griechischen Raum senkte sich mehrere Jahrhunderte lang Dunkelheit. Während des »griechischen Mittelalters« verlernten die Griechen die Sprache, das Nähen der Kleider, und wie kunstvoll muten die Bekleidungen der eleganten Minoerinnen im Vergleich zur sackartigen Tracht der Griechen an, selbst die einfachste Form von Eisenerzverarbeitung verschwand, ebenso die Kenntnis von Kerzen, Leuchtern und Lampen. Drei Viertel der Bevölkerung starben aus, weil, wie Ernst Borneman schreibt, sich die in freien Sippen und Stämmen lebenden Ackerbauern von den Eroberern nicht versklaven lassen wollten und es vorzogen, lieber unterzugehen. Auch indianische Völker Amerikas zogen den Tod der Versklavung durch die spanischen Eroberer vor. Die zerstörten minoischen und mykenischen Paläste gerieten in Vergessenheit und wurden erst in unserer Zeit wiederentdeckt. Nur der Mythos erinnerte an die ehemaligen matriarchalen Hochkulturen. Aber die Angst des griechischen Mannes vor der »Weiberherrschaft« steckte tief in den Knochen der siegreichen Kriegerkulturen. Aus Pandoras »Büchse« strömte nun alles Leid und Elend in die Welt. »Ein bös' Gewächs im Leben« war die Frau geworden,

»als nöt'ges Übel aber kaufen (!) wir sie doch« – Menander. Hesiod behauptet: »So hat Zeus die Weiber den Männern als Plage geschickt«, und Platon, der an die Wiedergeburt glaubt, was er den nun verachteten Frauen verdankte, stellte fest: »... diejenigen der zuerst geschaffenen Menschen, die ein Leben der Feigheit und Ungerechtigkeit führten, werden dementsprechend in der zweiten Generation als Weiber wiedergeboren.«

Es galt also als Strafe, als Frau unter den Griechen leben zu müssen, in einer Gesellschaft, die Sklaverei als »naturgegebene Basis der sozialen Ordnung« betrachtete (Aristoteles), und in der die aus den eroberten Gebieten verschleppten Frauen zur Prostitution gezwungen wurden.

Wahrlich, des »Erdenerschütterers« Rache erschütterte die Erde. An diesem Erbe tragen wir heute. Die schönen Marmorstatuen der Griechen erfreuen das Auge weniger als Platons Utopie vom Staat ängstigt. Religion UND Wissenschaft, Mathematik UND Musik, Medizin UND Kosmologie, Körper, Geist und Seele waren einmal ein einheitliches Ganzes. Wir sind Spezialisten geworden. Für uns ist entweder alles Materie oder alles Geist. Wir sind dabei den Weltraum zu erobern, den äußeren Kosmos, aber wir haben es verlernt, den Zusammenhang zwischen Außen und Innen zu begreifen. Ja, ich wage zu behaupten, daß wir nicht reicher, sondern ärmer geworden sind.

Im Mythos verbirgt sich Wahrheit, schreibt Joseph Campbell. Wir müssen nur lernen, seine symbolische Sprache zu entziffern und uns von dem uns aufgedrängten »stammesgebundenen Buchstabenglauben« der Mythen wieder zu entfernen. Poseidon ist ein solches Symbol. Als Stammesvater der Phäaken konnte ich ihn ausklammern. Aber ich stieß auf einen anderen Eurymedon, mit dessen Tochter Poseidon angeblich den Nausithoos, Nausikaas Großvater, zeugte. Dieser Eurymedon war ein Sohn des

Minos der kretischen Dynastie. Nun heißt Minos »Mondwesen«, wodurch sich bereits eine Richtung abzuzeichnen beginnt.

»Sie kamen aus Hyperions Gefilde«, dem Reich der Mondgöttin, denn »Io« bedeutet Mond und »Hyper« ist eine Bezeichnung besonderer Größe. Kamen sie aus dem Süden?

Ein anderer Sohn oder Bruder des Minos, Sarpedon, floh vor dem Minos von Kreta aus nach Osten und gründete das mütterrechtliche Lykien, das historisch wurde. Seine zutiefst demokratischen Bräuche und die hervorragende Stellung seiner Frauen überraschten Herodot, der als Karer selbst von der vorgriechischen Bevölkerung abstammte, bereits beträchtlich. Sarpedons Tochter heißt Laodameia, Alkinoos Lieblingssohn ist als Laodamas angegeben. Zufall? Wieder ein anderer Sohn oder Bruders des Minos zog von Kreta aus nach Norden. Hier gibt es eine überlieferte Verbindung zu den Phäaken, denn sie waren es, die ihn auf ihren Schiffen nach Euböa brachten, wie die Odyssee berichtet.

Das alles deutet auf Kreta und/oder das mutterrechtliche Reich der Minoer zurück.

Noch eine Verbindung zu Kreta bietet sich an. Phaiax, ein Vorfahre der Phäaken, manche nennen ihn auch Nausitheus (!), stand als Steuermann am Bug jenes »dreißigrudrigen« Schiffes, das Theseus nach Kreta brachte.

Etwa 1400 v. Chr. war es laut Robert Ranke-Graves zu einem Aufstand der Athener gegen einen kretischen Oberherrn gekommen. Schon Jahrhunderte zuvor, zu Beginn des zweiten Jahrtausends, hatte ein frühhellenischer Adel die Herrschaft auf Kreta übernommen. Die Eroberer arrangierten und vermischten sich jedoch allem Anschein nach vorerst auf friedliche Weise mit den Kretern. Das dreißigrudrige Schiff, das Theseus nach Kreta brachte, verweist auf eine Kalender- und Religions-Reform, auf die Einführung eines Sonnenkalenders von 30 Tagen und 12 Monaten, der den alten lunaren Kalender zu 28 Tagen und 13 Monaten abgelöst hatte. Man stößt auf ihn als Sakral- bzw. Orakel-Kalender noch im alten Irland und bei den Zulu, einem Bantu-sprechenden Volk in Afrika. Im eroberten Ägypten gewann Thoth beim Brettspiel der Königin Isis jene fünf Tage ab, die nötig waren, um den Sonnen-Kalender zu institutionalisieren: 12 Monate zu 30 Tagen (360 + 5 Resttage) im Gegensatz zu 13 Monaten zu 28 Tagen (364 + 1 Resttag) des uralten lunaren Kalenders. Der »ägyptische« Thoth, Ägypten war um 1700 v. Chr. von indoeuropäischen Völkerschaften erobert worden, erinnert an Thor, der von der Wüste Gobi aus aufgebrochen sein soll und zu einem »Gott« nordischer Völker wurde. Die Väter, in deren Kosmologie ausschließlich die Sonne im Zentrum stand, begannen ihre Macht anzutreten, während die älteren Kulturen sowohl einen lunaren, einen Venus-, einen Sirius- und einen Sonnenkalender gekannt hatten, und die Erde und das Leben auf ihr als eingebettet in das kosmische Zeit-(Raum-)Geschehen verstanden.

Im Mythos wird der Aufstand der Athener mit dem neunjährlichen Tribut von sieben Athener Jünglingen und sieben Jungfrauen an den Minotaurus beschrieben. All diese Zahlen sind kosmische Symbole: Neun ist die traditionelle Zahl der Großen Göttin mit den vielen Namen, die je sieben »weiblichen« und »männlichen« Opfer an den Minotaurus, das Mondwesen, drücken die Polarität der zweimal sieben Tage aus, die jeweils die Periode von Vollmond zu Neumond und von Neumond zu Vollmond kennzeichnen. Die Zahl 14 war eine »Atlantische« Zahl, schreibt Uwe Topper. Der 15. Tag ist auch der Höhepunkt der weiblichen Fruchtbarkeit im Menstruationszyklus der Frau (von mens/Mond), der dem lunaren Zyklus von

28 Tagen entspricht, dem ältesten bekannten Kalender der Menschheit.

Nach der Eroberung von Knossos durch die Athener, welche der Mythos als Theseus' Sieg über den Minotaurus symbolisiert, schloß man einen Friedensvertrag, der durch die Heirat des Königs von Athen mit Ariadne, der kretischen Erbin, gültig wurde. Ariadne, von ariagne – »sehr heilig« – war die Mondgöttin, die man auch »die hohe, sehr fruchtbare Gerstenmutter« nannte, die sich in ihrer Hohepriesterin symbolisierte. Theseus Verirrung im »Labyrinth«, einem kultischen Tanzplatz, wie man ihm noch im christlichen Mitteleuropa in Notre-Dame-Kathedralen des einstigen gälischen (keltischen) Frankreich begegnet – die Notre-Dame-Kathedrale von Chartres zeigt noch heute ein derartiges Tanz-Labyrinth – verweist darauf, daß Theseus ein Anwärter auf das »Königtum« war und sich, um herrschen zu dürfen, dem Mysterium unterziehen mußte, d. h. seine Seele stieg – wie von den ägyptischen Mysterien bekannt ist – in die labyrinthartigen Wege der seelischen »Unterwelt« hinab. Das ist eine schamanistische Erfahrung, bei der »Ungeheuer« bekämpft, die eigenen verborgenen Triebe und Begierden geläutert werden müssen, die in der dunklen, unbewußten Seite der Psyche lauern, um den Ego-Tod zu sterben. Es ist das nötige Opfer derartiger Heroen, die später zu Königen werden sollten, um »aus dem Geiste« wiedergeboren, »erleuchtet«, weise und unsterblich zu werden, »mana« zu besitzen. Dank Ariadnes »Wollknäuel« findet Theseus aus dem Labyrinth seiner eigenen Unterwelt heraus, ohne sich rettungslos zu verirren oder verrückt zu werden, wie es etwa von einem Herakles berichtet ist. Die Hohepriesterin oder Schamanin beaufsichtigte das Ritual, dessen Höhepunkt die »außerkörperliche« Reise ist, und leitet den Adepten oder Neophyten, wie derartige Anwärter auf die Unsterblichkeit noch bei frühchristlichen Mysterien genannt wurden, sicher heraus und in seinen Körper zurück. Den Tod des eigenen Egos kann der Adept wie ein sehr realistisch erfahrenes Zerreißen und Wiederzusammensetzen seines eigenen Leibes erfahren – Pans oder Dionysos' Leib wird von den »Mainaden« zerstückelt wie der Adept keltisch-druidischer Riten im »Kessel« der Göttin (anima), wonach die Wiedergeburt des Helden (animus) erfolgt. Derartige »Wollknäuel«, welche die Wege durch das Seelen-Labyrinth oder das Labyrinth der Psyche darstellen, sind von frühen Felszeichnungen, die schamanistische Erfahrungen wiedergeben, bekannt. Sie finden sich sowohl im eiszeitlichen Europa als auch bei Felszeichnungen der San (Buschmänner) im südlichen Afrika.

»Sie flohen vor dem übermütigen Spiel der Kyklopen«, heißt es vom Ursprungsland der Phäaken. Kyklopen, die rundäugigen, die Steine warfen. In der griechischen Sage bewacht der Riese Talos die Insel Kreta, bewirft Fremde mit Steinen und erdrückt sie an seiner glühenden Brust. Handelte es sich hier um die mythologische Beschreibung eines Vulkans?

Der Santorin!

Um 1500 v. Chr. explodierte dieser Vulkan in der Ägäis mit unvorstellbaren Auswirkungen. Der vorher 2000 Meter hohe Vulkankegel, bewaldet, und wie man heute weiß, besiedelt, der an klaren Tagen von der Nordküste Afrikas zu sehen gewesen sein muß, wurde bis zu 300 Meter unter dem Meeresspiegel weggerissen. Nur ein Teil des Kraterrandes blieb bestehen, das heutige Santorini oder Thera. Eine gewaltige Flutwelle, begleitet von Aschen- und Bimssteinbomben, Erdbeben und Feuerstürme, vernichtete die »ägäische« oder »minoische« Kultur. Bezog sich Thallus' so erstaunlich genaue Angabe über den Kampf zwischen Eroberern und Urbevölkerung auf diese gigantische Naturkatastrophe? Ist es das Datum, an dem der endgültige Sieg von

Zeus über Eurynome, oder wie die Große Göttin immer genannt wurde, festzusetzen ist? Kretas Name (von »crateia«) bedeutet die »starke oder herrschende Göttin«. Das für die Katastrophe errechnete Datum wird heute mit 1450 +/– 60 Jahre festgesetzt! Thallus überlieferte das Jahr 1505 v. Chr. als Zeitpunkt des endgültigen Sieges über die »Giganten«, die »ersten Kinder der Erde«, mit denen sich Titanen oder Kyklopen gegen die Eroberer, die späteren Griechen, verbündeten. Um 1400 v. Chr., also offensichtlich nach der Katastrophe, fand der Überlieferung nach die endgültige Eroberung Kretas durch »Athener« statt; Athen oder wie immer es früher genannt wurde, war bereits um das zweite Jahrtausend erobert worden. Kretas endgültige Übernahme konnte jedoch erst erfolgen, als sein mächtigstes Verteidigungsmittel, seine Flotten, wohl durch die Katastrophe und deren Nachwirkungen zerstört worden waren.

An die Kultur der Kykladenvölker, die »ägäische« Kultur, blieb nur eine vage Erinnerung. Da hatte es einmal einen Völkerbund gegeben, dessen Schiffe lange vor den Phöniziern, den Achäern und den Griechen, ja selbst den minoischen Kretern, Seewege nach Italien, Spanien und den Balearen erschlossen hatten, und die vermutlich bis Asien und Amerika gekommen waren. Da gab es einst ein Volk oder Völkerschaften, auf deren gemeinsame Religion die Ursprünge von Judentum, Christentum und Islam zurückweisen. Erinnert der Mythos von den Phäaken an diese Kultur?

Die Phäaken werden als die besten Seefahrer ihrer Zeit beschrieben. Sie konnten ihre »schwarzen Zauberschiffe« mit der »Kraft ihrer Gedanken« lenken. Sie kamen bis nach Finnland, von wo aus sie über die »Bernsteinroute« jenes begehrte Naturprodukt nach Kerkyra brachten, wie die Argonautensage berichtet. Einem nach den dunklen Jahrhunderten Geborenen wie Homer mußte das freilich wie Zauberei vorkommen.

Geflohen waren sie vor dem übermütigen Spiel der Kyklopen. Die endgültige Katastrophe hatte sich durch Jahrzehnte hindurch in Form weniger dramatischer Ausbrüche angekündigt. Mittlerweile wurde auf Thera die Stadt Akrotiri, eine zerstörte »minoische« Siedlung ausgegraben, doch war man auf keinerlei Zeugnisse menschlichen Lebens gestoßen; die »Minoer« waren rechtzeitig vor der großen Katastrophe geflohen und scheinbar spurlos verschwunden.

Ich erinnerte mich an Abbildungen von unter einer 30 Meter hohen Ascheschicht freigelegten Fresken, die ein heiteres, liebenswertes Volk zeigten, Frauen als Priesterinnen, eine auffallende Liebe zur Natur und – eine Welt ohne Waffen. War das Nausikaas Welt gewesen? Was bedeutet eigentlich ihr Name?

Ich sah hoch, mitten hinein in das Himmelsauge. In diesem Augenblick war SIE mir sehr nah. Eine Windböe sprang mich an. »Eurynome wandte sich um und erfaßte diesen Nordwind und rieb ihn zwischen ihren Händen. Und siehe da, es war Ophion, die große Schlange. Eurynome tanzte, um sich zu erwärmen, wild und immer wilder, bis Ophion, lüstern geworden, sich um ihre göttlichen Glieder schlang und sich mit ihr paarte. So ward Eurynome vom Nordwind, der auch Boreas genannt wird, schwanger.«

Nausikaas Name bedeutet »Verbrennung der Schiffe« oder »Brennende Schiffe«.

Ich sah über die wogende See. Der Himmel brannte. Nein, nicht der Himmel brannte, die Stadt brannte. Glühende Gesteinsbrocken wirbelten über das Wasser, das zischte und dampfte. Im Hafen verkohlten die Schiffe. Brennende Schiffe ...

II Die Spirale von Atlantis

»Der Mann hat die Nabelschnur zur Großen Mutter
mit seinem Schwert zerschnitten,
und seither hängt dieses Schwert über seinem Kopf.«
(W. I. Thompson)[12]

Die Schriftstellerin Christa Wolf spricht vom griechischen Himmel wie von einem Block. Ich habe ihn nie so empfunden, wenn ich auch nachvollziehen kann, weshalb sie ihn so empfand. Der Himmel über Griechenland, besonders über den Inseln, wirkt wie an das Land oder an das Meer geschmiedet. Doch verbindet sich mit dem Wort Block der Begriff eckig; für mich ist der griechische Himmel »rund«. Auch enthält er eine Klarheit, der ich nur noch beim Himmel über den afrikanischen Wüsten begegnen sollte, so als ob der Himmel über Griechenland ein Versprechen der Weiten des afrikanischen Kontinentes in sich tragen würde. Vielleicht liegt es daran, daß es im Angesicht afrikanischer Wüsten nichts anderes zu geben scheint als wenig Erde und unendlich viel Himmel, ebenso wie es in der Ägäis bisweilen nur Wasser und Himmel zu geben scheint, bis aus dem blauen Dunst die Inseln auftauchen wie Oasen in einer Wüste aus Sand oder Wasser. Und dann ist da das Licht.

Der Himmel über Griechenland, vom Himmel über der Sahara oder der Kalahari im Süden Afrikas abgesehen, ist anders als sonstwo, weil das Licht anders ist. Land und Meer scheinen in ihm zu ertrinken. Bisweilen schließt man geblendet die Augen, weil kein menschliches Auge so viel

Licht ertragen kann. Das Licht dringt durch die Lider, es trifft.

Erst am späten Nachmittag wird das Licht weich und sanft. Wie felsgewordene Träume schwimmen die ägäischen Inseln im »Nebel des Meeres«. Einmal war ich am frühen Morgen in einem Kaiki unterwegs, als wir wirklich in Nebel gerieten. Es war ein gespenstiges Gleiten, der wattige Nebel schluckte alle Geräusche, Heck und Steuermann wurden zu dunkel zerfließenden Schatten. Einen Augenblick lang erlag ich der Vorstellung, allein mit diesem unsichtbaren Steuermann über den Okeanos zu gleiten, dann riß die Nebelwand entzwei und das Licht stürzte auf uns. Der Steuermann war wieder ein Steuermann und das Kaiki ein ganz normales Boot. Nur ein Herzschlag hatte mich von einer anderen, körperlosen Welt getrennt, und in mir blieben Schmerz und Sehnsucht zurück, die zu ergründen ich mich hütete.

Ich war unterwegs nach Thera, der Vulkaninsel.

Der Abschied von Korfu und den Freunden war mir nicht leicht gefallen. Bei Wassilis hatten wir gefeiert, mit Galeo in roter Sauce und Strömen von Retsina, bis die »rosenfingrige Eos« erschien. Ich reiste auf zwei Ebenen, auf einer realen und auf einer geistigen. Das Eindringen in den Mythos ist eine der spannendsten Reisen überhaupt, bisweilen entdeckte ich Neuland, bisweilen schien es mir, als erinnerte ich mich an etwas. Weshalb dachte ich gerade jetzt an da Vincis Mona Lisa, die ich zwei Jahre zuvor hinter dickem Panzerglas, das ihr Lächeln nicht trüben konnte, gesehen hatte? Das rätselhafteste Lächeln der Welt? Wirklich? Ein Lächeln wie aus einer anderen Welt? Möglich? »Nichts größeres in der Welt als die dreifältige Göttin«, schreibt Robert Ranke-Graves, »das sagten stillschweigend oder laut alle wahren Musendichter seit Anbeginn der Dichtung.«[13] Von der Göttin scheint es eine seit Jahrtausenden wirksame magische Verbindung zum Künstler zu geben, die wir Kreativität nennen. Drückt Mona Lisas Lächeln nicht eine Erinnerung der Seele aus, vom genialen Künstler in seinem eigenen Inneren empfunden und wiedergegeben? Kunst, die allein dem Kopf entspringt und nicht dem »Denken mit dem Herzen« wie es die Alten nannten, ist eine Befriedigung des Egos, während jene Kunst, die tief in unserem eigenen Inneren wiederzuvibrieren vermag, aus einer Quelle strömt, die stets größer ist als nur die »persona« des Künstlers.

Aus den rituellen Tänzen unserer fernen Vorfahren, die zum begehrten Zustand der Trance, der Vorstufe zur Erleuchtung, dem unbeschreiblichen »Einssein mit Gott« führt, wie wir die Ekstase nennen, ging alle Kunst hervor. Die geistige Ekstase erfolgt Hand in Hand mit einem körperlichen Höhepunkt, weshalb Satyre, Dionysos oder Pan stets mit erigiertem Phallus abgebildet sind. In der Welt der »Väter«, die auf Zeugung und nicht mehr Schöpfung ausgerichtet war, verselbständigte sich die Betonung des Phallus und wurde zum ausschließlichen Symbol körperlicher Lust, zum männlichen »Fruchtbarkeitssymbol«. Daß diese Fruchtbarkeit einst nicht als rein körperliches Mysterium und schon gar nicht als rein männliches, sondern als Domäne des »Weiblichen« verstanden wurde, belegen weltweit die Felszeichnungen schamanistischer Erfahrungen. Schamanen in Ekstase sind stets mit erigiertem Penis dargestellt; auch im alten Ägypten richtete sich die Djedsäule des Osiris, die man durch einen riesigen Steinphallus symbolisierte, bei der Vereinigung mit Isis auf. Isis' Symbol war das Gefäß, eine Schale oder ein Pokal gefüllt mit Wasser, Symbol für die Seele bzw. die spirituelle Lebensessenz.

Auf den Ursprung von Kultur/Wissenschaft und Religion aus derartigen, die Begrenzungen unserer dreidimensionalen »Wirklichkeit« aufhebenden und überschreitenden Ritualen, verweist auch die Sprache. Heide Abendroth nennt die Musen der griechischen Mythologie Mondpriesterinnen, Pausanius bezeichnete sie als »Berggöttinnen«. Ursprünglich waren ihrer drei, später wurden sie auf die Potenz der Dreizahl, die allen Religionen heilige Neunzahl, die stets die Große Mutter/Göttin symbolisierte, erweitert. Unser Wort für Komödie leitet sich nach Abendroth von »ausgelassener Gesang« ab, Tragödie von »Bocksgesang«; Vergil schlägt für tragos »eine Ziege« vor und Jane Harrison »Dinkelweizen«, aus dem man Bier, das traditionelle Rauschmittel bei den Dionysos-Riten, braute, das später vom Wein des Bacchus abgelöst wurde.

Die Erfindung der Trommel, des Tamburins und der Doppelflöte wird im griechischen Mythos der Athene zugeschrieben, die nach Platon als ältere Neith nach Libyen verweist. Herodot setzte Libyen, das »Löwenland«, auch »Mondland« genannt, nicht nur mit Nordafrika, sondern mit dem Kontinent Afrika gleich, denn er schrieb, daß Libyen »ja doch ringsum vom Meer eingeschlossen sei«. Der Heros stahl der Göttin nicht nur ihre Musikinstrumente, das Mittel zur Trance, sondern auch die Kunst der Weissagung, das Orakelsagen und die Schirmherrschaft über Literatur, Kunst, sowie die Heilkunst, die in alten Mythen stets der »Weißen Göttin« (Mond) zugeschrieben wurden.

Im Mythos Bantu-sprechender Völker Afrikas stößt man auf die »Göttin der Musik und der Tänze«, Ma.rimba, die Tochter der Großen Mutter Erde, Ma, welche die Instrumente und den Tanz erfand – das Xylophon, die Marimba, trägt noch heute ihren Namen. Interessanterweise bedeutet -rim im Sumerischen »ein Kind gebären«.[14] Das Kind wird von Ma, im Sumerischen eine Abkürzung von »Ama, Mutter«, geboren, und der Bezug zur Ma.rim.ba der Ba.Ntu, der »Menschen«, aber auch zur christlichen Mutter Gottes

Ma.ria, deren Name »die vom Meere« bedeutet, ist nicht zu übersehen. Das Meer, der kosmische Ozean, das Wasser, symbolisiert die Seele, die sich vom »Fluß der Zeit«, der Ur-Schlange der Mythen, und dem kosmischen Ozean, dem Okeanos der Griechen, nicht trennen läßt. Wie immer gibt es auch einen kosmischen Bezug, denn Ma bedeutet im Sumerischen auch »etwas, das zu Ende geht und wieder von neuem beginnt«, einen Zyklus.[15] Es ist der Zeit-Zyklus der Erde, eingebettet in das kosmische Raum-Zeit-Geschehen, der Zyklus des Jahres, der befruchtenden Zeit, mit deren Hilfe wir unsere Lebensspanne entsprechend unserer Erdenjahre messen können.

Kunst und Wissenschaft, Tanz, Gesang, Ritual, Dichtung, und Kosmologie, Astronomie und Mathematik, sowie die Heilkunst, ließen sich in dieser uralten Kosmologie nicht voneinander trennen, der man im Zeugnis des Schamanentums von Sibirien über Asien, Kleinasien, im alten Europa, bei den Kelten und prähellenischen Völkern, in Afrika und bei indianischen Völkern Amerikas begegnet. Die Welt war noch nicht in jenem Ausmaß »sexualisiert« und dualisiert, in »weiblich« und »männlich«, in »Licht« und »Dunkel« und in »gut« und »böse« getrennt worden, wie sie sich uns heute als Konsequenz des »Falles« darstellt, der nicht nur in der Mythologie der Hebräer, die in die Bibel einfloß, als Vertreibung aus dem Paradies überliefert wurde, aus einer Welt, in der die Menschen in Harmonie mit der Natur und sich selbst, mit »Gott«, mit Natur und Kosmos, lebten.

Es begann mit dem »Diebstahl« der Instrumente der Göttin, die in der Sprache der Mythen den Zugang zum Ritual bzw. Mysterium symbolisieren. Am deutlichsten beschreibt diesen Vorgang eine Überlieferung der Tukano-Indianer, die Gert Chesi aufzeichnete. Ein weiblicher Schamane stellt die ursprüngliche Besitzerin der sakralen Flöten und Trompeten dar. »Ein männlicher Geist entriß den Frauen die sakralen Instrumente und institutionalisierte die Herrschaft der Männer über die Frauen.«

Im nordischen Mythos belehrt die Riesin Wölva den Odin, dessen Frau Frigg (auch Freya) auf einem Besenstiel reitet; der griechische Göttervater Zeus, der seine Brüder Poseidon und Hades an Bedeutung abgelöst hatte, wird von einer »Ziege« gesäugt bzw. von einer Amme, Io, »Mond«, erzogen; die Begründer von Rom, die Zwillinge Romulus und Remus, säugt eine Wölfin usw. Neith, die spätere Athene, war auch die »Ziegengöttin«, und ihr Heros ist oft mit einer Ziegenmaske abgebildet. Einer ihrer anderen Namen war Ägis, und Ranke-Graves verweist darauf, daß libysche Frauen einen Beutel aus Kranichleder trugen, der das Alphabet-Kalender-Geheimnis enthielt, die Ägis, das »Rad der Zeit«. Aus ihm wurde das »Neujahrskind«, Dionysos, Pan, oder wie immer der »Sohn-Geliebte« der Göttin hieß, geboren, der ursprünglich eine weibliche Zwillingsschwester besaß, die später von einem männlichen Zwilling abgelöst wurde, bis der Zwilling rein männlich und wie der römische Janus einleibrig, aber zweiköpfig und schlußendlich zum zwillingslosen »Sohn« wurde. Der Wolf war gleichfalls ein Symbol der Göttin in ihrem dunklen Aspekt, und der »Flug« auf dem Besen der nordischen Göttinnen Frigga oder Freya, bezieht sich auf außerkörperliche Reisen, auf das »Fliegen« von Schamanen.[16]

Im alten China bringen dem Kaiser Shun, der auf das späte dritte Jahrtausend v. Chr. datiert wird, die (vermutlich drei) Töchter eines anderen Kaisers die »Kunst zu fliegen wie ein Vogel« bei – die Kunst des Schamanen, astral bzw. mental innerhalb der Weiten des Bewußtseins zu reisen; im vedisch-arisch-indischen Mythos trinkt Indra, Teil der vermännlichten arischen Triade, den Göttertrunk »soma« von den Lippen Sri-Lakshimi's, der wohl ein Trunk halluzinogener Art war. Auf diesen deutlichen Hinweis, »daß die Geheimnisse um die Trance in einer entfernten Vergangenheit von den Frauen weitergegeben wurden«, stößt man allerorten. Alle späteren Götter oder Helden wurden erst dadurch zu Schamanen und später zu Magiern und Hohepriestern, wie noch der »weise« hebräische König Salomon, der seine Weisheit der durch das Mysterium erworbenen Fähigkeit des »Denken mit dem Herzen« verdankt, die ihm von Salome in Form des Tanzes der »sieben Schleier« enthüllt wird, hinter denen sich der Zugang zu Isis verbirgt. Salomons Braut ist diese »Liebesweisheit«, die durch das Mysterium erfahren wird; Ur-Gnostiker, frühe Christen, nannten sie Sophia, deren andere Seite Jehova war.[17] Sie ist auch »die vom Meere«, Ma.ria, der man in Volkssagen und Märchen, die das matriarchale Erbe weitergaben, weltweit unter verschiedenen Namen und zumeist als einer von drei Töchtern begegnet. Manche dieser Legenden bringen sie eindeutig mit der Schlange und mit einem Leben unter Wasser, in der Unter- oder Oberwelt in Verbindung, wie in Brasilien das Märchen von »Dona Labismina«. Labismina ist der Name der Schlange, die sich bei ihrer Geburt um den Hals der Heroine ringelte, doch lebt sie immer wieder im Meer und nimmt die Rolle der Mutter der Götter ein. Labismina bezieht sich auf L'abysme, den »abyss«, die »Mutter-Schlange unenthüllter Weisheit«, die im vormaterialisierten und unergründlichen »Ozean« lebt. In derartigen Mythen erscheint SIE sowohl als Mutter wie auch als Tochter, wie in Ägypten Isis auch als »Göttin Hathor« auftritt, die manchmal identisch mit Isis (Mond) ist und manchmal mit ihrer Mutter. Sie wird einmal als Schlange dargestellt, und ein anderesmal als Muttergöttin.[18]

Besonders Saiteninstrumente spielten im alten Ägypten und im antiken Griechenland die bedeutende Rolle. Die griechische Lyra bestand aus sieben Saiten, wobei je eine für jeden der bekannten Planeten stand. Nach dem römischen Philosophen Böthius war Merkurs Leier nach Pythagoras berühmter Skala der wechselseitigen Durchdringung und Einwirkung einer auf- und einer absteigenden Quint innerhalb einer Oktave gestimmt. Pythagoras war Orphiker, und Orpheus hatte – wie aus einem Kommentar von Proklos zu Platons Timaos hervorgeht – die pythagoreischen Grundsätze, die Orpheus, der »Sänger«, in Rätseln von sich gab, von seiner Mutter Kalliope erhalten. Kalliope war eine Muse, was bedeutet, daß Pythagoras ein in die alten Mysterien Eingeweihter war, ein »Weiser« oder eine »Schlange«, wie man derartige Menschen auch nannte. Im Namen der indischen Todesgöttin Kali, »Zeit«, begegnet man der Göttin ebenso wieder, wie in Kar oder Ker, der »Bienengöttin« Kretas.

Die rituellen Instrumente und der rituelle Tanz waren Ausdruck magischer Astronomie. Man tanzte in aus Steinen errichteten Mond- und Sonnenkalendern, die aus neun, achtzehn oder siebenundzwanzig Steinen bestanden – alle enthalten die Dreifaltigkeit. Das berühmteste Beispiel derartiger Megalith-Kulturen ist Stonehenge in Südengland, das heute auf zwischen 3000 und 2000 v. Chr. geschätzt wird, und das VOR dem Eintreffen der Kelten in Britannien entstanden war. Rituellen Tänze fanden stets bei vollem Mond und zu anderen astronomischen Fixpunkten statt; zur Frühlings-Tagundnachtgleiche, zur Sommer- und Wintersonnenwende, und zur Herbst-Tagundnachtgleiche. Im Zentrum stand der lunare Kalender mit 13 siderischen Monaten, und der dreizehnte Monat galt als »Todesmonat« der Sonne, weil zu diesem Zeitpunkt, an dem der volle Mond seinen höchsten Stand auf der Himmels- oder der Jakobsleiter einnimmt, wie die Sonne auf der ihr gegenüberliegenden Sprosse den niedrigsten; der Heros, das Jahr, starb, um wiedergeboren zu werden. Das ist in der nördlichen Hemisphäre zur Wintersonnenwende im Dezember der Fall, dem Geburtsmonat des »Neujahrskindes«. Allerdings begannen sowohl das keltische als auch das altägyptische Jahr ursprünglich im Sommer!

Der geweihte Tanzboden war im gesamten Mittelmeerraum in Form einer Spirale, dem Grundmuster aller Matriarchate, angelegt, in seiner ausgeprägtesten Form findet sich die Spirale im Labyrinth. Verdoppelt, ineinandergelegt oder ineinander verschlungen, stellt sie das geometrische Sinnbild für den polaren Mondlauf dar, den siderischen, 13 mal im Jahr, der jeweils vor dem Hintergrund des heute in zwölf Abschnitte geteilten Sternenhimmels exakt die Jahreszeiten vermißt, und den synodischen Mondlauf, 12 mal im Jahr, der die Wochen des Monats mißt. Ersteren nannten die alten Chinesen den »Weg des Himmels«, letzteren den »Weg der Erde«. Das graphische Symbol dieser gegenpoligen Mondläufe ist die liegende Acht, der Schild Athenes, ein Symbol, das sich bei den ältesten Petroglyphen Libyens, der Semiten, bei andalusischen Schriftzeichen, und bei Gravierungen im südlichen Afrika findet. Sofern seine Bedeutung bekannt ist, steht es stets mit »Zeit« in Verbindung.[19]

Im Zentrum des Labyrinths sind Licht, Erleuchtung und Ekstase, berichtet der Mythos; das geben auch mykenische und kretische Abbildungen wieder, die im Innersten des Labyrinths den Neu-Mond zeigen. Die Tatsache, daß man bei Vermessungen von Steinkreisen bei bestimmten Konstellationen auf einen sich nach innen hin – in Form von sieben Ringen – verringernden Erdmagnetismus stieß, während im Innersten des Steinkreises, das zumeist durch einen besonderen Stein markiert war, absolute magnetische Stille herrschte,[20] deutet darauf hin, daß im Zentrum der magischen Rituale die erdmagnetische Kraft bzw. deren Aufhebung (!) gestanden war, welche diese Kulturen mit der die Erde energetisierenden Neumond/Sonnenkraft in Verbindung brachten. Zu dieser Zeit befindet sich der Mond in seiner erdnächsten Position und INNERHALB der Erdbahn um die Sonne; die »Poren der Erde« öffnen sich, bei Vollmond steht der Mond am weitesten AUSSERHALB der Erdbahn. Die Dunkelmond-Sonnenkraft symbolisierte man durch Hekate oder Nephtys, die »dunkle Göttin«, aus der die »anés«, die Materie, strömt. Der Todesgott, der zum Sohn-Geliebten der »hellen« Göttin wurde, nahm der dunklen Göttin diese Aufgabe ab, um später in Umkehrung der ursächlichen Bedeutungen zum hellen Gott und zur Sonnenscheibe zu werden.

Matriarchale Kulturen empfanden sich stets im Einklang mit dem Kosmos. Der höchste Rang unter den Musen wurde Urania zugeschrieben, nach der noch heute Sternwarten benannt sind. Die Mysterien wurden von Priesterinnen beherrscht, allerdings gab es auch Priester. Ihre Erkenntnisse hüteten »Schwesternschaften«, die von »Bruderschaften« wie den Pythagoreern abgelöst wurden. Erst als ausschließlich Priester den Zugang zu den Mysterien besaßen, schloß man Frauen vom Priesteramt aus. Auf die rigorose Durchsetzung dieses neuen Tabus durch das Christentum stößt man erst ab dem zweiten Jahrhundert.[21]

Als ich einmal das wie ein Schwalbennest hoch oben in den Klippen klebende Kloster auf der ägäischen Insel Amorgos besuchte – Arme und Beine wie verlangt züchtig bedeckt und ungeschminkt, immer im Blickfeld eines greisen und eines jünglingshaften Mönches – nutzte ich die Gunst einer Sekunde, um einen Blick in das Allerheiligste zu tun. Sofort wurde ich von schwarzen Mönchsaugen durchbohrt und energisch weggedrängt. Weshalb? Weil ich das Heiligtum mit meiner Weiblichkeit »entehrt« hatte?

Adam haßt Eva immer noch. Daß es sich dabei um keine Übertreibung handelt, belegt der von Maria Magdalena in der Pistis überlieferte Ausspruch: »Ich habe Angst vor ihm (zu sprechen), weil er das weibliche Geschlecht haßt.«[22] Der Frauenhasser war der Apostel Petrus!

Ist das eine Spur?

Die ersten religiösen Kulthandlungen waren immer Fruchtbarkeitszeremonien, die dem Zyklus der Natur, dem Werden im Frühling und dem Vergehen im Herbst angepaßt waren. Im primitiven Ackerbaukulturen scheint es dabei zu Menschenopfern gekommen zu sein. Immer war es der Mann, der geopfert wurde, und mit dessen Blut die Erde besprengt wurde, um neues Leben hervorzubringen. Dieser symbolische, in unseren Augen grausame Akt von Tod und Wiedergeburt, spiegelt sich in allen frühen Mythen wieder. Allerdings gibt es deutliche Hinweise darauf, daß es sich dabei bereits um DEGENERIERTE Kulturen handelte, die – wie endlose Reihen hebräischer oder christlicher Gelehrte – den überlieferten Symbolismus wortwörtlich nahmen, weil der esoterische, geheime bzw. symbolische Gehalt entweder verlorengegangen war oder von den die älteren Kulturen erobernden Völkern nicht verstanden worden war. Das Menschenopfer, etwa die feurige Opferung auf hethitischen Sonnenrädern, oder das Herausreißen des Herzens als Sitz der »Sonnenkraft« bei den Azteken, ist stets mit dem Sonnenkult verbunden. Aus dem Erbe des Sonnen-Heroen-Kultes von »Männerbünden« entwickelte sich das patriarchale König-Priestertum, das schließlich zu nur noch weltlichen »gottgewollten« Kriegerfürsten und Königen überleitete, deren ausgeklügeltes Kastensystem bzw. Erbfolgegesetz, auf das man erstmals bei den indoeuropäischen »Edlen«, den Ariern, stößt, ihre weltliche Herrschaft absicherte. Es liegt eine Art Ironie darin, daß sich diese Herrscher, die ihre Macht ihrem Priestertum verdankten, je weltlicher sie wurden, um so weiter vom Herrschertum entfernten, das schließlich von nur noch weltlichen Herrschern übernommen wurde.

Der Überlieferung nach wurde das Opfer im Jahreszeitenreigen nicht willkürlich gewählt, sondern in einem Wettkampf am 365. Tag im Jahr, dem einen Resttag des lunaren dreizehnmonatigen Kalenders, erwählt. Der zumeist orgiastischen Vereinigung mit der Priesterin folgte unweigerlich der Tod, durch den das Opfer Unsterblichkeit zu erlangen hoffte. Mit der Geburt des Kindes im Winter schloß sich der Kreislauf von Initiation, Hochzeit, Tod und Wiedergeburt, der den kosmischen Zyklus der »Befruchtung« des Jahres, der Zeit des Sonnenjahres, und damit des Lebens auf der Erde widerspiegelte.

Anfangs war der Jahreszeitenkönig das freiwillige Opfer – Pan und die Mainaden – später der Heilige oder Sakral-König, der mit der Priesterin die »Heilige Hochzeit« beging. War Odysseus ein solcher? Die überlieferte Narbe an seiner Hüfte und sein Hinken, die erste körperliche Mißbildung, von der in einer Mythe berichtet wird, weisen auf die Opferung durch den Keiler hin – ein übliches Tötungsritual. Allerdings besitzt auch der Keiler oder Eber eine kosmische Relevanz, denn er symbolisierte den dreizehnten siderischen Monat, jenen Vollmond, der die Sonne »verschlingt«, weil die Sonne auf der tiefsten Sprosse der Jahresleiter und der Vollmond auf der höchsten steht. Überlistet Odysseus nicht den Tod? Ist die Odyssee nicht in erster Linie eine Allegorie auf den Triumph eines Sterblichen über den Tod?

Schon Odysseus' Vorläufer und manchmal auch als sein Vater angegeben, der Sonnenheros Sisyphos, soll den Hades, die Unterwelt bzw. das Totenreich überlistet haben. Kam Odysseus, dessen Name »zornig« bedeutet, deshalb zu mythologischen Ehren?

Als das Dreizehn-Monate-Jahr mit der alljährlichen Opferung des Heroen nach einer vierjährigen »Regierungszeit« schließlich zu einem »Großen Jahr« von einhundert Mondzyklen bzw. acht Jahren geworden war, starb der »König« nur noch scheinbar. Für ihn wurde ein »Zwilling« oder Ersatzkönig, ein interrex, geopfert – Rexenor, der Bruder Alkinoos? Bis schließlich das Menschenopfer durch das Tieropfer ersetzt wurde. Allerdings weist in der Welt der Phäaken nichts auf derlei primitive Bräuche hin. Die Ägypter kannten keinen Heroenkult (überliefert Herodot), der stets mit Menschenopfern in Verbindung steht, und allem Anschein nach auch nicht die kretischen »Minoer«; die nötigen Opfer wurden in Form von Gerste oder Früchten der Natur dargebracht wie man Abbildungen entnehmen kann.[23] Jedenfalls stößt man überall, wo man auf mit Blut verbundene Opfer trifft, auf die Mysterien von Schmiede- bzw. Männerbünden. Auch mußten die Mütter kein fremdes Blut vergießen, weil sie ihr eigenes »magisches« Mond-Blut besaßen, ihr Menstruationsblut; der Höhepunkt des weiblichen Fruchtbarkeitszyklus entspricht dem 15. Tag im lunaren Kalender zu 28 Tagen, dem 15. Tag. An ihm ist Neumond!

Ihre Vormachtstellung bezogen die »Mütter« aus dem Wissen, daß sie den Ackerbau erfunden bzw. entwickelt hatten, und aus ihrer Kraft, zu gebären. Die Vulva – so drückt es W. I. Thompson aus – blutet und heilt, der Mond verdunkelt sich und wird wiedergeboren, während das Männliche das begrenzte und vergängliche Phallus-Prinzip darstellt, die Sonne, die scheinbar jeden Tag aufs neue stirbt. Drei Tage lang stirbt auch der Mond scheinbar während seiner Neumondphase, um danach als junge Sichel – als Kind – wiedergeboren zu werden, die zur Mutter, dem vollen Mond wird, um als Dunkelmond wieder zu vergehen und als Neumond wiedergeboren zu werden. Auf diese Dreitagefrist des »Abstieges« in die Unterwelt stößt man bei allen »Auferstehungen«, angefangen von der sumerischen Inanna, die nach Durchschreitung von sieben »Toren« drei Tage lang auf einem »Nagel« in der Unterwelt hängt, um danach als junge Gerstengöttin oder Mondgöttin wiedergeboren zu werden. Auf den kosmischen Bezug und den lunaren Ursprung verweist auch ein überliefertes Rätsel der ägyptischen Sphinx: Zwei sind Schwestern. Die eine gibt der anderen das Leben, die zur Mutter wird, selbst vom Kinde geboren. Die Antwort ist natürlich der Mond. Ein Sichelmond gibt dem anderen das Leben, die abnehmende der zunehmenden Sichel, die zur vom Kind geborenen Mutter, dem Vollmond wird, dessen eigene, aber andere Seite die runde Dunkelmond-Scheibe ist. Auch das Rätsel der kretischen Labrys entmystifiziert sich: die abnehmende und die zunehmende Sichel, die gemeinsam die runde Vollmondscheibe bzw. ihren Widerpart, die Dunkelmondscheibe ergeben, welche die Sonne aus ihrer Achse oder Mitte heraus gebiert, stehen einander gegenüber. Im alten China umschrieb man diese Kosmologie als die »Mond-Kategorien von Mutter und Tal«. Eine taoistische Abbildung aus dem Werk Aot'ou t'ung-shu ta-chuan zeigt Vollmond und Sonne. Der Vollmond wird durch die helle Kreisscheibe dargestellt, die Sonne durch die schwarze Kreisscheibe des Dunkelmonds. Im Vollmond sitzt der mythische Hase als Symbol für die Dreifaltigkeit. In einem Mörser bereitet er die Droge der Unsterblichkeit zu,[24] die spirituelle Fruchtbarkeit, den »Heiligen Geist«, der sich in zwei verschiedenen Richtungen verwirklicht, in »männlich« und »weiblich«, dunkel und hell, positiv und negativ, yin und yang usw. Der Vollmond galt als »Mitte des Weges« (I-Ging), als spirituelles, »weibliches« Prinzip, das aus sich selbst auch das »männliche«, die Materie (Dunkelmond/Sonne) gebar bzw. in sich enthielt. Darauf bezieht sich die esoterische Angabe der »jungfräulichen« Geburt bzw. der Pathogenese, auf die man in allen alten Mythen stößt.

Nach Bachofen stehen einander die stoffliche Natur der Frau, die Erde und die unstoffliche Kraft des Mannes, des Meeres, gegenüber. Doch war das Meer von allen alten Kulturen ursprünglich als Mutter und als weiblich-männlich, als Symbol für die befruchtende EINE KRAFT des galaktischen Ozeans verstanden worden, die sich nur wie die Zeit (siderischer und synodischer Mondlauf) in zwei einander entgegengesetzten Richtungen verwirklicht, so daß nicht das Weibliche, das man – wie Isis – als PRINZIP der Formgebung verstand, sondern das Männliche ursprünglich als »stofflich« und sterblich begriffen worden war.

Nach Plutarch verwüstet der kriegerische Chimaros das lykische Land. Bellerophon tötet ihn mit Hilfe des geflügelten Pferdes Pegasus, wird dafür aber, wie er meint, ungerecht behandelt. Beleidigt betet er zu Poseidon, das Land möge unfruchtbar gemacht werden – ein Gebet, das wohl nur ein Gott sprechen kann. Eine riesige Welle erhebt sich und überflutet das Land. Die Männer flehen Bellerophon vergeblich an, dem Meer Einhalt zu gebieten. Da raffen die Frauen ihre Gewänder empor. Aus Schamhaftigkeit zieht sich Bellerophon zurück und mit ihm das Meer.

Die Chimäre war ein lunares Symbol der Muttergöttin Demeter, die man auch als Pferdeköpfig darstellte – später sollte Poseidon als Gott der Erdbeben ihr Symbol übernehmen und als »Trojanisches Pferd« dichterischen Ruhm erlangen. In ihrer ersten Mond-Triade war sie weiß – das weiße Pferd. Sie ist eine »Ziege« mit einem Löwenkopf, einem Ziegenkörper und einem Schlangenschwanz – die »geflügelte Ziege«, auf der nach Clemens von Alexandrien Zeus in den Himmel auffliegt; wie die ägyptische Sphinx ist sie ein Kalendersymbol. Die Verwüstung des Landes bezieht sich vermutlich darauf, daß die Chimäre als Tochter Typhons galt, des zerstörenden Sturmgottes. Bellerophon, wie Poseidon im Mythos ein Vorkämpfer für das Vaterrecht, errang im mütterrechtlichen Lykien offensichtlich nur einen halben Sieg. Vor dem Zeichen mütterlicher Fruchtbarkeit, der Vulva, beugt er sich – noch. Die männliche, zeugende Kraft, räumt der empfangenden und gebärenden noch das höhere Recht ein, urteilt Bachofen. Nicht zur Verwüstung, zur Befruchtung des Stoffes, der Materie, soll das Salz des Wassers, das nach Bachofen die männliche Kraft symbolisiert, dienen. Auch wenn die weibliche Kraft ursprünglich nicht als passiv empfangend, sondern als SCHÖPFERISCH verstanden wurde, läßt sich das nötige Miteinander der gegenpoligen Prinzipien »weiblich« und »männlich«, veräußerlicht und verkörperlicht in Mann und Frau, kaum deutlicher ausdrücken. Ohne das eine ist das andere nur halb und muß verkümmern.

Die Spuren reichen weit zurück. Catal Hüyuc in Anatolien (8000–5400 v. Chr.) scheint ein Religions- und Handelszentrum mit einer organisierten Klasse von Priesterinnen und Priestern gewesen zu sein. Oberste Gottheit war laut Thompson die Große Mutter. Ein Wandrelief stellt die Zwillingsgöttin dar, die von Mellaart, der dieses faszinierende Zeugnis einer versunkenen Kultur ausgrub, als Vorwegnahme von Demeter und Kore der Großen Mutter und ihrer Tochter interpretiert wird; Kore ist Demeter in ihrer ersten Triade als junges Mädchen. Auch der berühmte, spätere »minoische« Stier ist bereits vorhanden – das männliche Prinzip, jene »Unterwelt, die sich öffnet und die Tochter stiehlt«.[25] In Afrika gilt der Stier noch heute als Symbol für die Erdkraft.

Catal Hüyuc war um 5400 v. Chr., dem Beginn des Stier-Zeitalters, scheinbar ohne Grund und unzerstört verlassen worden. Auf eine derartig rätselhafte Aufgabe von »Erdheiligtümern« stößt man an verschiedenen Orten. Die seit der zunehmenden Erforschung geodätisch bedeutender, erdmagnetisch »starker« Orte, an denen sich derartige Steinheiligtümer und auch prähistorische und noch antike Städte befanden, gängige Theorie ist, daß sie aufgegeben wurden, weil sich ihre Kraft aufgrund verändernder geodätischer Gesetzmäßigkeiten verlagerte, die mit konstellaren kosmischen Veränderungen in Wechselwirkung stehen. Das ist der Fall, wenn die Sonne alle etwa 2100 Jahre in ein anderes Tierkreiszeichen eintritt. Ein Wandgemälde in Catal Hüyuc nimmt die Anlage des »minoischen« Palastes auf Kreta vorweg, und auch andere Besonderheiten Catal Hüyucs deuten darauf hin, daß es zwischen dieser Abwanderung und der an die zweitausend Jahre später (!) entstehenden »minoischen« Kultur einen ursächlichen Zusammenhang gibt. »Demeter« und ihr »Zwilling«, die Tochter, verweisen auf das dem Stierzeitalter vorausgehende Zwillings-Zeitalter. Eine andere Statue zeigt die Mutter Rücken an Rükken mit ihrem »Zwilling«, dem Sohn-Liebhaber, verwachsen.

Weil im Mittelpunkt dieser mystischen alten Religion die sich aus EINER kosmischen Kraft (»Gott«) in zwei Richtungen manifestierende »Lebenskraft«, das PRINZIP der Formgebung, stand, und nicht das geschaffene, sterbliche Leben selbst, drückt sich im jeweiligen Sinnbild des Tierkreises die zu diesem kosmischen Zeitpunkt aufgrund dieser Konstellation besonders wirksam werdende Neumond/Sonnenkraft aus. So symbolisiert der Stier während dieser Epoche vermutlich die einst als »männlich« verstandene Neumond-Sonnenkraft, die »Erdkraft«, die als kosmisch-irdische Kraft verstanden wurde – Erde und Himmel waren in dieser Kosmologie noch nicht voneinander getrennt worden.

Forscher rätseln noch um die Bedeutung der minoischen Stierspiele. Betrachtet man die Darstellungen, die mehrere Jahrtausende nach Catal Hüyuc entstanden, drängt sich eine Vermutung auf. Vor vollbesetzten Zuschauertribünen und vor einer Gebäudefront, die von Evans, der den Palast ans Licht brachte, als geöffneter Schrein der heiligen Doppelaxt, der Labrys, rekonstruiert wurde, finden die Spiele statt. Szenen dieses Stierkults wurden mehrfach überliefert. Dabei scheint es sich um sportliche Meisterleistungen junger Männer und Mädchen zu handeln. In knappen, hemdartigen Gewändern, die Sprunggelenke wie moderne Sportler oder Artisten geschützt, springen sie dem Stier auf den Kopf oder packen ihn bei den Hörnern – kein moderner Torero würde dergleichen wagen – wirbeln im Salto hoch, kommen mit Händen oder Füßen auf dem Rücken des Stieres auf, der wohl kaum gefällig stillgehalten haben dürfte, schnellen sich wieder ab und landen in den Armen eines Fängers. Sie sind keine »Opfer«, sondern Akrobaten. Nichts deutet darauf hin, daß der Stier wie heute beim traditionellen, spanischen Stierkampf, der eine ferne Erinnerung an dieses einst kosmisch-irdische Kräftespiel zu hüten scheint, systematisch zu Tode gequält wurde. Der Kampf ist symbolischer Art. Die Göttin bzw. ihre Priesterinnen, der Geist, besiegt und überwindet die Erdkraft bzw. die Sonnenkraft, die Materie. Das sie verbindende ist das lunare Prinzip der Wechselwirkung und die Durchdringung EINER kosmischen Kraft, die sich in zwei Richtungen verwirklicht.

Eine in Knossos gefundene Abbildung zeigt die Göttin, die triumphierend auf einem Stier reitet. Auch Europa, die »Breitgesichtige«, ein Synonym für den vollen Mond, reitet der Mythe nach triumphierend auf einem Stier nach Kreta. Zeus' Entführung ist jüngeren Datums. Der Stier, die »Erdkraft«, wird unblutig bezwungen, d. h. der Geist triumphiert über den Körper und die mit ihm verbundene Schwerkraft oder erdmagnetische Kraft und damit über den körperlichen Tod. »Schwerkraft ist die Wurzel der Leichtigkeit«, besagt eine taoistische Überlieferung. Die Aufhebung der körpergebundenen oder körperbindenden Schwere, die mit der Neumond/Sonnenkraft und mit dem Leben in Verbindung gesehen wurde, und über die der Vollmond als Ausdruck der kosmischen oder göttlichen, unsterblichen Kraft triumphiert, war das Ziel der Rituale, die zu diesem Mysterium führten. Daß man auf ein ähnlich getanztes Ritual mit dem Ausdruck gleicher Artistik bei einer Felszeichnung südafrikanischer Buschmänner, der »ältesten Rasse Afrikas« trifft, vertieft nur das Rätsel um den Ursprung derartiger Rituale.

Symbolisch spiegelt sich in diesem Ritual der Kampf zwischen Typhon, der Begehrlichkeit, dem »Ich will um jeden Preis«, der an der Erde haftenden Ego-Kraft, und Eros, dem schöpferischen Prinzip wider, das den Kosmos hervorbrachte und erhält. Eros war das ursprünglich zweigeschlechtliche Kind der Aphrodite, die auch durch eine Biene symbolisiert wurde, wodurch die »kleinasiatische« Aphrodite, die man auch »die Rote« nannte (rot ist die symbolische Farbe des vollen Mondes), der »Bienengöttin« Kretas Qu're oder Kar entspricht, die vom großen Gott Ker verdrängt wurde. Aphrodite entstieg nicht zufällig dem Meer, das sie gebar, denn sie verkörpert »die vom Meere« unter wieder anderem Namen, Mutter und Tochter gleichzeitig, den galaktischen Ozean, aus dem die sich verkörpernde Seelenkraft fließt, um sich zu materialisieren. Zum tölpelhaften Jüngling, dessen Pfeile Liebesschmerz und Chaos auslösen, geriet Aphrodites einseitig gewordenes Kind erst bei den Griechen, bei denen die Frau vom spirituellen »Gefäß«, das ihre Vulva als Matrix symbolisierte, zum Instrument rein körperlicher Lust, im besten Fall zur Kurtisane wurde. Auch bei der Homosexualität scheint es sich geradezu um eine Erfindung der Griechen zu handeln. Vielleicht entstand sie aufgrund der notgedrungenen

Frauenlosigkeit der zu ihren Beutezügen aufbrechenden nomadisierenden Eroberer, die dadurch zunehmend »vermännlichten«.

Apollon liebte Männer gleichviel wie Frauen. Daß es sich bei der Liebe (eines) Gottes nicht um eine körperliche Liebe handelte, geriet in diesem sexualisierten Olymp in Vergessenheit. Neben Hermes und Herakles gilt der Lichtgott als Schutzgott der Päderasten, Dionysos als Gott der Knabenliebe, der doch als Vorläufer des Apoll ursprünglich das »Neujahrskind«, den Sohn der Göttin darstellte. Zeus' Favorit ist der schöne Knabe Ganymed. Auch Hephaïstos, der Schmiedegott, liebt Knaben, und der Gott der Gastfreundschaft, Kosmos, gilt ebenfalls als Päderast. Den Gott Phales (Phallus) bezeichnet Aristophanes als »Knabenschänder«. Und die griechischen »Helden«?

Achilles, »das Vieh« (Christa Wolf), liebt Patroklos; Herakles hat zahlreiche homosexuelle Affären, Theseus nimmt anstelle der beiden gelösten Mädchen zwei Jünglinge von »weiblich zärtlicher Bildung« mit nach Kreta. Bei den trojanischen Eroberern war homosexueller Verkehr die Regel und nicht die Ausnahme. »Als sie abzogen, klafften ihre Hintern weit mehr auseinander als die Tore der eroberten Stadt«, berichtet Eubulos.[26]

Frauenraub und Vergewaltigung prägten das Verhältnis der Helden und Götter zur Frau. Mord und Totschlag, List und Verrat fanden himmlische Rechtfertigung, eine Vorgangsweise, auf die man auch im Alten Testament der Hebräer stößt, in dem bestimmte Passagen das »auserwählte« Volk dazu auffordern, Städte, die sie nicht erbauten, Güter, die sie nicht erzeugten und Korn, das sie nicht anbauten, gewaltsam an sich zu nehmen; zugleich wird eine generelle »Ausrottung« der zur Eroberung vorgesehenen »sieben« Völker empfohlen; daß sich dahinter ursprünglich ein esoterischer Bezug verbirgt – die sieben

»Tore« bzw. die sieben Initiationsstufen, die es in allen bekannten Mysterien zu überwinden galt, um zu den höchsten Weihungen zugelassen zu werden, ist deutlich. Als man erkannte, was man da erschaffen hatte, mußten die Götter von ihren Thronen stürzen. Weil eine Welt ohne höchstes Wesen jedoch sinnlos erscheint, erfand man die nicht mehr geistig, sondern körperlich transzendente Gottheit und schuf wie Heide Abendroth bemerkt, Gott dadurch (zunehmend) ab. Aus Eurynomes Taube wurde der Heilige Geist, den die Große Göttin bereits in Sumer symbolisierte; die Große Mutter/Tochter/Göttin wurde zum allmächtigen Vatergott verkehrt, die Tochter, der noch bei Ur-Christen und Gnostikern wie beim ursprünglich zweigeschlechtlichen Kind Aphrodites ein Sohn gegenübergestanden war, zum seinen weiblichen Widerpart bzw. seine weibliche Ergänzung ausschließenden Sohn. Gott wurde in so luftige Höhen verbannt, daß sein Wille und Wirken nur noch seinen Priestern verständlich war, die zunehmend verweltlichten. Für die Menschen war das Geistige oder Spirituelle nun ebenso unbegreif- und unsichtbar wie der Himmel mit seinen eingeschriebenen Gesetzmäßigkeiten, den das strahlende Tageslicht der zum Vatergott erhobenen Sonne »verdunkelte«. Nur ein solcher »Gott« konnte zum willigen Werkzeug der Mächtigen werden. Der Gleichklang zwischen dem Universum oder Kosmos (Gott), den Schöpfungskräften, den jeweils zweigeschlechtlichen logoi, die später zu Göttern wurden, und dem Menschen war empfindlich gestört worden. In Wahrheit erhoben wir Typhon zu Gott, den die Alten bekämpften.

Typhon (auch Python) symbolisiert die »männliche«, materielle Seite der Schlange, die der Überlieferung nach zur Vertreibung aus dem Paradies geführt hatte, die rohe Ego- oder Sonnenkraft, die stets mit Tod und Zerstörung in Verbindung gebracht wird. Typhons endgültiger Sieg über Eros kündigt sich an, aber die Erinnyen unserer Tage sind um vieles schrecklicher als die der alten.

*

Die »Canaris« pflügte durch die ruhige See. Schon lag Piräus mit den lärmenden Piers und den Stahlungetümern, die den Himmel jedes großen Hafens bestimmen, weit hinter mir. Vor mir dehnte sich die See aus. »Fischdurchwimmelt« wie zu Homers Zeiten ist sie schon lange nicht mehr, jahrzehntelanger Dynamitfischfang ließ die einst fischreichen ägäischen Gewässer veröden und das von den Tankern ins Meer gepumpte Öl und die übliche Umweltverschmutzung besorgten den Rest. Nur noch in der südlichen Ägäis trifft man, wenn man Glück hat, auf den jedem Schiffer willkommenen, liebenswerten Begleiter, den Delphin. Überall in der alten Welt findet sich sein Abbild – im sogenannten Megaron der »Königin« auf Knossos, die wohl eine Hohepriesterin war, in den Häusern von Akrotiri auf Thera, auf Fresken, Tellern und Vorratsgefäßen. Auf dem Rücken eines Delphins ritt Delphos, der mythische Begründer des griechischen Erdheiligtums Delphi am Peloponnes, durch die Ägäis, und auf einem Delphin kehrte der Heros Melkart alle vier Jahre von Kreta in das vormykenische Argos wieder.

Ich stand an die Reling gelehnt. Vor mir wußte ich im blauen Dunst die Kykladeninseln. Seit 1895 die erste Thera-Expedition, der mittlerweile viele andere folgten, den ersten Nachweis für die unerhörten Ausmaße der Santorin-Katastrophe erbrachte, wird die Ägäis immer wieder mit dem Untergang des sagenhaften Atlantis in Zusammenhang gebracht. Mittlerweile scheint erwiesen, daß Atlantis, wenn überhaupt, nicht im Atlantik zu finden ist. Eine Theorie besagt, das antike Thera wäre ursprünglich durch eine Landbrücke mit Kreta verbunden gewesen. Überfliegt man die im tiefblauen Meer »schwimmenden« Inseln, muten die Kykladen tatsächlich wie von Gigantenfaust zertrümmerte Landsplitter an. Wenn hier Atlantis gewesen sein soll, dann sind die erhaltengebliebenen Zeugnisse alter Kulturen nur die Spitze eines Eisberges. Festzustehen scheint, daß es sich beim Santorin-Ausbruch um die gewaltigste nachgewiesene Katastrophe der Menschheitsgeschichte gehandelt hatte. Der bei der Explosion entstandene Luftdruck entsprach nach Galanopoulos der Energie, die bei gleichzeitiger Explosion mehrerer hundert Wasserstoffbomben freigesetzt würde (!). Die vom Santorin ausgespuckte Asche wurde über ein Gebiet von zweihunderttausend Quadratkilometern getragen. Die »ägyptische Finsternis« währte drei Tage. Flutwellen, vom Ausgangspunkt aus bis zu 1500 Meter hoch (!) überschwemmten noch den tausend Kilometer weiter entfernt liegenden Hafen Ugarit in Syrien.[27]

Was spricht noch für diese »Atlantis«-Theorie?

Die heißen Quellen von Atlantis deuten auf einen Vulkan, auch findet der über zweitausend Jahre währende atlantische Friede eine Parallele in der Pax Minoica. Der Gedanke, daß ich vielleicht über das riesige Grab von Atlantis fuhr, hatte etwas Faszinierendes.

Die Legende von Atlantis war dem griechischen Staatsmann Solon von einem alten ägyptischen Priester erzählt und später von Platon niedergeschrieben worden. Als Gott und Herrscher der Atlantoi – natürlich mußte es zu Platons Zeiten ein Gott sein und ein Herrscher – galt Atlas. Atlantis heißt »Tochter des Atlas«.

»Nach dem Tod von Hyperion«, erzählt die griechische Sage, »wurde das Königreich zwischen den Söhnen des

Uranos geteilt, unter denen die bekanntesten Atlas und Kronos waren«, und so weiter.

Zufall, daß hier wie im Phäaken-Mythos Hyperion aufscheint? »Sie kamen aus Hyperions Gefilde ...« heißt es zur Abstammung der Phäaken. Hyperion, der später zu Helios, dem Symbol der Sonne wurde, galt als Sohn der Mondgöttin. Ich beschloß das Pferd vom Schwanz her aufzuzäumen. Wer war die Mutter von Apoll, der Helios verdrängt? Leto, die in Ägypten und Palästina bekannte Lat, eine »Fruchtbarkeitsgöttin«. Welcher Art ihre Fruchtbarkeit war, ergibt sich aus der Wortwurzel Al, auf die man als Symbol für die ursprünglich als aus dem Kosmos (Gott) fließende Urkraft in allen alten Mythen und Sprachen stößt; in Sumers ältester Überlieferung ist es Alalu, gegen den An.u. »Himmel«, kämpft. In Palästina und Ägypten war sie Al-Lath, ein Name bei dem sich deutlich die Entwicklung bis zu Allah ablesen läßt. Auch Lilith, die »erste Frau« des »ersten Menschen« Adams, die ihn verließ weil sie »nicht unter (ihm) liegen« wollte, gehört hierher; ein Name der sumerischen »Todesgöttin« war Lilith, und Lizulu kennen die Bantu als kosmische Tänzerin, die vor den 10 000 Augen des Großen Geistes tanzt.[28] Al oder Ahal nannten die rätselhaften Basken, die ihrer Überlieferung nach von »nicht weit her« in das heutige Spanien gekommen waren, die »Kraft, die die Idee der Gottheit beinhaltet«.[29] Als Al-Kinoos ist Nausikaas Vater überliefert!

Leda, ein kretisches Wort, bedeutet »Frau«. Als Letos Mutter gilt die Titanin Phoibe, »Mond«, als Vater der Titan Koios, »Klugheit«.[30] Im griechisch-pelasgischen Schöpfungsmythos wird Phoebe gemeinsam mit dem Titanen Atlas dem »Planeten« Mond zugeordnet – Pelasger nannte man in der Antike verallgemeinernd vorgriechische Völker oder Stämme. Atlas ist ein Symbol für die Polarachse oder Weltachse, die den Himmel trägt. Die Titanin Mond nahm den bedeutendsten Rang unter den sieben Titanen oder Planeten der Antike ein, weil der Erdtrabant dank seines siderischen Laufes und dank der Polarachse, der Verlängerung der Erdachse, die auf die jeweiligen Fixierpunkte am Himmel verweist, die Polarsterne, die sich im Unterschied zu allen anderen nicht zu bewegen scheinen, jeden beliebigen Planeten oder Stern und damit die zyklische Zeit für die Erde vermessen kann. Wie die anderen in der Antike bekannten sechs Planeten verstand man auch die Kraft des Mondes als jeweils »männlich-weiblich«, so daß es insgesamt 2 x 7, also 14 titanische Kräfte gab, die lokal verschiedene Namen erhielten, wodurch es zu vielerlei Verwirrungen über die »Götter« kam, die ursprünglich Schöpfungskräfte waren. Hinter all diesen – in sich dualen – Kräften verbarg sich die Transzendenz der Achse oder der Mitte des gesamten Heliokosmos, die der Vollmond symbolisierte, der sich in die strahlende Sonne »verwandelt«, wie sich Unbewußtes in Bewußtsein verwandelt. Die Griechen setzten die planetarischen Mächte auf eine gemischte Gesellschaft von sieben herab, bis sie zu guter Letzt allesamt von Zeus verschlungen wurden, der damit auch seine eigenen frühere Existenz als Jupiter verschlang.

Der griechische Staatsmann Solon hörte die Atlantislegende in der ägyptischen Stadt Saïs, deren Gründung auf die libysche Neith zurückgeht, der von dem ägyptischen Priester auch die Gründung Athens zugeschrieben wird, mit deren »Samen« sich die Griechen vermischten, wodurch ihre Abstammung zumindest mütterlicherseits in »atlantische« Zeiten zurückweist, worauf der ägyptische Priester den Griechen aufmerksam macht. Athene oder Neith oder Lat oder Leto usw. sind nur jeweils andere Namen für die Große Göttin in einer ihrer vielen Gestalten. Einer ihrer Namen war auch Brizo, »Besänftiger«, die hyperboreische Mondgöttin von Delos, auf dem Apoll der

Überlieferung nach geboren wurde. Ihr hyperboreischer Titel bezieht sich auf Transzendenz, die sich auch in ihrem Namen als Wurzel b.r.h verbirgt, wie in Brahma (Hindu) oder Borea, der »Großschlange« und Ur-Schlange von Ägyptern und Hebräern, die – wie die Wurzel dis- – Transzendenz bedeutet. Brizo läßt sich nach Ranke-Graves nicht von Leto, Apolls Mutter, der »Schlange«, unterscheiden. Als heilige Birgit wurde die »hyperboreische Dreifaltige Göttin« Brizo christianisiert, wie Athene (Neith) galt sie als Schutzgöttin aller Künste, der Medizin und der Wissenschaft. Wohin immer ich mich wandte, welche Spuren auch immer ich zurückverfolgte, überall stieß ich auf SIE.

Ein Kampf im Zusammenhang mit den Atlantoi wird von der griechischen Sage überliefert. Mit einer Armee von 30 000 Fußsoldaten und 30 000 Reitern sollen Amazonen unter der Führung ihrer Königin Myrina Atlantis angegriffen und die Stadt Kerne vernichtet haben, die heute entweder mit Fedallah nahe Fez (Marokko), mit Santa Cruz in der Nähe von Kab Ghir oder mit Arguin, südlich von Cabo Blanco identifiziert wird. Der Kriegsschauplatz lag also allem Anschein nach entweder in Nordwest-Afrika oder im südwestlichsten Zipfel Europas. Myrina ist auch Marian, Myrine, Ay-Mari, Mariamne oder Marienna, deren Name in der sumerischen Form »Fruchtbare Hochmutter« bedeutet (E. Paar) – Neiths bzw. Athenes Ebenbild, hier als Liebes- und Schlachtengöttin.

Mari ist der überlieferte Name der Basken für die Große Göttin, die mit ihrem Begleiter dem Mond und der Großschlange abgebildet wurde – ihr Name bedeutet »Geist«. Ihr vielleicht ältester Name war Maia, auch der älteste überlieferte Name der griechischen Erd-Mutter, die von Zeus nach dem Brauch der olympischen »Götter« vergewaltigt wurde. Marib hieß die Hauptstadt der sagenhaften Königin von

Saba im heutigen Jemen, deren Verbindung zu den geheimnisvollen Goldländern Afrikas und zum hebräischen König Salomon bekannt ist, der kein bedeutendes Reich regierte, wie man aufgrund der hebräischen Überlieferung annehmen könnte, sondern ein im Vergleich zur ägyptischen und mesopotamischen Kultur relativ unbedeutendes. Seine berühmte Weisheit bezieht sich auf die Kunst der Hohen Magie, die er der Einweihung in das Mysterium und der »Heiligen Hochzeit« mit seiner »Braut« verdankte, der »Liebesweisheit«. Ein Mari gab es auf Kreta, und »Ay Mari« nannten die Ägypter Zypern, auf dem sich das bedeutendste Heiligtum der Aphrodite des östlichen Mittelmeeres befand. Als Mwari tritt sie in der Tradition der Shona (Bantu) Zimbabwes auf, die mit den berühmten rätselhaften Ruinen ihres Landes in Verbindung stehen, die – wie man heute weiß – einer afrikanischen Kultur zuzuordnen sind. Mwari (heute vermännlicht) ist der Name für die letzte Autorität, die noch über den Ahnen steht.[31] Schließlich gibt es eine altägyptische Hieroglyphe, die den bedeutenden Hinweis liefert: Ta Mari steht nach Schwaller de Lubicz für die »Heiligkeit der Erde« als »Magnet des Himmels« oder »Anziehung kosmischer Energie«.[32]

Es scheint wahrscheinlich, daß sich kämpfende Priesterinnen von Lemnos, Ephesus und auch noch von Troja, die wohl alle der geheimnisvollen »ägäischen Kultur« angehörten, im Kampf gegen die kriegerischen Invasoren mit einer unkriegerischen Urbevölkerung, wie immer sie sich genannt haben mag, verbündeten. Deren Erbe hatten u. a. die »Minoer« angetreten, auch die Minäer oder Sabäer, das Volk der Königin von Saba, und vermutlich auch die Danäer, deren »Mutter« Danu war. Sie gelten als Nachfahren der Hyperboreer, der »Großschlangen«, und als Vorfahren der Kelten. Dann führte der Ausbruch des Santorin zum endgültigen Untergang dieser Kultur, die in den Kulturen erobernder indoeuropäischer Völker aufging. Atlantis mag Legende bleiben, aber die Sehnsucht nach ihrer, des Atlas Tochter paradiesischen, kriegelosen Welt hat, seit indoeuropäische Völker den Krieg zum »Vater aller Dinge« erhoben, die Jahrtausende überdauert.

Eine Brise war aufgekommen, ich hatte es nicht bemerkt. Kleine Schaumkrönchen kräuselten die Wellen. Vor mir lag im Dunst Amorgos, die erste Kykladeninsel. Über mir im tiefen Blau schwebte eine Taube. So nah flog sie über mich hinweg, daß ich ihr Herz unter dem weißen Federkleid pochen sehen konnte. Dann erst bemerkte ich den Habicht, der scheinbar regungslos in der Luft stand, alle Kraft für den Angriff sammelnd. Die Angst um die Taube lähmte mich. Ich fühlte meine Schwere, die mich an die Erde kettete. Schwerer und schwerer wurden meine Glieder, als ob mich etwas nach unten ziehen wollte. Wie ein Stein stürzte der Raubvogel auf die Taube. Flügelschlagen, dann Stille. Ein Tropfen Blut fiel auf mich ...

Je tiefer ich in das mythologische Labyrinth vordrang, um so deutlicher wurde ich mir der Schwierigkeit bewußt, mich IHR zu nähern. Mehrere Jahrtausende Anderssein scheinen unüberwindbare Schranken errichtet zu haben. Zu sorgfältig war die Erinnerung an das DAVOR ausgelöscht worden.

Nausikaa kannte vermutlich die Angst der Frau vor dem Mann als potentiellem Vergewaltiger nicht. Sie war kein Mädchen mehr, als sie Odysseus begegnete, sie hatte bereits geblutet, davon war ich nach meinem »Traum« überzeugt. Sie war eine Jung(e) Frau und in die Mysterien eingeweiht. Aus jedem ihrer Worte, die sie zu Odysseus spricht, klingt das Selbstbewußtsein der sumerischen Inanna: »Der Himmel ist mein, die Erde ist mein. Ich, ein Krieger bin ich. Gibt es einen Gott, der sich mit mir messen kann?« ...[33]

Die Einheit des Menschen mit Natur und Kosmos war

IHR vermutlich noch nicht verlorengegangen. Um SIE verstehen zu können, mußte ich zu jenem Kern in mir vordringen, der mich noch mit ihr verband. So ist es wohl kein Zufall, daß Nausikaa durch meine Träume Gestalt anzunehmen begann.

Meine eigene erste Erinnerung reicht weit zurück. Es könnte auch IHRE erste Erinnerung gewesen sein. Ich sehe etwas Weißes, das ich als das Kleid meiner Mutter interpretiere, und etwas Grünes, einen Strauch oder ein Baum. Damit verbindet sich ein Gefühl der Geborgenheit. Aber ich wurde in eine andere Welt hineingeboren als SIE und so mußte ich, weil es unmöglich war, von MEINER Welt auf ihre Welt rückzuschließen, versuchen IHRE versunkene Welt IN MIR wiederzufinden, so gut es mir gelang.

*

Andros, Tinos, Mykonos, Delos, Naxos, Paros, Ios ... ich habe alle Kykladeninseln besucht und hüte die Erinnerung an sie seit vielen Jahren. Aber diesmal war ich zu einer anderen Reise aufgebrochen, zu einer Reise in IHRE Vergangenheit. Und sofort traf ich auf SIE.

ANDROS, »Mann«, die nördlichste, ist die zweitgrößte Insel. Dem Mythos nach gab ihr ein gewisser Andros den Namen, ein General des kretischen Königs Rhadamanthys. Rhadamanthys wird als »braunhäutig« und im Zusammenhang mit den Eleusischen Inseln, die er bewacht, beschrieben; vermutlich handelt es sich bei den »Glücklichen Inseln« um die Kanaren, die durch einen Festlandsockel mit dem afrikanischen Kontinent verbunden sind, was auf ein Reich am Atlas, in Nordwestafrika hindeutet. Rhadamanthys ist im Mythos der Sohn oder Bruder des (eines) Minos, und die Phäaken brachten ihn mit einem ihrer Schiffe nach

Euböa. Der Titel Minos, »Mondwesen«, verweist auf eingeweihte Sakralkönige, wie sie auch im hebräischen Mythos von Melchisedek berichtet sind, einem »Weisen«, der Abram und seinen Stamm in Hebron willkommen hieß und ihn in das Mysterium einweihte, wodurch der »Stammesvater« der Hebräer zu Abra-ham wurde. Cham oder Ham, der laut Bibel Ägypten besiedelte, gilt als »Ahnherr der Neger«.[34] Seine Söhne waren Kusch – Äthiopien bzw. Nubien –, Mizrjim – ein alter Name Ägyptens –, Put – im heutigen Jemen, das Reich der Königin von Saba bzw. der Sabäer oder Minäer – und Kanaan – Syrien, das spätere Phönikien (Mose/Genesis 10,6). Ham ist als einer von drei Söhnen des Noah angegeben, also als Nachfahre von Völkern, die vor der Großen Flut und dem Untergang von »Atlantis« lebten, die anderen sind Sem – die Semiten – und Jafet, dessen Söhne Gomer, Magog, Madai, Jawan, Tubal, Meschesch und Tiras alles Namen sind, denen man in Überlieferungen von »Riesen« allerorten begegnet. Jafet entspricht dem Titanen Iapetos, der noch ein »Unsterblicher« war, dessen Sohn Prometheus im griechischen Mythos mit »Zustimmung« der Göttin Athene die Menschen aus Lehm formte. In einem anderen griechischen Mythos gilt Prometheus als der erste Mensch, eine Überlieferung, die nur Sinn ergibt, wenn man die ägyptische Tradition berücksichtigt, nach der die Menschen einst »Götter« waren, »Unsterbliche«, dann »Halbgötter«, die Riesen und Giganten im griechischen Mythos, und schließlich Menschen wie heute, die im Zeitalter des Chaos leben. In der Genesis ist Tubal als Sohn Jafets oder Iapetos angegeben, der wiederum als Ahne der geheimnisvollen Basken gilt, deren Sprache Escuara in eine Zeit zurückweist, in der die heutigen Sprachen noch nicht gesprochen wurden.

Zu Zeiten des sagenhaften Rhadamanthys, dessen Beschreibung als gerechtem »Herrscher«, der nicht nur Eleusis, die »Unterwelt«, bzw. das Mysterium hütet, sondern »auch über die Asiaten richtete« (!?), auf einen der sagenhaften frühen »Herrscher« zurückdeutet, von denen auch die taoistische Überlieferung Asiens weiß. Vermutlich gab es noch keine Könige in unserem Sinn, sondern Hohepriester, die mit der Göttin bzw. ihrer Verkörperung, der Priesterin, symbolisch und/oder auch körperlich die Heilige Hochzeit begingen, wodurch sie »mana«, die Voraussetzung zu herrschen, erhielten. Ein derartiger Brauch ist auch von den Hebräern vor der Religionsreform überliefert.

Auch der Name der Stadt Chones auf Andros verweist auf Rhadamanthys und eine versunkene, vielleicht die »atlantische« Welt und auf ein »Riesenreich« zurück. Son oder Chon war laut Diodorus Siculus der Name eines Ägypters, der in der Flut, die zum Untergang von Atlantis führte, ertrank, und der im zwölften Jahrtausend v. Chr. gelebt haben soll – was sich mit einer durch das plötzliche und rätselhafte Ende der letzten »kleinen« Eiszeit einhergehenden Überflutung vor an die 10 000 bis 12 000 Jahre trifft, als der Meeresspiegel weltweit ca. 100 Meter anstieg – so lag etwa das Nildelta bis in das dritte Jahrtausend v. Chr. unter Wasser. Mit seinen Taten schmückte sich der griechische Herakles. Die Stadt Taïba (Theben) in Oberägypten soll von diesem »Herakles« gegründet worden sein und er, bzw. seine Kultur, reiste von Ägypten aus nordwärts. Tunnelbauten und Kanalsysteme, wie man sie auch als Zeugnis einer rätselhaften Megalith-Kultur in der West-Sahara fand, oder die »älteste befestigte Landstraße« der Welt, die sich von Südwestspanien über die Pyrenäen (!) durch den Süden Frankreichs bis nach Italien erstreckt, werden im Mythos stets Herakles zugeschrieben. Letzteres gigantische Meisterwerk einer Straße aus behauenen Steinblöcken, die zu einem Damm mit schrägen Rampen gefügt sind, nennt man den »Herkulesweg«. Wie Minos oder Son oder Chon,

Cham, Ham oder Khan, war auch Herakles, was »Ruhm der Hera« bedeutet, ein Heros der Großen Mutter/Göttin bzw. ihrer Kultur. Der älteste Vorläufer des Herakles oder Herkules, ist der wie Rhadamanthys braunhäutige Briarëus oder Ägir, der harfespielend zusieht, wie seine Welt verbrennt, untergeht. Seine mythologischen Spuren lassen sich von Nordwestafrika bis in den Kaukasus verfolgen.[35]

In Ägypten war Herakles auch als Ptah bekannt, von dem es heißt, er habe das Land der Ägypter aus dem Wasser emporgehoben, indem er an den Stellen, an denen der Nil steigt, Deiche errichtete. Er habe nicht nur Ägypten, sondern »auch das ferne Bergland und das ferne Ausland« geschaffen. Erst Ptahs »Sohn« wird die Durchsetzung des patriarchalen Systems in Ägypten zugeschrieben.

Sowohl die Namen Ptah, als auch Son oder Chon oder Herakles, Minos usw. waren wohl Titel der in die Mysterien eingeweihten »Sakralkönige« oder Gemahle der Erdmutter, die stets auch als Erfinder, Kulturbringer und Großbaumeister überliefert sind, und keine individuellen Namen einzelner Herrscher, die es noch nicht gab. Darauf deutet gleichfalls die Tatsache hin, daß man sie auch Hephaïstos nannte, ein Name des griechischen Schmiedegottes, der jedoch im eroberten Ägypten als Titel Eingeweihter verwendet wurde. Sie waren »Großschlangen«, wie die Dogon Westafrikas ihre Hohepriester noch heute nennen.[36] Später, als man die Bedeutung nicht mehr verstand, wurden derartige Eingeweihte mit ihrer durch das Mysterium gewonnenen Kraft, wurde der Verkünder mit seiner Verkündigung gleichgesetzt, zum »König« und zum Gott erhoben, was zu vielen Mißverständnissen und Mißinterpretation der Mythen führte, weil die Interpreten jeweils von ihrer EIGENEN Kultur auf die früherer Völker geschlossen hatten, was jedoch nicht möglich ist.

Auch die Kureter, die Kreter, zu deren Kultur, die weit

über die Ägäis hinausgereicht zu haben scheint, Rhadamanthys zurückweist, waren hervorragende Großbaumeister. Im Mythos gelten sie als die »daktylischen« Lehrer des Kindes Zeus und als Begründer von Knossos! Die Daktylen waren die »Finger«, in denen man eingeschrieben das sakrale Kalender-Alphabet trug – die Handlesekunst geht darauf zurück. Die »linke Hand« gehörte den Zauberern, sie war die »Orakelhand«. Wie wir heute wieder wissen, steht sie spiegelverkehrt, aber synchron mit der rechten »intuitiven« Gehirnhälfte in Verbindung. Noch Pythagoras, der in die geheimen Orpheus-Mysterien eingeweiht war, die aus den Eleusischen Mysterien der Demeter hervorgegangen waren – die Rhadamanthys »bewacht«! –, soll von einem daktylischen Lehrer eingeweiht worden sein.

Pyrrhys, ein König der Kureter, die man auch Korybanten oder Kabiren nannte – die babylonische »Sprachverwirrung« hatte bereits stattgefunden –, erbaute im heutigen Cadiz nahe Gibraltar eine Wasserleitung, die am Hafen von La Caleta endete. Reste dieser gigantischen Arbeit aus meterhohen Kalksteinblöcken, die mit Nuten zusammengefügt sind, und die sich über 60 km erstreckt, sieht man bei Ebbe noch heute.[37] Babel und den berühmten Turm, der wegen der stattgefundenen »Sprachverwirrung«, der Eroberung so vieler verschiedene Sprachen sprechenden Völker mit einer anderen Religion!, einstürzte, gründeten jene, die aus der Katastrophe der Sintflut gerettet wurden, berichteten babylonische Priester. Der Bibel nach erbaute Nimrod, Sohn eines Nachfahren von Kusch (Äthiopien bzw. Nubien) Babel. Die Begründer von Babel »waren die Riesen und sie bauten den Turm« (Eupolemus). Alle hier angeführten »Baumeister« sind im Mythos als Riesen und Angehörige einer »versunkenen« Kultur beschrieben, und der mysteriöse »Turm« ist, wie Joseph Campbell aufmerksam machte, ein Symbol für die »Weltachse« oder des

»Lebensbaumes«, auf den man in der patriarchalen ägyptischen, hebräischen und keltischen Mythologie sowie in der schamanistischen Tradition weltweit stößt, und ursprünglich das Symbol der »lunaren Achse« – was darauf hindeutet, daß Kusch, der als Neger angegeben ist, NACH der Flutkatastrophe zur alten Kosmologie zurückkehren wollte, was jedoch nicht mehr möglich war. Die Menschen sprachen keine gemeinsame Sprache mehr, wie es in der Genesis von jenem Volk heißt, das Mesopotamien nach der Flutkatastrophe besiedelte, und aus dem die Sumerer hervorgingen. »Die Menschen hatten damals noch eine einzige, allen gemeinsame Sprache.« (I. Mose/Genesis 11,1). Auf diese einst gemeinsame Sprache deuten auch die Erkenntnisse der Sprachforschung hin.

Der Name Son/Chon/Cham/Ham scheint auf die erobernden Hethiter zurückzugehen und war ursprünglich »weiblich« besetzt. So heißt Chun'ma im Tibetischen »Frau«, Quain im Irischen »junge Frau«, Cana im Etruskischen »Großmutter«, Kan'dake im Ägyptischen »Pharao-Mutter«, Chi'den im Altdeutschen »Frau«, Kan'taisa im Finnischen »Ahne« und auch im surinamischen Wort Kana, »Clan«, begegnet man ihm, um nur einige Beispiele der von Richard E. Fester in allen Sprachen der Welt aufgespürten »zweiten« Wortwurzel der Menschheit anzuführen, die der sogenannten KALL-Gruppierung angehören, und die stets mit Frau oder Mutter und mit dem »Weiblichem« in Verbindung stehen.[38] Daß Cham oder Ham sich auch im asiatischen Khan, dem »gottgleichen« Herrscher findet, deutet wiederum auf eine einst weltumspannende Kultur, auf eine gemeinsame Religion und/oder Sprache, der wohl auch Rhadamanthys, der »Kreter«, Bewacher der Eleusischen Mysterien, Richter auch der Asiaten, angehörte. War das die Welt der Phäaken?

Das Rätsel der »ägäischen Kultur«, aus der die poetische

Überlieferung Europas hervorging, die, wie Ranke-Graves schreibt, letztlich auf magischen Prinzipien beruht, deren Rudimente jahrhundertelang ein streng gehütetes religiöses Geheimnis bildeten, das aber zuletzt verstümmelt, entehrt und vergessen wurde, verbirgt sich wohl in einer esoterischen Überlieferung Afrikas. Sie berichtet von Überlebenden einer untergegangenen sagenhaften »ersten Rasse« der Menschheit, die rote Riesen waren, und die von einem untergegangenen Kontinent im Süden kamen. Davon weiß auch die brahmanische Tradition. In der Bibel wird das erste Paradies gleichfalls im Süden angegeben. Diese »erste Rasse« war durch Feuer und einen »Untergang der Erde« vernichtet worden, den Hiob in der Bibel beschreibt, dessen Hiobs-Botschaft sprichwörtlich wurde. Die Überlieferung scheint sich auf die unvorstellbare Katastrophe einer Verschiebung der Erdachse zu beziehen, worauf sich nicht nur die Stellung der Erde zu den Gestirnen, sondern auch die Jahreszeiten und das Klima veränderten. Die Hitze verbrannte die Haut der bis dahin weißhäutigen Menschen, die wie Hiob schwarzhäutig wurden, jedoch waren sie vermutlich ursprünglich »rot« gewesen – Bantu-Völker Afrikas nannten die ersten hellhäutigen Europäer »rote Menschen«, wie sich auch die von den Europäern als Hottentotten bezeichneten Khoi-Khoi selbst ava Khoib, »rote Menschen« nannten.[39]

Riesen einer »zweiten Rasse« sind als schwarzhäutig überliefert und verweisen dadurch auf Afrika bzw. auf Gegenden, auf welche die Sonne nun in einem direkteren Winkel einfiel, wodurch die Menschen »verbrannten«. Diese konnten noch mit dem »dritten Auge« sehen, sie »errichteten gewaltige Schmelzöfen und breiteten sich in vorgeschichtlicher Zeit über Südeuropa aus. Ihre kyklopischen Städte erbauten sie in den Bergen von Afrika, am Kaukasus und in Zentralasien.« Sie sind als absolute, theokratische Herrscher beschrieben. Zur Zeit ihrer Hochblüte besaßen sie religiöse Zentren in Oberägypten und in Indien. Im Mittelpunkt ihrer Kosmologie standen die Sterne und eine zentrale Gottheit – das Universum. Ihre Religion wird mit jener des Volkes der Königin von Saba verglichen![40]

Im Koran sind rätselhafte »Erste Ad«, Vor-Atlantoi, angeführt, an die gar nichts mehr erinnert, außer »Zeichen«, die sie auf Berghöhen setzten. »Sie waren Riesen (7,69) und hatten auf allen Höhen Zeichen errichtet, wohnten in Burgen und herrschten wie Tyrannen« (26,128-130).[41] »Riesenmauern und Gold« stehen mit ihnen in Verbindung. Von den Ad (Atlantern), den »zweiten Ad«, heißt es, daß sie die Nachfolger derer waren, »die später Noahs Volk wurden«, was wohl bedeutet, daß dieses vermutlich die Chaldäer (West-Semiten) waren, Nachfahren der sagenhaften »Ersten Ad«.

Rhadamanthys, der Braunhäutige, Gerechte und Weise, dessen mythische Kultur die Ägäis kolonialisierte, scheint auf die sagenhaften dunkelhäutigen Riesen einer zweiten Welt zurückzudeuten. Diese dunkelhäutigen »Riesen« der »zweiten Rasse« errichteten riesige Schmelzöfen, d. h. sie waren Schmiede! Erinnern an sie jene negroiden Cro-Magnoiden, auf die man auf Malta und im südlichen Frankreich stieß? Malta, das ein bedeutendes Zeugnis einer Megalith-Kultur besitzt, scheint ein religiöses Zentrum von Magoi oder Priestern gewesen zu sein. Jedenfalls trifft man überall dort, wo man auf die Spuren von Megalith-Kulturen stößt, auch auf mythologische Spuren von Riesen und Schmieden.[42]

Im griechischen Mythos ist Herakles ein Sohn von Rhadamanthys und Alkmene. Daß Zeus seine Vaterschaft reklamiert, ist die olympische Version. Alkmene wurde nach Ranke-Graves auch der Mond »stark im Zorn« genannt, und der Mond und seine beiden Erscheinungsformen ließen sich nicht von der Erde trennen. Daß Hera (von era = »die Erde«)

ihren Heros Herakles als Frucht der Verbindung von Zeus mit Alkmene haßt, ist gleichfalls die olympische Version und ein schönes Beispiel dafür, wie die griechischen Mythographen vorgingen: aus der dreifältigen Göttin Erde/Himmel/Mond war eine eifersüchtige, rachsüchtige Frau geworden. Aus DIESER Vereinigung ging Herakles, der Jahreszeiten- oder Sonnen-Heros hervor, dessen »Vater« Rhadamanthys auf die kretische bzw. ägäische Kultur und vermutlich nach Afrika verweist.

Auf Andros finden sich jedoch nicht nur mythologische Spuren. »Dem Menschen habe ich zuerst das Wagnis, über das Meer zu segeln, empfohlen . . .«, lautet ein Hymnos der Göttin Isis, den man hier entdeckte. Noch heute sind die Andrier große Seefahrer und die Reederei zählt zu einer ihrer Haupteinnahmequellen.

*

Auf TINOS, der Insel mit der berühmten Wallfahrtskirche Muttergottes der Großen Gnade, sah ich anläßlich eines Festes in einem Dorf in den Bergen erstmals griechische Frauen alleine tanzen. Die Tische bogen sich unter der Last von in großen Töpfen auf offenem Feuer gekochten Kartoffeln, Fleischspießen, Aufläufen und Brot. Im Schatten der Platanen spielte ein Schnauzbärtiger Geige, ein anderer die Bouzouki, und die Frauen tanzten. Goldumstrahlt blickte die Muttergottes aus einer Nische heraus auf das bunte Treiben.

Tinos hat sanft geschwungene Berge aufzuweisen mit braunansteigenden Terrassenfeldern, wogendem Ginster, blendendweißen Kapellen, Taubenhäusern und Dörfer, die sich steilwinkelig und kubenartig über die Hänge stülpen; wildwuchernde Blütenkaskaden klettern über Rundbögen und Mäuerchen. Aber Tinos ist arm, weil sich – wie auf allen Kykladeninseln – der Reichtum aus den Ebenen nur selten in die Berge verirrt. Im August flirrt die Luft vor Hitze und der Nordwind springt oft jäh aus täuschender Himmelsbläue auf, um wütend zuzupacken.

Hinter dem Nordwind, den man Borea nannte, wohnen die Hyperboreer, besagt die Überlieferung. Apoll war wie Brizo von Delos, die nur ein anderer Name für Apolls Mutter Leto ist, ein sogenannter »hyperboreeischer« Gott.

Borea ist die Urschlange der ägyptischen und hebräischen Mythologie, die man auch Ophion nannte. In der baskischen Überlieferung heißt die Großschlange, welche die mondbekrönte Mari begleitet, Sugaar oder Sugoi. In diesem Wort (su.gaar) verbirgt sich die Kraft, die die Idee der Gottheit beinhaltet, Al, aus dem Rá oder Ré (die Sonne in Ägypten) wurde, denn r und l waren in alten Sprachen austauschbar; bei den Hebräern wurde El »Gott« – wie W. Drummond aufmerksam macht – ursprünglich als Al geschrieben (λε – von rechts nach links zu lesen). Beth El heißt »Haus der Sonne«, das hebräische Heiligtum, von dessen Gründung die Genesis kündet, war nicht das Haus der Sonne, El, sondern das Haus der KRAFT Gottes – Al.[43]

Der erste Buchstabe des hebräischen wie auch des griechischen Alphabets, aleph bzw. alpha bedeutet jeweils »Kuh« und bezieht sich auf das lunare Prinzip – wie Isis oder die prähellenische Io, die »Kuh«, auf das Symbol des Vollmondes bzw. auf die »lunare Achse« des nächtlichen Erscheinungshimmels, den »Großen Firstbalken« (China), den der Vollmond (Isis) als »Mitte« symbolisierte. Der Vokal A mit dem Zahlwert Eins ist Sinnbild für die »Erste (materialisierende) Ursache«, die Licht und Dunkel, Mutter und Vater, »Der-und-die-Alte« bei den Maya, in sich vereint; auch in der lateinischen Symbolik der Buchstaben steht A für die »erste Ursache«, auch »Berg« oder »Pyramide« oder »Kegel«, und L für »Gott« oder »Kraft«;[44] aus dem Al-phabet. Aus dieser ersten Ursache oder Schöpfungskraft wird alles geboren, auch die Götter, die ursprünglich »Reflexionen der einen Wirklichkeit waren«, Symbole für die Schöpfungskräfte, DIE Elohim (hebr.) und DIE Néter in Ägypten, die zu Zahlzeichen und Buchstaben wurden. Der »Berg« ist ein esoterisches Symbol für die Pyramide, eines der ältesten Symbole der Großen Göttin, des »Weltgefäßes« Mond. In Al oder LA ist »das, was von allem Anfang an existiert«, das ALL der Ägypter, »was war, ist und sein wird«, Symbol für die EINE KRAFT, die ursprünglich stets im Zusammenhang mit der »Mutter«, der »Tochter Mond« und dem Sinnbild der zweiköpfigen Schlange als Symbol ihrer sich dual verwirklichenden Kraft gesehen wurde, die sowohl die Zeit symbolisiert als auch die mystische Lebensessenz, die »Erdkraft«, die sich nicht voneinander trennen ließen.

Im baskischen Su.goi, deuten sich die sumerischen Wörter Zu, »Weiser«, und ki, »Erde« an, wobei nicht der Planet oder das irdische Leben gemeint war, sondern die alles beseelende (energetisierende) Kraft, die von der himmlischen Kraft nicht abzuspalten war. Das geht eindeutig aus dem Wort der Chinesen für die EINE Kraft hervor, die den Kosmos erfüllt und sich als Essenz zweiseitig manifestiert: verdickt (verdichtet) als Materie und verdünnt als Geist. Das altchinesische Schriftzeichen Ch'i bedeutet Gefäß, Essenz, Werkzeug und die Bilder des Himmels![45] Das I-Ching, das »Buch der (Mond-)Wandlungen«, ist das MASS dieser wechselseitig wirksam werdenden polar kosmischen Essenz oder Kraft.

Kia ist ein Wort der !Kung-San im südlichen Afrika für den begehrten Zustand der göttlichen Trance, die erreicht wird, wenn »num« kocht, das der kun-dalini-Kraft der Hindu entspricht, die am Ende der Wirbelsäule wie eine eingerollte Schlange ruht, um sich, sobald sie aktiviert wird, entlang der Wirbelsäule, in den beiden Nervenkanälen, den beiden »Schlangen«, aufzurichten. Die »Explosion« der kundalini oder von »num« führt zur Erleuchtung, kia.[46] Die Kogi-Schamanen der Sierra Nevada nennen diese »num«- oder kun-dalini-Kraft Al.una.[47] Auch im gesamten Mittelmeerraum stand die Schlange als Symbol der Großen Mutter nachweisbar seit ca. zwanzigtausend Jahren im Zentrum kultureller und ritueller Praktiken, und im alten Ägypten bezeichnete die Hieroglyphe für Schlange zugleich die Gottheit. Die Zusammenhänge quer durch die Zeit und über verschiedene Kulturen und Völker hinweg sind ebenso unübersehbar wie der neuerliche Hinweis auf eine »versunkene«, einst weltumspannende Kultur, die »Atlantis« gewesen sein kann, aber nicht muß.

Poseidon, erzählt die Sage, wäre Tinos einst mit Schwärmen von Störchen zu Hilfe gekommen, als die Insel von einer gefährlichen Schlangenplage heimgesucht wurde. Apoll(on) tötet, angeblich um seiner Mutter Leto zu Hilfe zu kommen, die vor ihm zum Orakel der Erdmutter nach Delphi geflohene Python, anschließend übernimmt er den Orakelschrein. Apoll »tötete« bzw. vertrieb die eigene Mutter bzw. eine ihrer beiden Seiten, die dunkle Neumond/Sonnenseite, die er – wie der »dunkle Gott« Osiris in Ägypten – ursprünglich selbst verkörperte, und übernahm ihre helle Lichtseite (Vollmond), die später auf die Sonne bezogen wurde. Weil Python, eine afrikanische Riesenschlange, nur ein anderer Name für Typhon ist, weist der Mythos darauf hin, daß sich Apoll(on) als Heros der »Kuh« in dem Erdheiligtum Delphi, »Uterus«, dem Mysterium unterzog und die Seite seiner eigenen inneren Schlange, Typhon, besiegt, ein Symbol für die rohe und, wenn nicht ausbalancierte, zerstörerische Egokraft, die in diesem Mythos bereits zur »weiblichen« Seite geworden war, obwohl sie als »Schlange des Materialismus« ursprünglich die »männliche« und sterbliche Seite als andere Seite der »weiblichen« und unsterblichen, spirituellen Seite der Göttin verkörperte. Daß sich davor die Heroin oder Priesterin diesem Mysterium unterzog, belegt eine Überlieferung von Isis' Kampf und Sieg über Typhon.

Auf den gleichen Vorgang stößt man in der Überlieferung der Yorouba Westafrikas, die vermutlich in weitaus frühere Zeiten zurückweist. Hier stellt Odu das »weibliche Prinzip« Ifas dar, das sowohl Mutter als auch Hauptfrau (Aya) und Geliebte ist – die Dreifaltigkeit der Göttin. Ifa symbolisiert das »Schicksal«, die »Saite, die in den Bogen des Weltgeschehens gespannt ist, sie ist Flug und Ziel« gleichzeitig (Gerd Chesi) – eine Erkenntnis auch des Zen-Buddhismus. Odu repräsentiert »das Wort«, das »in den Beginnen in der Göttin weilte« (S. Juan de la Cruz). Nach E.la stellt Odu das »heiligste Prinzip« dar und war ursprünglich eine (die) Göttin. Ela ist der Jüngling, der Kind-Mann, der Sohn, eine Art Dionysos, Pan usw., der wie der griechische Apoll die transzendente Seite der »dunklen Göttin« übernimmt.

Zum Schrecksymbol aller Paradiese wurde die Schlange erst durch das Christentum; im hebräisch-christlichen Mythos überreicht Eva, die »Mutter aller Lebenden«, durch die Schlange »verführt«, Adam den Apfel, die Frucht vom Baum der Erkenntnis, die Unsterblichkeit schenkt – was konsequenterweise bedeutet, daß nicht Eva, im inneren Kosmos anima, den Adam, sondern der Adam (animus) als Symbol der »männlichen« Seite der Schlange, Eva dazu verführt, ihn in das Mysterium einzuweihen – mit den bekannten Folgen. Denn der Apfel ist die Eintrittskarte in das Paradies der Eleusinischen Gefilde, der Unterwelt, des jenseitigen und spirituellen Reiches der Seelen oder Toten, in ein himmlisches, spirituelles, und kein irdisches »Paradies«. Herakles erhält den Apfel am Ende seiner Regierungszeit von der dreifältigen Göttin. Auch das berühmte Urteil des Paris bezieht sich darauf, und die Szene zwischen dem Helden/Heros/Adepten und der dreifältigen Göttin – Athene, dem Mädchen, Aphrodite, der Nymphe, und Hera, der alten Frau – spiegelt uralte esoterische Symbolik wider. Aphrodite, mit welcher der Heros die Heilige Hochzeit begeht, reicht dem Helden den Apfel, der, schneidet man ihn durch, in sich das Pentagramm, den Fünfstern enthält, das esoterische Symbol für Wiedergeburt, der jedoch der Tod vorausgehen muß. Das Pentagramm war noch das Erkennungszeichen der Pythagoreer.

Die »Liebe« zur Göttin, der geistigen Fruchtbarkeit, die moderne Psychologen seit Jung als »anima« bezeichnen, ist mit dem Tod des Egos oder Wachbewußtseins (»animus«), der »göttlichen Vernunft« (Apoll) verbunden, wodurch es zur Verschmelzung, zur Hochzeit kommen kann, auf welche die »Wiedergeburt aus dem Geist« erfolgen kann, die man durch einen weißen Vogel symbolisierte, als der der wiedergeborene Apoll davonfliegt. Nur durch die schamanistische Reise durch die Unterwelt, die Läuterung des seelischen Labyrinths, ist Vereinigung mit Gott, der Zustand mystischer Ekstase, die Erleuchtung, der Gewinn von »Liebesweisheit« möglich, die jene Art von Erkenntnis schenkt, die über den Tod des Egos in das Paradies geistiger Verzückung, in die geistige Ekstase führt, bei der die körperlichen Begrenzungen aufgehoben sind; es ist ein »Reich«, das nicht von dieser Welt ist, und das im abyss mündet, dem begehrten Zustand des Nicht-Seins oder des Nichts (Chaos), in dem alles Ungeschaffene, die Zukunft, noch bereitliegt, während der geistig Reisende auf seinem Weg ALLEM bereits Geschaffenen, der Vergangenheit, dem Unbewußten, begegnet. Diese Art geistiger Verzückung, die reine Weisheit schenkt, derer sich noch die Ur-Christen,

Neophyten, Adepten der Mysterien, bedienten, wurde im Zuge des Triumphzuges der Kultur der Väter durch Ge- bzw. Verbote unterbunden, von mystischen Bruderschaften jedoch weiterhin praktiziert; der rituelle Tanz und der rituelle Gesang anläßlich jahreszeitlicher Festivitäten, der von Mose verbotene Tanz um das Goldene Kalb, das Mondsymbol, stellte den einstigen Zugang des »gemeinen Volkes« zur Ekstase dar. Ekstase und mystische Erkenntnis war nur noch den herrschenden Priestern und Mitgliedern mystischer Bruderschaften zugänglich, zu denen Frauen keinen Zutritt mehr hatten; für das gemeine Volk, das zu braven Schäfchen degradiert worden war, wurde die Ekstase dämonisiert und verteufelt. Daß sich die Frauen ihre einstige Machtbasis lange Zeit nicht nehmen ließen und sich weiterhin nun verbotener Mittel bedienten, um den begehrten Trance- und Ekstasezustand zu erreichen, belegt die Wut ihrer Verfolgung durch das Machtinstrument Kirche. Erst nach dem Holocaust an den »Hexen« war die Frau im europäischen Raum endgültig »gezähmt« worden. Daß dem ein jahrtausendelanger Kampf vorausgegangen war, berichteten die Mythen um die Vertreibungen von »Schlangen« (Priesterinnen) aus den Orakelheiligtümern, die Vergewaltigung von »Nymphen« usw.

Natürlich ist es denkbar, daß Tinos wirklich von Schlangen geplagt wurde. Aber Poseidons Eingreifen läßt einen anderen Schluß zu. Denn Tinos Name soll auf das phönikische Wort für Schlange zurückgehen. Vermutlich befand sich hier einst ein Erdheiligtum der »Schlangengöttin«. Der verfallene Poseidontempel kündet vom Sieg des Gottes über die Göttin. Religiöses Zentrum ist Tinos jedenfalls geblieben. Am Tag Mariä Himmelfahrt, dem 15. August, spucken die Fähren im Hafen Tausende von Gläubigen aus. Viele von ihnen sind Frauen, oft Witwen, von denen manche auf Händen und Knien die lange, steile Straße zum Kloster hinaufrutschen, vorüber an den Jahrmarktbuden, in denen man mit der Frömmigkeit gute Geschäfte macht.

Einst tanzten die Frauen selbstbewußt in ihren Heiligtümern, nun nähern sie sich ihm unterwürfig, aber immer noch verehren sie auf Tinos die Mutter Gottes.

*

Über MYKONOS ist schon alles geschrieben worden. Mehr als hunderttausend Touristen stürmen die Insel während der Saison. Mykonos ist Fels und Architektur, unwahrscheinlich blauer Himmel und Meer. Wenn man das Jet-Set-Treiben übersehen kann, ist die Insel immer noch atemberaubend schön. Mykonos wird als geschichtslos bezeichnet, aber eines stimmt nachdenklich. Der Mythos besagt, daß Poseidon, der »Gott« der Erdbeben, hier die Titanen mit nachgeschleuderten Felsbrocken allesamt erschlug, weshalb ihnen diese Stätte zum ewigen Grab im Meer wurde. In Mykonos' unmittelbarer Nähe befindet sich DELOS.

»Als nun Delos betrat die entbindende Eileithyia, kam das Gebären die Göttin nun an und sie wollte gebären. Und mit den Armen umschlang sie die Palm und stützte die Knie auf den erschwellenden Rasen, und unter ihr lachte die Erde. Und er entwand sich ans Licht und die Göttinnen jauchzten zusammen ...« (Homer)

Vermutlich jauchzten sie nicht lange, denn er, dessen natürliche Geburt hier so realistisch geschildert wird, ist der Gott Apoll(on), der seine Mutter von ihrem Heiligtum vertrieb.

Eileithyia, bei den Griechen die Göttin der Geburt, ein anderer Name der Leto, ist die kretische Göttin der Erde, der Fruchtbarkeit und Geburt, deren Hauptkultort die

Eileithyia-Höhle auf Kreta war. Von ihrem Namen leitet sich Eleusis ab, im christlichen Mystizismus »Advent«, die Zeit vor der Wiederkunft des Gotteskindes. Die eleusinischen Mysterien der Erdmutter sind die ältesten bekannten Mysterien und ein Vorläufer der orphischen und hermetischen Mysterien Griechenlands und Ägyptens, die zunehmend nur noch Priestern zugänglich waren. Auch Eros, das ursprünglich zweigeschlechtliche Kind der Aphrodite, gilt als Sohn der Eileithyia, die nicht überraschend ebenso mit der Geburt von Herakles in Verbindung steht. Eileithyia besaß Heiligtümer an mehreren Orten; von einem auf der nördlichen Seite des Kronoshügels befindlichen Schrein, in dem eine Schlange, genannt Sosipolis, wohnte, berichtet der Herakles-Mythos.

Der Sage nach hatte Demeter ihre Tochter Persephone verloren, die von Pluto geraubt und im Hades, der Unterwelt, festgehalten worden war. Um sie zu finden, irrt die Göttin wie die sumerische Inanna durch die Dunkelheit der Unterwelt, noch freiwillig und ohne einen Pluto; sie war in die Unterwelt hinabgestiegen, um nach einem Durchgang durch sieben Tore (Initiationen) ihrer Schwester, ihrer eigenen anderen dunklen Seite zu begegnen. Der sumerische Mythos verweist damit auf eine Zeit, als noch Priesterinnen das Mysterium vollzogen und hüteten.

Demeters Tochter ist ein Symbol der menschlichen Seele oder Psyche, die auf ihrer Wanderung durch das Reich der Materie, des Lebens, durch den körperlichen bzw. den Egotod die »Schwelle« zur anderen oder Nicht-Welt überschreiten muß. Den Höhepunkt der Mysterien stellte vermutlich eine Vision, ein Eingriff in die Psyche des Adepten dar, der das Denken, das »Bewußtsein«, nachhaltig veränderte. Sowohl Sophokles als auch Euripides unterzogen sich dem Mysterium, das wohl kaum so »primitiv« war, wie man das Mysterium der Mütter gegenüber den väterlichen

Mysterien gerne bezeichnete. Ihm gingen eine lange Vorbereitung und verschiedene Initiationen voraus. Am Ende des »Abstieges« der Seele des Adepten stand die in strahlendes Licht getauchte Gestalt der verlorenen Tochter Persephone, eine Erfahrung, die heute von Schwellenerlebnissen von Menschen im Zustand des klinischen Todes bekannt ist. Der Adept begegnete seinem »Höheren Selbst«, dem »Seelenkern« oder »Höherem Ego«, das Schritt für Schritt »aus dem Geist« wiedergeboren wird, was nach buddhistischer Tradition nicht nur in einem Leben, in einer körperlichen Existenz, erreicht werden kann. Dieses »Über-Ich«, von dem die moderne Psychologie heute wieder weiß, nannten die Yorouba Westafrikas »Ori«. Es ist eine Erfahrung von Schamanen aller Kulturen bei »außerkörperlichen«, geistigen »Reisen«, eine Praktik, die bis zum Beginn der menschlichen Bewußtwerdung und tief in die Steinzeit zurückreicht.

Daß der große Gott Apollon gerade auf dem scheinbar so unscheinbaren Delos geboren wurde, deutet ebenso wie Poseidons »Sieg über die Titanen« darauf hin, daß sich hier einst ein bedeutendes Heiligtum befunden hatte.

Delos liegt im Herzen der Kykladen. Kyklos heißt Kreis. Rund um Delos der Inselkreis ...

Atlantis war Platon zufolge kreisförmig in Form von Ringen um die Metropole gebaut, die Poseidonia geheißen haben soll. Die Gebäude leuchteten in den Farben weiß, rot und schwarz. Das sind die Farben von Knossos, die Farben der großen semitischen Zentralgottheit Mond, und auch die geheimen sakralen Farben des traditionellen Afrika, die ihre traditionellen Orakelseher- und Heilerinnen, die Sangomas oder Nyanga oder Ngaka, alles Wörter, die sich von »Mond« herleiten, noch heute tragen!

Die Stadtmauern, so Platon, waren mit Metallplatten überzogen. Wie sieht Odysseus die Phäakenstadt? »Erzverkleidete Wände erstrecken sich hierhin und dorthin, von der Schwelle bis drinnen ...«

Kalte und warme Quellen wurden in Atlantis durch Wasserleitungen in die Häuser gebracht. »... drin sind auch zwei Quellen, die eine verteilt sich im ganzen Garten, die andere läuft jedoch unter der Schwelle des Hofes hin bis zum hohen Haus, dort holen die Bürger das Wasser«, heißt es in der Odyssee von der Phäakenstadt.

Poseidonia war mit Gärten übersät, es gab Rennbahnen sowie Übungsplätze und Arenen für sportliche Wettkämpfe. Auch hier ist die Ähnlichkeit zu Phäakenstadt auffallend.

Atlantis' Untergang erfolgte in einem »schlimmen Tag und einer schlimmen Nacht«. Nach der Überlieferung wurde es durch zwei Katastrophen zerstört. Zwischen der ersten und der zweiten lag offensichtlich eine lange, ruhige Periode. Zuerst war Atlantis sehr ausgedehnt, heißt es, um durch eine Katastrophe in »Inseln« unterteilt, und schließlich durch eine zweite, innerhalb kürzester Zeit, vollkommen zerstört zu werden.

Platon schrieb die Sage eineinhalb Jahrhunderte, nachdem Solon sie in Ägypten gehört hatte, um 355 v. Chr. nieder. Der Mythos vom versunkenen Atlantis war jedoch auch entlang der ganzen westafrikanischen Küste bekannt. Legenden von Gao am Niger berichten von einer Stadt aus Elfenbein und »tausend goldenen Türmen« und von einer Migration der Atlantoi südlich der Sahara nach Osten und nach Ägypten.[48] Dem Ägyptologen Schwaller de Lubicz zufolge weisen neueste Erkenntnisse nach Westafrika, das, wie der nordische Mythos berichtet, vor der Katastrophe mit einer »Verlängerung Westeuropas« verbunden war, die durch die Katastrophe versank.

R. Ranke-Graves vermutet, daß die Sage frühestens aus dem dritten Jahrtausend stammt; Ägyptens Reichsgründung, d. h. die Vereinigung Oberägyptens und Unterägyptens mit dem Delta, wird um 2900–3000 v. Chr. angesetzt. Auf die ältesten Spuren der ägyptischen Kultur stieß man in Oberägypten und Nubien, auch die Ägypter selbst wiesen darauf hin, daß ihre Kultur, die das Erbe der untergegangenen Atlantischen Kultur antrat, im Sudan entstanden wäre. Alle ihre »alten Götter« waren ursprünglich mit Schiffen vom Süden her gekommen.[49]

Der ägyptische Priester, der dem Griechen Solon von Atlantis erzählt, weist nachdrücklich darauf hin, daß die Menschheit »schon manchesmal und auf viele Arten ... vernichtet worden (ist) und wird auch wieder vernichtet werden, am gründlichsten durch Feuer und Wasser, und in geringerem Maße auf tausend andere Arten«. Die Griechen selbst bezeichnete der alte Priester als »Kinder«, denn »einen alten Griechen gibt es ja überhaupt nicht«. »Ihr habt in ihr (eurer Seele) keine urtümliche Meinung, die aus alter Überlieferung stammt, noch irgendein altersgraues Wissen.«[50]

Die Menschen, die außerhalb und innerhalb der »Säulen des Herkules« lebten, der Meerenge von Gibraltar, was sich vermutlich nicht auf eine Insel im Atlantik und das Mittelmeer bezieht, sondern auf Europa bzw. die ehemalige Verlängerung Südwesteuropas und Afrika, führten Krieg gegeneinander, und dieser Krieg ging dem endgültigen Untergang von Atlantis voraus. Als Zeitpunkt gibt der ägyptische Priester 9000 Jahre vor Solons Besuch an. Wer hier gegen wen Krieg führte, läßt sich wohl nicht mehr klären, weil die Angabe der Säulen des Herkules irreführend ist. Die »Säulen des Herkules« wurden zuvor Säulen des Atlas und des Briarëus genannt, des ältesten Vorläufers des Herakles, weshalb es derartige »Säulen« nicht nur an der Meerenge zu Gibraltar gab, sondern auch an anderen Orten – einfach deshalb, weil diese Säulen Jahreszeitensäulen waren und sich auf Winter- und Sommersonnenwende, die beiden Säulen des Sonnenjahres beziehen und damit auf die Kosmologie und Religion der Völker. Deshalb stößt man in den Mythen sowohl auf zwei, vier und auch sieben Säulen. Solche Säulen sind Sinn-Bilder für die Vokale der Kalender-Alphabete; von Atlas etwa hieß es, daß er »selbst die Säule hat« bzw. ist, d. h. er trägt als Symbol der Weltachse die Erde innerhalb des zeit-räumlich zyklischen Geschehens.

Die den Untergang ihrer Welt überlebenden »Atlanter« scheinen weit gekommen zu sein, denn zumindest die linguistische Verwandtschaft zwischen Atlantis und dem Herkunftsort der Azteken, der im Tira de la Peregrinacion als Aztlan angegeben wird, ist auffällig. Der weite Seeweg dürfte für die Kenner »der dunklen Tiefen des Meeres«, wie man das Volk des Atlas ebenfalls nannte, kein Hindernis dargestellt haben. Auch ergaben Untersuchungen der indianischen Völker, daß sie ursprünglich Cro-Magnoide waren, die seit 30 000–40 000 Jahren von Mongoliden überlagert wurden, die während der letzten Eiszeit von Asien über die Beringbrücke nach Nordamerika gewandert waren.[51] Cro-Magnoide werden mit den Atlantoi in Verbindung gebracht. Nachfahren cro-magnoider Menschen weisen einen auffallend hohen Prozentsatz der Blutgruppe Null auf. Darauf stößt man bei den Basken, den Kretern, in Britannien und Irland, bei Äthiopiern und Ägyptern, und in geringerem Maß bei Bantu-sprechenden Völkern Afrikas, deren Proto-Bantu-Sprachen nach Westafrika verweisen![52]

Auf der Südspitze des amerikanischen Kontinentes, in Patagonien, fanden sich Spuren »atlantischer Riesen« bis in historische Zeit. Zwei Stämme werden genannt, Onas und Ysanas, die auffallend den Wanen und Asen der Nordischen Edda gleichen. An den Flüssen Urubu und Utama im Amazonas-Gebiet in Brasilien entdeckte man Felsbilder, die der Felskunst der Kanarischen Inseln und der Sahara auffallend ähneln. Auch fanden sich in Amerika »andalusische« Gravierungen, die wiederum Felsgravierungen auf einem

Gletschergestein der südafrikanischen nördlichen Kap-Provinz gleichen. Dabei handelt es sich um die weltgrößte Ansammlung gravierter Symbole, die von manchen Forschern als die mögliche Aufsplitterung einer Ursprache in verschiedene Sprachen gedeutet werden![53] Die andalusischen Zeichen gelten als Vorläufer der keltischen Runen, und daß die Gravierungen in Südafrika, von denen viele mit andalusischen Zeichen übereinstimmen, auch auffallend Schriftzeichen der altchinesischen Schrift ähneln, vertieft nur das Rätsel unserer Vorgeschichte, die, je mehr wir von ihr entdecken, nur um so geheimnisvoller zu werden scheint.

Begegnet man schließlich nicht auch bei der »ägäischen Kultur« allerorten den Spuren von Riesen, Megalithkulturen und »Großbaumeistern«? Ist der endgültige Untergang von »Atlantis« womöglich nicht mit dem Ende der letzten Eiszeit vor ca. 10 000 Jahren, sondern mit dem Ausbruch des Santorini in der Ägäis anzusetzen, der einigen der NACHFAHREN der »Riesen« den endgültigen Todesstoß versetzte? Befanden sich unter ihnen die Phäaken oder weist Nausikaas Welt noch weiter in die Tiefen der Zeit zurück?

Jacques Cousteaus Tiefseeforscher entdeckten bei der Kreta vorgelagerten Insel Tia einen antiken Hafen. Alle vor Anker liegenden Schiffe waren nachweislich auf einmal gesunken, ein gewaltiger Erdrutsch schleuderte Lagerhäuser und Hafengebäude ins Meer. Durch diesen Fund und die Ausgrabungen auf Santorini ist erwiesen, daß von ägäischen Völkern um vieles früher, als bislang angenommen wurde, ein florierender Seehandel betrieben wurde, der neuesten Forschungen nach bis zu 7000 Jahren zurückreicht. Läßt die »Flucht« der Phäaken aus Hyperions Reich nicht an diese Katastrophe denken, die wohl zu einer jener Untergänge von Kulturen in »geringem Maße« gehört, von denen der ägyptische Priester im Zusammenhang mit Atlantis berichtete?

Der endgültige Sieg der olympischen Götter über die »Titanen« kann 1500 v. Chr. angenommen werden, was in etwa dem Zeitpunkt der Santorini-Katastrophe entspricht. Als Anführer im Verteidigungskampf der Titanen, der alten Kultur, die hier rund um Delos endgültig vernichtet worden sein soll, gilt Atlas. Der Sage nach war Delos entstanden, weil die junge Asteria »vor langer Zeit«, um Zeus Verfolgung zu entgehen, vom Himmel ins Meer gesprungen war, wo sie als kleine, munter dahinschwimmende Insel fortlebte.

Wie erfindungsreich die Griechen beim Sturz der alten Göttinnen waren, läßt sich an diesem Beispiel schön ablesen, denn Asteria war keine kleine, sondern als Asteriё die Große Göttin, die »Königin des Himmels und Schöpferin der planetaren Kräfte«! Isis ägyptischer Name war A'st!

Abgesehen von Eileithyia gibt es noch eine Verbindung zwischen Kreta und Delos. Minos gilt als Nachfahre des Asterios, dem Enkel des Doros. Nun kamen die Dorer aber nachweislich erst gegen Ende des zweiten Jahrtausends nach Kreta. Asterios, »zu den Sternen gehörend«, ist die übliche griechische Vermännlichung eines weiblichen Namens, der Asteriё. Delos war offensichtlich ein Heiligtum der Großen Göttin und seine Verbindung zum Kosmos und Apolls Geburt auf der Insel verweisen auf ein besonders wichtiges Zentrum.

Atlas, so die Griechen, kannte die Rätsel der Astronomie und Astrologie. Homer bezeichnet ihn als All-Erforscher. »Nach dem Tod von Hyperion wurde das Königreich zwischen den Söhnen des Uranos geteilt ...«, einer von ihnen war Atlas.

Auffallend ist die Namensähnlichkeit zwischen Uranos, dem Sohn der Mutter Erde, und der ältesten Muse Urania.

Bei der Vorliebe der Griechen, Göttinnen zu vermännlichen, ist als Tochter der Mutter Erde Urania anzunehmen. Als Vater der Musen reklamieren die Griechen Zeus. Hesiod nennt sie die Töchter der Mutter Erde und der Luft, und Pausanias bezeichnete sie als ursprünglich dreifältige Göttin des Geheimkultes – der Eleusinischen Mysterien. Auf jeden Fall ist Ur.ania uralt, um vieles älter als die jungen olympischen Götter. Vermutlich ist ihr Name nur ein anderer für Asteriē, die »Schöpferin der planetarischen Kräfte«, As't – Isis in Ägypten. Auf ägyptisch heißt ur »groß« oder »Haupt«, auch »Silber«, arq ur war der ägyptische Name der Sphinx. Silber galt als Metall des Mondes und arq bedeutet wie das sumerische ma, »etwas das zu Ende geht« (und wieder beginnt), einen Zyklus. Im Baskischen wird ur im Zusammenhang mit Wasser oder Gold verwendet. All das waren Attribute der Mutter/Göttin einer versunkenen Kultur, zu der und zu deren einst gemeinsamen Sprache und Religion all die erwähnten Kulturen, die wohl ihre Erben waren, zurückweisen, inklusive der »Steinzeit«-Kulturen wie die Khoi-Khoi des südlichen Afrika, deren Vorfahren den gesamten Kontinent besiedelten. Denn es fällt auf, daß die Khoi-Khoi, »Menschen der Menschen«, eine Quelle, oder einen über einer unterirdischen Quelle errichteten Stein, als von Heitze-Eibab bewohnt ansahen. Ihrem Zeugnis nach wohnt in jeder Quelle eine Schlange.[54] Hus-ur heißt im Baskischen »reines Wasser«, hutz (hus) in Zusammensetzungen, und haitz »Stein oder Felsen«! Und auch zu den Phäaken bietet sich neuerdings eine Verbindung an.

Gemäß dem pelasgischem Schöpfungsmythos stehen die von Eurynome, der Großen Göttin, eingesetzten Titanen Atlas und Phoebe, Apolls »Großmutter«, für den Mond. Atlas erhielt das Land Hyperions, des Sohnes der Mondgöttin, von Uranos. Die Phäaken stammen von einer Tochter

Eurymedons ab, jenem Titanen, den Eurynome gemeinsam mit Themis, »Ordnung«, dem Planeten Jupiter zuordnete. Themis, auch Thethys, galt als »Mutter der Jahreszeiten«, das ist ein anderer hethitischer Name für die Große Göttin, die den lunaren Kalender mit 13 Monaten erfand.

Die Phäaken flohen aus Hyperions Gefielde – flohen sie aus des Atlas' Land? Der Planet Jupiter, dem die »Ahnen« der Phäaken zugeordnet sind, regierte der Überlieferung nach das zweite »silberne« Zeitalter, in dem es nach Ovid »vier Jahreszeiten« gab – während im ersten »goldenen« Zeitalter, das unter der Herrschaft von Kronos/Saturn gestanden war, ewiger Frühling geherrscht hatte. Und – »die Menschen, die vorher groß und kräftig waren, degenerierten langsam«![55]

Die Abstammung, sowohl des Atlas, als auch der Phäaken von Titanen läßt auf eine gemeinsame Ur-Kultur schließen. Nach olympischem Schöpfungsmythos ist Eurymedon der Vater des Prometheus, der den ersten Menschen erschuf. Einer seiner Brüder war Atlas. Auch wenn in einem anderen Mythos Prometheus' Vater als der Titan Iapetos (Jafet im Hebräischen) angegeben wird, gibt es also eine deutliche Verwandtschaft zwischen den Phäaken und riesigen, vormenschlichen Kulturen; woraus zumindest hervorgeht, daß die Atlantoi UND die Phäaken auf die ältesten und einst riesenhaften Geschlechter zurückweisen, und damit in eine andere Zeit als der mykenische Odysseus, der dennoch ihr Reich besucht!

Auf einer Amphore aus Ruvo sieht man Atlas, den Himmelsträger mit seinen sieben Töchtern, den Wochentagen oder Titanen, neben einem von einer Schlange umwundenen Apfelbaum abgebildet. Eine camparische Amphore zeigt Atlas als Himmelsträger mit einer Hesperide und auf der Rückseite den Paradiesbaum mit drei Äpfeln und einer zweiköpfigen Schlange, die sich um den Stamm ringelt.

Obwohl diese Atlasdarstellungen zu einer Zeit entstanden, als die Zusammenhänge wohl nicht mehr klar ersichtlich waren, sind das matriarchale Prinzip und seine Symbolik noch deutlich erkennbar. Atlas, der Heros, das männliche Prinzip, trägt als Symbol der »Polarachse« oder »Weltachse«, der lunaren Achse, den weiblichen Kosmos; die Schlange mit ihren beiden Seiten oder Richtungen symbolisiert Erleuchtung – Wissenschaft, Mysterium, Kunst – und Tod, und die drei Äpfel stehen für die heilige Dreifaltigkeit und symbolisieren Leben und Liebe, Tod und Wiedergeburt, den Eintritt in das Paradies der Unsterblichkeit.

Im Wort Del.os, von Fick und Eisler als Dreieck im Sinne der Vulva der Erdmutter als Matrix interpretiert, verbirgt sich wie in Del.phi und Delta, einem Heiligtum in Korinth, das Mysterium der Großen Muttergöttin, der »arche geneseos« der Al-Chemisten als Archetypus der allgemeinen Fruchtbarkeit. Ihr Heiligtum wurde oft geschändet. Zuerst von den Griechen, später von den Römern und nicht zuletzt von Sklavenhändlern, die hier an manchen Tagen bis zu zehntausend Menschen verkauften. Der menschenverachtende Schritt von der Degradierung zum Arbeits-Tier, der seinen Anfang in der Entrechtung der Frau und der »Entweiblichung« der Männer nahm, bis hin zur Wasserstoffbombe und zur möglichen Genmanipulation mag an der Entwicklung der menschlichen Zivilisation gemessen als ein winziger, wenn auch folgerichtiger und weitaus gefährlicherer Schritt als der vom kosmisch-magischen Zentrum zum Sklavenmarkt erscheinen, und doch lassen sich beide als Ursache und Wirkung nicht voneinander trennen.

Über den Mosaikböden auf Delos brütet die Hitze. Aus winzigen Ritzen blüht Klatschmohn. Immer noch bewachen steinerne Löwen den Weg zum Tempel der »Schlange«, der Leto. Der Löwe war eines der symbolischen Tiere der Großen Göttin in ihrer ersten »weißen« Triade als Herrin der Tiere, als Göttin von Kampf und Jagd. Es sind nur noch sechs, den siebenten nahmen die Venezianer mit. Auch Apoll(on) war aus Delos vertrieben worden. Nur der Himmel blieb und das Meer, das ihn hier wie sonst nirgendwo in Griechenland widerzuspiegeln scheint.

*

Der gelernte Griechenlandreisende bucht für längere Schiffspassagen vorsorglich eine Kabine, die er dann doch nicht benutzt, weil auf den Fährschiffen entweder die Bullaugen klemmen oder der Ventilator nicht funktioniert oder beides; doch wäre es ohnehin ein nicht wiedergutzumachender Verlust, die griechische Sommernacht nicht an Deck eines Schiffes zu verbringen, durch nichts vom gleißenden Sternenhimmel getrennt als durch Luft. Spätestens wenn die ersten Sternschnuppen im Nachtblau aufglühen, um im Nirgendwo zu verlöschen, vergißt man die Leiber und Rucksäcke um sich herum, die Stimmen, das leise Gelächter, und versinkt mit allen Sinnen in der Nacht, der »Bändigerin der Götter und Menschen«, die ein silbernes Ei im Schoße der Dunkelheit legte, dem Eros, den manche auch Phanes, den »Offenbarer« nennen, entschlüpfte, der das All in Bewegung setzte (Orpheus-Mythos). Vor dieser Göttin, der »schwarzgeflügelten Nacht«, ruhte, wie er auch tobte, selbst Zeus und »scheute sich (sie) zu betrüben« (Ilias).

Das silberne Ei ist der Mond und die Große Göttin zeigt sich hier in ihrer Triade als Nacht, Ordnung und Gerechtigkeit. Die Nacht, so drückt es Erich Neumann in seinem Standardwerk »Die große Mutter« aus, führt »über Tod und Schlaf zur Heilung und (Wieder-)Geburt, sie führt das Lebendige über das irdische Dunkel aufsteigend zur Erhöhung seines Wesens ins Licht«. Dergleichen ist stets mit Initiation verbunden, und so ist es nur verständlich, daß die Nacht immer schon Angst einflößte und mit allerlei dunklen Gestalten und Dämonen bevölkert wurde.

Die griechische Nacht, wenn kein Wind die Wogen bewegt, und nur die Sterne ihre Botschaft auf die Erde funken, schenkt Frieden, nicht Angst. Und manchmal ist es, als ob eines dieser fernen Gestirne die Antwort auf eine nichtgestellte Frage blinzle und so für den Bruchteil einer Sekunde die innere Dunkelheit erhellte – zu flüchtig meist, als daß »Erleuchtung« in Erkenntnis umgesetzt werden könnte. Wer das erfährt, begibt sich irgendwann auf die Suche und tritt eine Reise an, die grenzenlos ist, weil sie unsere Beschränkungen durch Zeit und Raum nicht kennt – wie Inanna, die sumerische Himmelsgöttin auf ihrem Abstieg in die Unterwelt, wie Odysseus, der Heros, auf seiner Irrfahrt.

Ist es Zufall, daß das Kind der Nacht, der Schlaf, den Odysseus vor seiner Begegnung mit den Phäaken überfällt? Athene, die vorolympische Große Göttin, »goß ihm Schlaf auf die Augen ... und hüllte ihm ein seine Lider«. Und als ihn die Phäaken auf eines ihrer Schiffe gebracht hatten, »breiteten sie nun Decke und Leintuch auf das Hinterverdeck des hohlen Schiffes, damit er ganz fest schlafe ... ihm aber fiel auf die Augenlider erquickender Schlummer, nicht zu erwecken und süß, dem Tode am nächsten vergleichbar«, während das Phäakenschiff »im raschen Lauf die Wogen des Meeres« durchschnitt, um ihn heim nach Ithaka zu bringen, wo er, der »vom Schlaf Bezwungene«, immer noch schlafend zurückgelassen wird.

Drei Tage lang hielt sich Odysseus bei den Phäaken auf, und drei Nächte, drei Tage und drei Nächte lang hängt die sumerische Inanna vor ihrer Rückkehr in die Oberwelt an einem Nagel, nachdem sie sieben Initiationsstufen durchschritten hatte. Drei Tage lang weilt Christus vor seiner Auferstehung in der Unterwelt.

Mythologie ist die Geschichte der Seele, die Geschichte der Entwicklung des menschlichen Bewußtseins. Sie ist nie nur eindimensional, sie hat auch eine historische, eine astronomische und eine esoterische Dimension, die Dimension der Initiation. Drei Tage scheinen das Maximum zu sein, die der astrale oder mentale Körper ohne dauerhaften Schaden vom physischen Körper getrennt sein kann. Diese dreitägige Reise in die Unterwelt bildete den Höhepunkt der Einweihungsriten antiker Adepten oder Neophyten; es ist die uralte Erfahrung der »außerkörperlichen« Reisen von Schamanen aller Völker, von denen Zeugnisse, die weit in die Steinzeit und die europäische Eiszeit zurückweisen, in Form von Felszeichnungen oder Felsgravierungen verblieben, die erst während der letzten Jahrzehnte entschlüsselt werden konnten.[56]

In der Initiationserfahrung verfällt das Individuum in einen Zustand tiefer Trance, währenddessen es seinen ätherischen und astralen Körper vom physischen Körper befreit. Der für das normale Bewußtsein oder Wachbewußtsein unsichtbare »feinstoffliche« bzw. höher als der dichtere physische Körper schwingende ätherische Körper ist Teil des Seelen-Körpers, der »Bilderkräfteleib«, wie ihn der Theosoph Rudolph Steiner nannte, der Träger der Lebenskraft; der Astral- oder mentale Körper ist »das Instrument« des inkarnierten Egos auf der mentalen oder Astralebene, dichter, niedriger schwingend als der Ätherkörper, aber noch feinstofflicher als der physische Körper. Auf dieses Wissen der »Seelenschichten«, die sich im physischen Körper materialisieren, stößt man in der Esoterik, der Geheimlehre, aller Religionen, auch des Christentums. Die »Seele« spiegelt sich in der Aura wider, einer Art elektromagnetischem »Feld«, das alles Lebende für das normale Auge unsichtbar umgibt. Heute ist es möglich, diese Aura mit Hilfe der sogenannten Kirlian-Fotografie sichtbar zu machen. Im Zustand tiefer Trance ist das Bewußtsein nicht ausgeschaltet, sondern »in einen dermaßen tiefen Konzentrationszustand versetzt, daß der Körper äußerlich wie im Koma erscheinen muß«.[57]

Odysseus schläft einen Schlaf »dem Tode am nächsten vergleichbar«. Was immer in diesem Zustand gedacht wird, wird sofort als Erfahrung gelebt. Ist die Reise durch das Unterbewußtsein erfolgreich, kann der Eingeweihte in seinen physischen Körper zurückkehren, war die Konfrontation zu stark, wird das Individuum, wenn es überlebt, zu den Mysterien nicht zugelassen. Manche der antiken Adepten wurden verrückt, d. h. sie verirrten sich zwischen den Dimensionen ihrer psychischen Unterwelt und waren weniger glücklich als Theseus, den eine Ariadne sicher aus dem »Labyrinth« herausführt.

»Wenn Du bleibst«, versucht Kalypso den Odysseus zu locken, »sollst Du Dich der Unsterblichkeit und zeitloser Jugend erfreuen.« Sieben Jahre lang (!) gelingt es ihr, Odysseus festzuhalten. Ogygia, Kalypsos Insel, ist eine Todesinsel, d. h. ein Heiligtum der Todesgöttin, der Göttin in ihrer letzten Triade als Neumond/Sonne; die Sieben ist die Initiationszahl, und Kalypso, in der sich wie in Kali oder Kar, der kretischen »Bienengöttin«, die »Zeit« als Lebens- oder Todesessenz verbirgt, war wohl eine Priesterin. Interessanterweise gilt sie als Tochter des Atlas und verweist dadurch nach Nordafrika bzw. auf eine dunkelhäutige Priesterin, wie sie noch die Phönizier aus Oberägypten in ihre Heiligtümer holten. Odysseus Weigerung, bei der Göttin zu bleiben, deutet darauf hin, daß er, nachdem er die von allen Mysterien und im Mythos in verschiedener symbolischer Beschreibung überlieferten Initiationsstufen absolvierte, die letzte und höchste Einweihung, die Unsterblichkeit des Heroen, die das schwierigste und letzte Opfer voraussetzt, den (Ego-)Tod, zugunsten weltlicher Freuden zurückwies, wovon seine zahlreichen »Gesäten« ein beredtes Zeugnis ablegen. Es kann auch sein, daß er zu den höchsten Weihen nicht zugelassen wurde. Kam Odysseus deshalb zu mythologischen Ehren? Die Initiationen und das Mysterium bewirkten eine geistige Läuterung, die »Reinigung von Körper und Seele«, welche die sprichwörtlich gewordene salomonische Weisheit und die Gerechtigkeit eines Rhadamanthys verliehen, die bis dahin unerläßlich für das sich entwickelnde Herrschertum waren.

Diese alten »weisen Krieger« waren, wie sie die taoistische Überlieferung beschreibt, in erster Linie »geistige Krieger«. Sie waren »sanft«, aber auf »geheimnisvolle Weise« mächtig, ihre »Tiefe« machte sie »undurchschaubar«, »Einfach«, »offen«, »unerforschlich«, »klar«, selbst in der größten Turbulenz nutzten sie selbst in der »Ruhe« die »Bewegung«. Sie strebten nicht nach »Fülle«, weil es für die, die den Weg (das Tao) befolgen, möglich ist, die Fülle zu nutzen und nichts Neues hinzuzufügen,[58] gerade weil sie nicht nach der »Fülle« streben. Odysseus, der »Städtezerstörer« und »Zornige«, der in einem auffallenden Widerspruch zu Odysseus, dem Seelenreisenden steht, hat mit derartigen »Weisen der alten Zeit« nicht viel gemeinsam. Wie Thomas Cleary aufmerksam macht, reichen die Wurzeln dieser uralten Weisheitslehre, welche die Essenz des Buddhismus darstellt und erst durch Konfuzius verweltlicht und zur reinen Anleitung für die Herrschenden wurde, was ursprünglich gar nicht enthalten war, zu Schamanen zurück, »die wußten, wie das Bewußtsein verändert wird«, zu Heilern, die Pflanzen und Metalle studiert hatten, zur Kosmologie der »Schmiede«, zu Orakelsehern, die das »Wetter, die Sterne, die Tiere und die Balance der Umwelt als Ganzes« studiert hatten, sowie zu »Höfen hohen Alters, die den Grundstein der Zivilisation«

legten, und zu Menschen sogenannter »versunkener« Kulturen. Verbirgt sich hier das Rätsel der Phäaken? Zu rein weltlichen Kriegern, deren geistiger Horizont vorwiegend auf die »Fülle«, auf den Reichtum der eroberten Kulturen, ob geistiger oder materieller Art, ausgerichtet war, konnten sie erst werden, als sie sich der Läuterung durch das Mysterium nicht mehr unterzogen und sich nur noch der Magie bedienten, die in den Dienst der Beherrschung nicht mehr der eigenen, sondern anderer Seelen gestellt wurde. Nausikaas Welt deutet in die sagenhafte Vorzeit mysteriöser Höfe hohen Alters und versunkener Kulturen zurück, Odysseus Welt ist die Welt kriegerischer Berserker, sein Zeitalter das »eiserne«, das der Welt vorwiegend Gewalt, Zerstörung, Unterdrückung und Versklavung bescherte.

Die Nacht schien ebensoviele Fragen aufzuwerfen wie der Tag. Irgendwo da draußen tanzten ein weißes und ein rotes Lichtpünktchen auf und nieder, ein Fischerboot beim nächtlichen Fang, der viel Geduld erfordert, aber auch Muße zum Nachdenken bietet. Die in ihrer Schlichtheit bestürzend klugen Worte eines Fischers fielen mir ein, mit dem ich einmal ein paar Stunden auf See verbracht hatte. Das Meer, sagte er, ist alles, Anfang und Ende, und doch ist es nur ein Teil vom Ganzen. Er war Analphabet, aber ihn belehrte die weiseste aller Lehrmeisterinnen – die Natur.

Berechtigt Louis Pauwels Formulierung »Wissenschaft ohne Gewissen ist der Ruin der Seele« zur Hoffnung? Oder W. I. Thompsons Forderung, die in bloß den Ausschnitt berücksichtigenden zersplitterten wissenschaftlichen Disziplinen zur »Wissenskunst« wiederzuvereinen?

Im »Stanford Research Institute« in Amerika, einer »Denkfabrik«, auf die der Zukunftsforscher Robert Jungk schon vor vielen Jahren aufmerksam machte, werden seit Jahren nebenbei, aber immerhin, Zukunftstudien über alternative Entwicklungen angestellt, und so wird auch über einen »künftigen, spirituell orientierten Menschen« nachgedacht. Das Institut arbeitet in erster Linie für die Streitkräfte und die Großindustrie und deshalb scheint Skepsis angebracht. Doch beginnen immer mehr Wissenschaftler ihr Einbahnsystem zu verlassen, das in die atomare Sackgasse führte. Liegt im allerorten und unabhängig von ideellen Strömungen auftretenden Wiederentdecken eines verlorenen Wissens um die Kräfte der Natur, im Besinnen auf Rituale, die jenseits von Blut-und-Boden-Mythen Verbundenheit mit der Natur und nicht Abwendung und Zerstörung zum Ziel haben, Hoffnung? War der Schritt von der Wasserstoffbombe zur drohenden Genmanipulation bereits der eine, bewußte Schritt zuviel? Wann geschah es und WESHALB begannen unsere Vorfahren, den Tod und die Zerstörung in den Mittelpunkt zu rücken und nicht Leben und Wachstum? Über mir erglühte und verlosch eine Sternschnuppe. Ein Planet, der starb, um wiedergeboren zu werden? Schon glommen die ersten Lichter des Hafens von Naxos durch die Nacht und ich wurde mir der »Wirklichkeit« wieder bewußt. Alles war wie zuvor, die Stimmen, das leise Gelächter ...

Doch etwas war anders. So lange schlafe das Meer in den Armen der Erde, als Nausikaa schläft ...

Irgendwann einmal war der »Nachtwandler« Mensch an einem Scheideweg gestanden. Er verließ die Dunkelheit des mütterlichen Schoßes und schritt selbstbewußt hinein in das lockende apollinische Licht. Doch Vorsicht ist geboten. Denn nur die Vernichtung der nächtlichen Lichtgötter ermöglicht den neuen Tag. Das ist die tragische Vision der Mythen.

*

Ich schwebte. Ich flog nicht, ich schwebte. Es war kein körperliches Schweben und doch konnte ich es fühlen. Ich wußte, daß ich an Bord der »Canaris« am Oberdeck saß und die Augen geschlossen hielt. Ich tauchte in die Dunkelheit hinter meinen Lidern hinab, es war keine gleichförmige Dunkelheit, sie kam auf mich zu, schwingend wie ich schwang, wie ein Kreisel, der im Schwung seine Kreise zieht. Ich konzentrierte mich auf den Mittelpunkt und wußte, daß er in mir ruhte. Dann sah ich das Licht hinter den Schichten, die ich durchrang, schwebend wie sie schwebten, Kreis um Kreis, und das Licht kam näher und war blau, zuerst dunkler, dann immer heller, bis es mich hinter meinen geschlossenen Lidern zu blenden schien. Damit war ein unbeschreibliches Wohlbefinden verbunden. Ich glitt hinein in das Licht und das Licht glitt in mich und wir waren eins in der Unendlichkeit. Ein Ton prallte gegen mich, ein zweiter, ein dritter. Langsam begriff ich, daß die Töne von außen kamen. Das Licht zog sich zurück und verschwand und ich öffnete die Augen und sah die Sterne.

Vor Jahren hatte ich Stanley Kubriks Meisterwerk »Odyssee 2001« gesehen. Als ich danach auf die Straße getreten war und zum Himmel hochsah, schien es mir, als müßte ich ihn von nun an mit anderen Augen betrachten. Auch jetzt hatte ich dieses Empfinden und ich begriff, daß es auch IHRE Empfindung gewesen war. Was ich sekundenlang als innere UND äußere Kraftquelle erahnt hatte, hatte SIE gefühlt. SIE besaß noch die natürliche Gabe, sich in sich selbst zurückziehen zu können, die wir verloren, um das Einswerden mit dem Kosmos als persönliche Erfahrung zu erleben. Und ich fragte mich, was geschehen war, daß wir dieses Geschenk der göttlichen Erfahrung in uns selbst zurückwiesen und es durch eine kirchliche Hierarchie ersetzten, die diese Erfahrung zunehmend unmöglich machte. Wer sich dieser inneren Kraftquelle in der eigenen Tiefe bewußt wird, die größer ist als das individuelle beschränkte Ego als Summe des jeweiligen, gegenwärtigen Bewußtseins, der vermeidet den Irrtum, die eigene Person, das eigene beschränkte Ego, in den Mittelpunkt des Universums zu stellen. Bis zu den Griechen waren sich die Menschen allem Zeugnis nach bewußt, daß sie sich mit etwas in ihrem eigenen Inneren in Verbindung setzen konnten, das unbegrenzt war, und an das es das eigene Ego in einem ständigen Wandlungsprozeß anzugleichen galt, wodurch Höherentwicklung möglich ist; eine Erkenntnis, die erst der Tiefenpsychologe Carl Gustav Jung in unserem Jahrhundert wiederentdeckte, und die in sich selbst einen läuternden Effekt trägt. Dazwischen lagen viele Jahrhunderte, in denen sich die verdrängte, dunkle Seelenseite ganzer Völker zunehmend verheerender veräußerlichte. Wie konnte es geschehen, daß wir diesen nicht zu übersehenden Zusammenhang zwischen innen und außen so lange negierten? Daß wir die Wechselwirkung zwischen dem Schlachthaus, zu dem Europa von wenigen kurzen Zwischenkriegsperioden abgesehen, mit sich schier proportional steigender Unmenschlichkeit geworden war, und unseren eigenen seelischen Abgründen nicht mehr verstehen konnten?

Immer noch umwehten mich die Töne. Nicht weit von mir entfernt saß ein junger Mann und streichelte die Saiten seiner Gitarre. Sein Gesicht konnte ich in der Dunkelheit nur erahnen, aber ich fühlte, daß er jung war und voller Sehnsucht. Vielleicht war er verliebt, vielleicht einsam, vielleicht führte er ein leichtes Leben, vielleicht ein schweres.

In dieser Nacht, an Bord dieses Schiffes, das ihn wer weiß wohin bringen würde, in diesem Augenblick, als die Töne in den klaren Nachthimmel stiegen, zählte nichts davon. Orpheus' Zauber ging von dem guitarrespielenden Mann aus. Vielleicht wartete irgendwo eine Eurydike auf ihn, vielleicht hatte er sie schon verloren, vielleicht würde er ihr nie begegnen, aber immer würde er nach ihr suchen müssen.

*

Hinter mir lag NAXOS, die größte Insel der Kykladen, die Insel, auf der Theseus die schlafende Ariadne zurückgelassen haben soll, die damals Dia hieß. Doch ist man an Tia erinnert, jenes Inselchen vor Kreta, dessen Hafen durch eine Katastrophe zerstört worden war. Handelszentren waren ursprünglich mit Orakelzentren verbunden, wie etwa auch die dem ägyptischen Nil-Delta vorgelagerte Orakelinsel Pharos, deren gewaltige, gegen das Ende des dritten Jahrtausends errichtete Hafenanlagen bis zu ihrer Zerstörung als bedeutendste des Mittelmeeres galten. Ariad(g)ne, die »sehr Heilige«, war wie Eileithyia, »Geburtsgöttin«, was in beiden Fällen auf die Wiedergeburt des Adepten und die Eleusinischen Mysterien verweist. Ariadne zeigt dem frühhellenischen Eroberer Theseus den Weg aus dem Labyrinth, in dessen Zentrum die Erleuchtung wohnt. Als Erbauer des kretischen Labyrinths gilt Daïdalos, ein Erfinder und »Schmied«, der als Sohn der Königin Merope überliefert ist, und der vor dem Minos von Kreta nach Sizilien floh. Merope, die Königin der Meropen, verweist in die West-Sahara, nach Libyen bzw. Afrika, und auf die Meropen, die zwischen dem Tritonsee in der Sahara und dem Atlas angesiedelt werden. In der Antike galten sie als die »Menschen, die Atlantis bewohnten«, und ihr Land wurde als das zivilisierteste westlich des Nils bezeichnet. Jedenfalls gleicht das »Diagramm des Daïdalos«, einem Heroen aus vorgriechischer Zeit, der dadurch als »Atlanter« oder als Nachfahre der Atlantoi anzusehen ist, der Glyphe der Hopi-Indianer für die Erdmutter. Es ist das Urbild des Labyrinths, und das Labyrinth ist eine erweiterte Form der Spirale, das Symbol der Hekate oder der Nephtys; Hekates Name bedeutet »Hundert« und die Zahl Hundert symbolisierte man im alten Ägypten durch die Spirale![59]

Im Zentrum des Labyrinths stand der Neumond, d. h. die Neumond/Sonnenkraft als eine Seite der dualen Kraft der Schlange, das Symbol des Drachens in China, für die sich als yin und yang manifestierende Kraft der »Lebensessenz«, die sich von der Materie ebensowenig trennen läßt wie von der »Zeit«, den konstellaren Gesetzmäßigkeiten von Erde, Mond, Sonne, Planeten und Fixsternen. Verkörpert wurde dieses kosmische Prinzip, in das die Erde eingebettet war, durch das »Weltgefäß« Mond, das gleichzeitig diese sich in zwei Richtungen manifestierende Essenz ist und das sich, weil China trotz Patriarchalisierung niemals der heliozentrischen Ausschließlichkeit der westlichen Welt erlag, bis heute im »Buch der Wandlungen«, dem I-Ching oder I-Ging, erhalten hat.

»I« war das ältere graphische Symbol für den Vollmond bzw. die »lunare Achse des nächtlichen Erscheinungshimmels« und »C« das Zeichen für die gegenpolige Neumond/Sonnenkraft, später yin und yang.[60] In der esoterischen Symbolik der lateinischen Buchstaben ist der Buchstabe C ein Symbol für den Sichelmond. Aus I, dem chinesischen Symbol, wurde im lateinischen der »Heilige Eine, der Pol oder die Achse des Universums, die Sonne«[61] – Gott, der Vater.

Roh behauene Labyrinthe, die kultische Tanzplätze waren und nach astronomischen bzw. geodätischen Gesetzmäßigkeiten angelegt worden waren, finden sich in Britannien, Irland, Skandinavien und im nordöstlichen Rußland. Sie scheinen von neolithischen Bauern des dritten Jahrtausends v. Chr. errichtet worden zu sein, die aus dem östlichen Mittelmeerraum einwanderten. Zu dieser Zeit setzten die Eroberungen indoeuropäischer Völker vom Nordosten her ein. Auch von Nordafrika her hatten im Zuge der durch die Versandung der Sahara ausgelösten Klimakatastrophe, die im dritten Jahrtausend abgeschlossen war, Wanderungen einer dunkelhäutigen Ackerbaubevölkerung über Westeuropa bis nach Britannien und Irland stattgefunden. Waren sie Angehörige oder Nachkommen der sagenhaften Meropen, der »Menschen von Atlantis«, der West-Sahara, in der sich gleichfalls eine rätselhafte und bedeutende Megalith-Kultur fand? Das berühmte Stonehenge im südlichen Britannien wird heute zwischen 3000 und 2000 v. Chr. datiert; die Kelten, die diese astronomischen Zentren übernahmen, kamen erst gegen Ende des zweiten Jahrtausends in diesen Raum. Die Erbauer derartiger astronomischer und geodätischer Meisterwerke bleiben geheimnisvoll, doch ist heute bekannt, daß sie sich, wo immer sie ihre Steinkreise und »Standing Stones« errichteten, anschließend lokal verschieden entwickelten, aber bestimmte gemeinsame Grundzüge aufweisen, die auf eine gemeinsame Kultur zurückdeuten. John Michell wies nach, daß etwa die innere geometrische Struktur von Stonehenge Aufriß und Maße der Großen Pyramide von Gizeh widerspiegelt, und daß sie ein »Mandala« ergeben, eine geometrische Form, die das »Auge« widerspiegelt, das geometrische Symbol von zwei ineinander übergreifenden Kreisläufen, in deren Mittelpunkt sich eine »Mandel« herausbildet; auch in der Anlage von Glastonbury, das als das Avalon der König-Artus-Mythe gilt, findet sich dieses geometrische Muster. In dem Zentrum einander überlagernder Zyklen wohnt die »Kraft« des »Auges«, die »Erdkraft«, die eine kosmische Kraft ist, denn bei den beiden einander überlagernden Zyklen handelt es sich kosmischerseits um den »Weg des

Himmels« und den »Weg der Erde«, um siderischen und synodischen Mondlauf bzw. um jenen Zeitpunkt, an dem sich die entgegenlaufenden Zyklen von Sonnen- und Sternen- bzw. Mondzeit annähern. Das »Mandala« war als »Mandorla« auch das geheime Erkennungszeichen früher Christen, das »Fisch«-Zeichen, dessen sich noch alle Mystiker des christlichen Mittelalters als magisches Symbol bedienten. Das Innerste von Stonehenge und der Aufriß der Großen Pyramide und auch esoterische Angaben in den Mythen verweisen nachdrücklich darauf, daß der esoterische Kern des Christentums bereits Jahrtausende vor der angesetzten Geburt des Christentums im Zentrum der Religion stand. Nach ausführlichen Untersuchungen und Vermessungen mit modernsten Geräten deutet alles darauf hin, daß die neolithischen Ackerbauer, die Stonehenge und weltweit andere Megalith-Steinkalender und megalithische Formationen verschiedenster Art errichteten, jene Wissenschaft beherrschten, die in China Feng shui genannt wird; diese beinhaltet auch das Gesetz der unseren Planeten durchziehenden »männlichen« und »weiblichen« Erdströmungen, das dem Westen vollkommen verlorenging. Sein Symbol war der zweileibrige oder zweiköpfige Drache, was vermutlich auf jene Zeit zurückgeht, als der nördliche Polarstern im drittletzten Schwanz des Drachens stand (heute im Kleinen Bären). Der Schwanz des Sternbildes Drache liegt zwischen Kleinem und Großem Bären, in dem sich gleichfalls einst der nördliche Polarstern befand. Alpha drakonis hörte im fünften Jahrtausend auf, zirkumpolar, d. h. dem Himmelspol so nah zu sein, daß das Sternbild bis zu 40° nie untergeht. Bei anderen Kulturen nahm die Großschlange mit ihren beiden Richtungen die bedeutende Funktion des Drachens ein.

An den Knotenpunkten terrestrischer Strömungen entstanden Steinkreise und Erdheiligtümer, die auf den Aufgang eines bestimmten Sternes oder Planeten ausgerichtet waren, symbolisiert wurden und Namen erhielten, zu lokalen »Schutzgottheiten« wurden, und von erobernden Kulturen, die um den Zusammenhang nicht wußten, als der jeweilige von der eroberten Kultur verehrte Gott mißverstanden wurden. Tempel und Städte und frühchristliche Kirchen errichtete man über älteren Heiligtümern, auch wenn deren Kraft aufgrund sich verändernder geodätischer Gesetzmäßigkeiten nicht mehr »wirkte«.

Vermutlich hatte Ariadne den Eroberer Theseus, der die heraufdämmernde Macht des Hellenentums vorwegnimmt, in das Mysterium einweihen MÜSSEN. Denn so sehr sich das Bild von der verlassenen Frau in unsere heutige Sicht vom Verhalten des Mannes der Frau gegenüber fügt – es ist falsch. Wäre Ariadne dem Theseus in SEIN Reich gefolgt, wie es später selbstverständlich war, hätte sie den Anspruch auf das ihre, auf Kreta, verloren, was wohl kaum im Sinne des Eroberers lag. Der Mythos berichtet, daß Dionysos die von Theseus »Verschmähte« mit seiner Liebe tröstete, der vier »göttliche Nachkommen« entsprossen. Die Spuren des »kretischen« Dionysos weisen als Heros der Aphrodite/Demeter nach Kleinasien zurück, von dem aus die Eroberungen der Ägäis ihren Ausgang genommen hatten. Kreta war um 1700 v. Chr. durch Erdbeben arg in Mitleidenschaft gezogen worden und die erste Eroberung der Insel hatte wohl um diese Zeit stattgefunden. Darauf verweist auch die Angabe, daß es sich bei »Dionysos« um den »gesetzlichen« Gatten Ariadnes gehandelt habe, während dessen Abwesenheit, seine Flotte soll sich in Sardinien befunden haben, Theseus' Eroberungszug vermutlich um 1400 v.Chr. erfolgte, also NACH der Santorin-Katastrophe, als die »Schlacht« zwischen den Giganten und den olympischen Göttern bereits geschlagen war. Diese Epoche stand schon ganz im Zeichen archaischer Griechen, der Mykener, die ca. zwei Jahrhunderte später das gleichfalls durch Erdbeben hilflos gewordene Troja erobern würden.

Dargestellt wurde der »kretische« Dionysos als Stier, als »stierköpfiger Asterios«. Asterios, »zu den Sternen gehörend«, ist – wie erinnerlich – die Vermännlichung der Asteriē, der Großen Göttin als Schöpferin der planetaren Kräfte. Diesen stierköpfigen Asterios nannte man Minotaurus oder »Stier des Minos«. Nach allem erscheint es wahrscheinlicher, daß Theseus, der den Zeitpunkt für den Aufstand der tributpflichtigen Athener gegen eine kretische Oberherrschaft klug gewählt hatte, als er plötzlich vor Tia und NICHT Naxos die Flotte des »heimkehrenden Dionysos« entdeckte, »panikartig die Anker lichtete und floh«, wie die Mythe berichtet, als daß er eine derart kostbare Beute wie sie die Priester-Königin und ihr begehrtes Land darstellten, schmählich in Stich gelassen hätte.

Dionysos krönte Ariadne mit der Krone der Thetis. Auch das ist ein deutlicher Hinweis, wenn es auch vermutlich umgekehrt war. Denn die Krone der Thetis, einem hethitischen Namen für die Große Göttin, ist der »Brautkranz« der Ariadne, die »Corona Borealis«, die man auch die »kretische Krone« nannte, ein Sternbild. Sie war »in alter Zeit« einer kretischen Göttin, der Gemahlin des Dionysos, geweiht. Ariadne, »die Heiligste«, war auch Alpheta (alpha und eta), die Trägerin des Kalender-Alphabet-Mysteriums, und »Tochter oder eine jüngere Erscheinungsform der alten kretischen Mondgöttin Pasiphäe«, »die für alle scheint«. Daß ihr als »orgiastischer Göttin«, wie Sagen aus Lemnos, Chios, Cheronesos und der Krim (!) nahelegen, männliche Menschenopfer dargebracht wurden, verweist nur wiederum wie auch Ariadnes »gesetzlicher« Gatte Dionysos auf eine bereits erfolgte Veränderung der alten Religion. Der esoterische Gehalt der Mythe um die Corona Borealis, auf den man noch bei den Kelten stößt, deren »Ahnen« die

Hyperboreer waren, legt einen anderen Ursprung nahe. Auf die »Jungfrau« als Himmelskönigin deuten auch jene stets nach Südwesten ausgerichtete Steinformationen, sogenannte »Boote« hin, auf die man in Nordeuropa und auch in Westspanien stieß. In einer bestimmten Konstellation verweist das Sternbild Corona Borealis über Arkturus, den Bärenhüter, dank dem der nördliche Polarstern fixiert werden kann, auf den Himmelsäquator, in dem sich im Schnittpunkt der Achse zwischen nördlichem und südlichem Himmelspol das Sternbild Jungfrau befindet.

Eurynome, die pelasgische Schöpfungs-Göttin, die sich mit der Ur-Schlange Borea vereinte, alias Cardea, die »Göttin der Türangeln« und des »kreisenden Universums« – nur ein anderer Name für Asterië, die »Schöpferin der planetarischen Kräfte«, die »Jungfrau« oder »Himmelskönigin«, kann mit Rhea von Kreta gleichgesetzt werden, einem wieder anderem Namen der Hera, als deren »Tochter« Pasiphäe, und die spätere Erscheinungsform der Ariadne gilt. Rhea, heißt es, wohnt auf der Achse des bewegungslos herumwirbelnden Mühlwerks, im Mittelpunkt der Erde, von dem aus die »erdmagnetischen Kräfte« in Form eines geodätischen Rasters, der an den magnetischen Polen verankert ist, über ihre Oberfläche hinaus ausstrahlen. GLEICHZEITIG wohnt sie auf der Achse der Milchstraße im Sternbild der »Jungfrau«, deren »Krone« die Corona Borealis ist, die in der nördlichen Hemisphäre der Erde zu bestimmten konstellaren Gesetzmäßigkeiten noch HINTER dem jeweiligen Polarstern sichtbar wird, der den einzigen Fixpunkt am Himmel markiert, um den sich der Sternenhimmel scheinbar dreht. Der »Sakralkönig« oder bei den Kelten der heilige Eichenkönig, wurde zu Mittsommer geopfert und in die von der »Weißen Göttin« regierte Corona Borealis, die »Kretische Krone« versetzt, die um diese Zeit gerade über dem nördlichen Horizont sichtbar wird. Hierauf bezieht sich auch die Angabe in den Mythen, daß die Hyperboreer hinter dem Nordwind (Borea) wohnen. Die Borea Corealis ist das »Kristallschloß« der Mythen, in das auch der griechische Apoll von Delos aus regelmäßig reist, um sich dort sieben Monate lang aufzuhalten, und als »weißer Schwan«, aus dem Geist, dem »Jenseits«, der Unterwelt, wiedergeboren, nach Delos zurückzukehren. Schließlich wurde die Unterwelt, das Reich der Toten, wie von traditionellen Priesterinnen in Afrika noch heute, stets im Norden angegeben. Im Westen siedelte man es erst an, als die Sonne, die täglich im Westen stirbt, als Vater-Sonnen-Gott den Olymp eroberte.

Bei Homer heißt es, daß alle Götter und alle Lebewesen ihren Ursprung im Strom des Okeanos haben, der die Welt umgürtet, und daß Tethys die Mutter aller seiner Kinder sei. Daß sich Tethys und Thetis, wie auch Themis, »Ordnung«, und Theseus aus dem Wort tithenai, »verfügen« oder »befehlen« ableiten, führt nur noch tiefer ins mythologische Labyrinth. Doch stieß ich auch hier wieder, abgesehen von der Erwähnung des phäakischen Steuermannes Phaiax oder Nauistheus, der Theseus und den reformierten Kalender, das »dreißigrudrige« Schiff, nach Kreta gebracht haben soll, auf eine Verbindung zu den Phäaken.

Denn Themis ist auch der Name der Titanin, die von Eurynome gemeinsam mit Eurymedon dem Planeten Jupiter zugeordnet wurde. Von deren Tochter Periboea, der »Schönsten«, leiten die Phäaken ihre Herkunft ab. Ihr Name ist aufschlußreich, denn auch Artemis Kalliste oder Kallisto hieß »die Schönste«; einer ihrer anderen Namen war Helike, »die, welche dreht«, die »Große Bärin« – das Sternbild des Großen Bären, in dem sich einst der Polarstern befand – und all das sind nur wieder andere Namen für die »Göttin der Mühle« oder der Türangeln, um die sich das Jahr dreht – die kretische Rhea und deren Tochter

Pasiphäe, die den Himmel regiert und die zu Ariadne wurde.[62]

Ariadnes Krone soll von Hephaïstos, dem griechischen Schmiedegott in Form von Rosen aus feurigem Gold und roten, indischen (!) Edelsteinen geformt worden sein. Hephaïstos gilt wie Herakles als Vater von Rhadamanthys, jenem »kretischen König«, den die Phäaken auf ihren Schiffen nach Euböa brachten, wo sich ein anderes bedeutendes Erd- bzw. Orakelheiligtum der »Todesgöttin« befand.

»Silbern waren die Pfosten und standen auf ehernem Sockel, Silbern der Türsturz oben darüber und golden der Türring. Goldne und silberne Hunde waren zur Rechten und Linken, welche Hephaïstos gefertigt hatte mit kundigem Sinne, um des großgesinnten Alkinoos Haus zu bewachen«, heißt es in der Odyssee über den Eingang zum Phäakenpalast.

Gold galt als das Metall der Sonne und Silber als das des Mondes. Der Hund war ein Symbol der Göttin in ihrem Todesaspekt, ein Symbol des »Hüters der Schwelle« zu anderen Bewußtseinsbereichen, bzw. zwischen Leben und Tod, Oberwelt und Unterwelt, aus der das Leben, die Materie strömt, wie anés, die Materie, aus Nephtys, der dunklen Göttin, der anderen Neumond/Sonnenseite der ägyptischen Isis (Vollmond), welche die Griechen Hekate nannten und die man auch hundeköpfig darstellte. In Ägypten nahm Anubis, der »Hundsgott«, den man auch als Schakal abbildete, diese ursprüngliche Funktion der Nephtys ein. Anubis symbolisierte den Fixstern Sirius, der im Mittelpunkt des ältesten bekannten ägyptischen Kalenders stand (um 4500 v. Chr.). Zu dieser Zeit trat Sirius in das Sternbild der Jungfrau ein, weshalb ihn wohl Isis-Hathor, die »Kuh«, auf Abbildungen zwischen ihren Hörnern, den Mondsicheln trägt. Auf einen derartigen Sirius-Kalender stößt man auch bei den Dogon Westafrikas, deren erstaunliches astronomisches Wissen von Marcel Griaule und Germaine Dieterlen dokumentiert wurde, sowie bei den rätselhaften Maya Mittelamerikas. Daß der heliaklische Aufstieg des Sirius, der bis in historische Zeit stets erfolgte, sobald sich die Sonne im Tierkreiszeichen Löwe befand, weshalb der Löwe stets die Mondgattin begleitet, zur Basis dieses frühesten bekannten Kalenders Ägyptens wurde, belegt das große astronomische Wissen der Ägypter bereits um 4240 v. Chr., das wohl nicht erst um diese Zeit entstanden war. Denn der Sirius ist der einzige Stern, der alle 365¼ Tage über ganz Ägypten periodisch wiederkehrt. Das durch dieses »Pharaonische Jahr« fixierte Jahr von 365,256361 ... Tagen entspricht dem sogenannten Siderischen Jahr, das im Unterschied zum Tropischen Jahr, auf dem unser Gregorianischer Kalender basiert, länger ist. Noch heute verwendet man es in der Astronomie.

Die Ägypter beschrieben Anubis (Sirius) als »horizontalen Kreis«, der die helle, sichtbare Sphäre der Isis-Sothis von der dunklen, unsichtbaren der Nephtys trennt. Wieder stößt man auf das durch die Überlagerung von zwei Zyklen entstehende mystische »mandorla«, den »horizontalen Kreis« des Sirius als Kraftquelle und Überschneidungspunkt zwischen zwei kosmischen Zyklen, zwei Kalender-Perioden.

Hephaïstos gilt als Sohn der Hera und, wie könnte es anders sein, von Zeus, der die Mutter Erde, Maia, vergewaltigte. Maia ist ein altes Wort, das wohl wie Mari mit »Geist« gleichgesetzt werden kann, mit dem »Erdgeist« bzw. der Erdkraft. Heute wird es in der östlichen Philosophie gemeinhin als »Illusion« verstanden, die aus der Betrachtungsweise der Welt entsteht, weil die Begriffe des messenden und kategorisierenden Verstandes für die Wirklichkeit gehalten werden; ursprünglich bedeutete das Wort aber »Macht« und »Kraft«. Im indischen Rig Veda ist Maya die

»magisch schöpferische Kraft Brahmans« und Brahman bezeichnet die »Seele oder den Wesenskern aller Dinge« (Maitri-Upanischade, 6,17). Die schöpferische Tat des Göttlichen wird Lila genannt, die den »kosmischen Tanz der Schöpfung« symbolisiert. Hier verbirgt sich die Hebräische Lilith als kosmische Tänzerin ebenso wie das Al oder Ahal der Basken, die Kraft, welche die »Idee der Gottheit« beinhaltet, und die sich durch die schöpferische »Tat des Göttlichen« als »Spiel Gottes« manifestiert. Daß die moderne Physik heute vom »Tanz der Elektronen« spricht, belegt die Tiefe dieses Verständnisses von der Natur »Gottes« bzw. der »Schöpfung«, auf deren Spuren man im esoterischen Aspekt der Mythen weltweit stößt.

Hephaïstos wird dem Mythos nach von Hera verstoßen. In den »Unterseegrotten« der Meergöttin Thetis erlernt er das Schmieden. Abgesehen vom esoterischen Inhalt stellt sich im Zusammenhang mit der Überlieferung der »erzverkleideten« Wände in der Phäakenstadt oder in Atlantis Poseidonia die Frage, ob es sich dabei nicht um die Beschreibung der technischen Errungenschaften einer Kultur handelt, die sich auf jene sagenhafte »zweite Rasse der Menschheit« dunkelhäutiger Riesen zu beziehen scheint, die der Überlieferung nach »riesige Schmelzöfen« errichteten, und ihre Städte und Heiligtümer in den Bergen aller Kontinente errichteten.

Da ist die Rede von »mechanische(n) Frauen aus Gold«, die Hephaïstos in seiner Schmiede halfen – wir würden Roboter dazu sagen –, die »sogar sprechen« konnten, oder von »dreibeinige(n) Tischen mit goldenen Rädern, die allein zu den Versammlungen der Götter fahren und wieder zurückkehren können« – was gleichfalls auf einen mechanischen oder automatisierten Vorgang hinzuweisen scheint. Auch im Mythos Bantu-sprechender Völker Afrikas erhielt sich die Erinnerung an die sagenhafte Kultur, die eine

»künstliche Sonne« in den Himmel setzte, »künstliche Menschen« durch Manipulationen mit dem »Mark« von Tieren erschufen, was auffallend an die heutige Möglichkeit von Genmanipulationen erinnert, von Metallwesen, die töten konnten und von »Kristallen« (Bildschirmen?), in denen der »erste Herrscher auf Erden«, ein »verkrüppelter Riese«, der Eisen »intonierte« (ein »Schmied«), die in »unsichtbare Sphären« vordringenden »Roboter« von seinem »Palast der Schöpfung« aus beobachten kann. Da ist auch die Rede von »verbotenen« Tälern, in denen »Magier« nach dem forschten, »wonach der Mensch nicht forschen sollte«, deren Experimente ein Feuer auslösen, daß »bis zu den Sternen reichte«, und die Haut der Menschen schmelzen ließ,[63] eine Beschreibung, die erschreckend an die Folgen der Explosion der Atombombe in Hiroshima erinnert. In dieser Welt, die vor ihrer Zerstörung dem sagenhaften Schlaraffenland gleicht, mit dem das Land der Phäaken oft gleichgesetzt wurde, kocht sich Essen von selbst, Bierkrüge bewegen sich von selbst, um sich automatisch nachzufüllen, die Felder müssen von den Menschen nicht mehr bestellt werden, weil das die künstlichen Wesen für sie tun, und die Menschen werden träger und träger, um sich schließlich nicht einmal mehr fortpflanzen zu wollen. Waren die Menschen dieser sagenhaften »ersten Rasse«, die als rot und riesenhaft beschrieben sind, die rätselhaften »Ersten Ad« und Vor-Atlantoi, von denen der Koran berichtet und an die gar nichts mehr erinnert? Nach dem durch sie ausgelösten »Untergang der Erde« begründet Amarave, die »Rote«, mit Odu einzige Überlebende der ersten Welt, die »zweite Rasse«, die Ba-Ntu, »die Menschen«. Ist das alles bloße Phantasie oder ist es die mythische Erinnerung an eine sagenhaft ferne Vergangenheit der Menschheit? Oder handelt es sich dabei um eine »Erinnerung«, die in die Zukunft verweist? Denn erkennen wir in dieser Beschreibung nicht die Entwicklung wieder, welche die moderne westliche Kultur scheinbar unaufhaltsam nimmt, deren »Erfindungslust« außer Zweifel steht, welche die »erste Rasse« in den Untergang trieb, wie es auch die San (Buschmänner) erzählen?[64]

Auffällig ist die Verbindung der mythologischen Schmiede mit Vulkanen, die ein natürliches Schmelzverfahren ermöglichten. Auch im ägäischen Raum stand die Schmiedekunst hoch im Kurs und wurde erst während der »dunklen Jahrhunderte« vergessen. Die Kunst der Erzgewinnung kam über die ägäischen Inseln nach Griechenland, auf die ältesten Minen der Welt und einen systematischen Abbau stößt man jedoch im südlichen Afrika. Die Minen Swazilands werden auf 60–70 000 Jahre geschätzt! Das älteste abgebaute Material dürfte Hematit, roter Eisenstein, gewesen sein, an einer prähistorischen Spekularit-Mine (Transvaal/Südafrika), die auf über 40 000 Jahre datiert wird, baute man über 100 000 Tonnen ab![65] Eisen war das »Gold« der Schmiede (Mirca Eliade).

Manchmal wird der »Schmiedegott« Hephaïstos als Sohn der Hera und des Tales bezeichnet. Tales', ein Neffe des Daïdalos, Name bedeutet »glänzend« oder »meisterhaft geschmiedet«. Hephaïstos ist »der, der bei Tage scheint«, ein Sonnenheros. Auch der Name von Talos' Mutter, Polykaste, ist aufschlußreich, er bedeutet: »viel Zinn« – polykassitere. Kretas Vormachtstellung hing unter anderem von reichlichem Zinnvorkommen ab, man mischte das Zinn mit kyprischem Kupfer.

Talos soll die »Eisensäge« erfunden haben; daß man ihn auch Taurus, den Stier nannte, ist aufschlußreich. Er stammte aus Sardinien, wohin der Sage nach Daïdalos vor einem Minos geflohen war. Diese Schmiede kamen offensichtlich aus dem kretischen bzw. kykladischen Raum, der mit Afrika und Ägypten aber auch mit Nordeuropa, Kleinasien und Asien in reger Handelsverbindung stand, wie einschlägige Funde auf Kreta belegen.

Die Kykladen!

Kyklos heißt Kreis. Kirkinos, »der Kreisförmige« war ein anderer Name des Tales, dessen Name wohl wie Herakles oder Hephaïstos eine Art Titel war. Die Schmiede gebrauchten den Zirkel (cycle – Kreis, aber auch Zyklus in der englischen Sprache!). Konzentrische Ringe, das Symbol der konzentrischen Spirale, galten als Symbol für die magischen Geheimnisse der Schmiedekunst, und Schmiede lassen sich von den Kyklopen der Mythen nicht trennen; das Wort kyklops steht für »ringäugig«. Häufig werden die Kyklopen als eine Gilde frühhellenischer Bronzeschmiede bezeichnet, sie trugen ringförmige Tätowierungen auf der Stirn, auf die man bei den Thrakern bis in klassische Zeit stieß. In Afrika ist der konzentrische Kreis noch heute das Symbol der Schmiede, und das ihre Initiationen abschließende Koma-Ritual, ein »Feuerritual«, gehört zu den am besten gehüteten Geheimnissen Afrikas. Koma oder Goma heißt »die große Kuh« (!) und die Orakelseher und Heiler der Bantu sind die San.gomas oder Nyanga, beide Wörter leiten sich von Mond her. Auch die Belisima der Kelten, eine Dämona, die mit der römischen Minerva (Mond) gleichgesetzt wird, stellte man als Kuh dar. Die ringförmige Tätowierung auf der Stirn symbolisierte vermutlich das Sehen mit dem »dritten Auge«, zu dem Magoi wie Schmiede und Schamanen fähig waren.

In Marokko gibt es nahe Tanger die sogenannte »Herkuleshöhle«, die ich besuchte, nachdem mich meine griechische »Irrfahrt« auf den afrikanischen Kontinent geführt hatte. An den Wänden im Innersten dieser gigantischen Höhle hoch über der Küste, die hier jäh in den Atlantik abbricht, umschattet vom Atlasgebirge und nahe dem angenommenen Ort der »Gärten der Hesperiden«, der Töchter des Atlas, finden sich Gravuren von riesigen Kreisen, die dem Kreisen eines riesigen Zirkels entsprechen zu scheinen, was von einem Führer tatsächlich anhand eines derartigen, riesigen Instrumentes vorgeführt wird! Nicht weit davon entfernt stößt man auch auf rätselhafte »Standing Stones« und Steinkreise. Und nur wenige Kilometer weiter südlich beginnt die wüste Unendlichkeit der westlichen Sahara, in der man auf die Spuren einer gigantischen und rätselhaften Megalith-Kultur stößt und auf die mythologischen Spuren der Meropen, deren »Sohn« das kretische Labyrinth erbaute, und die als Menschen galten, die Atlantis bewohnten.

Gehörten diese Schmiede und Riesen zu jenen, von denen die Hopi-Indianer berichten, die noch nach der Katastrophe des Unterganges ihrer eigenen Welt, Kasskara, die sie im Pazifik angaben, und von Atlantis, das gegen Kasskara Krieg mit »magnetischer Kraft« geführt hatte, mit dem »dritten Auge« sehen konnten, und die in der neuen Heimat der Hopi, bereits der »vierten Welt«, in Mittelamerika die »rote Stadt« gründeten, eine »Schule« geistiger Gelehrsamkeit? Jene, die nicht an diesen Ort geistigen Wissens kamen, »sanken tiefer«, berichten die Hopi, »sie begannen die Sonne als ihren Gott zu verehren und sind dabei geblieben«.[66] Die ringförmige Tätowierung der Schmiede war wohl nur indirekt ein Sonnensymbol, denn die Spirale oder der konzentrische Kreis versinnbildlichte die Kraft des Heliokosmos und nicht eines heliozentrischen Kosmos, die Gesamtheit der Kraft der »lunaren Achse«, von Sonne, Mond, Planeten und Sternen in EINEM Kraftpunkt.

Robert Ranke-Graves wies darauf hin, daß jedem Werkzeug der Bronzezeit, jeder Waffe und jedem Gebrauchsgegenstand, ursprünglich »magische« Eigenschaften zugeschrieben wurden. Der Schmied galt als eine Art Zauberer. Brizo, die hyperboreeische Göttin des Apollon-Heiligtums von Delos, stand in ihrer Dreifaltigkeit den Dichtern, den Ärzten (Heilern) und den Schmieden vor!

»Sie flohen vor dem übermütigen Spiel der Kyklopen«, die immerfort mit Steinen warfen, heißt es in der Odyssee von der Flucht der Phäaken aus Hyperions Gefilden. Es ist kaum anzunehmen, daß die Schmiede, die offensichtlich imstande waren, wahre technische Wunderwerke zu schaffen, die hochentwickelten Phäaken mit Steinschleudern in die Flucht schlagen konnten. Interessant sind in diesem Zusammenhang Ikarus' »Flugversuch« und Daïdalos' mechanische Puppen.

Etwas anderes fiel mir auf. Der Umstand, daß Homer immer wieder Bronze und Eisen gleichzeitig erwähnt, wird als Anachronismus bezeichnet, Schwerter und Speerspitzen sind stets als aus Bronze, handwerkliche Geräte hingegen als aus Eisen bestehend beschrieben. Dem Mythos nach kannte jedoch Talos, der Schmied, den man auch den »Bronzemann« nannte, Eisen. Es ist heute bekannt, daß Eisen ursprünglich aus Meteoriten, Eisenmagnetsteinen, gewonnen wurde, die als heilig galten. Spuren derartigen Eisens fanden sich in der Großen Pyramide Gizehs sowie bei Sakralbauten in Amerika, bei dessen geheimnisvollen Hochkulturen man auch auf die Anzeichen einer vergessenen, prähistorischen Metallurgie stieß. Die Ägypter nannten das im Gegensatz zum himmlischen Magneteisenstein, den »Knochen Horus«, des Sohnes von Isis und Osiris, verachtete und mit dem »Bösen« verbundene gewöhnliche Eisen, Seths oder Typhons Knochen, während wie in Afrika noch heute der rote Eisenocker, der bei Ritualen und rituellen Begräbnissen seit ca. 400 000 Jahren nachzuweisen ist, als »Blut der Erde« galt. Blut und Eisen stehen im Mythos ursächlich miteinander in Verbindung, auch im Ritual, bei dem die Körperbemalung mit rotem Eisenocker das Eisen im Blut aktiviert, das mit einem verlorenen

»sechsten Sinn«, einem »magnetischen Sinn« verbunden ist, den Dr. Robin Baker bei Aborigines entdeckte – weshalb die San von frühen Europäern häufig zum »Aufspüren« von Erzen und auch Wasseradern »verwendet« wurden. Faszinierenderweise fand man bei vielen »neuen« Minen im südlichen Afrika zumeist die Zeugnisse wesentlich älterer und oft prähistorischer Bergbauer!

Dieser Sinn für das Magnetfeld der Erde und ihre tellurischen Strömungen, die mit Erzdeponien und Wasserläufen ob »blinder« oder sichtbarer Art verbunden sind, steht mit einem »magnetischen Organ« in Zusammenhang, das der moderne Mensch verlor, einer Ansammlung magnetischer Zellen hinter der Nasenscheidewand, die wiederum mit der Zirbeldrüse im Zentralhirn verbunden ist, die Hormone und Enzyme ausschüttet, welche die Gefühle steuern – das geheimnisvolle »dritte Auge« der Mythen, in dem die Kundalini-Kraft der Hindu, die Schlangenkraft, »explodiert«. Die Aktivierung bzw. Sensitivierung dieses verschütteten »Sinnes« stand im Mittelpunkt der Initiationsriten auch der »Schmiede«, weil er das Erreichen veränderter Bewußtseinszustände, die »Erleuchtung«, das Ziel des Mysteriums, erleichtert, die andere Seite der körper- und erdgebundenen Schwerkraft, die höherschwingende »Leichtigkeit« – was dem »Eingriff« in das Denken der Menschen, in ihr Bewußtsein, über das Hilfsmittel Psyche oder Seele entspricht, auf den man bei schamanistischen Erfahrungen und dem ältesten bekannten Mysterium der Demeter bei den eleusinischen Mysterien, stößt. Dem Eisen kam eine wesentlich größere Bedeutung zu als nur seine Härte beim Schmieden von Waffen – eine relativ späte Errungenschaft. Mithilfe eines Werkzeuges aus Eisen zu töten, Leben zu nehmen, galt in Ägypten und Afrika als absolutes Tabu, weil das Eisen mit der Leben-GEBENDEN Kraft in Zusammenhang gesehen wurde. Die Aktivierung des »Magnetischen Sinnes« fand über das eisenhaltige Blut statt, und im Blut wohnt der nephesch, die Seele, wie die Hebräer wußten, bzw. die Seelen-Kraft, die eine elektromagnetische Kraft ist. Rhea, deren Mühlschaufelrad die »Erdkraft« dreht, wohnt im Mittelpunkt der Erde, die einen eisenkristallinen Kern besitzt. Es war wohl diese Art von Kraft, welche die Basken Al oder Ahal, die Kraft, »die die Idee der Gottheit beinhaltet« nannten, und die im Zentrum des Auges oder der »Mandel« von alten Erdheiligtümern stand. Die Kraft des »Großen Geistes« wohnt sowohl in den Donnerkeilen, elektromagnetischen Entladungen, als auch in Magneteisensteinen, Meteoriten.

Die Mischung von Kupfer und Zinn, auf die der auch »Kupfermann« genannte Talos hinweist, dessen Mutter »viel Zinn« war, ergibt Bronze. Die mit Metallplatten überzogenen Mauern von Poseidonia, Atlantis' Metropole, waren mit Kupfer, mit Zinn und mit »Bergerz« überzogen, »das wie rotes Feuer leuchtet«, überlieferte Platon. Der Beginn der »Bronzezeit« wird in Ägypten und Kreta erst um 2000 v. Chr. angesetzt, die »ägäische« Kultur ging jedoch bereits an die 500 Jahre später im Zuge der Santorini-Katastrophe endgültig unter.

Oxidiertes Eisenoxid verwendet man heute zur Herstellung von Magnettonträgern! Energie ist Schwingung, jedes Materieteilchen »tönt« in seiner eigenen Melodie, auch die »Metallgitter« von Steinen, den »Knochen der Erde«, besonders wenn sie das »Blut der Erde«, Eisen, enthalten. Die stets Eisen oder Quarz enthaltenden Steine in Megalith- oder Erdheiligtümern »singen« bzw. »tönen«, schwingen, d. h. sie senden bei bestimmten planetarischen Konstellationen, die scheinbar nicht nur den Erdmagnetismus aktivieren, sondern auch bestimmte »Töne« (Moleküle) innerhalb der Metallgitter der Steine anschwingen, unsichtbare und unhörbare »Töne« in Form höherer Schwingungen aus

– sie erzeugen Energie! Vom Hauptstein eines derartigen »Steincomputers« konnte man einen in den Himmel ragender Lichtstrahl beobachten, der nur mit Hilfe von Infrarot-Fotografie sichtbar war, während im Zentrum, in dem dieser Stein steht, absolute magnetische Stille herrschte – die erstaunten Forscher stießen auf eine Art Faraday-Käfig der Steinzeit, der nicht nur erdmagnetische, sondern auch jegliche kosmische Strahlung abschirmt.[67] Das gleiche Phänomen entdeckte man in einem der ältesten bekannten Heiligtümer Britanniens, im Innersten des Avebury-Ringes, den der Mythos mit der König-Artus-Legende in Verbindung bringt.[68] Auch ein sprunghaftes Ansteigen natürlicher Radioaktivität konnte in den Steinkreisen gemessen werden. Andernorts stieß man auf die Veränderung der molekularen Zusammensetzung des Wassers!

Wie nähert sich Odysseus dem Phäakenpalast? »... innehaltend, ehe zur ehernen Schwelle er hinkam, denn da war ein Glanz wie von Sonnenlicht oder von Mondschein in des stolzen Alkinoos Haus...«

Zu Homers Zeiten war die prähistorische Metallurgie, auf deren Spuren man nicht nur im Mythos stößt, vergessen und überlebte nur im Mythos, vielleicht erinnert die geheimnisvolle, nicht rostende Eisensäule im indischen Delhi an sie, deren Entstehungsart ein Rätsel ist. Der Name Delhis scheint mit Delos und Delphi verwandt zu sein und bezieht sich wohl auf die »Vulva« (delph) oder das »Dreieck«, delta, der Erd-Mutter als MATRIX. In den Gegenden, in denen sich die Sybillen befunden haben sollen, in der Nähe von Cumae, in der Nähe von Marpessos und im Epirus, war, wie W. F. Jackson Knight in »Cumaean Gates« bemerkte, die Erde rot gewesen. Das »Menstruationsblut« der Erde, wie man Eisenocker auch nannte, die rote Erde, aus der auch der hebräische Adam »erschaffen« wurde, deutet stets auf einen hohen Eisengehalt hin.

Die Sybillen standen mit Höhlenkulturen in Verbindung. In Höhlen, den »Vulven« der Erdmutter wie etwa in Delphi einem Felsspalt, aus dem schwefelige Dämpfe steigen, stößt man auf erhöhte Radonstrahlung. Erhöhte natürliche Radioaktivität scheint bei empfänglichen Menschen zu spontanen oder flüchtigen Bewußtseinsveränderungen zu führen, weshalb derartige Orte Orakelstätten waren. Der gleiche Effekt konnte bei Granit-Megalith-Steinen gefunden werden, bei denen es »aktive Stellen« gibt, von denen ständige Ströme von Gammastrahlen ausfließen – die ältesten ägyptischen Heiligtümer in Ägypten bestehen aus Granit. An Orten, an denen »magnetische Anomalien« auftreten, oder wie bei Höhlenöffnungen, die dank Ionisation dazu neigen, Blitze anzuziehen, fanden Rituale statt, später errichtete man an solchen Orten besondere »loadstones« wie Meteoriten oder andere »starke« Steine, weil sich die geheimnisvolle spirituelle Essenz, die nach Überzeugung der Alten die Kraft Gottes und die Basis alles Lebens ist, zum eisenhaltigen Blut des Menschen auf die gleiche Weise verhält wie ein magnetisches Feld zu einem Magneteisenstein. Verwendeten sowohl Phäaken als auch Atlantoi aus all diesen Gründen »Metallplatten« für die Mauern ihrer Städte oder »Paläste«?

An Bord der »Canaris« war es still geworden. Hier und dort glomm noch die Glut einer Zigarette durch die Dunkelheit. Der junge Mann hatte seine Gitarre beiseite gelegt. Er schlief. Vielleicht träumte er. Ich aber dachte daran, wie tief ich bereits ins Labyrinth eingedrungen war und fragte mich, ob mir eine Ariadne mit ihrem Zauberfaden zu Hilfe kommen würde.

*

Naxos! Naxos ist auch Durchgang, Durchgang ins Nichts. Das imposante Tor zum Tempel des delischen Apoll, aus kostbarem Paros-Marmor geschlagen, steht nun auf dem künstlich landverbundenen Inselchen Backhos, auf dem die schlafende Ariadne ausgesetzt worden sein soll. Um 530 v. Chr. begann der Tyrann Lygdamis mit dem Bau, nur sechs Jahre später stürzten ihn die Spartaner. Der Tempel wurde nie fertiggestellt. Sto palati, »beim Palast«, nennen die Griechen gelassen den Platz noch heute. Aber das türlose Tor auf Naxos ist nicht einzigartig in Hellas. Ich war bereits vor einem anderen gestanden, auf einer anderen Insel. Dieses war ein einfacher, blaugestrichener Holzrahmen gewesen, der mit dem Blau des Himmels konkurrierte, verrostete Angeln hingen noch im Holz, an dem Wind und Wetter genagt hatten. Weit und breit fand sich nicht die Spur eines Hauses zur Tür, auch keines Zaunes, der das Nichts hätte begrenzen können. Nur dieser türlose Torrahmen stand auf einem Hügel und sah aufs Meer und forderte zum Eintritt auf. Zum Eintritt wohin?

Auch anläßlich meines ersten Aufenthaltes in Griechenland war ich vor einem »Tor« gestanden, vor einem »Durchgang«. Ich war mit einer Segelyacht von Rhodos kommend an der türkischen Küste unterwegs gewesen, irgendwo zwischen Datscha und Bodrum. Obwohl man sich der Landkarte nach in der Türkei befindet, ist man sich Griechenlands hier stets bewußt. Die Küste ist von archaischer Wildheit. Steile, dicht bewaldete Berge fallen jäh zum Meer ab.

Es war ein stürmischer Tag gewesen. Knapp vor Sonnenuntergang liefen wir in eine Bucht ein, in die sich eine Landzunge weit vorschob. Wir ankerten in ihrem Schatten. Ich war müde, aber etwas in mir drängte danach, diese Landzunge zu erkunden. Mit dem Beiboot ruderte ich hinüber, machte das Dingi an den Felsen fest, und sprang an Land.

Die Steine strahlten noch Hitze aus. Es war ein Tag im August. In den Ritzen hatte sich Macchia festgesetzt und so kletterte ich vorsichtig nach oben. Unter mir tat sich eine zweite Bucht auf. Während die, aus der ich kam, keine Spuren menschlicher Besiedelung aufwies, zogen sich hier die Reste von Mauern und Häusern bis zum Meer hinab. Im klaren Wasser konnte ich die Trümmer einer Mole erkennen. Ich wunderte mich. Dann entdeckte ich den Pfad.

Bald watete ich knöcheltief in Tonscherben, die bei meiner Berührung zu tönernem Staub zerfielen. Der Weg teilte sich und ich folgte dem, der auf die Berge zulief.

Als ich weiterging ahnte ich zum erstenmal, daß ich mich an einem Ort des Todes befand. Die geschwärzten Mauerreste deuteten auf Feuer hin, aber Feuer allein konnte diesen Grad an Verwüstung nicht bewirkt haben. Mit unvorstellbarer Gewissenhaftigkeit war hier selbst Stein und Ton zerstört worden. Auf dem Hügel stand ein einzelner Feigenbaum, der uralt zu sein schien.

Als ich mich an den Stamm des Baumes lehnte, wurde ich mir der absoluten Stille bewußt, als ob die Zeit selbst den Atem anhielt. Etwas von der Kraft des Baumes in meinem Rücken schien auf mich überzufließen, denn plötzlich SAH ich. Ich sah die Häuser und die Straßen wie sie vor ihrer Zerstörung gewesen waren, ich sah das Leben und ich sah das Sterben. Ich litt wie der Baum in meinem Rücken gelitten haben mußte.

Inzwischen war die Sonne untergegangen – ich hatte es nicht bemerkt. Irgendwann löste ich mich von dem Baum und ging den Weg weiter, immer weiter, weil ich WUSSTE, daß ich die Kapelle finden würde. Es war eine byzantinische Kapelle. Blendend weiß lag sie vor mir. Ich trat ein und sah die Fresken, die hohen, schlanken Heiligenfiguren, die zum Gebet erhobenen Hände mit den langen, schmalen Fingergliedern, und dann starrte ich auf die Löcher in den Gesichtern. Und wieder SAH ich. Ich sah die Männer, wie sie mit ihren Messern Augen, Nasen und Münder aus dem Mauerwerk kratzten, und ich konnte ihren Haß fühlen und wußte, daß sie verdammt waren.

Inzwischen kenne ich die Überzeugung von Aborigines, daß jede Landschaft die »Lage der Dinge« widerspiegelt, die leylines oder songlines der »Ahnen«, die diese Landschaft formten. Auch wurde ich mir erst viel später der tiefen Symbolik meines Erlebnisses bewußt, aber schon damals verstand ich, daß ich an einem der alten, heiligen Orte gewesen war, an einem jener »starken Plätze«, die Kraft geben, aber auch Kraft nehmen können, je nachdem für welchen Weg man sich entscheidet.

Ich war am »Kreuzweg« gestanden und war durch das »Tor der sinkenden Sonne« getreten, ich hatte die »zwei Wasser« gesehen und den »weißen Stein« und den »Wächter«.[69] Weil ich diesen »Vorort des Todes« gefühlt hatte, konnte ich den ersten Schritt in ein neues Leben tun, zuvor hatte ich die Kraftquelle, die ich damals erstmals, wenn auch noch unbewußt, in mir spürte, nicht erkennen können.

Während der Jahre, die folgten, blieb ich in der »Unterwelt«. Ich entdeckte meine Kreativität und förderte sie. Scheidung, Einsamkeit, Krankheit, der Tod meiner Mutter, ein neue Liebe, neues Leiden, neue Einsamkeiten lösten einander ab. Bisweilen zweifelte ich an meiner Kraft. Solange bis ich mein »Untensein« als notwendigen Durchgang akzeptieren lernte, und weil ich begann, das, was geschah, als Initiation zu begreifen, konnte ich mich der lockenden Faszination der Unterwelt schrittweise entziehen. Ich hatte mit der dunklen Seite der Göttin Bekanntschaft geschlossen und begriffen, daß Tod Leben bedingt und daß Leben wiedergeboren zu werden bedeutet. Ich war »Schlange«

gewesen, nun wollte ich »Vogel« werden. Auch das ist die Botschaft der Mythen. Sie sind keine toten, zu Buchstaben erstarrten Gebilde, sondern lebendige Spiegelbilder unserer Seelen, die sich in den von ihnen bzw. den »Ahnen« geformten Landschaften unauslöschlich einprägten. Die »Melodie« des Landes ist die ihm eigene Grundmelodie, und bisweilen geschieht etwas, das uns auf diese Melodie einzustimmen vermag, wodurch es zur Resonanz kommt. Dann treten wir eine Reise an, deren Ziel im Verborgenen ruht, denn jede innere Reise ist eine Odyssee, die ins Unbekannte führt. Übrigens kehrte ich einige Jahre später zu diesem Teil der türkischen Küste zurück. Jenen Ort aber fand ich nicht wieder.

*

Ich träumte, aber wieder wußte ich, daß nicht ICH es war, die träumte.

Mir träumte, ich ging an den Fluß, um die Gewänder zu waschen. Die Arbeit erhitzte mich und ich legte die Kleider ab und stieg in das Wasser und ließ mich treiben.

Wieder träumte ich.

Ein Mann betrat das Land, ein Krieger. Er war stark und wir liebten uns. Ich schlief ein, und in meinem Traum sah ich andere Männer das Land überfluten, sie mordeten aus Habgier und Lust. Sie verbrannten die Erde, und die Erde schrie. Sie vergewaltigten die Frauen, und Frauen schrien, sie töteten Männer, Frauen und Kinder, und die Erschlagenen schrien. Ihr Schrei war so furchtbar, daß ihn kein menschliches Ohr ertragen konnte. Er brandete gegen den Himmel, der sich aus Gram verdunkelte. Die Erde ächzte unter ihrer Last, aber sie trug sie. Eine lange Nacht brach an. Am Morgen danach war nichts mehr wie es gewesen war...

Mir träumte, ich wäre eine Taube. Höher und höher flog ich und ich stieg und ich stieg.

Ich traf den Habicht, aber er beachtete mich nicht. Ich streifte die Sonne, sie verglühte mich nicht. Der Mond kühlte mich. Ich war müde, müde vom Flug. Da sah ich unter mir den Ozean. Ich landete und wiegte mich auf seinen Wellen...

Ich erwachte und da war kein Ozean.
Ich erwachte und da war kein Morgen nach jener Nacht.
Ich erwachte und da war kein Mann.
Ich erwachte und da war kein Fluß.
Ich erwachte an Bord der »Canaris«.
Im Osten dämmerte es.

*

PAROS, die kleinere, sanfthügelige, »kreisrunde« Schwesterinsel von Naxos, ist geographischer Mittelpunkt der Kykladen. Seit vorgeschichtlicher Zeit wird nahe Marathi, nur wenige Kilometer vom Hauptort Paroikia entfernt, der »Schmuck der unsterblichen Götter«, Marmor, abgebaut. Überall im kykladischen Raum fanden sich zwischen fünf und hundertfünfzig Zentimeter hohe weibliche Kykladen-Idole, die bis 2700 v. Chr. rückdatiert werden konnten. Sie sind aus gelblichweißem, in seiner Reinheit und Lichtdurchlässigkeit unübertroffenem, parischem Marmor gefertigt.

Der Mythe nach zeugte Minos mit der Nymphe Paria Söhne, die Paros kolonialisierten. Die Minoer, die vorhellenische Dynastie, die als Folge einer ersten Invasion auf Kreta die Herrschaft übernommen hatte, gelten als Nachfolger des Asterios, dem Enkel des Doros. Die Dorer kamen

– wie erinnerlich – erst gegen Ende des zweiten Jahrtausends nach Kreta. Paros war erobert und vermutlich bereits viel früher von Kreta aus kolonialisiert worden. Darauf verweist auch der Name jenes Bergkegels, aus dessen Inneren das »schönste Material der Welt« gebrochen wurde und wird. Im Altertum nannte man ihn »die Marpessa«. Die erfolglose Entführung der Nymphe (Priesterin) Marpessa durch Apollon, von der die Mythe berichtet, verweist auf ein altes Heiligtum, das sich erst einmal der »neuen Religion« erfolgreich widersetzen konnte. Marpessa wurde schließlich doch entführt, nicht von Apollon, sondern von Idas, allerdings deutet der Wettkampf in Form eines Wagenrennens zwischen ihm, einem Messener König und Argonauten-Helden, und Marpessas Vater Euenos, einem Sohn des Ares, eher auf die legale Gewinnung der Erbin nach altem Recht als auf eine Entführung hin. Idas verehrte bereits Apollon und so besiegte der Gott die Nymphe doch.[70]

Wer ist Marpessa? Sie gilt als Tochter Alkippes, einer Tochter des Ares, dem olympischen Gott des Krieges. Vater (Euenos) und Mutter stammten also von Ares ab. Das ist, weil Inzest ein sehr frühes Tabu selbst der primitivsten Kulturen war, ein deutlicher Hinweis darauf, mit welchen Schwierigkeiten die Griechen bei der Besiedelung des Olymp durch ihre vermenschlichte Götterfamilie zu kämpfen hatten, der allerorten die Väter fehlten. Ares selbst gilt als Sohn der Hera, der Mutter Erde.

Die Astrologen des klassischen Griechenlands setzten Ares über den Planeten Mars. Sein lateinisches Äquivalent entspricht noch heute in der französischen, italienischen und spanischen Sprache der Bezeichnung für den Wochentag Mittwoch, womit wir wieder bei den Titanen gelandet sind.

Gemäß pelasgischem Schöpfungsmythos erkor Eurynome die friedlichen Titanen Dione (Danu) und Krios für den Planeten Mars. Dione ist die Tochter des Okeanos und der Meeresgöttin Tethys oder der Luft und der Erde, der Großen Göttin Eurynome unter anderem Namen. Wieder schließt sich ein Kreis, denn Areia, der spätere vermännlichte Ares, ist nur ein anderer Name für Athene, die frühere libysche Neith, auch Al-Lath oder Lath, Leto – Apolls Mutter, die Große Göttin in ihrer ersten Triade als junges Mädchen oder Nymphe, »Göttin« der Jagd UND der Tiere, auch Apolls Schwester Artemis, denn Apoll war ursprünglich wie Eros und alle »Kinder« der Großen Göttin bzw. Schöpfungskräfte oder logoi zweigeschlechtlich bzw. weiblich-männlich, also ein Zwilling.

Areias oder Artemis' Funktion war die Jagd und der Kampf, der immer mehr in den Vordergrund rückte, je siegreicher die Eroberungszüge der »Väter« verliefen. Ihre Tiersymbole waren Löwe, Panther, Katzen, weiße Hirsche und Falken. An symbolischen Gegenständen trug sie Pfeil und Bogen und sie lenkte einen Wagen mit Löwen oder Hirschen davor, je nachdem in welcher Umgebung sie sich befand. Auf zahlreichen Abbildungen findet sich ihr Bild zumeist als Artemis. Was für ein Unterschied zwischen der »Herrin der Tiere« und dem olympischen Ares, der sie verdrängte. Selbst seine Götterkollegen konnten ihn nicht leiden, weil er den Kampf um seiner selbst willen liebte, weil er tötete, wenn er Lust am Töten verspürte, weil er auf dieser und jener Seite mordete und zerstörte. Gibt es eine treffendere Beschreibung für das durch den Krieg notwendig gewordene Söldnertum? Zweimal, so berichten die Mythen, gelang es Athene, ihr mißratenes Kind zu besiegen, bevor Ares seinen Siegeszug antrat und begann seine blutige Spur quer durch die Zeit zu ziehen.

Auch auf Hephaïstos stieß ich wieder. Aus seinem anläßlich eines erfolglosen Vergewaltigungsversuch von Athene auf die »Mutter Erde« geflossenen Samen soll Erichthonios hervorgegangen sein. Dieser gilt als »Stimme«, als Orakelsprecher im Dienste des Heiligtums der Großen Göttin in ihrer letzten Triade als alte Frau, die später zur Hexe verteufelt werden sollte. Dabei handelte es sich um die dunkle Seite der Göttin in ihrem Neumond/Sonnenaspekt, um ihre »männliche« Seite (yang). Ihre Funktionen waren Tod und Wiederauferstehung, Herrschaft über die Magie, die Orakelkunst, Kunst und Wissenschaft. Ihre Jahreszeit war der Herbst und Winter, als ihre Tiere galten die Schlange, schwarze Tiere oder Nachttiere wie Eule, Rabe, Krähe, schwarze, aber auch weiße Hunde (die silbernen und goldenen Hunde am Eingang zum Phäakenpalast), an symbolischen Gegenständen trug sie den Todesapfel, der zum Reichsapfel der Herrscher werden sollte, die Schicksalswaage, den Schicksalsfaden oder die Spindel. Ihre Farbe war schwarz. Noch heute wird auf Paros in der Panaghia Katapoliani, der »hunderttorigen« Kathedrale, eine »schwarze Madonna« verehrt. Eine »Schwarze Mutter Gottes« kannten auch die Car. Nuten, die Kelten, wie von ihrem bedeutendsten Heiligtum in Carnut.Is bekannt ist, dem späteren Chartres, in dem man eine »Schwarze Madonna« noch heute bewundern kann.

Der Mythos besagt, daß Athene den soeben geborenen Knaben Erichthonios vor Poseidon versteckte und ihn in die Obhut der ältesten Tochter des Königs Kekrops, Agraulos, gab. Kekrops ist gleichfalls ein Sohn der Mutter Erde. Manche bezeichnen Erichthonios auch als Sohn des Kekrops. Agraulos, seiner Tochter Name, verweist auf den Mond als Quelle des Taus. Ihr überlieferter Selbstmord spricht für sich. Aufschlußreich ist im Zusammenhang mit Paros auch Athenes Vergewaltigung durch Poseidon, Boreas, die Ur-Schlange und Hephaïstos; denn der logische Schluß aus allen diesen Schändungen ist erschreckend und läßt tief in die indoeuropäische Seele blicken – allem Anschein nach konnten sich diese Eroberer nur auf diese Weise den Frauen der eroberten und stets höher als ihre eigene entwickelten Kulturen nähern, deren gewaltsame Inbesitznahme nicht nur ein Verbrechen wider ihren Körper, sondern vor allem wider die Seele darstellte. Aus Hephaïstos halbgeglückter Vergewaltigung von Athene gingen nach den Griechen Erichthonios, Apoll (!) und Lychnos hervor. Lychnos heißt »Lampe«; mit lychnos, der Lampe, wird auf Paros seit vielen Jahrtausenden untertags Marmor abgebaut, und die Vergewaltigung der Erde durch Hephaïstos bezieht sich wohl auf diese Art der »Schändung«. Lychnitis nannten die Parier seit altersher den »Schmuck der unsterblichen Götter«, den Marmor. Das ist ein schönes Beispiel dafür, wie »Schutzgottheiten« entstanden, die von Eroberern übernommen und später, als man ihre Funktion nicht mehr verstand, zu »Göttern« wurden.

Erichthonios ist eine überaus interessante mythische Gestalt. Schon seine Abstammung verweist auf die »ersten Kinder der Erde«, die stets als Riesen angegeben werden, auf welche die Giganten oder Kyklopen folgten. Die alten königlichen Familien Athens behaupteten, von Erichthonios oder Erechtheus abzustammen, sie nannten sich die Erechtheiden und hielten im Erechtheion die heilige Schlange, die sich von den eleusinischen Mysterien und Erdheiligtümern nicht trennen läßt. Erechthonius wird auch als »ein König Kretas« genannt. Er galt als »reichster aller Männer und Besitzer von dreitausend Stuten, in die sich Boreas verliebte«. Borea ist der Nordwind, hinter dem die Hyperboreer wohnen, und Borea der Name der schöpferischen Ur-Schlange in der ägyptischen und hebräischen Mythologie. Ein Hinweis auf den gemeinsamen Ursprung findet sich auch im Ägypten der Frühzeit bei den Namen der Königinnen Hotep-Neith und Merit-Neith, ca. 2900 bis 2628 v. Chr., denn Erichthonios gilt als Sohn der Athene, der früheren libyschen Neith, und das Neith bezeichnete wohl die Göttlichkeit.

Um 2530 v. Chr. soll die Große Pyramide von Gizeh von dem Baumeister Imhotep errichtet worden sein, der »zum Gott erhoben wurde«. Im Sinne der alten Kulturen war er als »Baumeister« wohl göttlich. Doch ist das Datum umstritten. Auch die Sphinx mußte kürzlich um beinahe dreitausend Jahre zurückdatiert werden. Feststeht, daß die Pyramide, welche die einzige wahrhaftige universelle Sprache der Mathematik spricht, VOR DEM ANFANG unserer bekannten Geschichte entweder errichtet oder bereits fertiggestellt war; das in ihr verschlüsselte und uns im Gesamten trotz all unserer Wissenschaften noch nicht zugängliche Wissen, das sich in ihr zu verbergen scheint, muß jedoch älter sein. Vermutlich ist es zeitlos! Auf eine mathematische (!) Botschaft von einer versunkenen Kultur, die um die Wechselwirkung der erdmagnetischen und kosmischen Kräfte mehr wußte als wir bis heute, verweist auch die Tatsache, daß die Pyramide genau im Mittelpunkt der gesamten Festlandmassen der Erde errichtet wurde. Alle bislang erforschten Maße der Pyramide deuten darauf hin, daß mit ihr ein genaues Abbild der Gesetzmäßigkeiten des Planeten Erde im räumlich-kosmischen Geschehen in der einzig universellen Sprache unserer Erde übermittelt wurde; sobald wir diese Botschaft verstehen werden können, werden wir wohl wissen, WESHALB uns dieses gigantische Werk hinterlassen wurde.

Der ägyptische Priester und Historiker Maentho, den der Neo-Platoniker Imablichos nach alten Quellen zitiert, und der u. a. auch von einer Kalenderreform Ägyptens um 17 000 v. Chr. berichtete (!), schrieb dem Thoth, dessen griechischer Name Hermes Trismegistos war, die Urheberschaft an 36 525 alten Weisheitsbüchern zu, eine Zahl »die mit dem Umfang der Pyramidenbasis, ausgedrückt in Pyramidenzoll, genau übereinstimmt«.

Wir nennen die Pyramide nach dem griechischen Pharao Cheops, der vermutlich mit ihr nicht viel zu tun hatte. Die Ägypter selbst nannten sie Ta Chut, die oder das Geistselbsthafte. Vermutlich sollte sie mit der kleineren benachbarten Pyramide Chaf Ra, »Ra (die Sonne) erglänzt«, in Zusammenhang gesehen werden, denn beide Pyramiden besitzen eine gemeinsame Diagonale.

»Errichtet man von einem Punkt ausgehend konzentrische Kreise ... ergibt das eine ins Unendliche laufende Spirale. Handelt es sich bei den konzentrischen Kreisen um die Umlaufbahnen um ein Gravitationszentrum ... läßt sich daraus ablesen, daß die Rotationsgeschwindigkeit gegen dieses Zentrum unendlich wird, während sie nach außen hin gegen Null geht ...«, lautet die Maxime des Energie-Erhaltungsgesetzes. »Die Bewegungsenergie nimmt gegen das Zentrum zu; damit steigt auch die Temperatur in Richtung des Zentrums.« Im Zentrum der Spirale sind Licht, Erleuchtung und Ekstase – ist magnetische Stille! Im Zentrum der Spirale steht der Neumond. Mittlerweile wurde die »Spirale der Idealpyramide« errechnet.

Erhält die Mythe von dem Giganten Porphyrion, der von einer »großen Steinpyramide, welche die Giganten errichtet hatten«, in den Himmel »sprang«, dadurch einen Sinn? Einer der Giganten, die sich im Kampf gegen die olympischen Götter, angeführt von Atlas, mit den Titanen verbündeten, war Enkelados, »der Tobende«, den man mit dem Santorin in Verbindung bringt. Das Symbol Hephaïstos' und seiner Schmiede-Kollegen, der Giganten oder Kyklopen, war die Spirale, die als Geheimnis der magischen Schmiedekunst galt. Das graphische Symbol der Spirale im alten Ägypten war das Zahlenzeichen für Hundert. Hundert heißt Hekat. Hekate war die »Todesgöttin«, auch Nephtys, aus der anés, die »Materie«, strömt!

Wenn Wolfgang Buchebner, nachdem er anhand seiner Berechnungen bewiesen hat, was er beweisen wollte, schreibt: »Die Große Pyramide ist ›Ausdruck des Selbstverständnisses einer Kultur innerhalb des kosmischen Systems‹, an ihr wurde nicht gestaltet, ›sie IST Gestalt‹«, und feststellt: »In uns vollzieht sich der gleiche Prozeß, dessen einzelne Stadien wir am Nachthimmel beobachten können«,[71] dann stellt er den Bezug zwischen dem inneren und äußeren Kosmos wieder her, den alle Kulturen – abgesehen von der gegenwärtig, den Weltton angebenden westlichen Kultur – mehr oder weniger ausgeprägt stets herstellten, und den wir während der letzten zwei Jahrtausende zunehmend verleugneten.

Die vorgeschichtliche Verbindung zwischen dem späteren Griechenland, Kreta bzw. den ägäischen Inseln, und der lykischen Kultur an der südwestlichen Küste Anatoliens (Kleinasiens) ist bekannt, und an allen diesen Orten finden sich mythologische Spuren der Phäaken, wie auch immer sie sich vor den Griechen nannten, denn auch das Wort Atlantis ist ein griechisiertes, wie Proklos in seinem Kommentar zu Platons Timaios, das die Atlantis-Legende enthält, bemerkt.

Nach der hebräischen Überlieferung hatte Abraham, dessen Stamm sich mit den erobernden indoeuropäischen Völkern verbündet hatte, seine Schwester Sarah mit dem »Pharao«, mit dem »Herrscher von Pharos«, die zugleich eine Orakel- oder »Todesinsel« war, vermählt – ob freiwillig, sei dahingestellt.

Um 1500 v. Chr. explodierte der Santorin, um 1200 v. Chr. wurde Troja durch ein Erdbeben zerstört, zur gleichen Zeit stößt man im griechischen und kleinasiatischen Raum auf die Spuren furchtbarer Erdrutsche, die durch ein Erdbeben ausgelöst worden sein dürften. Seinen Namen verdankte Troia dem Tros, dem Sohn von Erichthonios und Enkel des Dardanos, einem Bruder des Titanen Isoios oder Iasion, der zur kretischen bzw. »ägäischen« Kultur zurückweist.

Tros brachte das »Palladium« nach Troja, das heißt er begründete ein geodätisches Heiligtum, denn Athenes Palladium, von palta, »Dinge, die vom Himmel fallen«, war ein Magneteisenstein, ein Meteorit – wie auch ein Magneteisenstein als »ältestes bekanntes Abbild« der Aphrodite auf Zypern gefunden wurde, der, wie die Überlieferung besagt, von Priesterinnen mit Ölen »poliert« (energetisiert) wurde. Ein derartiges Polieren heiliger Steine mit Eland-Fett, Diamantsplittern und der rauhen Haut von Krokodil oder Nilpferd, ist auch von Frauenritualen auf Madagaskar bekannt und wird noch heute im traditionellen Afrika angewendet, um die Steine »zum Leben zu bringen« (Credo Mutwa). Auch der hebräische Jakob begründete ein derartiges Heiligtum, Beth-El, indem er jenen Stein nahm, der als sein Kopfkissen im Schlaf (!) gedient hatte und ihn aufrichtete und zum »Haus Gottes« machte. Allerdings weisen die verstreut an diesem Ort herumliegenden Steine darauf hin, daß Jakob das Heiligtum nicht begründete, sondern übernahm. Während er »schlief, sah er im Traum eine breite Treppe, die von der Erde bis zum Himmel reichte«. (I. Mose/Genesis 28,12). Jakob eröffnete sich das Mysterium der Himmelsleiter, das Kalender-Alphabet-Geheimnis, in dem sich der geheime Name für die KRAFT Gottes verbarg, nicht Gottes, der als »namenlos« verstanden wurde. Bevor der Ort zum »Haus Gottes«, Bethel, wurde, eigentlich Haus der Sonne (El), hieß er Lus, (I. Mose/Genesis 28,20), ein »riesischer« Name. Jakobs Onkel, vermutlich ein Mutter-Bruder, Ismaël, der nach Ranke-Graves auf einen religiösen Bund von dreizehn die Göttin verehrenden

Stämmen der südlichen Wüste unter der Führung eines Stammes, der Seth, »Licht«, geweiht war, hindeutet, begründete das heutige islamische Zentral-Heiligtum in Mekka, in dessen Mittelpunkt sich der berühmte »Schwarze Stein«, die Kaaba, der »Altar von Himmel und Erde« befindet, gleichfalls ein Meteorit, der offensichtlich immer noch wirkt (»tönt«). Das ist ein bestürzendes Beispiel dafür, wie aus einstigen verwandten Stämmen, die ursprünglich eine Religion besaßen, im Verlauf ihrer patriarchalen Geschichte unerbittliche Todfeinde wurden.

Der Mythos ist die technische Sprache einer wissenschaftlichen und priesterlichen Elite (Prof. Hertha von Dechend). Der Mythos ist auch historische Überlieferung, astronomische Beobachtung, die Geschichte der Entwicklung des menschlichen Bewußtseins, und die Beschreibung von im Grunde nicht beschreibbarer Vorgänge, die esoterische Komponente der Mythen, der bis vor kurzem beinahe gar keine Aufmerksamkeit geschenkt wurde. Psychologen, Archäologen, Anthropologen, Mathematiker, Physiker und Theologen nehmen, von einigen Ausnahmen abgesehen, jeweils IHRE Fachinterpretation in Anspruch. Doch ist der Mythos nie nur das eine oder das andere, sondern ist alles gemeinsam, innerer UND äußerer Kosmos, kosmisches Gesetz. In einfacher Sprache geben die Mythen äußerst komplexe Vorgänge wieder und man mag sich fragen, weshalb die Menschen VOR uns diese Art der Überlieferung wählten und nicht die Schrift? Es scheint unwahrscheinlich anzunehmen, daß eine Zivilisation, welche die Geheimnisse des Kosmos in Stein zu fassen vermochte, die Kultur, Sport, Medizin, Wissenschaft und Magie betrieb, die Schrift nicht beherrschte. War sie verlorengegangen? Oder war das Wissen, das man hier vermitteln wollte, so umfassend, daß es zur Gefahr hätte werden können? Deutet darauf nicht die Tatsache hin, daß wir erst seit wenigen Jahrzehnten, dank der jüngsten Erkenntnisse der modernen Mathematik, von Astro- und Quantenphysik und dem jungen Forschungszweig der Lehre von den Gesetzmäßigkeiten des Chaos, zunehmend in verstärktem Maße in die Lage versetzt werden, den inneren, esoterischen Gehalt der alten Überlieferung wieder lesen zu können? Nähern wir uns dem Ende UNSERER Odyssee, die mit Odysseus' Verweigerung begonnen zu haben scheint?

Es gibt deutliche Hinweise darauf, daß es im griechisch-kretischen Raum bereits vor der Einführung des modifizierten phönikischen Alphabets ein Lautsystem gab, das von den Priesterinnen der Io als religiöses Geheimnis gehütet wurde. Ios Name ist nur ein anderer für Demeter, die »Korngöttin« und Mutter der eleusinischen Mysterien. Robert Ranke-Graves erkannte, daß dieses mit den ältesten sakralen und einst geheimen Kalender-Alphabeten keltischer Astronomenpriester, der Druiden, übereinstimmte. Die Südafrikanerin Brenda Sullivan stieß bei eingeweihten Bantu-Priestern im südlichen Afrika auf die gleiche geheime Symbolik. Auch Pythagoras v. Samos, der Mystiker, hielt es für klug, das überlieferte Wissen geheimzuhalten. »Nur an Leib und Seele gereinigte«, sollten in die Wissenschaften »eingeweiht« werden. Ist diese Forderung angesichts der Entwicklung, die wir seither nahmen, nicht als berechtigte Vorsichtsmaßnahme zu begreifen?

Geschichte und Mythologie berichten von großen Katastrophen, welche die Menschheit heimsuchten. Jeder »Erneuerung« der Menschheit gingen große Naturkatastrophen voraus. In der frühesten griechischen Version der Mythe von der Deukalionischen Flut ist es Themis, die Große Göttin, die das Geschlecht der Menschen erneuert. Analoge Mythen gibt es in Asien und Palästina. Offenkundig zwang die Große Göttin, welche die universelle »Ordnung« verkörperte, später der zornige Vatergott, die Menschheit immer wieder zu einem Neubeginn.

In Brasilien wird nach wie vor eine der letzten »Lungen der Erde« aus Profitgründen gerodet, die schützende Ozonschicht unseres Planeten nimmt zusehends ab, der »Treibhauseffekt« zu. Die nächste Flut ist – vielleicht erstmals in der Menschheitsgeschichte – einkalkuliert.

Ich saß beim Frühstück im Speisesaal der »Canaris«. Der türkische Kaffee war heiß und schwarz und süß. Den Sonnenaufgang und Ios, die Insel, auf der Homer begraben sein soll, hatte ich verschlafen.

An einem der Tische entdeckte ich den jungen Mann, dessen Gitarre ordentlich in ihren Sack verpackt, neben seinem Stuhl lehnte. Auch der junge Mann schien verpackt. Nichts von Orpheus' Zauber haftete ihm mehr an. Er war einfach ein mürrischer junger Mann mit einem Dutzendgesicht.

An Deck war es erfrischend kühl. Ich stieg über die kreuz und quer ausgebreiteten Leiber, umging die Rucksackgebirge, und bewunderte die im milchigen Dunst schwebende Sonnenscheibe. Vor mir lag die Vulkaninsel Santorini.

*

III Im Labyrinth

1. Die Katastrophe

Es mutet seltsam an, daß man erst in unserer Zeit dem ungeheuren Ausmaß der Santorin-Katastrophe Aufmerksamkeit schenkte. Fährt das Schiff in das riesige Einbruchsbecken ein, erschrickt der Wissende angesichts des Ausmaßes der sichelförmigen Kraterränder, die stellenweise beinahe senkrecht, bis zu 300 Meter hoch, rot- und schwarzgerändert, aus einem, seiner jähen Tiefe wegen tintenschwarzen Meer emporwachsen. Darüber meißeln strahlendweiße Kuben, Türmchen und Quader eine unnachahmliche Silhouette in den Himmel. Gegenüber dieser Lieblichkeit, die wie eine Fata Morgana in der Mittelmeerbläue zu schweben scheint, droht schwarz und allgegenwärtig die »Pupille« der Nea Kaimeni, der »Neuverbrannten«, denn der Gigant hat seinen Kampf noch nicht ausgefochten. Enkelados, der Tobende, schläft nur. Von Ausbruch zu Ausbruch, zuletzt 1956, baut sich der Vulkan wieder auf.

1883 explodierte der Kessel des bislang als größter Vulkan der Erde geltenden Krakatau in Indonesien. Die Katastrophe ließ das apokalyptische Inferno ahnen, daß die Explosion des Santorini an die dreitausenddreihundert Jahre zuvor verursacht haben mußte. Der Krakatau-Kessel maß fünf Kilometer, der des Santorin elf! Der bis zu 2000 Meter hohe Vulkankegel, die Hauptmasse der beinahe kreisrunden Insel, deren Durchmesser 15–17 Kilometer betrug, mehr als 130 Kubikkilometer glühenden Gesteins, wurde bis zu einer Tiefe von 300 Meter unter dem Meeresspiegel weggerissen. Die Heftigkeit der herausgeschleuderten Wassermassen schliff die Vulkanränder stellenweise glatt.

»Städte sind zerstört«, »die Jahre des Lärms haben begonnen«, »Oberägypten ist ein Ödland geworden«, heißt es im ägyptischen Ipuwer-Papyrus, das zwischen 1580 und 1350 v. Chr. datiert wird. Die Katastrophenschilderung im Papyrus, die bezeugen, daß sich die Auswirkungen der durch den Santorini ausgelösten Katastrophen bis in das südliche Ägypten (Oberägypten) bemerkbar machten (!), entsprechen auffallend den Schilderungen der »ägyptischen Plagen« im Buch Exodus der Bibel. »Das Land ist ohne Licht« (Pag. 9,11) – die »ägyptische Finsternis«. »Überall in Ägypten war Blut« (Exodus, 7,21) – die fallende rote Asche, die Land und Wasser verseuchte. »Menschen schauderten vor dem Geschmack« des Wassers (Papyrus 2,10), und schließlich die nächtliche Feuersäule und die Rauchsäule tagsüber, die den flüchtenden Halbnomaden, den Juden, den Weg wiesen, die dank des allgemein herrschenden Chaos reichlich Beute nehmen konnten.[72] Der Sinai, auf dem Moses die Gesetzestafeln empfing, ist übrigens der »Mondberg«, und die letzte Wanderung der Juden ging von Sinim aus, was »Land des Mondes« bedeutet, wie auch Libyen, Nordafrika bzw. Afrika, genannt wurde.

1960 löste eine Serie tektonischer Beben in Chile und im Pazifik Verwüstungen aus. Längst als erloschen geltende Vulkane brachen wieder aus und inmitten ebenen Geländes entstand mit ungeheurer Gewalt ein neuer Vulkan. Erdstöße, Flutwellen, Feuersbrünste und Springfluten forderten unzählige Menschenleben. Die Weite des Pazifiks minderte die gewaltige Flut, aber noch in Los Angeles stürzten 300 Häuser ein und in Japan fielen über 2000 Fischerboote der Welle zum Opfer. Um wie vieles katastrophaler müssen sich Beben, Flutwellen und Springfluten im dichtbesiedelten Inselgebiet der Ägäis ausgewirkt haben! Denkt man an die

Kettenreaktion ausbrechender Vulkane anläßlich der Katastrophe von 1960, ist es naheliegend, daß es auch nach der Explosionskatastrophe des Santorin zu einer Serie weiterer, schwerer Ausbrüche gekommen war. Nachwirkungen der Explosion werden heute für ein gutes halbes Jahrhundert angenommen. Wie die pazifische, war wohl auch die europäische Platte in Bewegung gekommen, der die afrikanische, wie bekannt ist, zusehends auf den Leib rückt.

Rauchsäulen und Feuer, das den Juden untertags den Weg wies, deuten auf den Ausbruch infolge einer Kettenreaktion der Sinai-Vulkane hin, und so ist es äußerst unwahrscheinlich, daß Moses die »Gesetzestafeln« auf dem Sinai empfing. »Mondberg« nannte man auch die Große Pyramide, und die Bücher Mose sind voller Andeutungen, daß Mose in die ägyptischen Mysterien eingeweiht worden war. Er trug die Sichelhörner der Priester im Dienst der Großen Göttin (Isis) und errichtete einen »gehörnten« Altar, auch einen »Berg«, ein esoterisches Symbol für die Pyramide, in Form eines Males aus Steinen. Die in der Bibel geschilderte Teilung des Meeres erhält angesichts von Wirbelstürmen und sich vor Flutwellen zurückziehenden Gewässern eine natürliche Erklärung. Neuesten Forschungen nach soll der Übergang nicht im Roten Meer, sondern im Gebiet des heutigen Suez-Kanals stattgefunden haben.[73]

Während des 14. Jahrhunderts v. Chr. versuchte Echnaton in Ägypten den »Einen« Gott durchzusetzen; auffallenderweise geschah das in jenem Jahrhundert, in dem der mythische Mose angesiedelt wird. Auch in der phönizischen Stadt Ugarit vollzog sich die Ablösung der Göttin durch die Götter. Baal, dessen Symbol der Stierkopf war, triumphierte über seine Gemahlin und Schwester Anat. An ist ein sumerisches Wort für Himmel, im alten China war es das Symbol für den Vollmond, für die lunare Achse des

Sternenhimmels und die Nacht. Auch die Hethiter verließen zu dieser Zeit ihre Siedlungen, zerstörten das Reich Mitanni und fielen in Kanaan ein, in das bereits »Achäer von jenseits des Meeres« eingewandert waren und das Phönizische Reich gegründet hatten. Ganze Völkerschaften kamen in Bewegung und begannen sich miteinander zu vermischen. Die nomadisierenden Hirtenstämme hatten die großen Katastrophen wohl besser überstehen können als die in den alten Hochkulturen seßhaften Städter, die dadurch zur leichten Beute wurden. Wie die Mykener das durch Flut, Feuersbrünste und Erdbeben hilflos in Agonie liegende Kreta erobern und plündern konnten, scheint es allerorts zu Eroberungen und Plünderungen gekommen zu sein. Die Hirtengötter der Nomaden begannen die Götterhimmel zu besiedeln und das Ende einer Entwicklung kündigte sich an, die in der Frühzeit ihren Anfang genommen hatte. Von nun an regierte die Welt nicht das Prinzip der Verschmelzung der Gegensätze, die »Heilige Hochzeit«, sondern »heiliger« männlicher Zorn.

Odysseus verkörpert ihn als eine der Schlüsselfiguren der griechischen Mythologie. Den Zorn des Achilles überliefert die Ilias. Der »zürnende Moses« gab an sein Volk die Gesetze seines »zornigen« Gottes weiter.

Gemeinhin bringt man das geballte Auftreten des »heiligen Zornes« mit der Bewußtwerdung des Menschen in Zusammenhang und bezeichnet es als ein dem Menschen innewohnendes Feuer, wobei »Mensch« allerdings mit Mann gleichgesetzt wird, als hätte es Frauen nie gegeben. Der Zorn tritt gleichzeitig mit dem Triumph des Sonnen-Lichtgottes auf. Im Helden oder Heros, später im Gott, manifestiert sich die Sonnenkraft, die ratio, Typhons feurige Kraft, den Isis nach erfolgreichem Sieg, wie der Mythos berichtet, schont, »weil die Welt ohne die sengende Kraft des Feuers nicht vollständig wäre«. Typhon, die »männliche« Seite des Eros bewies, als er die Herrschaft antrat, eine derartige Toleranz und Weitsicht nicht. Hand in Hand mit dieser Entwicklung erfolgte der endgültige Sieg patriarchaler, väterlicher Ordnung über die matriarchale Ordnung der alten Ackerbausiedlungen, denen wir die ersten Hochkulturen unserer bekannten Geschichte verdanken.

Der Zusammenhang zwischen der unleugbaren Aggression unserer männlich-rational dominierten westlichen Welt und der Sexualität wird erst seit Anfang unseres Jahrhunderts wieder erforscht. Das ist auf ein dem Menschen aufgezwungenes Tabu zurückzuführen. Die inquisitionsfreundliche Abwehr eines Filmes, der Sexualität mit dem Leben des Menschen Jesus von Nazareth in Verbindung bringt, belegt, wie erfolgreich die Sexual- und Körperfeindlichkeit der Kirchen bzw. die Verteufelung des vordergründig auf das sexuelle reduzierten Weiblichen (Seelischen) war. Was ist blasphemischer? Jesus, der fleisch- und damit menschgewordene Sohn Gottes, der in NATÜRLICHER Beziehung zur Frau steht, sowohl seelisch als auch körperlich, oder die Vorbereitung zum »Krieg der Sterne«? Was ist perverser, die Ermordung viertausend indischer Ehefrauen innerhalb von drei Jahren, weil sie ihr Geld, ihre Mitgift, nicht wert sind, oder der sexuelle Wunschtraum eines spirituellen Führers vor seinem physischen Tod?

Begann es damals, als unsere frühen Vorfahren durch Klimaveränderungen aus den sich zurückziehenden Wäldern in die Steppen hinausgezwungen wurden? Arterhaltung ist seit jeher die Domäne des Weibchens. Es gab den tierischen Östrus auf, wodurch es zur Frau wurde, und zwang damit das Männchen durch ständige sexuelle Bereitschaft zum Aufenthalt in der Gruppe, die in der Steppe schutzbedürftig war, während Männchen und Weibchen – wie im Tierreich zumeist noch heute – zuvor ihre eigenen Wege gingen: Das Männchen als Räuber und Aassammler, denn zum Jäger wurde es erst später; das Weibchen als Sammlerin und Aufzieherin der Jungen.[74] Das Männchen konnte geopfert werden, das arterhaltende Weibchen nicht. Ob das den frühen Mann kränkte?

Die Fähigkeit des menschlichen Weibchens zur Menstruation, vor allem die Synchronizität seines Fruchtbarkeitszyklus zu dem des Mondes, zählt zu den großen ungelösten Rätseln, das in einer männlich dominierten Welt kaum Interesse, höchstens Unbehagen erregte. Dieser Synchronizität waren sich Frauen vor mindestens 30 000 Jahren bewußt, wie aus den ältesten bekannten Kalendern, den »Menstruations«-Kalendern hervorgeht. Die älteste bekannte Verbindung zwischen Mond und Frau weist ca. 100 000 Jahre zurück, wie den ältesten abstrakten Schrift- bzw. Zahlzeichen zu entnehmen ist, die man in den eiszeitlichen Höhlen Frankreichs entdeckte. Sie waren von Neandertalern angefertigt worden, die nicht dem Bild entsprechen, das wir uns lange von ihnen machten; der Anthropologe Richard Leaky bezeichnet sie auf Grund einschlägiger Funde als »hochspirituelle Menschen«. Sie werden nicht in direkter Linie dem »modernen Menschen«, Homo sapiens, zugeordnet, auch wenn ihre Blumenbeigaben bei Begräbnissen, ihre nachgewiesene Fürsorge für Alte und Gebrechliche, die sie offenkundig nicht verließen, sondern auf ihren Wanderungen durch das vereiste Europa mit sich nahmen, ihre rituelle Verwendung von rotem Eisenocker und die Ausrichtung der Gräber ihrer Toten von Osten nach Westen, worauf man noch viele Jahrtausende später bei den frühen Hochkulturen stößt, sehr menschliche Züge andeuten.

Der 28tägige Zyklus der weiblichen Fruchtbarkeit, der dem Mondzyklus synchron ist, lag den ersten Kalendern zugrunde. Im Mittelpunkt früher Riten stand das Blut der Mutter als Träger der geheimnisvollen Lebensessenz, das sich vom »Blut« des Mondes, bzw. der Kraft, die er symbolisierte, der Zeit, ebensowenig trennen ließ wie das »Blut der Erde«, roter Eisenocker, auf das man allerorten bei Erd- bzw. Mond- oder »Fruchtbarkeits«-Ritualen stößt. Wie subtil das Wissen um deren Wechselwirkung war, zeigt sich daran, daß es bei Vollmond zu Mittag zu einem Ansteigen des Erdmagnetismus kommt, dem abends eine drastische Verringerung folgt. Bei der wohl aus diesem Grund einst besonders gefürchteten Mondfinsternis, die nur zu Vollmond erfolgt (!), verringert sich die magnetische Aktivität auffallend. »Steinkalender« wie in Stonehenge konnten derartige Phänomene exakt vorherbestimmen.[75]

Vom Blut der Göttin Charis, »Gnade«, leitet sich das Wort Eucharist ab, das an den frühen, weiblichen Ritus der »Reinigung« erinnert. »Unrein« wurden die menstruierenden Frauen erst, als die Väter über die Mütter triumphierten; ursprünglich bezog sich das Tabu menstruierenden Frauen gegenüber auf ihre zu diesem Zeitpunkt besonders wirksame »magische« Kraft. Bereits in Babylon galt der Shabattu als der »üble Tag« der Mondgöttin Istar. Der Shabattu, der jüdische Sabat (Samstag), der erst durch das Christentum auf den Sonntag, den Sonnentag, verlegt wurde, geht darauf zurück, und kommt von sa-bat, »Herzruhe«. Es war ursprünglich der Ruhetag des Mondes, wenn er voll ist.[76]

Im Mittelpunkt der lunar-geozentrischen und »weiblichen« Kosmologie, die viele Jahrtausende lang von den Ursprüngen der Bewußtwerdung des Menschen bis ca. 6000 v. Chr. die Kulturen dominierte, stand die Zeit, der Zyklus der Erde, ma, etwas, das zu Ende geht und wieder beginnt, die wahre »Fruchtbarkeit«. Zeit, so die moderne Forschung, entsteht in einem materiellen System wie der Erde durch die »Phasenkoppelung der Materie« in diesem Raum. Durch diese Phasenkopplung, die auftritt, wenn zufälliges individuelles Verhalten in kollektives Verhalten umschlägt, tritt eine Transformation, ein »Quantensprung«, eine neue Qualität auf. Im inneren Kosmos bzw. der Psyche entsteht ein »neues Bewußtsein«. Auf derartige, bislang rätselhafte »Bewußtseinssprünge«, die einem Evolutionssprung VORAUSGEHEN, stößt man immer wieder in der Vorgeschichte des Menschen.

Kollektive Schwingungen – wie etwa von gemeinsam menstruierenden Frauen – erzeugen sogenannte Grenzzyklen, die um vieles stabiler und anpassungsfähiger sind als eine Ansammlung individueller Schwingungen. Die Quantenphysik, welche die kleinsten Teilchen der atomaren Kerne, die Leben aufbauen, erforscht, entdeckte, daß wenn sich große Zahlen von »Quantenobjekten« kollektiv verhalten, gewisse starke, wohldefinierte Eigenschaften auftauchen, deren Ansammlung sich nicht mehr durch »Linearkombinationen« verschiedener Zustände beschreiben, also »rational«, linear, erklären lassen. Wird eine große Anzahl von Quanten aneinandergekoppelt, erhält man ein großes Netzwerk. Werden zwei solcher großer Netzwerke miteinander verbunden, etwa das »Netzwerk« gemeinsam menstruierender Frauen und das Netzwerk »lunarer Zyklus«, werden sie sich, räumlich ausgedrückt, so sehen, als seien sie relativ zueinander »unter einem gewissen Winkel orientiert«.[77]

Diese Erkenntnisse des Mathematikers Penrose, die im Bereich der reinen Mathematik in vollkommener Abstraktion, also ohne in irgendeinem Raum zu arbeiten, begann, belegt, daß aus der Zusammenkopplung von zwei großen Netzwerken, die aus einer jeweils großen Anzahl von Quanten (Mengen) zusammengesetzt sind, »die Eigenschaften der Orientierung im dreidimensionalen Raum, »in dem wir leben«, aus den GEGENSEITIGEN BEZIEHUNGEN der Netzwerke hergeleitet werden können«. Das deutet darauf hin, »daß die Eigenschaften des Raumes NICHT VORGEGEBEN sind, sondern als ERGEBNIS kooperativer Wechselwirkungen auf einer größeren Skala erst auftauchen«. **Wir** sind die Schöpfer unserer eigenen (Um-)Welt, der inneren UND der äußeren, die einander nicht trennen lassen, wie alle alten Kulturen wußten. Werden derartige Quantensysteme, so die Forschung, größer, entwickeln sie »Nichtlinearitäten und Strukturen«, das heißt sie werden »schöpferisch«. So erklärt man heute die Wechselwirkung zwischen Religion, im obigen Fall der lunar-geozentrischen Kosmologie, die unmittelbar mit dem Menstruationszyklus der Frauen zusammenhing, und Sprache und Kultur. Ganz ähnlich, so John Briggs und F. David Peat, »könnten Quantensysteme sich zusammenkoppeln, um nicht nur den Raum, auch die Zeit und andere makroskopische (kosmische) Strukturen hervorzubringen«. Daß der Makrokosmos, Gott, sich im Mikrokosmos, dem Menschen, als Abbild Gottes widerspiegelt bzw. umgekehrt, ist eine uralte »esoterische« Erkenntnis der Menschheit, wie auch das Wissen um den Kraftpunkt, der in der Vernetzung von zwei »Netzwerken« oder Zyklen liegt.

Seit das Weibchen den Östrus aufgegeben hatte, sah es dem Männchen bei der Paarung ins Gesicht. Liegt hierin, in der »Zuwendung«, nicht eine natürlichere Ursache für die Entwicklung des Ich- und Du-Bewußtseins als im »männlichen« Zorn? Von nun an bot die Frau bereitwillig ihre, sich mit den veränderten Gegebenheiten auch verändernden körperlichen Reize an. Die Erotisierung des Paarungsaktes, zuvor eine beiläufige und rasche, lustvolle Angelegenheit, zwang den Mann zu ständiger sexueller Bereitschaft und zur Aufgabe des sorglosen Herumstreunens mit seinesgleichen, was der frühe »Herr« – Meister gab es noch keinen – der Frau seiner Begierde anscheinend bis heute nicht verziehen zu haben scheint. Die Geister, die das Weibchen rief, sollte es von nun an nicht mehr los werden.

Vorprogrammierte männliche Aggressivität lenkte man vorerst in kultische Bahnen – wie die grandiosen Zeugnisse eiszeitlicher und afrikanischer Felsmalereien beweisen, die nur aus Unkenntnis als »Jagdzauber« interpretiert werden konnten. Wie der Psychologe Paul Shepard aufmerksam machte, wurden Tiere »studiert«, weil sie »wahre Manifestationen verborgener archetypischer Kräfte sind, die hinter den Transformationen der menschlichen Seele liegen«. Noah als archetypisches Symbol des Menschen VOR der Katastrophe einer seine Welt vernichtenden Flut, die er oder seine Vorgängerin, die chaldäische Muttergöttin bzw. Angehörige deren Kultur überlebt, nimmt nicht körperliche Lebewesen in seine Arche, die das Symbol für das »kollektive Unbewußte« darstellt (Shepard), sondern Manifestationen archetypischer Kräfte, welche die BISHERIGE Entwicklung des kollektiven Unbewußten der Menschheit[78] widerspiegelt, was den Menschen unbewußt wurde. Daß die Arche, die Argo, einst die sternenmäßige Vermessung des Himmels symbolisierte und dadurch die Erde, auf die das konstellare Netz des Nachthimmels geodätisch übertragen wurde, wie das Zeugnis megalithischer Steinbauten belegt, die an geodätischen Fixierpunkten und ausgerichtet auf jeweils bestimmte Planeten- oder Stern-Konstellationen angelegt wurden, belegt den ursächlichen Zusammenhang, den man dem »Unbewußten« als einer Art seelischem »Feld« der Erde, der »Unterwelt« oder der »geistigen Erde« der Schamanen, beimaß.[79]

Auch der Ägyptologe Schwaller de Lubicz machte darauf aufmerksam, daß alte Kulturen Tiere nicht verehrten, sondern ihrem »spirit« Reverenz erwiesen – einer jeweils in diesem Tier manifestierten spirituellen Entwicklung, die in der menschlichen Seele widerschwingt – der Ursprung der Totemtiere. Für südafrikanische San etwa war der Löwe ein Lebewesen, das bereits die meisten Entwicklungen einzelner Tierarten in sich vereinte und der Affe symbolisierte das Denkvermögen – tatsächlich konnte die Anlage zum rationalen Denken bei Schimpansen, die zu den direkten Vorfahren des modernen Menschen gezählt werden, inzwischen nachgewiesen werden.

Bei eiszeitlicher Felskunst sprechen das überbetont Weibliche in Form der Vulva, dessen himmlisches Spiegelbild das Fruchtbarkeit schenkende »Mondgefäß« war, Tiere mit sichelförmigen Hörnern wie das Mammut, und das Männliche in Form des Phallus, dem »Speer« des Jägers, der bei dem berühmten »sterbenden« Schamanen von Lasceaux die Vulva der Mutter, die Vulva des Mammuts, durchbohrt, eine deutliche Sprache. Der Tod des Schamanen ist mit einem Samenerguß verbunden und der auf dem »Stab« thronende Vogel, weltweit ein Symbol für Erleuchtung bzw. »erhöhtes Bewußtsein«, verweist darauf, daß es sich hier um den geistigen Tod eines Schamanen in Trance handelt – der Schamane, d. h. sein »Bewußtsein«, sein Ego stirbt, damit er geistig leben kann! Auf diese Symbolik stößt man bei Tausenden von Felszeichnungen der San im südlichen Afrika. Bei deren Ritualen tanzten sich zumeist die Männer in Trance, während die Frauen scheinbar im Hintergrund durch Klatschen und Singen den Ton angaben.

Für die Aborigines Australiens sind Frauen die »verborgene Kraft hinter den heiligen Handlungen, die es der Erde erlauben, ein ERZEUGENDES FELD zu bleiben, welches »das Leben ernährt und unterhält«. Die »Jenseitsbezogenheit« der Männer (Tod) muß, »weil sie mit dem Leben im Konflikt steht, in die Existenz hineingeträumt und im mütterlichen Boden sorgfältig kultiviert werden«. Durch die Initiation »balanciert der Mann seine symbolische Verbindung zum Tod und der Kraft, Leben zu nehmen, durch die VORSTELLUNG, spirituell und metaphysische Geburt zu geben, aus«. Frauen symbolisieren die »Kraft, Leben zu geben«, Männer die »Kraft, Leben zu nehmen«, die notwendig ist, um den Kreislauf von noch Ungeborenen zu den Lebenden und von den Sterbenden zu den künftig Geborenen aufrecht zu erhalten.[80] Dazwischen vermittelt das, was die Ägypter Ba, die Seele, nannten. Denn die gleichen Erkenntnisse, die Erkenntnisse von Schamaninnen und Schamanen waren, welche bis zu den Ursprüngen des menschlichen Bewußtseins zurückweisen, die man symbolisierte und die zu »Gesetzen« geworden waren, bildeten die esoterische Basis aller Mysterien und aller Religionen, sofern sie auf »Verkündigung« beruhen, bis sich im Konzept der von einem Vatergott dominierten Religionen (Judentum, Christentum, Islam) die »männliche« Kraft, Leben zu nehmen, die Kraft des Todes, einseitig herauslöste! Wie Robert Lawlor in seiner Studie zur Kosmologie der Aborigines schrieb, »stammen die Konzepte, die der Ausbreitung der europäischen Zivilisation zugrunde liegen, nicht von weißen Griechen des klassischen Zeitalters, sondern von den Stämmen des alten Ägypten, Indien, und von semitischen Kulturen. Die Fundamente westlicher Mathematik, von Philosophie, Drama, Poesie und esoterischer Religion legten die schwarzen, hamitischen und semitischen mystischen Traditionen von Ägypten und des Ostens.«

Die Bedürfnisse der Gemeinschaft, des Klan- oder Stammesverbandes, der durch das Blut der Mutter verbunden war, bestimmte ursprünglich die Art des menschlichen Zusammenlebens und auch das Verhältnis der Geschlechter. Helden gab es noch keine, und Macht war noch nicht in den Händen einzelner konzentriert, sondern »das individuelle Ego war in den Dienst an der Gemeinschaft eingebunden« – bis es durch den Übergang vom Sammeln zum Ackerbau und dem damit verbundenen Seßhaftwerden zu einer empfindlichen Störung der alten fruchtbaren »Arbeitsteilung« zwischen den Geschlechtern kam.

Aufgabe des früheren Jägers war wohl die Domestizierung von Tieren; Gartenarbeit und Vorratswirtschaft war traditionellerweise Arbeit der Frauen, den früheren Sammlerinnen. Deren vielleicht erste und vielleicht bedeutendste Erfindungen waren Grabstock und Vorratsgefäß gewesen, dank letzterem konnte Nahrung nun gesammelt und SPÄTER verzehrt werden, wodurch Sozialisierung ermöglicht wurde. Auf die ältesten Spuren von Getreideanbau stieß man in der Sahara, diese Ackerbauer gehörten einer »Buschmann«-Kultur an! (Dr. Richard Leaky). Von deren Nachfahren, den heute im südlichen Afrika lebenden letzten Vertretern dieser »ältesten Rasse« Afrikas ist bekannt, daß die Jagd NIE im Vordergrund gestanden war. Auch in einst wildreichen Zeiten machte Fleisch in der Nahrung der San nie mehr als 30% aus.[81] So scheint es sich auch bei der Jagdleidenschaft früher Menschen um einen künstlichen Mythos zu handeln, der vielleicht entstanden war, um die eigene Lust am Töten, die Lust, »Leben zu nehmen«, die Jagd als Sport, undenkbar für Aborigines, zu rechtfertigen. Das Töten anderen Lebens, auch des tierischen, war nur aus Überlebensgründen gestattet und, wie von San-Kulturen bekannt ist, mit einer vorhergehenden spirituellen Verbindung zwischen Jäger und Opfer verbunden.

Angesichts überquellender Getreidekammern – was für ein Nahrungsmittelreservoir für die Gemeinschaft im Gegensatz zur unter Risiken erlegten, spärlicheren Jagdbeute – und mystischer Fruchtbarkeitsriten, in deren Mittelpunkt die Mütter standen, mochte sich der Mann zunehmend überflüssig vorgekommen sein.

Die zunehmende Domestizierung von Tieren lenkte die Aufmerksamkeit des Hirten auf den Zeugungsvorgang hin, dessen körperlichem Aspekt man davor offensichtlich wenig Aufmerksamkeit geschenkt hatte, weil die Lebenskraft als spirituelle Essenz verstanden worden war, die sich des körperlichen Zeugungsvorgangs nur bediente. Vor dieser »Weiberherrschaft« flüchtete der zunehmend phallusbewußte Mann, so Thompson, in Jagdverbände und gründete und pflegte seine eigenen Riten. Hierin mag der Ursprung des Anspruches der Männer als Gemahl der Göttin und des männlichen Schamanentums gelegen sein, denn die ersten Schamanen oder Priester waren Frauen! Endlich war Mann wieder unter sich und ist es vorzugsweise noch heute in Männerbünden, ob mystischer oder ökonomischer Art bis hin zu den Kegelabenden.

Auch dem auffallenden Zusammenhang zwischen jagenden oder züchtenden Fleischessern und menschlicher Aggressivität wird erst seit kurzem vermehrte Aufmerksamkeit geschenkt. Bei der Überlieferung friedlicher Kulturen handelte es sich stets um ackerbautreibende, gemeinwirtschaftlich orientierte Gesellschaften, bei der kriegerischer Aggressoren stets um viehzüchtende Nomaden. Dinkelweizen, nun wieder in Mode, die älteste kultivierte Getreideart der Welt, auf die zunehmend verzichtet worden war, weil sie sich jeglichem chemischem Zusatz gegenüber resistent verhält (!), wird im Zusammenhang mit den Mysterien der Kornmutter Demeter erwähnt. Heute setzt man Dinkelprodukte zunehmend bei der Aids-Bekämpfung ein. Auch die starke und im Wachsen begriffene makrobiotische Bewegung macht auf den Zusammenhang zwischen Zivilisationskrankheiten, falscher menschlicher Ernährung und Aggression aufmerksam. Darüber hinaus wiesen Mystiker aller Kulturen stets darauf hin, daß der Genuß von Fleisch, besonders von rotem, verdichtet und die spirituellen »Kanäle« blockiert.

Der griechische Mythos gibt Auskunft.

Von der dritten von insgesamt fünf menschlichen Rassen heißt es, daß sie sowohl Fleisch als auch Brot aß und Freude am Krieg fand. Der Mythos bewahrt stets nur die Erinnerung an das Außergewöhnliche. Die Erwähnung von nur vordergründig anderen Ernährungsgewohnheiten deutet auf eine revolutionierende Neuerung hin. Bei dieser »dritten Rasse« handelte es sich um die frühen hellenischen Eroberer, die nomadisierenden, Viehzucht betreibenden Vorfahren der Mykener und Griechen. Es folgt die bronzene vierte Rasse der kriegerischen Mykener, und schließlich unsere heutige, die Eisenrasse der Dorer, die den griechischen und den Mittelmeerraum in jahrhundertelanger Dunkelheit versinken ließ. Wir befinden uns immer noch in diesem »eisernen« Zeitalter, das sich nun an die viertausend Jahre lang als eine ständige Abfolge von Kriegen und gewalttätigen Eroberungen darstellt, so daß wir heute die REGEL, langjährigen Frieden wie etwa die Pax Minoica als AUSNAHME beschreiben! Daß statistische Untersuchungen auf eine prozentuale Übereinstimmung zwischen den in unseren Kriegen vergossenem Blut und dem für die tödlichen Waffen verwendeten Eisen aufweisen,[82] belegt neuerlich die Bedeutung, die man dem Eisen zuschrieb, mit dessen Schmelzung, wie es ein Hohepriester der Erdmutter im südlichen Afrika ausdrückte, »alles Böse in die Welt kam«.[83] Blut und Eisen, der Mond und die »Lebensessenz« und deren Wechselwirkung, lassen einander offenkundig nicht trennen. Auch dieser uralten »metaphysischen« Erkenntnis ist die moderne Forschung auf der Spur.

Alle lebenaufbauenden Elemente gehen auf die Explosion von Sternen zurück. Der Mikrokosmos baut sich aus dem Schwingungsverhältnis der Atomkerne auf, auch die Sterne »tönen«, weshalb die Maya die Tage kin, »Töne«, nannten,[84] so daß es sich bei den Kalender-Alphabeten um »tönende« oder schwingende Gesetzmäßigkeiten handelt, und diese Kalender-Alphabete standen im Mittelpunkt früher Riten und der Religion der Großen Mutter.

»Mord«, so stellt W. I. Thompson fest, wurde vermutlich

bereits im Pliozän, also zu Beginn der Menschwerdung, entdeckt, aber seine »Institutionalisierung im Krieg« scheint erst um die Zeit der Verbreitung der Schrift stattgefunden zu haben. Diese entstand um die Hälfte des vierten Jahrtausends v. Chr. im fruchtbaren Mesopotamien, das der Überlieferung nach als einer der »Garten Eden(s)« galt, in dem Mensch und Tier friedlich und im Einklang mit der Natur lebten. Seit dem sechsten Jahrtausend waren in das Land zwischen Euphrat und Tigris die Sumerer, deren Ursprung unbekannt ist, eingeströmt. Bereits Ende des dritten Jahrtausends v. Chr. weiß das Gilgamesch-Epos von einer absoluten Herrschaft von Priesterfürsten zu berichten. Die Vorratswirtschaft der Ackerbaukulturen, die sich aufgrund ihrer Seßhaftigkeit auch kulturell reichlicher entfalten konnten, hatte zu Wohlstand und zum Tausch-Handel geführt. Dieser machte die Erfindung der Schrift, die Buchführung notwendig und förderte die Spezialisierung. Den erworbenen Wohlstand galt es gegenüber räubernden Nomaden zu verteidigen, die sich ohne viel Mühe ein Stück vom paradiesischen Kuchen abschneiden wollten – alle neolithischen Ackerbaukulturen waren »Obstgärten« und stellten »Paradiese« dar. Dem einstigen Jäger war das Töten vertraut und von der Verteidigung zum Angriff ist es wohl nur ein kleiner, wenn auch folgenschwerer Schritt. Was nottat, war die legale RECHTFERTIGUNG des Tötens.

Zwischen 6000 und 4000 v. Chr. wurden viele neolithische Ackerbausiedlungen zerstört. Seit Ende des vierten Jahrtausends läßt sich eine Gruppe sogenannter indoeuropäischer Völker nachweisen – d. h. Gruppierungen von Völkern, die eine gemeinsame Sprache sprachen. Diese nannten sich Arier, »Bevorzugte« oder »Edle«. Gemeinsam mit den von ihnen eroberten, ackerbautreibenden und handwerklich sehr geschickten Hurriten erfanden sie den von Pferden gezogenen Streitwagen, eine Kampfmaschine, die bald alle alten Kulturen am Indus, in Mesopotamien, Syrien, Kleinasien, Ägypten und darüber hinaus bedrohen sollte. Diese Kriegs-Spezialisierung führte zur Herausbildung einer herrschenden Ritter-Schicht, die sich selbst zu »Göttern« machten. Immer mehr Heimatlose, deren Muttersiedlungen zerstört worden waren, schlossen sich diesen kriegerischen Verbänden an. Von nun an zieht sich der Zusammenprall zwischen friedlichen, seßhaften »Städtern« und kriegerischen Nomaden oder Halbnomaden wie ein roter Faden durch unsere Geschichte. »Die technische Ordnung war dabei, sich von der moralischen Ordnung zu trennen«, drückt es der Prähistoriker Alexander Marshack aus. Diese moralische Ordnung hatte sich in der religiösen Autorität der Großen Mutter verkörpert, die ohne kriegerische Raubzüge ausgekommen war.

Ein schönes Beispiel für die Voreingenommenheit eines jeweiligen »Bewußtseins«-Zustandes, findet sich bei der Verwendung der mörderischen Kampfwagen der Hurriten durch die Kreter. Sie wurden umgearbeitet und dienten elegant gekleideten Frauen für Spazierfahrten. Wie sehr eine vorgefaßte Meinung prägt, ist Kehnscherpers ansonsten um neutrale Formulierung bemühte Interpretation eines derartigen überlieferten Bildes zu entnehmen. »Sie (die Kreter) fuhren ihre Damen damit spazieren.«[85] Die Abbildung zeigt jedoch eindeutig selbst kutschierende, elegante, und sehr selbstbewußte Frauen. Wir sind, was wir denken (Buddha) und müssen, wollen wir die Zeit (uns) erlösen, zu allererst die (unsere) Sprache erlösen (James Powell).

Wenn Gordon Childe generös zugibt: »Zuerst war die Kultivierung des Getreides wahrscheinlich eine Zufallstat der Frauen, während ihre Herren und Meister mit ernsthafteren Dingen wie der Jagd beschäftigt waren«, so ist dem W. I. Thompsons ausgleichende Formulierung gegenüberzustellen: »Mag sein, daß es um 8000 v. Chr. so etwas wie den

Bruder der Mutter gegeben hat, aber ich bezweifle, daß es ein Tier mit Namen Ehemann gab, ganz gewiß aber keinen ›Herrn und Meister‹.«[86]

Die Dominanz des Weiblichen geht stets Hand in Hand mit der Dominanz des Kollektivs, stellt C. S. Lewis fest. Friedliches kollektives Sein war nicht Sache der viehzüchtenden, kriegerischen Indo-Europäer, die das Schwert, das die Symbole von Phallus und Stab abgelöst hatte, und ihr persönliches Ego zur Gottheit erhoben.

Da war dieser zwölfjährige afghanische Junge gewesen, ein kriegsverletztes Kind, dessen Zeichnungen mich erschüttert hatten. Er kannte nichts anderes als den Krieg, also zeichnete er den Krieg, todspuckende Maschinengewehre und Kanonen, das Phallussymbol war nicht zu übersehen. Natürlich war sich das Kind dieser eindeutigen und nicht interpretierten Ähnlichkeit bewußt, seine Abbildung ist im Islam verboten. Zwischen Tod und Zerstörung verirrten sich wie Traumbilder aus einer anderen Welt bisweilen Blumen und Schmetterlinge. Wie die meisten Kinder nach einem damals neunjährigen Krieg war der Junge Analphabet. Das verschüchterte Mädchen neben ihm, vierzehnjährig, aber mit dem Bewußtsein einer Achtjährigen, bat schüchtern um ihren Schleier, um das lange Haar, den Ausdruck ihrer noch unbewußten Weiblichkeit, vor uns Reportern zu verbergen. Männer dürfen in Teheran, dem Zentrum der islamischen »Wiedererneuerung« Frauen öffentlich nicht frisieren. Langbärtige, frauenfeindliche Patriarchen predigen Rassismus im Namen der Religion und kein Aufschrei der Empörung geht um die Welt. Feuer und Schwert regieren den halben Erdball, aber wir schweigen, solange unsere eigenen Handelsinteressen nicht betroffen sind, wie Menschen, ob sie sich nun Christen, Juden oder Mohammedaner nannten, seit Jahrhunderten schweigen, während ihre Schwestern und Brüder im Namen EINES all diesen Religionen gemeinsamen zornigen Vatergottes gemordet, beraubt und vergewaltigt wurden, um ein Reich Gottes auf Erden zu errichten, das ein sehr weltliches und auf Machtpolitik ausgerichtetes ist. Die Wahrheit wurde auf Scheiterhaufen verbrannt, hüben wie drüben, und erstickte im Schweigen.

Die Wurzeln liegen im vorgeschichtlichen Dunkel. »Wenn«, wie Ernest Borneman in »Das Patriarchat« schreibt, »die Selbsterkenntnis des Individuums als etwas von der Gemeinschaft Separates und ihr potentiell Entgegengesetztes der erste Sündenfall war, dann war die Entdeckung des Privateigentums der endgültige Verlust der Gnade, denn mit ihm begann die Ausbeutung des einen Menschen durch den anderen und die Spaltung der Gesellschaft in einander unterdrückende Klassen.«[87] Privates Eigentum, Handel und Krieg, scheinen seither quer durch die Zeit untrennbar miteinander verbunden zu sein.

Auch die hochgepriesene Individualität des westlichen Menschen ist eine Illusion. Denn je besser ein Kollektiv, ein Volk, zusammenarbeitet, desto schöpferischer, individueller werden seine Einzelmenschen, erkannte die moderne Verhaltensforschung.[88] Die wahre Individualität des Menschen liegt in seiner Fähigkeit zur Kreativität, zum Schöpferisch-Sein. Nicht das Individuum, sondern das Kollektiv, das sich zum »Netzwerk« verbindet, bestimmt die Richtung der Evolution des Lebens, bemerkte diese moderne Forschung, die den Ausdruck Ko-Evolution prägte. Die neue (alte) Maxime lautet »Wirkt zusammen oder geht unter«. Auch das Lieblingskind der traditionellen europäischen Forschung von der Entwicklung des Lebens, wonach das Stärkere über das Schwächere triumphiert, wurde als Irrtum erkannt, denn wäre es so, wäre das Leben mit den Bakterien ausgestorben.[89]

Das alles mag an den Grundpfeilern der Ideologie einer westlichen Welt rütteln, die ohnehin bereits im Wanken begriffen sind. Die Wahrheit mag schmerzhaft sein, aber ihre Erkenntnis scheint unerläßlich. Das größte bekannte Raubtier ist der moderne Mensch, der je »zivilisierter«, technisch perfekter wurde, mit um so schrecklicheren Waffen eroberte, plünderte, mordete, vergewaltigte und versklavte, so daß »das blinde Erleiden der heutigen Menschenmassen wie ein universelles rituelles Leid im ewigen Traum widerhallen wird, wo die universelle Schöpfung entgegengesetzte Energien hervorrufen wird, um das Ungleichgewicht unseres gegenwärtigen Zyklus auszugleichen«.[90] Die Anzeichen häufen sich, daß wir uns einem derartigen Ausgleich mit Riesenschritten nähern, der nur energiemäßig erfolgen, und für das Leben, das auf über unsere dreidimensionale Realität hinausschwingende Energien nicht vorbereitet ist, nur katastrophale Folgen haben kann. Die Zeit bequemer »Wahrheiten« ist wohl endgültig vorüber. Es soll um die Anfänge wissen, wer, den Schmerz erfahrend, das Ende sieht, forderte der Schweizer Geisteswissenschaftler Jean Gebser, der bereits vor 50 Jahren den Begriff eines »neuen Bewußtseins« prägte.[91] Warten wir auf den letztendlichen Beweis, den die traditionelle Forschung benötigt, die ihrem Wesen nach nur fähig ist, bereits ABGESCHLOSSENE Prozesse zu analysieren, wird es zu spät sein, weil es – falls wir unseren Kurs in die Selbstzerstörung nicht rechtzeitig verändern können – aller Wahrscheinlichkeit nach nichts mehr zu analysieren geben wird. Niemand, der nicht die uns verlorengegangene Gabe besitzt, in die Zukunft zu reisen, vermag eine MÖGLICHE Zukunft zu analysieren, weil das nur rückblickend möglich ist. Weil Zukunft stets in der Gegenwart gemacht wird, die das Produkt aller Vergangenheiten ist, läßt sich eine Zukunft, die aufgrund vorhandener Gegebenheiten mit ALLER Wahrscheinlichkeit geradlinig eintreten wird, nur an einem Zeitpunkt verändern – im flüchtigen Augenblick der Gegenwart, dem »Zentrum der Zeit« (Bantu). Das bedingt allerdings die

Kenntnis unserer Vergangenheit(en), denn bewußtes SEIN bedingt ein Wissen um das WERDEN. In der mythischen Beschreibung dieses Werdens verbirgt sich die Erinnerung an ein anderes Bewußtsein der Menschen sich selbst und ihrer Umwelt gegenüber, das von Harmonie und nicht von Dis-Harmonie geprägt war, und das von allen Anfängen unserer Geschichtsschreibung durch die »Väter« ausgeklammert worden war.

Die sumerische Göttin Ninhursag, deren Kampf gegen den Gott Enki, ihren Sohn (!), den Kampf der alten Ordnung der Mütter gegen die neue Ordnung der Väter widerspiegelt, ist nur ein anderer Name für die »Kornmutter« Demeter, welche die väterliche Einrichtung der Ehe verachtete, weil sie der Frau Beschränkungen auferlegte, die SIE unfrei machten. Mit den späteren griechischen Göttinnen hat sie nicht viel gemeinsam, die das patriarchale Ideal der verheirateten Frau verkörpern und ihren beinahe nur noch ausschließlichen häuslichen Aspekt vergöttern. Ninhursags Sohn Enki versucht sich natürlich vergeblich selbst zu befruchten, und trotz vieler Mühen, welche die Vereinigung mit seiner Enkelin inkludieren, was auf eine lange Periode matriarchaler Kulturen hinweist, gelingt es ihm nicht, Söhne zu zeugen. Erst sein Bruder Enlil ist erfolgreich. Enlils Name erinnert an den Sohn Sets im hebräischen Stammbaum des Adam, Enos, der erst zum »Menschen« wird und von dem an es eine klare Stammbaumlinie bis zu Noah gibt. Erstmals wird im Zusammenhang mit Enoch auch die Verehrung der Götter erwähnt! Die Götter und deren Verehrung sind eine Erfindung der »Väter«, davor wurden sie als schöpferische Kräfte verstanden, die es zu berücksichtigen und nicht zu verehren galt, eine Erkenntnis aller »primitiven« Kulturen bis zu den hochgeistigen Bruderschaften der Antike, Al-Chemisten und sonstiger mystischer Bünde.

Nicht der Boden gemeinwirtschaftlich orientierter Ackerbausiedlungen, sondern das Vieh der Nomaden war das erste Objekt väterlichen Eigentums (Borneman). Wie Viehraub als Diebstahl des aufkommenden Privateigentums angesehen wurde, mußte in der Folge auch vorehelicher Geschlechtsverkehr der Töchter und Ehe-Vertragsbruch der Frauen als Diebstahl von Eigentum empfunden werden. Während der heilige männliche Zorn und die in seinem Namen begangenen Greueltaten von den Mythographen, die das neue Recht vertraten, verherrlicht wurde – je grausamer ein Eroberer vorging, desto »größer« wurde er – ließ man an den mit Recht zornigen Frauen kein gutes Haar. Sie gerieten zu eifersüchtigen, zankenden oder dämonischen Weibern. Weibliche Verteidigung wurde zum unweiblichen Amazonentum, Mord blieb den Frauen vorbehalten, der zumeist aus niederen »weiblichen« Motiven begangen wurde, bei den Männern nannte und nennt man ihn Krieg, und Priester segneten und segnen die Waffen.

Ich stand auf dem Vulkan. Vor mir türmte sich schwarzgelacktes Gestein empor. Wie die Vision einer Spiegelung zwischen den Luftschichten lockte das heitere Pastell der Insel. Nichts als geschmolzenes Gestein und Feuer trennte mich vom Allerinnersten der Erde, deren Kraft IHRE Welt endgültig hatte untergehen lassen. Mag sein, dachte ich, daß sich nach den griechischen »dunklen Jahrhunderten«, in denen die letzten Erinnerungen an ältere Kulturen im Mythos versanken, das hellenische Licht einer neuen Morgendämmerung angekündigt hatte, aus der die europäische, westliche Zivilisation hervorging. Die »göttliche Vernunft« des strahlenden Apoll hatte die »Königin der Nacht« endgültig besiegt. Aber um welchen Preis?

*

Nirgendwo scheinen sich die zerstörerische aber auch die schöpferische Kraft und somit die beiden polaren Aspekte der Göttin so zu manifestieren wie auf Santorini. Ist es ein Zufall, daß die Umrisse der zerrissenen Insel an das alte, chinesische Fischblasensymbol erinnern, an die graphische Darstellung der Wechselwirkung der beiden Urkräfte yin und yang, einer Art »Ur-Zelle«? Im Hellen (dem Wasser) liegt punktförmig das Dunkle (die Erde) eingeschlossen und im Dunklen das Helle. Auf das Anschwellen des Einen und die Abnahme des anderen folgt unweigerlich Abnahme und neuerliches Anschwellen. »Umkehrung ist die Bewegung des Tao«, das Tao ist der WEG und der Taoismus die Erforschung des Weges. Der WEG ist der Spiegel der einzigen wahren Realität, der Weg oder kosmische Prozeß des Universums, an dem alle Dinge beteiligt sind, und die Welt ein dauerndes Fließen ist. Das chinesische I-Ching drückt das MASS dieses »Weges« aus, das »männliche« (rationale) Prinzip, hinter dem die »Bewegung«, das »weibliche« Prinzip steht, wie es ursprünglich verstanden wurde.

Im Kue-Tsang, das als Orakelbuch der Shang (2. Jahrt. v. Chr.) und als Vorläufer des I-Ching, dem »Buch der Wandlungen« (1. Jahrt. v. Chr.) gilt, stand nicht das solare, sondern das lunare Grundzeichen an erster Stelle, wie der Sinologe Frank Fiedeler aufmerksam machte. Die Shang regierten ihr Reich nach den »Mond-Kategorien von Mutter und Tal«. Das Tal ist das »Tal der Sonne«, die Höhlung der Schattenseite des Mondes, die sich mit der Konjunktion in die strahlende Erscheinung der Sonne »verwandelt«. Der wie schwanger aufgeblähte Vollmond, die Mutter als Mitte und Achse, gebiert aus ihrem »Tal« heraus die Sonne. Gibt es eine schönere Bestätigung der alten Mythen, in denen die Sonne immer als Sohn der Mond-Mutter gilt? Nicht der Mond als

Himmelskörper gebiert den Sohn, die Sonne, sondern das lunare Prinzip, die lunare Achse des Sternenhimmels, die dadurch den gesamten Heliokosmos vom Gesichtspunkt der Erde aus gesehen in das Zeitgeschehen einbezieht. »Werden und Sein sind das, was die Zeit ausrichtet«, und »Werden und Sein kennen nichts Größeres als die Vier Jahreszeiten«, heißt es im I-Ching, das eine Art himmlischer Ur-Text ist, in dem sich das planetarische Grundgeschehen als eine NATÜRLICHE FOLGE VON ZEICHEN abzeichnet.[92]

Durch viele Jahrhunderttausende hindurch hatten die Menschen den nächtlichen Sternhimmel und seine Gesetzmäßigkeiten beobachtet, die das helle Tageslicht der Sonne unsichtbar macht. Der Lauf des Mondes, der sich mit der Drehung des Planeten auch ständig um die Erde herum bewegt, GLEICHT dem des Menschen auf der Erde, während er sich mit der Jahresbewegung der Erde um die Sonne dreht. Zwischen Himmel und Erde steht der Mensch, der nach Überzeugung alter Kulturen die mikrokosmische, irdische Welt in der natürlichen Umweltsituation darstellt. Wir leben AUF der Erde und von ihr und nicht auf der Sonne. Unser Heimatplanet ist unser natürlicher Bezugspunkt, unser Mittelpunkt im Universum. Erst das heliozentrische Gottesbild konnte dazu führen, daß der Mensch sich in grenzenloser Ignoranz die Erde und das Leben untertan machen wollte, einem »Gebot« folgend, dessen Interpretation wie so vieles andere auch, weil es wörtlich und nicht symbolisch verstanden wurde, auf einem schwerwiegenden Mißverständnis beruhte. Indirekt verbirgt sich in dem Gebot an die patriarchalen Stämme, sich die Erde untertan zu machen, die Aufforderung sich die Mutter/Göttin untertan zu machen, die MATRIX, das »Prinzip der Formschöpfung« (Isis). Den Zugang zu diesem »Gesetz der Erde«, das zugleich ein himmlisches ist, liefert der Mondwandel.

Auf seiner nächtlichen Wanderung gibt der Mond das genaue BILD der Sonne auf ihrem Tageslauf wieder, und markiert auch unter Einbeziehung des Sternenhintergrundes und der Bogenhöhe mit größter Genauigkeit den Standort der Sonne, der am entgegengesetzten Punkt des Jahreslaufes auf der Himmelsleiter vorzufinden ist. In allen Phasen seiner beiden gegenpoligen Läufe, dem siderischen und dem synodischen, zeigt der Mond nicht nur den Sonnenstand und den Sonnenlauf am Tag, im Monat und im Jahr an, sondern auch den GESAMTZUSAMMENHANG vor dem sichtbaren Hintergrund des Sternenhimmels, was die direkte Beobachtung dieses strahlenden Himmelskörpers, der Taghimmel, unmöglich macht.

Dieses natürliche Lichtmuster des nächtlichen Erscheinungshimmels zeigt in seiner Gliederung durch vier Mondphasen – voll, halb, dunkel und halbvoll – zwei mal vier, insgesamt acht gegensinnige Bildfolgen. Diese zwei polaren Aspekte der Mond-Bilder, die am Himmel als immer wiederkehrende Lichtmuster eingeschrieben stehen, bildeten die Grundlage der Wandlungen, des I-Ching, in dem sich die Prinzipien der alten lunaren Kosmologie am deutlichsten erhielten. Sie sind der LUNARE AUSDRUCK DER ZWEI ENTGEGENGESETZTEN RICHTUNGEN DES SOLAREN ZEITGESCHEHENS.

Dank des Mondlaufs und seiner beiden Richtungen, wobei der synodische »einfache Mondlauf« den »Weg der Erde« vermißt, der zur Basis der Sonnenkalender wurde, und der »Weg des Himmels« die Jahreszeiten, der darüber hinaus das Maß jedes beliebigen Planeten und Sternes und nicht nur der Sonne erlaubt, liefert der Himmel Bilder, die auf die Erde projiziert und in die körperliche, irdische Gestalt des Gefäßes umgesetzt, symbolisiert wurden; in allen Sprachen der Welt gehört das Wort für Gefäß zu den ältesten Wörtern. Das Gefäß ist die Mondin, wie immer sie genannt wurde, SIE ist die »Vulva« der Erdmutter. Isis', der Hellen, ihr Symbol ist der Thron, sie IST der Thron, das »Gefäß«, auf dem bzw. in dem ihr Sohn-Geliebter Platz nimmt, der Pharao, der die eigene andere dunkle Seite der Göttin übernommen hatte, ihre Dunkelmond-Sonnenkraft.

Die Lichtseite des Mondes erscheint in der Tiefe des Nachtmeeres, was als »harte Fähigkeit« umschrieben wurde, weshalb der helle Mond dem Nachthimmel zugeordnet wurde, während sich die »weiche Fähigkeit«, seine dunkle Seite, die dem Taghimmel zugehört, dem Betrachter »hoch oben im Licht« in der Konjunktion mit der Sonne zuwendet. Die Konjunktion oder Verschmelzung ist das Vorbild der »Heiligen Hochzeit«, wobei ursprünglich »weich« und »hart« oder »weiblich« und »männlich« IN der »Göttin« enthalten waren, weil man die spätere Sexualisierung und Trennung noch nicht kannte. Kontrapunkt der Sonne war der Schwarzmond und die Nacht war Kontrapunkt des Vollmondes. »Jedes in derselben (ist eine) Einheit mit dem Anderen«, schrieb Hegel, der den konkreten Grund-Erscheinungen »Sonne« und »Nacht« die abstrakten Begriffe »Sein« und »Nichts« entgegenstellte. »Das Werden enthält also Sein und Nichts als zwei solche Einheiten«, die als scheinbare Gegensätze eine Einheit bilden. »Sein«, die Sonne bzw. der dunkle Neumond, die Materie, das Leben, das Wach-Bewußtsein, strömt aus dem Nichts, dem »Chaos«, der Mutter, deren Tochter, wie Wolfgang Amadeus Mozart als Freimaurer wußte, Pamina, der Mond ist, die von einem Sonnen-Priester, Sarastro, »gestohlen« wird; das magische Instrument ist die »Zauberflöte« (Athenes). Sinnbild dieser »Königin der Nacht« war der Vollmond, der »Lichtgeist«, der sich als Sonne und in UMKEHRUNG der ursprünglichen Bedeutungen als alles ausschließender Sonnengott, symbolisiert durch das helle Vollbild der Sonnenscheibe, in den

Vordergrund drängte. Diese Trennung einer Einheit mit zwei verschiedenen Seiten erfolgte im Zuge der Verdopplung der »Vollendung im Kleinen«, der acht Trigramme (2^3) zu den 64 Hexagrammen (8^2). Während im Orakelbuch der Shang (2. Jahrt. v. Chr.), in dem diese Trennung und Verdopplung bereits vollzogen ist, der Schattengeist, der Himmel und Erde noch durch den Dunkelmond vereinte, als erstes Hexagramm am ersten Platz stand und der erlösende Lichtgeist (Vollmond) an zweiter Stelle, rückte die Sonne als Lichtgeist an erste Stelle und der Schattengeist als Vollmond (!) an die zweite, was sich in China im 1. Jahrt. v. Chr. nachweisen läßt. Erlösung bzw. Auflösung der Gegensätze wie sie im acht Trigramm-System das Ziel war, ist nach dieser Umkehrung, die nötig wurde, um die Sonne, den »einfachen« synodischen Mondlauf in den Vordergrund zu stellen, nicht mehr möglich. Dieser Lichtgeist (Sonne) wurde zu »Gott«, der von nun an einen unlösbaren Kampf gegen den Schattengeist, den »Teufel«, führen mußte (Vollmond). Die Sonne, das »männliche«, das Wach- oder Tages-Bewußtsein, trennte sich vom »weiblichen« Unbewußten, wodurch der Zugang zum »Überbewußten« – zur Mitte oder Achse – ausgeschlossen wurde; weder Vater noch Mutter, höchstens Mutter-Vater als noch unmanifestierter Urquell, Mitte, Ursprung und Umfang von allem.[93]

Während ursprünglich das »Weltgefäß« Mond die SCHATTEN-Seite des Mondes, die bei TAG zu beobachten ist, nach innen gewölbt gedacht wurde, also konkav, und seine LICHT-Seite während der NACHT nach außen (konvex), wird der ursprüngliche Gegensatz oder Gegenstand zwischen Vollmond und Dunkelmond, der die Sonne »gebiert«, zur Polarität von Sonne und Mond, eine künstlich geschaffene Polarität, die nun nicht mehr beide Erscheinungsformen hell und dunkel in EINEM Körper, dem Mond, erlaubt, sondern die Gegensätze INSTITUTIONALISIERT – Vereinigung und Verschmelzung und dadurch AUFLÖSUNG der Gegensätze ist von nun ab nicht mehr möglich. Die Tagseite als Außenseite des Weltgefäßes ist nun nach außen, die Nachtseite nach innen gewölbt, genau UMGEKEHRT!

Diese vermutlich erste und folgenschwerste Kulturrevolution in der Geschichte der Menschheit bedingte die »Umkehrung aller Werte«, die während des sechsten Jahrhunderts v. Chr. mit dem Auftreten von Pythagoras in Griechenland und Buddha in Indien ihren endgültigen Abschluß gefunden hatte. Ein anderes »Netzwerk«, das einer solaren und rein vermännlichten Kosmologie, in deren Mittelpunkt die Neumond-Sonnenkraft, die Materie, stand, hatte sich mit dem Netzwerk Menschheit verbunden, und nachdem einander beide »Netzwerke« im Verlauf der Jahrtausende mehr und mehr überlagert hatten, einen neuen Raum und eine neue Zeit kreiert, ein neues Bewußt-Sein.

In mir wurde es still. Ich reiste auf der »Zeitlinie« zurück. Kleine Mosaiksteinchen formten sich zu Bildern. Die Bilder waren vor den Worten gekommen, vor den Lauten, die zu Symbolen wurden, die schließlich die Bilder, die Symbole, ersetzten. Vertreter der Spezies »moderner Mensch« lassen sich erst seit ca. 200 000 Jahren nachweisen, der Stammbaum des Homo jedoch ist über fünf Millionen Jahre alt. Am Anfang unseres Werdens als Menschen standen Kooperation und das »Kollektiv«, der Klan oder Stamm und eine lunargeozentrische Kosmologie, deren universell gültigen Erkenntnisse im veränderten Bewußtseinszustand von »Schamanen« gewonnen wurden, die zu »Bewußtseinssprüngen« führten, welche der Einheit Klan, Stamm oder Volk zugute kamen und nicht Einzelwesen, die dadurch andere Wesen dominierten, wie es das Zeugnis der Kulturen der »Väter« belegt. »Der Frau«, so E. Reckluse, »verdankt die Menschheit alles was sie menschlich gemacht hat, auch das Kulturinstrument Sprache.« Diese ist auf die »Architektur des lunaren

Erscheinungshimmels« zurückzuführen, dessen Umsetzung in Symbole zur Sprache führte, die eindeutig matriarchal und universell war, wie aus der Rekonstruktion der ersten sechs »Ur-Wörter« geschlossen werden kann, die ALLEN Sprachen gemeinsam sind.[94] Joachim Tillies bezeichnet Sprache als DAS zoologische Merkmal, das den Menschen aus der Tierwelt heraushebt. Und Frank Fiedeler weist anhand der »Ursprache« des I-Ging auf die Rückbindung der Sprachfunktion an die letztlich steuernde Instanz der Gene hin, die, wie die moderne Forschung erkannte, nicht ein Schlüssel zum evolutionären Wandel sind, sondern ihr Ausdruck. Die DNS, der genetische Code, in dem alle Lebenserscheinungen kodiert sind, steht mit der Umwelt in Rückkoppelung.[95]

»Irgendwo muß es Formen im vorschöpferischen Zustand geben, deren Vorstellungen wie Ideale sind. Wenn wir diese nur sehen könnten, dann könnten wir die Natur der Existenz und die Verbindung zwischen Geist und Materie verstehen.«[96] Mit diesem »Prinzip der Formgebung« (Isis), dem Kosmos unausgeschöpfter Ideale und Kreationen, setzten sich die Menschen einst in Verbindung und gestalteten dadurch ihre Umwelt. Dieses ur-»weibliche« Prinzip, dem die moderne Chaos-Forschung auf der Spur ist, war kein passives, wie das Weibliche heute verstanden wird, denn das Chaos ist – wie wir heute wieder wissen – ein aktives, formenerzeugendes Prinzip, dem kein männlich »aktives« gegenübergestellt werden kann, weil es sich dabei um ein hinter Isis' Schleier verstecktes ganzheitliches Schöpfungsprinzip handelt, das die Große Mutter oder Große Göttin als gesetzgebende Matrix symbolisiert, die jedoch gleichfalls nur der Ausdruck dieses Schöpfungsprinzips ist. »Ich bin das All, das Vergangene, Gegenwärtige und Zukünftige, meinen Schleier hat noch kein Sterblicher gelüftet«, lautet die Inschrift auf einer Statue der Göttin Isis in Saïs.

Irgendwann einmal hatte sich die Menschheitsfamilie in

zwei Richtungen geteilt, in jene, die aufgrund ihrer ursprünglichen Erfahrung in einer lunaren, »semitischen« Gestaltungswelt lebten und in jene, die eine solare, »indoeuropäische« Welt begründeten, in der wir heute leben. Und weil der Ausschließlichkeitsanspruch der Sonne als kosmisches Vorbild im Widerspruch zur wirklich vorhandenen, ganzheitlichen Erfahrungswelt des nächtlichen Sternenhimmels, dem sichtbaren Heliokosmos, steht, der auch den Sonnenlauf dank der Mondläufe, im Gesamtzusammenhang des kosmischen Geschehens sichtbar macht, und im Diesseits, auf der Erde, keine Bestätigung findet, mußte nach der Trennung und »Umkehrung« die jenseitige, unsichtbare »Wahrheit« glaubhaft gemacht werden. Sie wurde es – mit Feuer und Schwert und zwangsweiser »Missionierung«.

Während Aton, der Sonnengott des ägyptischen Reformers Echnaton, noch mit der Sonnenscheibe als Symbol verbunden war, löste Moses den Begriff des »Einen Gottes« von der Sonne als kosmischem Urbild, und versah ihn verständlicherweise mit den Attributen der Bildlosigkeit und der Unsichtbarkeit. Es gibt nichts zu sehen und nichts abzubilden. Vermutlich liegt hierin das Gebot, das Verbot der Bildlosigkeit begründet. Transzendent, das heißt nicht abbildbar, war der »Große Geist« seit jeher, symbolisiert wurden stets nur seine oder ihre AUSDRUCKSFORMEN bzw. die schöpferischen Kräfte, die man später Götter nannte. Diese alten »Götter«, die irdischen Symbole für die auf die Erde einwirkenden Kräfte der Natur und des Kosmos, gerieten zu Feindbildern, die mit allen Mitteln bekämpft werden mußten, weil sie das heliozentrische Gottesbild naturgemäß in Frage stellten. Nur ein geozentrisches Welt- und ein heliozentrisches Gottesbild wie es die Griechen installierten, ist unstimmig und »wissenschaftlich« nicht haltbar, nicht ein geozentrisch/lunares, helio-KOSMISCHES!

Daß der biblische »Baum der Erkenntnis«, dessen Frucht

Eva dem Adam mit weitreichenden Folgen reicht, zum Symbol für den Sündenfall schlechthin wurde, an dem nach dem Willen der hierarchischen christlichen Kirche, die sich ab dem dritten Jahrhundert n. Chr. institutionalisierte, von nun an jeder geborene Säugling als Erbe seiner Vorfahren zu leiden hatte, spricht für sich selbst. Erkenntnis bzw. Erleuchtung, die zur Veränderung des Bewußtseins als Ausdruck des individuellen Egos und damit zu geistigem Wachstum führt, ist seit der Selbstvertreibung aus dem Paradies und dem Sturz in die Materie nur noch im Mysterium möglich, und nur NACH Erkenntnis des eigenen seelischen Potentials, dem »Erkenne Dich selbst« Delphis, wodurch »Seligkeit« in DIESEM Leben nicht nur möglich ist, sondern angestrebt werden, und keiner kirchlichen Hierarchie oder einem nebulösen »Jenseits« überlassen werden soll.

Am Anfang war das »Weibliche«., die »jungfräuliche Zeugungsfähigkeit«, die Parthenogenese der Ur-Mutter, auf die man noch bei der Überlieferung der Ur-Christen in der Befruchtung des »Sohnes« durch den als weiblich verstandenen »Heiligen Geist« stößt.[97] Ma.ria, »die vom Meere«, die sowohl befruchtet als auch gebiert, bestätigt sich auch in der körperlichen Entwicklung des Embryos. Bis zur fünften, sechsten Woche ist JEDER Embryo morphologisch weiblich, erst danach entwickelt sich das je nach Befruchtung bestimmte Geschlecht.

Nun (auch Nut oder Neit) ist das »Große Kreiswesen« der ägyptischen Ur-Schöpfung, zahlensymbolisch die stets mit der Großen Göttin verbundene Neunheit, das »Ur-Weibliche«, die »Schlange, die sich in den Schwanz beißt«, das »Chaos« bzw. dessen Gesetzmäßigkeit, die nur erfahrbar und symbolisierbar ist, aus dem in Verbindung mit der Erde (Geb) DURCH TEILUNG alles geboren wird und in das alles zurückkehrt. Sie (es) ist die »zentrale Achse des lunaren

Erscheinungshimmels«, die infolge der Verschmelzung von Himmel (siderischer Mondlauf) und Erde (synodischer Mondlauf) die Schöpfungskräfte gebiert, jeweils vier weibliche oder mütterliche und je vier väterliche oder männliche Gottwesen, die acht Trigramme im I-Ging, die »Vollendung im Kleinen«.

Diese acht Trigramme sind ur-bildlich auf die drei verschiedenen Aspekte des Mondwandels mit seinen zwei mal vier Bildern, zurückzuführen. In drei Stufen werden zwei widersprüchliche Einheiten (1 x 2 = 2), zwei widersprüchliche Zweiheiten (2 x 2 = 4) und zwei widersprüchliche Vierheiten (2 x 4 = 8) in jeweils der folgenden Stufe AUFGEHOBEN! Jedes Ergebnis bedeutet in sich einen Widerspruch. Die dritte Stufe stellt die voll entwickelte dar, die »Vollendung im Kleinen«, weil sie die beiden ersten in sich enthält. Daraus ergibt sich 2 x 2 x 2 = 8, die »Zahl der Verdoppelung«. Anders ausgedrückt: die »absolute Mitte« ist Ursprung UND Einheit der zwei Symbolformen, aus dem sie als Zweiheit hervorgehen, denn »diese (absolute Mitte) erzeugt die zwei Symbolformen (yin und yang, weiblich und männlich usw.) und die zwei Symbolformen (heller und dunkler Mond) erzeugen die vier Bilder«.[98] Die vier Bilder erzeugen im Drei-Schritt die acht Trigramme. Der göttliche Geist wurde stets als dreifältig verstanden, der sich siebenfältig manifestiert. Denn der achte Schritt ist bereits wieder der erste, nun aber auf einer höheren Schwingungsebene, was sich am leichtesten durch die Gesetzmäßigkeit der Oktave nachvollziehen läßt, bei der nach Durchschreitung von sieben Intervallen der achte Ton wieder den Grundton wiedergibt, nun aber auf einer höheren Schwingungsebene – die gleiche »Note«, ein neuer Klang!

Im chinesischen Mythos wird der »Ort des Kranichs«, eines Vogels, der im griechischen Mythos symbolisch mit der Erfindung der Buchstaben in Zusammenhang steht, mit dem »neunten Teich« angegeben, der »die Mitte« des durch die anderen »acht Teiche« gekennzeichneten Kreislaufes darstellt. Auf diese Symbolik, die der des ägyptischen Mythos entspricht, stößt man in den SCHÖPFUNGSMYTHEN (!) weltweit, was auf eine Erkenntnis hinweist, die wie die Große Pyramide von Gizeh VOR DEM ANFANG unserer bekannten Geschichte gewonnen wurde.

So ist die kretische Pasiphäe die »Allscheinende«, nach Pausanias ein Titel für den Mond, im alten China »das große Licht«, die lunare Achse, die in Vereinigung mit dem Minos, »Mondwesen« (Neumond/Sonne/Erde), vier Töchter und vier Söhne gebiert! Im Schöpfungsmythos der Kogi-Indianer, der den patriarchalen Mythos der Weltachse oder des Lebensbaumes noch nicht kennt, welcher die lunare Achse verdrängte, wird die »kosmische Achse« durch eine »kosmische Spindel« dargestellt, deren Schaft »neun Welten« in Form von neun »Scheiben« enthält, die zugleich Einheit wie Gesamtheit darstellen.[99] Die Spindel der uralten »griechischen« Moïren, die wie im Kogi-Kosmos später zur Potenz der Drei, auf die neun Musen erweitert wurden, ist deutlich erkennbar. Das »Männliche« hat in dieser Kosmologie ebenso seinen Platz wie das »Weibliche«. Die neun Scheiben werden von den Kogi als »weiblich«, der Schaft als »männlich« verstanden. Schaft und Scheiben, Achse und Kreisläufe sind EINES und zugleich ALLES.

In den meisten Sprachen erkennt man in den Wörtern für die n-lose N-acht, die Acht, die aus der Neunheit, der »Mutter« und N-acht, dem »Großen Kreiswesen«, geboren wird (N-acht, n-otte, n-uit usw.). Bereits die vorchristliche Vorstellungswelt bezog die Achtheit nur noch auf die göttlichen Vaterkräfte, Christus wurde im »Licht der Achtheit gesehen«. »Wen Christus wiedergebiert, der wird in die Achtheit versetzt«, schrieb Clemens v. Alexandrien 200 n. Chr.[100] Die beiden polaren Vierheiten bzw. die sieben »Initiationen« oder Intervalle, die aus der Neunheit, die zugleich die Einheit ist, hervorgingen, verlor bzw. siedelte man in einem Himmel als Engel an, der nicht mehr verständlich sein konnte.

Der Übergang von der lunaren zur solaren Kosmologie, die sich von der patriarchalen Symbolik des »Weltenbaumes« nicht trennen läßt, wird in der Mythe vom Brettspiel des ägyptischen Thoth gegen Isis beschrieben, bei dem Thoth Isis die fünf Tage »abgewinnt«, die nötig waren, um den Mondkalender an die Sonnenzeitrechnung anzugleichen. Thoth residierte in einer Stadt, die den Namen Schmun trug, das heißt Acht. Nachdem Hermes (Thoth) die Erde verlassen hatte, so überliefert ein trismegitischer – hermetischer – Text, gab es in Ägypten »eine als Tat (Thoth) bezeichnete Persönlichkeit oder mehrere ihresgleichen, die in die himmlischen Mysterien eingeweiht waren. Auf ihn (Hermes) folgte Tat (Thoth) und nicht lange darauf Asklepios-Imuth nach dem Willen des Ptah, der Hephaïstos ist, und alle anderen, die nach den Rätseln des Universums forschten.«[101] Hermes jedoch oder wie immer der Heros hieß hatte seine Weisheit und das Mysterium von der »Mutter« übernommen, von Athene oder wie immer SIE genannt wurde.

Die Acht, die im Zentrum aller Religionen steht, in deren Götterhimmel ein Sonnen-Lichtgott an der Spitze thront – Judentum, Christentum und Islam –, hatte sich endgültig aus der Ganzheit der Neunheit gelöst, der arische Vater-Sonnen-Gott endgültig über die Zentralgottheit Mond, die Mutter, triumphiert. Daß dem ein langer Kampf voranging, belegen Mythen und Überlieferungen. So schrieb Plutarch in »Über das E in Delphi«, daß der Verdrängung der Göttin »hitzige Streitgespräche weiser Männer voraus(gingen)«. Sie brachen mit allgemeingültigem Brauch und langer Tradition, »als sie die Sieben von ihrem

Ort der Ehre stürzten und Gott das Feuer als angemessener weihten«.[102] Die Sieben gilt traditionellerweise als Zeitzahl und bezieht sich auf den »Weg des Himmels«, den siderischen Mondlauf, auf den man von nun an verzichtete, weil Himmel und Erde voneinander getrennt worden waren und nur noch die von der Sonne beschienene Erde, die Materie, der Sonnengott im Zentrum stand.

Plutarch überlieferte auch, daß »die Göttin, welche die Erde beherrschte«, es nicht zuließ, »daß die der Feuchte widerstrebende Naturkraft gänzlich unterginge, sondern sie löste und entließ dieselbe, weil sie die MISCHUNG erhalten wollte. Die Welt konnte nicht vollständig sein, wenn die sengende Glut aufhörte und verschwand.« Wodurch der Umstand erklärt wird, weshalb Isis den Typhon, den »Gott« des Triebes und der Begierde, die feurige Ego-Sonnenkraft, welche die Achtzahl symbolisiert, nach gewonnenem Kampf schont.

Isis schonte Typhon, aber Typhon schonte Isis nicht.

Der griechische Zeus vermählt sich mit der Metis, die als die Personifizierung der Vernunft und Intelligenz aufgefaßt wurde, ein Attribut, das nach der Umkehrung nur noch dem Mann zukam. Zeus verschlingt (!) die Metis – die Sonne den Mond, während zuvor der Schwarzmond in der Konjunktion mit der Sonne verschmolz bzw. »verbrannte«, wie es im I-Ging heißt – angeblich weil er die Geburt eines Sohnes befürchtet, der mächtiger werden könnte als er selbst. Der Sohn ist eine Tochter, Athene, die »von keiner Mutter geborene«, die uralte libysche Neith, deren Name an den der ägyptischen Ur-Gottheit Nut, Nun oder Neit erinnert.

Im Namen der Metis ist die Wurzel ma:me enthalten, die Abkürzung des sumerischen Wortes für A.ma, »Mutter«, der lunare Zeitzyklus der Erde, die pelasgische Eurynome unter wieder anderem Namen, die mit Sophia gleichgesetzt wurde, der anderen Seite des gnostischen Schöpfergottes Jehova, aus dem Jesus wurde.[103]

Ein Schlüssel für die scheinbar irrationale, radikale Verdrängung eines der beiden Ur-Prinzipien und dessen »Materialisierung« Frau aus dem jüdisch-christlich-islamischen Kulturkreis, verbirgt sich im altindischen Sanskritwort »manas«, von der Wurzel ma-n, von dem sich das lateinische Wort humanus, das englische »man« und das deutsche »Mann«, sowie als Gipfelpunkt der Fort-Entwicklung von »Mutter« dessen Adjektivform »männisch« für »Mensch« (!) ableiten. Es bedeutet so viel wie »innerer Sinn, Geist, Seele, Verstand, Mut«, aber auch »Zorn«. Schon wieder! Adam baute auf seine physische Macht und seinen logischen Verstand und forderte Unterwerfung der Frau und der Natur. Seine erste »Frau« verließ ihn, weil sie sich weigerte, (ihm) zu »unterliegen«. Liliths Name, hebräisch lajil, bedeutet »Nacht«! Für diese Verweigerung bezahlte sie mit Dämonisierung. Als latente Ver-Führerin des Mannes wurde sie zur Hexe, ihre Fähigkeit zu gebären geriet ihr zum Nachteil, und schließlich wurde sie aus ihrem ureigenen Reich, dem Reich der Seele oder Psyche nicht nur verdrängt, sondern sogar zum seelenlosen Wesen verdammt.

Was für eine Umkehrung!

Die erste »Revolution«, welche die menschliche Evolution erst ermöglichte, bestand in der Abkehr des Weibchens vom tierischen Oestrus-Zyklus, die uns das, was wir Liebe nennen, schenkte. Dank der Synchronizität ihres Zyklus mit dem Mond-Zyklus erfand ihre Kultur die Sprache, ihre Erfindungsgabe erschuf die ersten Werkzeuge, die zu Sozialisierung und der Bildung verwandtschaftlicher Bande, dem Klanwesen, führten und letztendlich zum Ackerbau, der die Weiterentwicklung zu Kunst und Wissenschaft, Töpfern, Weben, Gesang, Tanz, Ritual und Religion, zur Astronomie, von Heilkunst und Technik ermöglichte und förderte.

Die »Revolution« des Mannes bescherte uns den Jäger,

Viehzucht, den Pflug, die Metallverarbeitung, Handel und Krieg, aber auch die dank seines einseitig auf die Ratio fixierten Forschungsdrangs kaum noch zu kontrollierende Technik unserer Zeit, die Zerstörung unserer natürlichen Umwelt und den Götzendienst des alles beherrschenden Gottes unserer Zeit, Mammon, in dessen Diensten jene »Priester« stehen, die bereit sind, der Welt aus profitablen Gründen den Todesstoß zu versetzen.

Das Weibchen wird stets dann aktiv, wenn die Art bedroht ist. Unsere Art IST bedroht. »Heiliger weiblicher Zorn« wäre angebracht.

Doch ist Zorn ein menschliches und kein göttliches Gebot. Frühere Kulturen waren fähig, Neid, Mißgunst und Eifersucht, die unser gegenwärtiges System so sehr fördert, auf einer höheren metaphysischen Ebene auszutragen. Durch ihre uns verlorengegangene, fest im Klan- oder Stammesverband verankerte Fähigkeit zum TEILEN konnten drohende Konfliktsituationen durch eine kollektive Bereitschaft zur Zusammenarbeit transformiert werden. Dieses Prinzip, auf das man bei sogenannten »primitiven« Völkern noch heute trifft, findet sich in dem buddhistischen Text Dhammapada, der als einer der am ethisch höchstentwickelten Texte der Welt begriffen wird. Zorn wird nicht durch Zorn versöhnt, Verletzung nicht durch Verletzung geheilt, Haß nicht durch Haß aus der Welt geschafft, Das einzige heilende – ganzmachende – Mittel ist – »Liebe« bzw. die Liebesweisheit, die Barmherzigkeit.

Ich saß auf einem der toten Hügel im Meer und dachte an Lysistrate. Unter mir wuchs unaufhaltsam das Dunkle empor.

*

Es liegt wohl in der Natur des auf das allesüberstrahlende Licht der ratio, der »göttlichen Vernunft« fixierten Menschen der westlichen Welt, hell mit gut und dunkel mit böse gleichzusetzen. Nach der Umkehrung und der damit verbundenen einseitigen Herauslösung eines der beiden in der geschaffenen Welt erkannten Ur-Prinzipien der Menschheit, wurde hell und männlich mit gut und dunkel und weiblich mit böse besetzt. Doch ist das Dunkle nur die andere Seite des Hellen und umkehrt, ohne Nacht gäbe es keinen Tag, ohne den Tod kein Leben, usw. – »Dämon est deus inversus«, der Teufel ist die Umkehrung Gottes! Nur wer von der Existenz eines göttlichen Wesens überzeugt ist, kann auch an den Teufel glauben, an die zwei verschiedenen Seiten eines einheitlichen Ganzen. Bedingt das Gute also das Böse und umgekehrt?

Hier im Angesicht rotverbrannter Hügel und gelbschwefeliger Senken fühlte ich mich der Hölle sehr nahe und vom Himmel unendlich weit entfernt. Und doch tragen wir beides, Himmel und Hölle, in uns selbst, und sie im Außen zu suchen bedeutet nur, daß wir unsere eigene seelische Unterwelt verleugnen, in der sich sowohl das Licht als auch die Schattenseite unserer Psyche verbirgt. Doch läßt sich das, was wir verleugnen und in den Winkeln und Falten unserer inneren seelischen Schluchten dem kritischen Blick unseres Bewußtseins scheinbar so erfolgreich verbergen, nicht einfach abschaffen, nur verdrängen, wodurch wir als Individuum und als Kollektiv-Kultur oder Volk zum Spielball unserer unbewußten »Schatten« werden.

Das Bild einer befreundeten Malerin fiel mir ein. Sie nannte es »Haßliebe«. Anfangs mochte ich es nicht. Die sich in Ekstase aneinander festsaugenden Münder, die Stirnen, die wie Flammen aufzucken, die dramatischen Farben rot und schwarz ängstigten mich. Bis ich erkannte, daß ich zu jener Zeit liebte UND haßte – den treffenden Zustand derartigen Zerrissenseins nennen wir Leiden-schaf(f)t. Ohne die Begegnung mit diesem Spiegel-Bild hätte ich mir, die doch glaubte zu lieben, die Wahrheit hassen zu können, nicht eingestehen können. Von dem Augenblick an, als ich es erkannte, war kein Haß mehr in mir.

Wie aber verhält es sich mit dem zerstörerischen Aspekt der Göttin? Rachegöttin in unserem Sinn war sie nicht. Die schrecklichen Erinnyen sind eine späte, griechische Entwicklung, die aus der Göttin unter ihrem Namen Demeter in der letzten Triade als Schlangengöttin und Herrscherin über das Jenseits, die »Unterwelt«, nicht nur des Nachthimmels, des Kosmos, sondern auch der inneren Unterwelt, der Psyche, hervorgingen. Die Kraft der Göttin, weder gut noch böse, transferiert nur Inneres nach außen, macht es bewußt, sicht- und fühlbar, falls es nicht gelingt diese Kraft schöpferisch kreativ und nicht zerstörerisch einzusetzen.

Als Kind sah ich einmal den Teufel. Rot und schwarz hockte er im Gebälk des Dachbodens, in den ich mich verbotenerweise geschlichen hatte. Ich glaube, er trug einen Hut wie Robin Hood. Ich sah ihn, weil ich ERWARTETE, ihn zu sehen – meine Augen nahmen ein Bild wahr, das meine Psyche als Ausdruck meines schlechten Gewissens geformt hatte.

Böse Gedanken erzeugen böse Taten. Ist es so einfach? Wer versucht, seine Gedanken zu kontrollieren, wird feststellen, daß an Gutes oder Positives zu denken, die schwierigere Aufgabe darstellt. Wie Vögel enteilen die Gedanken, einmal entflogen, kann man sie nicht mehr zurückholen. Nannte man die Erinnyen nicht auch »Vögel der Dunkelheit« und »verkörperte Flüche«?

IHR Prinzip war das Heilen, nicht das Strafen. So sind Frauen unter Waffen keine Lösung, weil sie doch nichts anderes wären als Männer in Röcken. Die einmalige Kraft der Frau, die sich der Mann im Ritual mühsam aneignen muß, liegt in ihrer Fähigkeit, Leben zu geben, und nicht nur physisches Leben. Rupenyu, »Leben«, die »weibliche Kraft«, und simba, »Stärke, Macht, Gewalt«, die »männliche« Kraft, sind die BEIDEN Prinzipien, die in der Kosmologie der Shona (Bantu) wie in der aller anderen »Naturvölker« zu den unerläßlichen Voraussetzungen zu herrschen, auch das eigene Leben zu be-herrschen, zählen.[104] Obwohl die äußere Welt von patriarchalen Gesetzmäßigkeiten geprägt wird, wird sie traditionellerweise unterschwellig von einem »weiblichen« Kosmos gelenkt, auch wenn die »Göttin« nun vermännlicht erscheint. Daß man etwa bei vielen Bantu-Kulturen in Zentral- und im südlichen Afrika auf einen mächtigen »Gott« mit Namen Mwari stößt, zeigt deutlich den Irrtum zwangsweiser Missionierung auf, und daß es die lohnendere Aufgabe wäre, nicht das Trennende, sondern das allen Religionen Gemeinsame in den Vordergrund unserer Betrachtung zu rücken. Denn Mwari weist zu viele augenfällige Züge zur baskischen Mari, zur kleinasiatischen Ay-Mari, zur ägyptischen Ta Mari und schließlich zur wenn auch verfremdeten Ma.ria auf, als daß es sich dabei um einen »Zufall« handeln könnte. Daß die ersten zwangsmissionierten »primitiven« Völker sowohl Amerikas als auch Afrikas keine sonderlichen Schwierigkeiten mit der Exoterik des Christentums hatten, ist wohl auf die Mutter Gottes, Ma.ria, zurückzuführen, die sich, wenn zwar nicht mehr offiziell, so doch unterschwellig immer noch hinter der christlichen Trinität und dem »Heiligen Geist« verbirgt.

Beide Prinzipien wurden durch das Ritual, dessen Höhepunkt die »Heilige Hochzeit« darstellte, gegenpolig ausbalanciert – danach erfolgt die geistige Wiedergeburt als Mann, der seiner »weiblichen« Hälfte begegnete, und als Frau, die mit ihrer »männlichen« Seite Bekanntschaft machte –, einst eine unerläßliche Voraussetzung, um »erwachsen« zu werden, der sich ALLE, Mädchen und junge Männer, bei Initiationsritualen unterziehen mußten. Erst die moderne Psychologie erkennt zunehmend wieder die Unerläßlichkeit dieses geistigen Balanceaktes, der im Mittelpunkt aller Mysterien und als Basis allen Religionen zugrunde lag – auch dem frühen Christentum.

Nicht Rache in Form physischer Gewaltanwendung, sondern die Wiederentdeckung seelischen Bewußtseins und dessen magischer Kraft, nicht Zorn, sondern Liebe, sollten die »Waffen« der modernen Frau sein, die ihr an die zweitausend Jahre lang unterdrücktes Selbstbewußtsein zusehends wiedergewinnt. Ein Prozeß, der ihrem einstigen »Zwilling«, dem Mann, der wieder mit seiner eigenen »Weiblichkeit« Bekanntschaft macht, nur zugute kommen kann – und damit uns allen.

Im Ritual, das dieser Notwendigkeit den äußeren und inneren Rahmen verlieh, vollzog der Mensch die in Natur und Kosmos erkannten Gesetzmäßigkeiten nach. Ritual war Kunst und Kunst war Ritual, erst der Handel mit der Kunst macht Kunst zur Ware. »Kunst ist Magie« (Ernst Fischer).

Drückt nicht der Maler noch heute in seinem Bild das aus, was aus unbekannten Tiefen oder Höhen empor- oder herabsteigt? Fliegen dem Komponisten nicht Töne wie aus »himmlischen Sphären« zu? Findet der Wissenschaftler nicht in einer einzigen »blitzartigen« Erkenntnis die Antwort auf eine Frage, die ihn jahrelang beschäftigte? Auch der Dichter staunt bisweilen selbst über eine Formulierung, die aus Bereichen zu stammen scheint, die weit über seine eigene begrenzte Persönlichkeit hinauszuführen scheint. »Wie wurde mir das kund?« fragt Yeats, »aus eines Mediums Mund. Aus nichts ward es Gestalt, aus einem Lehm im Wald, aus der Nacht, wo lagen von je die Kronen von Ninive.«[105]

Wir nennen derlei Inspiration – und wenn es sich auf

Zukünftiges bezieht – Vorahnung. Den »Alten« war das visionäre Hilfsmittel, die Trance, vertraut, und sie kannten das Mittel, auch das Mittel des Rausches durch Drogen oder etwa Bier wie bei den Dionysos-Riten oder/und afrikanischen Ritualen, das den Zustand der Überwachheit, die Trance, hervorruft. Wie die Mauern der Städte den Menschen ein- und damit von seiner natürlichen Umwelt ausschließen, führte der männliche Zorn, die Überbetonung des machtvollen Egos, dessen Ausdruck wir Bewußtsein nennen, zum Ausschluß der spirituellen Dimension, jener »verbindenden Natur, die das Einzigartige und das Universelle vereint«. Religion, einst ein Hilfsmittel zur Wiederverbindung des einzelnen mit dem universell Göttlichen, was das Wort, von re.ligare, »sich zurückbinden« bedeutet, wurde zusehends zum machtpolitischen Faktor. »Alle Religionen«, schrieb Prof. Kenelm Burridge 1969 in einer Arbeit, die Religion und religiöse Aktivitäten definierte, sind »mit der Wahrheit über die Macht beschäftigt«.[106] Diese »Wahrheit«, das Wissen um die Ausübung von Macht, ging aus dem Wissen um die Magie und ihre Kraft hervor, aus der Möglichkeit des Menschen mit Hilfe von in Symbolen bzw. Ritualen niedergelegten Gesetzmäßigkeiten in die Natur der Umwelt, der inneren und der äußeren, einzugreifen. Wer um die »inneren Bilder« der Menschen Bescheid weiß, um die »Archetypen«, die unbewußt in der Psyche ALLER Menschen widerschwingen, weil sie universeller Art sind, gleich welche Religion sich ihrer bedient, auch weil das zentrale Nervensystem, das als Art »Leinwand« für derartige Schwingungen gilt, bei allen Menschen, welcher Kultur oder Rasse auch immer, als Spiegel des Evolutionsstands der Menschen gleich entwickelt ist, besitzt die Möglichkeit zur Beeinflussung und Manipulation – die Macht.

Wie Lilith wurden Ritual und Mysterium in Übergangszeiten, die der ERNEUERUNG einer Religion jeweils vorausgingen, dämonisiert, und das Tor zur archetypischen Welt der Seele fest verschlossen. Die Seele aber läßt sich nicht ausschließen und fordert ihr Recht.

Da war diese Vollmondnacht gewesen, einer jener Nächte, in denen Wolkenfetzen wie Irrlichter am Himmel tanzen. Im blauwolkigen Licht badend, schaute ich und schaute und wurde vom Schauen nicht satt. Ich war wie verzaubert, und einen Herzschlag lang schien es mir, als ob ich den Mond über mir zu mir herabziehen könne. In mir begannen sich uralte Worte zu formulieren, aber derlei schreibt man nicht auf.

Was, fragt die Psychologin Esther Harding, bedeutet schon das Wissen um die physikalische Tatsache, daß Wasser Licht reflektiert, also glänzt, gegenüber den Empfindungen, die sich im Wasser spiegelndes Mondlicht, und NUR dieses, in uns auszulösen vermögen? Mit rational-logischen Grundsätzen haben sie nichts zu tun, und selbst wenn wir, die wir gerne alles genau »wissen« möchten, die Empfindungen mit Hilfe komplizierter Instrumente meßbar machten, verrät die aufgezeichnete Skala doch nichts über deren Art und Ursprung. Wir können nur die WIRKUNGEN messen, die wir dann zur »Wahrheit« machen, sie geben jedoch keinerlei Aufschluß über die URSACHE. Und doch liegen Ursache und Wirkung in einem Punkt. »Rein logisches Denken«, stellte Albert Einstein fest, »kann uns keinerlei Wissen über die empirische Welt vermitteln. Alles Wissen der Realität beginnt mit der Erfahrung und endet mit ihr. Behauptungen, die durch rein logische Mittel aufgestellt werden, entbehren jeglicher Realität.« Und doch lenken die Mächtigen unserer Tage die Welt immer noch beinahe ausschließlich nach solchen Kriterien.

Diesmal träumte ich nicht. Ich sah den Menschen als seines Bruders Bruder und seiner Schwester Schwester. Ich sah Gemeinschaft und nicht Unterdrückung, Liebe und nicht Leidenschaft, Frieden und nicht Krieg, Selbstbewußtsein und nicht Angst, seelisches Bewußtsein und nicht fanatische Religiosität, Wohlbefinden und nicht Saturiertheit, Verantwortung und nicht Macht, technische Hilfestellung und nicht technische Bedrohung. Ich sah das Paradies auf Erden, aus dem wir uns einst selbst vertrieben, erschaffen vom menschlichen Geist, von Menschen verwaltet und behütet und nicht regiert. Ich sah den Menschen endlich Mensch sein. Sah ich in die Vergangenheit oder sah ich in die Zukunft?

Geschichte ist wie eine kreisende Spirale, ein Muster dreht sich und kommt zurück. Es bleibt der älteren Version zwar nahe, aber es befindet sich darüber. Stellen die leidvollen Erfahrungen der Menschheit nur jeweils ein anderes »Muster«, einen anderen Zyklus dar, unter oder über dem sich andere prähistorische, historische oder zukünftige Muster lagern, wie sich unter einem russischen Püppchen immer ein anderes, kleineres verbirgt, das dem vorhergehenden, größeren genau gleicht? Können wir die zyklische Wiederkehr der Geschichte bzw. der Zeit akzeptieren, wie es alle vorwestlich-christlichen Kulturen taten, ergibt sich daraus der logische Schluß, daß wir in unsere Zukunft positiv verändernd eingreifen können. Kündigt sich im zunehmend geforderten »neuen Bewußtsein«, im Traum vom »neuen Menschen« bereits die nächste »Umkehrung«, ein neues »Muster« an?

Vor mir tanzte die vor Hitze flirrende Luft. Einen Augenblick lang glaubte ich wie Alice im Wunderland »hinter den Spiegel« sehen zu können, dahinter reiht sich Bild an Bild, immer weiter zurück – oder nach vorne? – bis zu jenem Punkt, der an die Unendlichkeit rührt, und ich verstand, daß dieser Punkt in uns selbst ruht.

*

IV Heilige Hochzeit

Das zweitgrößte Tabu der westlichen Welt neben dem Sexualtabu ist das Astrologie-Tabu. Tabu heißt so viel wie »verboten«, aber auch »heilig«. Vieles, das später vordergründig als verboten galt, wurde ursprünglich durch Verbote beschützt, um das damit verbundene Heilige nicht zu profanisieren. Jahrtausendelang profitierten die Menschen von dieser vermutlich ältesten »Wissenschaft« der Welt, die den Zusammenhang zwischen dem äußeren Kosmos (Astronomie) und dem inneren Kosmos (Psychologie) untersuchte und astronomische Gesetzmäßigkeiten allgemeingültig symbolisierte; diese mündeten in Zahl-Schriftzeichen (Mathematik). Aus dem wechselseitigen Bezug zwischen Kosmos, Natur und Mensch (Heilkunst, Medizin) entstand ein Konzept geistigen Wissens (Philosophie), das alles andere als »primitiv« war und ganz und gar nichts mit Wochenhoroskopen oder Zukunftsdeuterei zu tun hat. Im Vordergrund stand die Frage, wie das »Weltganze«, der Makro-Kosmos, auf das mikro-kosmische Weltgeschehen aus der Sicht des »Erdenwurms« Mensch einwirkt, hintergründig wurde Kultur, die wir Zivilisation nennen, als Illusion, und die einzige Wirklichkeit als das Bewußtsein erkannt, wobei dieses Höhere Bewußtsein nichts mit dem zu tun hat, was wir Bewußtsein nennen, weil es nur unsere dreidimensionale »Wirklichkeit« widerspiegelt. Dieses Höhere Bewußtsein verstand man als den abyss des Allwissens jenseits aller Dualität. Mit ihm setzten sich Schamanen oder Priester/innen jenseits der körperlichen Beschränkung unserer dreidimensionalen Welt in Verbindung; sie wußten um den richtigen Einsatz unseres Gehirns als selbsttätigen

Kontrollmechanismus, wie José Arguelles von den Maya berichtet. Wie Schamanen und Adepten der Mysterien hatten sie begriffen, daß der Weg zu den Sternen, zum Bewußt-Sein, durch die Sinne führt. Aus dieser allumfassenden Wirklichkeit der unendlichen Weiten des Geistes strömte das WORT, die Verkündigung, auf der alle Religionen basieren. Daß diese Gabe in den Ursprüngen eine natürliche und keine kulturell anerzogene war, belegt der »magnetische Sinn«, den die Menschen einst besaßen und auf den man nur noch bei Aborigines stößt, sowie die Bezeichnung der ersten Menschen als »Götter«.

Die Entdeckung des Egos in weiter Vorzeit bzw. die Konsequenzen, die daraus erwuchsen, stellt die eigentliche Vertreibung aus dem »Paradies« dar, einen »Fall« in die begrenzte Welt der Materie, der den Menschen, wie die Mythen berichten, sterblich machte.

Während die hebräischen Propheten, auf deren Überlieferung das Christentum basiert, einen Kosmos beschrieben, der nicht jenseits des Mondes reichte, berücksichtigten sumerische und ägyptische Priester/innen – »Könige« gab es noch nicht, sondern Menschen, die »mana« besaßen – die Himmelsläufe der sieben sichtbaren Sphären am Tierkreis entlang – Sonne, Mond, Merkur, Venus, Mars, Jupiter und Saturn, und bezogen die ERDE als lebenden Organismus in diese Kosmologie mit ein. Aus dieser Beobachtung waren mathematische Gesetzmäßigkeiten entstanden, auf die man auch verschlüsselt in den Büchern Mose stößt. So wies Joseph Campbell darauf hin, daß die Zeit, die vom Aufstieg der ersten Stadt Kish bis zur Flut, von der mesopotamische Mythen berichteten, mit 432 000 Jahren angegeben wurde. Das ist ein kosmischer Zyklus der Sumerer und der indischen heiligen Epen und Puranas, volkstümlichen Erzählungen alter Sagen. Das sogenannte Kali-Yuga beträgt dort 432 000 Jahre – sechzigmal in der Minute – 43 200 mal in 12 Stunden schlägt auch der Puls eines Sport treibenden Menschen bei guter körperlicher Verfassung! Leben und Herrschaft eines Indra sind mit dem göttlichen Maßstab von sieben Äonen angegeben, achtundzwanzig Indras ergeben einen Tag und eine Nacht Brahmas. Nach diesem Maß dauert Brahmas Leben 108 Jahre (108 x 4 = 432).[107] Die Zahl 108 erhält man auch, wenn man die »Christuszahl« 888 kabbalistisch, zahlenmystisch, aufschlüsselt – 3 x 1 + 2 + 3 + 4 + 5 + 6 + 7 + 8 = 108. Derartige und andere oft in Beschreibungen der lokalen Geschichte eines Volkes verschlüsselte Zahlen, die auch in das Alte und Neue Testament einflossen, finden sich immer wieder in der sumerisch-babylonisch MATHEMATISCHEN Kosmologie mit ihren immer wiederkehrenden Zyklen unpersönlicher Zeit.

Ein begrenzter äußerer Kosmos, wie er von den die alten Kulturen erobernden Völkern installiert wurde, spiegelt zwangsläufig einen begrenzten inneren Kosmos wider. »Gott ist eine unendliche Sphäre, deren Mittelpunkt überall, deren Umkreis nirgendwo ist«, heißt es in einem hermetischen Text, dem Liber XXIV philosophorum, dem »Buch der vierundzwanzig Meister«, während jedes »Gottesbild« stets das LOKALE Bild eines Gottes und nur »eines von vielen Tausenden, Millionen und vielleicht Milliarden ortsgebundener, nützlicher Symbolisierungen jenes unsichtbaren, mit dem Denken nicht zu fassenden Geheimnisses darstellt«. Sobald ein »Völkergedanke«, der einen »bewußt eingeengten und einengenden ethnozentrischen Horizont« aufweist, und wie im hebräischen Fall eine »eifersüchtige Stammesgottheit«, mit dem »Elementargedanken« verschmolzen wird, der die Basis aller Religionen bildet, wird »Gott«, der keine Transzendenz mehr durchscheinen läßt, vom SYMBOL seiner oder ihrer KRAFT zum Götzen und »seine Verehrung ist götzendienerisch«.[108]

Für die »Alten« war Gott, der »Große Geist«, weil grenzen- und zeitlos, auch namenlos und »gehörte« niemals nur einem bestimmten Volk, wodurch der Zwang zur gewaltsamen Missionierung anderer Völker erst gar nicht auftrat. Namen, d. h. Symbole, wurden nur den ÄUSSERUNGEN der Gottes-KRAFT gegeben und diese Namen variierten von Kultur zu Kultur.

Wir sind eine Art verkörperte Lochkarte und gehen mit ihren »Zahlwerten«, den Konstellationen zur Zeit der Geburt als Summe aller bereits gemachten Erfahrungen der Seele – des wahren »Ich bin«, durch das kosmische Dualsystem, eine Art BEWUSSTEM Welt-Computer –, so jedenfalls erklären die Numerologen den Bezug zwischen äußerem und innerem Kosmos, dem individuellen Bewußtsein, und raten, das Wort Zahl durch das Wort Energie zu ersetzen; denn »alles ist Zahl«, alles ist Energie und jegliche Materie stellt eine besondere Art von »Energiebündel« dar. Demnach ist jeder einzelne Mensch wie das Leben an und für sich ein einzigartiges Konglomerat von Energien und keines gleicht INNERLICH dem anderen, auch wenn uns die Umwelt in Form der Gene körperlicherseits durch unsere »Ahnen« gewisse gleiche äußere Züge gibt, die wir »Rasse« nennen. Unser Blut trägt in Form der DNA, des genetischen Codes, unseren jeweiligen einzigartigen genetischen Ausdruck; unser seelischer Abdruck, der nach Überzeugung der Alten unser äußeres Sein formt, spiegelt sich in der Psyche wider, die sich aus Bewußtem UND Unbewußtem zusammensetzt (anima und animus) – weshalb etwa die Chinesen sagen, jeder Mensch habe mit Fünfzig das Gesicht, das er verdient; die Kraft der Seele wohnt im Blut, so waren und sind die Aborigines überzeugt. Das alles sind Erkenntnisse, denen sich die moderne Forschung, die ein rein mechanisches Weltbild zunehmend überwindet, mit Riesenschritten wieder annähert. So ortet eine Theorie der Gehirnforschung heute den Sitz der Gefühlsquelle im ältesten Teil unseres heute dreiteiligen Gehirns, dem »Reptiliengehirn«, der Zirbeldrüse, einem »verkümmerten« Organ, mit dem sich frühe Säugetiere an Lichtimpulsen orientieren konnten. Es ist das geheimnisvolle »dritte Auge« der Mythen. Allem Anschein nach STEUERT es unsere Gefühle, etwa wenn wir verliebt sind und uns im »siebenten Himmel« befinden! Es schüttet bestimmte Hormone und Enzyme aus, die dieses Gefühle materialisieren, aber WOHER die Ursache, der Anstoß dazu kommt, und wie wir darauf innerhalb einer schier unendlicher Bandbreite je nach individueller Anlage reagieren, ist ungeklärt. Für die Alten strömten diese Wirkungen aus der Psyche. »Psyche« bedeutet im Griechischen »Schmetterling«, von »psychein« – atmen und schlagen; der Schmetterling ist ein uraltes Symbol für Transformation, und die Psyche ist die Seele, ein Spiegel des Kosmos (Plato), der – wie wir heute wieder wissen – vieldimensional ist. Nur die Seele oder Psyche vermag die Beschränkungen unserer dreidimensionalen Welt zu verlassen, in der uns unser Wach-Bewußtsein gefangenhält.

Weder der Kosmos, noch unser Planet, die Erde, noch das Leben auf ihr und auch nicht der Mensch sind »Maschinen«, worauf man uns zunehmend reduziert hatte. Das künstliche Supergehirn, der Super-Computer, dem diese Art von rein technisierter und mechanisierter Forschung ein Bewußtsein zumessen möchte, vermag letztendlich nur »bewußt« zu kreieren, was ihm als Informationsträger, als Matrix, ursprünglich von Menschen eingegeben wurde. Doch sind die Informationen, über die der Mensch verfügt, ihrem Wesen nach begrenzt, WEIL sie von Menschen kommen, die sich inmitten und beileibe noch lange nicht am Ende ihrer Evolution befinden, wie das noch »ausbaufähige« zentrale Nervensystem belegt. Sie mögen im günstigsten Fall zwar das gesamte bisherige Ergebnis des RATIONA-

LEN Denkvermögens der Menschheit speichern und auf Abruf handeln, kombinieren und »denken« – das künstliche Gehirn wird dennoch nicht die unserem Denken zugrundeliegende Antriebskraft, die diese Art von Wissenschaft negiert, berücksichtigen können, und nur diese Ganzheit kann man wohl als Bewußtsein bezeichnen. Das Gefühl, das in einer Art »Hexenküche« gekocht wird, die wir Psyche nennen, ist der Ausdruck unserer individuellen Menschlichkeit und nicht unsere technische Fertigkeit. Computer und Maschinen kann man abschalten, »töten«. Ist man sich der EINZIGARTIGKEIT jedes Lebewesens bewußt, jedes Menschen, welcher Rasse oder Kultur oder Religion auch immer, und seiner oder ihrer NÖTIGEN Wechselwirkung als in der kosmischen Einheit eingebettetes Individuum, so läßt sich das willkürliche Töten eines anderen Lebewesens nicht oder nur in wenigen Ausnahmefällen rechtfertigen. Das Töten im Namen eines Gottes oder im Namen von Rasse, Religion oder Habgier, gehört mit Sicherheit nicht dazu. Das derlei als »Wort Gottes« im Alten Testament niedergeschrieben wurde, belegt den folgenschweren Irrtum.

Erinnerten mich die schlummernden Kräfte, die Energien der Erde unter mir, nicht an die »plutonische« Kraft jenes Ortes damals?

Seit Mitte der Achtzigerjahre nähert sich die Umlaufbahn des bislang bekannten äußersten Planeten unseres Sonnensystems, Plutos, der beinahe 250 Jahre für seine Umlaufbahn um die Sonne im Zentrum benötigt, der Erde. Der erste Planet jenseits der Erde vom Sonnen-Mittelpunkt aus gesehen, Merkur, schafft das in nur 88 Jahren. Bis um das Jahr 2000 bleibt Pluto in erdnächster Position. Seinem langfristigen energetischen Einwirken wird ein vermutlich schmerzvoller Bruch mit Vergangenem, mit allen zur weiteren Entwicklung nicht mehr zielführenden Verhaltensmustern vorausgesagt, der die Durchsetzung neuer Werte ermöglichen soll. Wie radikal das erfolgt, heißt es, liegt an jedem einzelnen von uns selbst. Je nachdem wie wir bereit sind, unsere »innere Arbeit zu tun«, wie es C. G. Jung ausdrückte.

Der Vulkan ließ mich nicht los. Nicht nur weil er auf der Insel allgegenwärtig ist und weil mein Blick, sobald ich mein Zimmer verließ, auf ihn fallen mußte, sondern weil er ein Teil von mir geworden war. Die Zeichnung der achtjährigen Tochter einer Freundin fiel mir ein, die sie mir zu meinem Geburtstag geschenkt hatte. Sie malte einen ausbrechenden Vulkan, einen spitzen, grünen Kegel, aus dem rote Flammen züngeln, einen vollen, gelben Mond mit schwarzen Strahlen (!) auf dunkelblauem Hintergrund, und drei »minoische« Frauen (!), die (Opfer-)Kännchen zum Vulkan trugen. Der starke Symbolgehalt der kindlichen Zeichnung hatte mich überrascht, betroffen machte er mich erst jetzt. Selbst wenn sie der Symbolik in einem Bildband über Kreta begegnet sein mochte, weshalb hatte sie mir dieses Bild gemalt, mit dessen Symbolik ich nun, zwei Jahre später, konfrontiert werden sollte?

Ich wohnte am Ortsrand von Thera in einer kleinen Pension. Wie ein weißes Schwalbennest hängt das zweigeschossige, schmalbrüstige Gebäude, ein Kubus mit Säulen, Freitreppen, runden Mauerbögen, Flachdach und vielen Durchblicken auf Meer, Himmel und Vulkan, über dem Kraterrand, so als wäre es ein Teil vom Ganzen und nicht Zugabe. Santorinis Inselarchitektur ist mit Recht weltberühmt. Selten verschmelzen menschliches Bauwerk und Landschaft zu solcher Harmonie.

Ich genoß es, an den schwarzen, flachen Stränden im Süden der Insel zu baden und ließ mich vom Touristenstrom durch Theras malerische, verwinkelte Gäßchen an den Souvenirläden und den Tavernen vorübertreiben. Ich suchte die Einsamkeit alter, verfallener Höfe, und beobachtete Nonnen auf dem Dach eines Klosters beim Wäscheaufhängen – was für ein graziler Tanz großer, flatternder Vögel inmitten weiß schwebender Tücher unter einem blendendblauen Himmelsbogen. Ich eroberte das malerische Oia zur Mittagszeit über die steile Treppe vom Meer her kommend, auf der die Begegnung mit den zur Eile angetriebenen Touristen-Trageseln zum Alptraum wird, und saß viele Stunden lang am äußersten Punkt der Insel, um die in das je nach Tageszeit nebelig-schwadige oder gleißende, aber immer rauchblaue Kraterbecken einfahrenden Yachten und Fährschiffe zu beobachten. Eines der Touristenboote brachte mich zu den heißen Vulkanquellen, wo ich, während ich mich im schwefelhaltigen, warmen Meerwasser treiben ließ, an Atlantis' heiße Quellen dachte.

Abends aß ich zumeist in einer kleinen Taverne etwas abseits, in der Mario, einer der flinksten Kellner, denen ich je begegnete, bediente. Mein Interesse für den jungen Mann, dessen Flinkheit sich zuweilen in grotesken Bocksprüngen von Tisch zu Tisch ausdrückte, trug mir seine Telefonnummer ein (die ich gar nicht wollte), und die Erkenntnis, daß Mario, wie mir der Name hätte verraten sollen, nicht Grieche, sondern Italiener war.

Ich schloß flüchtige Freundschaften, die ein Tischgespräch nicht überdauerten, und unterhielt mich mit zwei jungen Mädchen aus Südafrika, deren Begeisterung über den ersten Europa-Trip mich rührte und versöhnlich stimmte, und so vermied ich ein Abgleiten des Gespräches in die politische Realität dieses Landes, in dem ich zwei Jahre lang gelebt hatte, was der Entwicklung meines politischen Bewußtseins zuträglich gewesen war. Wie hätte ich damals ahnen können, daß mich »Fortuna« nach Afrika senden würde, und daß ich das Ende der Apartheidperiode (April 1994) in Südafrika selbst erleben sollte?

An einem dieser warmen, bunten Abende lernte ich

Gyory, einen ungarischen Maler kennen, den Santorinis dramatische Schönheit nicht losließ. Seine schwarzen Augen drückten eine wie mir schien professionelle Trauer aus, die in aufreizendem Widerspruch zum einladenden Lächeln stand. Ich kannte diesen Ausdruck und dieses Lächeln. Mein Versuch, beides zu erforschen und miteinander in Einklang zu bringen, hatte mir eine kurze, aber heftige Beziehung zu einem anderen Maler eingebracht, die in Gedichtform überlebt hatte.

Wir tranken den Inselwein mit dem Etikett der boxenden Kinder von Akrotiri, diskutierten über einen Film, den ich nicht gesehen hatte, und über seine Bilder, die ich nicht kannte, vermieden jegliche Anspielung auf unser Privatleben, rückten einander näher, liebten uns am Strand und verließen uns. Odysseus auf der Durchreise. Trotz genossener Lust blieb in mir ein bitterer Geschmack zurück.

Ich bin zwölf Jahre alt. Zwischen meinen Beinen tropft Blut in die Muschel. Ein unbekanntes, schmerzhaftes Ziehen im Bauch quält mich. Mutter steht in der Tür. »Kind, was ist?« Ich schäme mich. Sie lacht und sagt: »So ist das mit uns Frauen.« Ich aber denke, daß ich nicht Frau sein mag. Frausein macht Angst – und es tut weh.

Zum Unterschied zu der Zwölfjährigen bin ich gerne Frau, auch wenn der Schmerz blieb. Wie Pilze nach einem Sommerregen schießen die Theorien über das Mit- oder Gegeneinander der Geschlechter aus dem verkümmerten Beziehungsboden. Die Erklärung für die unsichtbare Wand, die Frau und Mann voneinander, abgesehen von der Umarmung, zu trennen scheint, liegt auf der Hand. Die wieder selbstbewußte Frau, die in dieser männlich dominierten Gesellschaft eine mitprägende Rolle spielen möchte, kann ihr Frausein nicht in der ursprünglichen instinktiven und seelischen Weise leben. Anpassung an die von männlichen Gesetzen regierte Welt führt in seelisches

Chaos, und mündet in die Bestseller-Formulierung, Frauen würden »zu sehr lieben«. Als ob man je zu viel lieben könnte! Was ist erschreckender: die Fähigkeit der Frau zu lieben oder die Unfähigkeit des Mannes geliebt zu werden und selbst lieben zu können? Liebe bedeutet Selbst-, Ich-Aufgabe. Adam ist die ureigene Beziehung zum »weiblichen« Prinzip verlorengegangen, denn auch seine seelische Welt wird, wie C. G. Jung wieder deutlich machte, von »weiblichen« Gesetzen regiert. Der Schmerz des derart halbierten Mannes ist um nichts geringer als der, den Frauen seit vielen Jahrhunderten erfuhren.

»Das Ewig-Weibliche zieht uns hinan«, drückte es Goethe aus, der wie jeder wahre Dichter oder Künstler um die Unsterblichkeit seiner eigenen »Weiblichkeit« im Gegensatz zu seiner physischen Sterblichkeit Bescheid wußte, wie auch um sein eigenes »Schattenreich«. In einem dichterischen Geniestreich läßt er als »Schatten« des Prototypus eines »Kulturmenschen«, dessen Einseitigkeit und Unfähigkeit zu lieben ihn lebensmüde macht, Fausts verdrängte, eigene, andere Seite, Mephistopheles auftreten. Der »Teufelspakt« macht BEIDE wieder heil – ganz.

Um Ausgleichung der Gegensätze zwischen »Bewußtsein«, Ego, Faust, und der Schattenseite der Psyche, dem »Unbewußten«, Mephistopheles, bemüht, »beschwört« der Dichter auch Helena aus dem Totenreich. Es ist das »Reich der Mütter«, der weibliche Ur-Grund der Seele, die Helena (Mond) verkörpert: Werden und Vergehen, Leben und Sterben, Tod und Wiedergeburt.

Ich stand auf dem Dach meiner Pension. Es war Nacht und ein unwirklich großer Vollmond hing etwas schief am Himmel. Kein Lufthauch regte sich. Auf meiner Haut konnte ich die »schwarzen« Mondstrahlen fühlen. Ich spürte das Leben in mir und dachte an den Tod.

Tod bedingt Leben, lehren Kosmos und Natur. Das

Samenkorn stirbt, um Leben zu geben und die Pflanze schenkt neuen Samen – ein ewiger Kreislauf ohne Anfang und Ende. Die Suche des Menschen nach Vollkommenheit ist wohl eine Art Todessehnsucht, denn nur der Tod vermag unser Ego auszulöschen, die Quelle unserer Kraft, aber auch unserer Verwirrung, solange das ICH nicht das DU inkludiert, solange die Zweiheit unserer zerrissenen Wesen nicht zur ursprünglichen Einheit zurückfindet. Das Mittel dazu ist die »Heilige Hochzeit«, die »Liebe«, die immerwährende nötige Balance zwischen Schatten, dem Unbewußten, und Licht, dem Bewußten, das aus ersterem geboren wird; alles weist darauf hin, daß aus dieser im Verlauf des Zivilisationsprozesses erkannten Notwendigkeit die Religion geboren worden war!

Tod und Liebe stehen miteinander in geheimnisvoller Verbindung. Um Leben zu geben muß der männliche Samen sterben, die Vulva blutet und heilt wieder wie der Mond als Neumond stirbt und wiedergeboren wird. In ihrem Blut trägt die Vulva der Erdmutter den spirituellen KEIM, ohne den es keinen Samen geben wurde, der sich in zwei verschiedene Richtungen verwirklichen kann. DAS ist das Mysterium der »weiblichen« Schöpfung, bevor es sich durch eine Kultur von Schmieden und Männerbünden in die männliche Zeugung verwandelte.

*

Die Mythen berichten von einem »verkrüppelten Riesen« am Anfang der europäischen Kultur, der das Ego über die Seele stellte, wodurch er seine eigene »weibliche« Seite verdrängte und – verkrüppelt wurde. Der verkrüppelte Riese, der stets als »Schmied« beschrieben ist, geht auf den »verletzten Heiler« zurück, auf den »sterbenden« Schamanen, eine Symbolik, die sich noch im christlichen Mythos vom Opfer des Gottes-Sohnes widerspiegelt. Die Christus durch den Speer zugefügte Wunde, die ihn nicht tötet, ist laut Thompson Ausdruck des uralten Symbols für Wiederauferstehung und Wiederkehr. Der »Mann mit der Vulva« ist kein gewöhnlicher Mann, sondern einer, der die »dualistische Natur der Sexualität, Leben und Tod, transzendiert«.[109] Dabei handelt es sich um eine uralte esoterische Symbolik, welche die östliche Philosophie als »Umdrehen der Energie« kennt.

Der Ort des Lanzenstiches ist der Ort des dritten von insgesamt sieben Haupt-Chakren oder »Rädern«, unsichtbaren, weil feinstofflichen, »Organen«, welche die Materie über den »Geistkörper«, den astralen oder mentalen Körper, der den physischen Körper des Menschen begleitet, aufbaut – die alten Ägypter nannten ihn Ka. In Ka verdichtet sich Ba, die animierende Lebenskraft der natürlichen Welt, die aus der rein geistigen Kraft des Universums fließt (Akh). Das mehrschichtige Ka begleitet den physischen Körper (Akh), solange er von Ba belebt wird, als »Schatten«, weshalb »Hexen« angeblich keinen Schatten werfen!, Ka gilt auch als »Zwilling« des Körpers, und hierin liegt der esoterische Ursprung des Zwillings-Heroentums! Ka, der »Schatten« oder »Geistkörper«, wandelt, verdichtet die Energie des Ba in eine entsprechende Körperform um.

Dieser mehrschichtige geistige Körper gilt als die feinstoffliche Verkörperung der Seele, die sich im Körper als Ausdruck der »Evolution« dieser Seele, aller ihrer bereits durchlebten Bewußseinszustände der Psyche, verdichtet – Materie ist die verdichtetste Form von Energie. Das dritte Chakra ist der Sitz der Egokraft. Die Durchbohrung des dritten Chakras, der Seite Jesus, auch als »Entsexualisierung« des Gottes-Sohnes verstanden, ist die Wunde des »verletzten Heilers«, des Heilands, und bedeutet nach esoterischer Tradition, »daß die ganze Bosheit und Aggression, die im dritten Chakra, in der Ego-Kraft, bereitliegt, nicht nach außen gebracht wird, um die Welt zu bessern, sondern nach innen, auf sich selbst gerichtet wird«. Das spiegelt sich in der christlichen Botschaft in den Worten Christi wider: »nicht um dem Bruder den Splitter aus dem Auge zu ziehen, sondern um sich selbst den Balken aus dem eigenen zu entfernen« (Matthäus 7,35).[110]

Auch Odysseus besitzt eine Hüftwunde, die Ursache seines überlieferten Hinkens! Der Heros kann seiner »Geliebten«, im Fall Odysseus Nausikaa, im Fall Dantes Beatrice usw., dem Himmel (anima), erst begegnen, nachdem er durch die Hölle gegangen ist – eine unglückliche, weil rein negative Wertung für die eigene seelische Unterwelt, in der zwar Drachen und Ungeheuer lauern, die bekämpft werden, d. h. bewußt gemacht werden müssen, in der auch gestorben werden muß, aber nur, um danach neu geboren bewußter leben zu können. Daß der körperlich mißverstandenen Opferung das Verständnis dieser spirituellen Praktik vorausging und daß es nicht umgekehrt war, beweist eindeutig das Zeugnis schamanistischer Rituale eiszeitlicher Felszeichnungen und solcher der San im südlichen Afrika. Auffälligerweise hatten traditionelle San, die ob Männer oder Frauen »natürliche Schamanen« waren (und sind), weder Herrscher noch Priester, noch folgten sie in ihrer bekannten Geschichte jemals einem »Führer« in einen Angriffskrieg!

Als diese Art von »Entmännlichung«, die sich ursprünglich auf den Ego-Tod und die darauf folgende Wiedergeburt aus dem Geiste bezog, nicht mehr symbolisch, sondern wörtlich genommen wurde, verstand man sie als körperliche Entmännlichung des Heros, wie es etwa von den »rasenden« Priestern der Aphrodite von Ephesus bekannt ist, die sich in Trance freiwillig selbst kastrierten, um der

Göttin dienen zu können. Daß derartig »halbierte« Männer nicht im Sinne der alten Kulturen waren, belegen die mit den Jahreszeitenfesten der Erdmutter einhergehenden orgiastischen Riten.

Die sexuelle Aktivität des Menschen war am Fruchtbarkeitsprozeß der Natur beteiligt, weil die Sexualität, die Fruchtbarkeit, der Tod und die Wiedergeburt, eine Einheit bildeten. So wurde etwa die künstliche Befruchtung von Obstbäumen, die fälschlich den Hebräern und Arabern zugeschrieben wurde, jedoch im Gesetzbuch des babylonischen Hammurabi bereits enthalten war, nicht als gärtnerischer Kunstgriff verstanden, sondern stellte ein vorbereitendes Ritual im Zusammenhang mit den Zyklen der Fruchtbarkeit der Erde dar, einen energetischen Anstoß zur Fruchtbarkeit der Pflanzen, und wurde bei einer bestimmten Konjunktion von Mond und Sonne vorgenommen.[111]

Weil lokale mythische Bilder, die in die heiligen Schriften einflossen, nicht als Metaphern, sondern als Wahrheiten aufgefaßt wurden, begannen die Anhänger der sich widersprechenden metaphorischen Darstellungsweisen wüste Kriege gegeneinander zu führen. Joseph Campbell verweist auf entsprechende Beispiele in der Bibel.[112]

Auf die Frage, ob er an Gott glaube, pflegte C. G. Jung zu sagen, »Ich glaube nicht, ich weiß«. Wer weiß braucht nicht zu glauben. Das Mißverständnis eines »Glaubens«, der sich für den »rechten« hielt, universell gültige Metaphern anderer Religionen als Hinweise auf nackte Tatsachen zu interpretieren, führte zu einem jahrtausendelangen blutigen Kampf zwischen verschiedenen Kulturen und zu jener von Christus selbst abgelehnten Zwangsmissionierung ganzer Völker. Weil jede Religion jedoch auf archetypischen, seelischen Grundpfeilern ruht, spielen sich Annahme und Widerstand auf einer Ebene ab, der man sich nicht nur mit rationaler Erklärung nähern kann. Die lange Beratung »weiser Männer«, die der Durchsetzung des väterlichen Sonnen-Gottesprinzips entgegen uralter Überzeugung vorausging, ist noch nicht beendet, und führt unterschwellig, weil verdrängt, an die dreitausend Jahre später immer noch zu blutigen Konflikten. Allem Anschein nach wurden wir zum hilflosen Spielball der von uns selbst erschaffenen Symbole, deren Kraft wir zumeist nicht mehr kennen.

Die Ursache liegt darin, daß Metaphern falsch verstanden, und Bezeichnung und Bedeutung, Verkünder und Botschaft miteinander verwechselt wurden. Denn die Sprachen alter Kulturen, denen diese Überlieferungen zugrunde liegen, waren anders komponiert als wir sie heute verstehen. Wie Harold Bayley aufmerksam macht, war jedes Wort ursprünglich ein Gedicht, das eine hervortretende Metapher oder eine erleuchtete Konzeption ausdrückte. Auch ließ man einst Ereignisse nicht bloß geschehen, sondern bereitete sie vor. Rituelle Handlungen halfen das Denken und Wünschen zu sammeln, so daß sie als reale Kräfte wirken können, »die etwa die Frucht, Wolken und Regen beeinflussen«. Aufgrund unseres vorwiegend rational orientierten Denkens können wir die Dinge und Tatsachen nicht sehen, wie sie sind, sondern nur »als Reflexe und Bestätigungen von Urteilen, die wir VORHER im Geist gefällt haben«. Das VOR-Denken, ohne das es kein Wachstum gäbe, strömt aus anderen, intuitiven Bereichen als das Nachdenken. Hätten wir von allem Anfang an derart eingeschränkt gedacht, wir wären wohl, als sich das Klima veränderte und mehr und mehr Savannen entstanden, auf den Bäumen hocken geblieben, um über den Untergang unserer Welt nachzugrübeln, solange bis wir gemeinsam mit dieser Welt verschwunden wären.

Erstarrt eine Kultur in der Tradition, die Ausdruck ihrer jeweiligen Zeit als Spiegelbild ihres Bewußtseinszustandes ist, und erfolgt keine freiwillige Höherentwicklung mehr, muß es nach dem Gesetz der unerläßlichen Wechselwirkung zur zwangsweisen Auflösung kommen. So wurde etwa bei den Kelten die Eiche anstelle der Vision, die sie als Symbol ursprünglich brachte, zum Allerheiligsten. »Dadurch verliert die Vision ihr erleuchtetes Leben im schwingenden Reich der Dichtung und verwandelt sich in Stein. Die druidischen Riten sind der Beweis dafür, was geschieht, wenn wir dichterisch absterben und zu Opfern unserer eigenen Symbole werden.«[113] Offensichtlich befinden wir uns heute in einem ähnlichen Prozeß wie damals, als das dadurch geschwächte Heidentum vom Christentum überwältigt wurde.

Der hebräische Prophet Mose verbietet den Tanz um das »Goldene Kalb«, das vielleicht wirklich veräußert und vergoldet das lunare Prinzip der »Heiligen Hochzeit« ad absurdum führte. Ursprünglich handelte es sich dabei wohl um einen Trance- oder Labyrinth-Tanz, denn des »goldene Kalb« ist ein Symbol für Neumond/Sonne im Zentrum des Labyrinths, das die verschlungenen Wege der Seele versinnbildlichte. Was bedeutet, daß durch derartige Verbote dem Menschen die Möglichkeit zur individuellen Vereinigung mit Gott, das Erlebnis der Erleuchtung und geistigen Wachstums durch Bewußtseinsveränderung, die Reise in die Unterwelt der eigenen Psyche genommen wurde, die bis dahin im Mittelpunkt der Initiationsriten gestanden war. Derartiges wurde zum ausschließlichen Privileg der Priester und der Herrschenden, die sich nach wie vor der von ihnen nach außen hin verteufelten oder dämonisierten »Magie« bedienten. »Der die Operationen durchführt, besitzt die Macht«, schrieb Abra-Melin in seinem Buch zur »Heiligen Magie«, die von Abraham dem Juden und dessen Sohn Lamech weitergegeben worden waren und in dem sich die Empfehlung findet, die magischen »Operation(en)« niemals einem »Monarchen« zu übergeben, »weil Salomon der erste war, der sie mißbrauchte«.[114]

Der körperlichen Vereinigung zwischen der Priesterin, welche die Göttin symbolisierte, und dem Hohepriester, die »Heilige Hochzeit«, die vor der Religionsreform, nachdem orgiastische Riten dem »gemeinen Volk« verboten worden waren, auch vom jüdischen Hohepriester stellvertretend für das Kollektiv vollzogen wurde, folgte unweigerlich der »Tod« des Heroen, sein Ego-Opfer, das Opfer seiner »Männlichkeit«, wonach er erst herrschen durfte. Die Verdrängung der Göttin der »Unterwelt«, welche die Priesterin symbolisierte, deren INNERE Begegnung im Mysterium den jeweiligen Bewußtseinszustand des Initianten enthüllte, führte dazu, daß auch die herrschenden Priester bewußtseinsmäßig auf der Stelle zu treten begannen. Vielleicht liegt hierin ein Grund für die radikale Verdrängung alles Weiblichen, die sich auch an der Entwicklung der hellenischen Statuen ablesen läßt; der weibliche Körper wird zusehends vermännlicht, die Schultern werden breiter, die Hüften schmäler, die Brüste kleiner. Hermaphroditos, Aphrodites Sohn, der vom zweigeschlechtlichen Kind Eros zum körperlich mißverstandenen Zwischenwesen Mann-Frau wurde, einem Jüngling mit weiblichen Brüsten und langem Haar, spiegelt diesen inneren Verdrängungsprozeß deutlich wider, der sich veräußerlichte und kristallisierte.

Der babylonische Mythos »Enki und die Weltordnung« verweist in wesentlich frühere Zeiten. In ihm versucht sich der phallusbewußt gewordene »Gott« selbst zu befruchten. Logischerweise erkrankt er bei der folgenden Schwangerschaft. Ninhursag, die »Mutter«, erbarmt sich seiner, wie sich die ägyptische Isis des Typhon erbarmte; die eine schont ihn nach gewonnenem Kampf, die andere bringt den Gott in ihrer Vagina unter, wo ER acht Götter gebären kann.

Der sumerische Enki-Mythos ist geradezu eine Ode an den Phallus, der EINE Seite dieser Ur-Kraft versinnbildlichte, und der schließlich über die mütterliche Vagina als MATRIX triumphierte; Enkis Denken war zum Allgemeingut geworden. »Enki machte viel besser was Aufgabe der Frauen ist«, stellt der Gott siegessicher fest. Hätte er die Fähigkeit zum Gebären von den Frauen übernehmen können, er hätte es getan, und sie vermutlich am liebsten abgeschafft. Daß die Frauen bis zu seinem Machtantritt ihre »Aufgaben« hervorragend gelöst hatten, wurde nachhaltig aus dem Gedächtnis der Menschen gestrichen. Weil man ihrer aber nach wie vor bedurfte, mußte ihre Stärke, die auch in der Sexualität und deren Kraft liegt, dämonisiert und »unrein«, zur »Hure« Babylon werden; das Wort huri bedeutet schlicht »Frau«. Dem verteufelten Babylon verdankten die bis zu ihrem Eintritt in die Geschichte bedeutungslosen Halbnomaden, aus denen das hebräische Volk hervorging, ihr Wissen; die Genesis entstand in Babylon und die fünf Bücher Mose, wie die fünf Schöpfungstafeln der Babylonier, die wiederum älteres Wissen von den Sumerern übernommen hatten, wurden der jüdischen Überlieferung nach auf der Orakelinsel Pharos im Nil-Delta übersetzt.[115] Auch die ägyptische Hochkultur wurde dämonisiert, obwohl oder vielleicht weil deren esoterisches Weisheitsgut gleicherweise übernommen worden war.

Im Dienst der Göttin waren ursprünglich junge Frauen gestanden, die Hierodulen oder »heiligen Prostituierten«, wie wir sie nennen. Deren Körper war »freundlich gegen seine Gäste«, während der Geliebte als »Gast der Seele« verstanden wurde, wie es von jenen Priesterinnen überliefert ist, die ursprünglich vorwiegend Frauen »königlichen« Geblüts waren. Dabei handelt es sich bereits um eine Erscheinung der zunehmend patriarchalisierten Welt. Bei den vorgriechischen Kretern deutet nichts darauf hin, auch war Prostitution bei »primitiven« Völkern, die ein natürliches Verhältnis zur Sexualität besaßen, unbekannt. Daß ihre Missionierung stets zu Prostitution und dem gleichfalls bis zu ihrer »Bekehrung« unbekannten Alkoholismus führte, sollte mehr als nur zu denken geben. Von den archaischen Kriegern, den Mykenern, hingegen ist bekannt, daß sie die Frauen des eroberten Troja verschleppten und leiblich und seelisch versklavten. Daß die »Seherin« Kassandra von Troja zur »Hure« Agamemnons degradiert wurde, spricht für sich selbst. Prostitution entwickelte sich proportional zur Unterdrückung der Sexualität und vermehrten Keuschheitsgeboten, die in die Regelung der ehelichen Sexualität einflossen, und sie ist eine »väterliche« Erfindung – die Mütter kannten sie nicht. Die Regelung des Zusammenlebens der Geschlechter jeder Kultur spiegelt jeweils die sozialökonomische Gegenwart eines Volkes wider, sie ist nicht »gottgewollt«, sondern kulturell und lokal bestimmt. Als Einehe floß sie gemeinsam mit den diese NEUE Art des Zusammenlebens zwischen Frau und Mann regulierenden Verhaltensmaßregeln der Sexualität in die »heiligen« Schriften ein, die zum, eroberten Völkern zwangsweise aufgedrängten, WORT, zum Gesetz, wurden.

Im prähellenischen Griechenland vollzog jedes junge Mädchen nach der ersten Blutung die »Heilige Hochzeit« mit dem Mann, der es erwählte. Dieser einmalige, freiwillige und symbolische Opferdienst für die Göttin erfuhr später im durch den Herrscher erzwungenen »Recht der ersten Nacht« seine Umkehrung. Die Früchte solcher Verbindungen, die Kinder, wuchsen, wie man von Kreta her weiß, gemeinsam mit den Frauen auf, bis sie das Alter zur Einweihung in die für Jungen und Mädchen getrennten Mysterien erreichten. Auf diesen Brauch stößt man noch heute im traditionellen Afrika, in dem die für die jeweiligen Initiationsriten eigens angefertigten zeremoniellen Rundhütten seit jeher die Rückkehr in den Mutterschoß und die Auflösung in ihm, in der »Vulva« und ihrer »Leere«, symbolisieren, den vorgeburtlichen Zustand, aus dem nur Neugeburt möglich ist – das Ergebnis der Initiation. Auch im traditionellen Afrika gab und gibt es wie in jeder Kultur Tabus, welche die Sexualität der Menschen regelten. Vorehelicher Verkehr etwa war erlaubt, doch sollte eine Schwangerschaft vermieden werden – Verhütung und Vorkehrung und auch die »Einweihung« in die Möglichkeiten, körperliche Freuden zu schenken, waren natürlicher Bestandteil der Initiationsriten, die dadurch die jungen Menschen sowohl spirituell als auch körperlich auf das Erwachsensein vorbereiteten. So ist etwa die im Tantra-Yoga praktizierte Verzögerung des Samenergusses eine von den Zulu (Bantu) praktizierte Liebes-Kunst, von der viele der zivilisierten und orgasmuslosen Frauen Europas viele Jahrhundertelang nur träumen konnten. All dieser esoterischen und praktischen Ausbildung durch die Initiations-Schulen hatte das Afrika und andere Länder der »dritten Welt« erobernde westliche, christliche System nichts gleichwertiges entgegenzusetzen. Je stärker sich »christliche Werte« in Afrika durchsetzten, desto zügiger entwickelte sich auch in Afrika die Prostitution, die nach Beendigung des »kalten Krieges« und nach beinahe zweitausend Jahren nun auch in den Ländern des Fernen Ostens ein nie zuvor gekanntes Ausmaß erreicht. Die indische Sozialwissenschaftlerin Jyoti Sanghera brachte die erschreckenden Auswüchse dieser Entwicklung, die auch vor Kinder-Prostitution nicht Halt macht, auf den Punkt, indem sie feststellte, die eigentliche Ursache »sei eine große Krise in der westlichen Gesellschaft«.[116] Ersetzt man das Wort »westlich« durch den Begriff patriarchal/materialistisch, zwei Begriffe, die einander sichtlich nicht trennen lassen, schließt man die lust- und Mammon-freundlichen »Sextouristen« aus arabischen und anderen Ländern mit ein.

Die Wurzeln dieser »Krise« reichen weit zurück und lassen sich von den Ursprüngen und der »Entweiblichung«

der europäischen Kultur nicht trennen. Einer der vielen archetypischen Prototypen, die am Anfang unserer Entwicklung standen, ist Odysseus, der »Städtezerstörer«.

*

Eine Erinnerung an die Kraft, die man einst der Vereinigung durch die »Heilige Hochzeit« auch körperlicherseits zumaß, findet sich in Indien im Tantra-Yoga. Von den meisten Indern wird die sexuelle Vereinigung mit der Frau nicht für »unrein« gehalten, wie es das Christentum viele Jahrhunderte lang lehrte, sondern stellt im Gegenteil eine Art Opferritus dar. Die Frau, ob Ehefrau oder nicht, wird dabei als Symbol der Göttlichen Mutter empfunden. Was man im Westen als Obszönität sehen wollte, doch worin gerade die Ursache für die Auswüchse der zunehmenden Gleichsetzung asiatischer Länder mit einer Art globalem »Freudenhaus« liegt, ist Symbolismus. »Wer als Mensch des Ostens eine religiöse Handlung durchführt, die Sex impliziert, ist dem gewöhnlichen Bewußtsein enthoben«, schrieb Sir John Woodruffe in »Shakti und Shakta«.

Der Yogi kann durch den geistigen Verschmelzungsakt in sich selbst die Kundalini-Kraft hervorrufen, wie das auch bei der orgiastisch-körperlichen Vereinigung zwischen Mann und Frau allerdings UNBEWUSST geschieht, jenen Zustand, der mit dem Aufrichten einer am Ende der Wirbelsäule »schlafenden«, zweiköpfigen Schlange verglichen wird. !Kung-Buschmänner der Kalahari erzählten dem Anthropologen Richard Katz, daß im Ritual »num« eine Art »ursprünglicher Lebensenergie« erweckt würde, die im Bauch beginnt und, wenn sie »kocht«, die Basis des Kopfes erreicht (das »dritte Auge«), in dem sie explodiert und »kia« (Ekstase) schenkt, weshalb der »Schamane« »verschiedene Dinge« tun könne, zu denen er nicht fähig ist, wenn »num« nur klein ist und nicht »kocht«. Das menschliche Gehirn projiziert in einem derartigen Zustand, der einen außergewöhnlichen und erweiterten Bewußtseins-Zustand darstellt, »wie immer auch des Gehirns Beziehung zu Geist und Seele ist«, »visionäre Erfahrungen« auf die »Leinwand« des menschlichen Nervensystems. Diese »Bilder« gingen durch die Geschichte hindurch in »sozialen Strukturen« und »Rollen« und in »Glaubenssystem« auf, an die sie »angepaßt und manipuliert« wurden.[117]

Sexualität, so wußten die alten Kulturen, kann bewußt erlebt werden und ein religiöser Akt sein, nicht bloße körperliche Befriedigung, die den Menschen letzten Endes auf eine niedrigere Stufe als es seiner Entwicklung entspricht, zurückreiht – denn Pferd und Kuh und Esel tun's auch. Aufgabe der Priesterin war es, die Göttin in ihrer lebensspendenden Wirkung zu unterstützen. Die Vereinigung wurde von der Priesterin mit jedem »Anbeter« oder Initianten vollzogen, der die Verbindung zur Göttin suchte. Das geschah entweder symbolisch mit einem Bild des Phallus wie bei Osiris in Ägypten oder körperlich mit dem Priester oder Fremden, der das Heiligtum der Göttin am Morgen danach verlassen haben mußte. Die »Bezahlung« erfolgte in Form von Opfergaben. Doch symbolisierte die Priesterin nicht nur den hellen, sondern auch den »dunklen« Aspekt der Göttin, die »Unterwelt«, den Abstieg in die Psyche, den Tod.

»Und bist Du daheim erst«, verabschiedet sich Nausikaa von Odysseus, »denke dann meiner, mir als der ersten (!) schuldest Du Dank für die Lebensrettung!«

»Wenn wir in kia eintreten, fürchten wir den Tod. Wir fürchten, wir mögen sterben und nicht zurückkehren«, erzählten die !Kung-San.[117]

Weshalb, fragte ich mich, spricht Nausikaa diese eher

pathetischen – überlieferten? – Worte? Weil sie den Odysseus fand und in den Palast brachte? Die Phäaken galten als friedliebend und fremdenfreundlich. Als Schiffbrüchiger hätte Odysseus um sein Leben nicht fürchten müssen. Allerdings war er ein FREMDER, und die überlieferte Narbe an seiner Hüfte und sein Hinken, das er mit mehreren Heroen, auch den »Schmieden« der Mythen, die das Erbe der Schamanen als Magoi angetreten hatten, verweisen auf den traditionellen Tod des Heros durch den Eber, der nur durch die Hochzeit mit der Priesterin herrschen und nur durch seinen Tod Unsterblichkeit erlangen kann, die Odysseus sucht – und dann zurückweist.

Im chinesischen Mythos symbolisiert der Eber den aufsteigenden Mond, »je fünf Eber und fünf Keiler«, die dem zu- und dem abnehmenden Mond entsprechen, die fünfmal, an fünf Tagen des Monats erscheinen. Steigt der Mond, die Göttin, die anima-Seite der Psyche auf, »stirbt« die Sonne, die Odysseus als Heros symbolisiert, stirbt das (Wach-)Bewußtsein, der Ausdruck des Egos. NUR durch diesen »Tod« ist Ekstase, Erleuchtung, »Über-Bewußtsein«, die Verbindung mit dem noch ungeformten göttlichen Geist, der göttliche IDEE, möglich! Diesem Tod muß jedoch die »Heilige Hochzeit« zwischen hell und dunkel, männlich und weiblich, die Ganz-, Heilwerdung der Psyche vorausgehen. Das Ego seiner Schüler zu töten, ist in Afrika noch heute die oberste Aufgabe des traditionellen Bantu-Priesters![118]

Die Erfahrung des eigenen Todes ist eine Erfahrung des Schamanen auf seiner Reise in die »Unterwelt«, in der »Ungeheuer« lauern, die »Drachen«, die er bekämpfen muß, weil sie die eigenen verdrängten, unterschwellig das Bewußtsein dirigierenden Emotionen und Triebe darstellen, die es zu läutern gilt. Der Tod wird oft als ein »Zerreißen« des Leibes beschrieben, der danach wieder neu zusammengesetzt wird. Die ägyptische Isis »zerstückelt« ihren Sohn-Geliebten Osiris in 13 Glieder und setzt ihn danach wieder zusammen, wobei ein »Glied« fehlt – der Phallus, das Symbol des »männlichen« Ego-Bewußtseins. Später nimmt ihr Seth, der Zwillingsbruder des Osiris, diese Aufgabe ab. Seth »zerriß« das »Auge« in »64 Teile«, die Thoth, ursprünglich das lunare Prinzip, wieder zusammensetzte, überliefert der ägyptische Mythos.[119]

In alten Mythen verkörpert der durch diesen »Tod« unsterblich gewordene Heros den »Versteckten«, den Transzendenten, jeweils den Dreizehnten, die Sonne, die mehr ist als der Zentralstern unseres Systems, eine Art »Übersonne«, auch »Übermond«, wie die esoterische Überlieferung das »galaktische Herz« (Maya) nennt.

Der vorchristliche König Arthur oder Artus versammelt zwölf Ritter an seiner Tafelrunde.

Zwölf Ratgeber besitzt der Phäaken-König Alkinoos, Odysseus bricht mit zwölf Gefährten zu seiner Irrfahrt auf. Auch der nordische Held Thorkill reist mit zwölf Gefährten in das Totenland Utgard, in das Reich der Hyperboreer! Sein Name erinnert an Thor, dessen mythologische Spuren in die Wüste Gobi verweisen, sowie an den ägyptischen Thoth, der bereits ein »Gott« der Eroberer Ägyptens ist und ursprünglich ein lunares Symbol war. Auch der keltische Eichenkönig versammelt an seiner Tafelrunde zwölf Genossen, und zwölf Apostel nehmen beim letzten Abendmahl Jesus teil. Stets sind es die 12 synodischen Monde plus dem allerheiligsten, »verborgenen«, dreizehnten Siderischen Mond. Wie sehr diese Gesetzmäßigkeit unterschwellig noch heute unseren Handlungen zugrunde liegt, geht daraus hervor, daß auch im modernen westlichen Rechtssystem immer noch 12 Geschworene oder Schöffen gemeinsam mit einem Richter, dem »Dreizehnten«, Recht sprechen. Wo immer man auf diese esoterische Symbolik stößt, kann man mit gutem Grund annehmen, daß sie einer einst lunaren Kosmologie entsprang, die noch um die unerläßliche Wechselwirkung zwischen Sonne – rationalem Bewußtsein – und Mond – Unbewußtem – wußte, die weit in die Tiefen der Zeit und lange vor die geschichtlich angesetzte Geburt des »Christentums« oder auch des »Keltentums« zurückweist. Noch früher, vor dem »Fall«, der Trennung von Himmel und Erde, ließen sich Bewußtsein und Psyche, in ihrer scheinbaren Polarität kosmischerseits in einem Vorbild, dem Mondlauf und -Wandel, vereint, nicht voneinander trennen.

Seths Zerstückelung des »Auges« (Osiris) in 64 Teile symbolisiert den Übergang zur solaren Kosmologie. Denn wie Frank Fiedeler aufmerksam machte, wurde die solare Kosmologie mit Hilfe der sogenannten »Meton-Periode« institutionalisiert, die nur durch eine Verdoppelung der ursprünglichen acht Trigramme möglich war, welche zu den 64 Hexagrammen des I-Ging führte.

Der kosmische Zyklus der Meton-Periode, die einem Griechen, Meton, zugeschrieben und nach ihm benannt wurde, ist ein neunzehnjähriger Zyklus, in dem »die beiden gegenständlichen, polaren, zwei mal vier Mond-Bilder – die acht Trigramme – die Vielfalt der Erscheinungskonstellationen von Sonne, Mond und Sternen in EINEM kosmischen Ordnungsmuster kombinieren«.[120] Sie vereint den »Weg des Himmels«, den siderischen Mondlauf mit seinen 13 Monden, und den »Weg der Erde«, den synodischen Mondlauf mit 12 Monaten. Die Meton-Periode ist jedoch ein »kosmisches Ordnungsmuster«, das bereits den alten vorgriechischen Kulturen bekannt war, wie nicht nur die Mythen belegen. Eine chinesische Grabkeramik, die auf 2500 v. Chr. datiert ist, gibt ihn wieder.[121] Auch die neunzehn »ehelichen« Kinder des trojanischen Priamos beziehen sich auf diese Ordnung und der griechische Mythos von Apoll. In diesem

Zeit-Raum überschneiden einander die beiden kosmischen Zyklen. Die zwei einander entgegengesetzten Ströme der Zeit, lunar und solar, feiern miteinander Hochzeit.

Die Verdopplung der acht Trigramme zu den 64 Hexagrammen war nur durch die Trennung in Schattengeist und Lichtgeist möglich gewesen. Nach deren Umkehrung und der Herauslösung der Sonne aus dem gesamt-kosmischen Prinzip ist keine »Heilige Hochzeit« mehr möglich, auch ist der Blick auf den Himmel und seine Gesetzmäßigkeiten versperrt, der zuvor direkt und konkret erfahrbar war. Das blendende Sonnenlicht verdunkelt die sichtbaren Gesetzmäßigkeiten des Nachthimmels – das Symbol der Blendung in den Mythen, die von nun an mit Erleuchtung einhergeht! Von nun an sind alle »Seher« blind oder werden wie Ödipus, der die »Mutter«, die Nacht, das Gesetz, nicht mehr erkennt, geblendet! Durchbohrt nicht Odysseus das »eine Auge« eines Kyklopen, das dieser mitten auf der Stirn trägt? Im chinesischen Mythos ist die Blendung mit »ein Brandzeichen auf der Stirn tragen« umschrieben.[122] Derartige Brandzeichen, die die ERBLINDUNG des »dritten Auges« symbolisieren, sind von den mythischen Schmieden überliefert, den Halbgöttern der ägyptischen Tradition, die wohl diese Reform durchführten. Auch im König-Artus-Mythos stößt man auf die Blendung eines Giganten durch Arthur (die Sonne). Die Lanze, das Schwert usw., mit dem diese Helden das »dritte Auge« stets von Angehörigen einer älteren und sterbenden Kultur durchbohren, symbolisiert die »göttliche Vernunft« der Sonnen-Heroen, die von nun an Erleuchtung unmöglich macht und dadurch zur EIGENEN Erblindung führt, was darauf hindeutet, daß der Seelenreisende Odysseus die Gabe, mit dem »dritten Auge« sehen zu können, selbst nicht mehr besaß, weshalb er sich anderer Mittel bedienen mußte. Er muß die Götter überlisten und seine »Schläue« wurde sprichwörtlich. Von nun an steigt der Heros nicht mehr wie vor ihm alle Heroen und Heroinnen selbst in die Unterwelt hinab, sondern veranlaßt die Seelen durch ein am Eingang des Hades dargebrachtes Opfer zu ihm heraufzusteigen! Odysseus verbindet sich nicht mehr mit den »Göttern«, er BESCHWÖRT sie, d. h. er bedient sich der Hohen Magie der Sakralkönige!

Auffälligerweise verabschiedet sich Nausikaa von Odysseus nach der ERSTEN Nacht im Palast, obwohl er noch bleibt. Aus den in Akrotiri ausgegrabenen theraischen Häusern geht hervor, daß sich Heiligtümer oder Schreine auch in »Privathäusern« befanden, Tempel gab es erst in griechisch-klassischer Zeit. Auch wird Nausikaas bevorstehende »Hochzeit« erwähnt.

Die selbstbewußte Tochter der Phäaken war mit Sicherheit kein schüchternes, junges Mädchen, das die Verehelichung mit ihrem »Märchenprinzen«, dem alternden Odysseus herbeisehnte. Dazu machten sie erst spätere Mythographen und deren Interpretatoren, auch wurde die »romantische Liebe« in Europa erst während des zwölften Jahrhunderts erfunden. Verliebt war Nausikaa also wohl nicht, und wohl auch kaum Odysseus. War sie eine Adorantin, deren »Opfer« an die Göttin, ihre »Hochzeit«, bevorstand?

In einem der in Akrotiri freigelegten Häuser gibt es einen Raum, dessen Fresken auf einen Initiationsritus junger Mädchen in Verbindung mit Vegetation und damit verbundenem Opfer hindeuten. Stufen im Erdgeschoß führen in den »Schoß der Erde«, in die »Unterwelt« hinab. Die Fresken zeigen drei (!) junge Frauen, die von eventuellen Zusehern im oberhalb liegenden Nebenraum, der ausreichend Platz für eine größere Menge bot, sichtbar gewesen sein müssen, während sich ein an der Ostwand befindlicher Altar mit Kulthörnern nur der die Treppe hinabsteigenden Person darbot. Der Altar ist mit Lilienblüten verziert, was auf Frühlingsblumen hindeutet, auch auf »Isis«, die »weiße Lilie« oder den »weißen Lotus«. Das Symbol des Osiris, die rote Rose oder Lilienblüte, eine Symbolik, auf die man auch in Salomons Gesängen stößt, findet sich hier offensichtlich noch als Symbol der eigenen anderen Seite der Göttin, denn von den Kulthörnern am Altar oder Schrein, einem Doppelhorn, tropfen rotgemalte Flecken wie Bluttropfen. Auch in den Salomonischen Gesängen heißt es: »Ich bin eine Rose in Saron und eine Lilie im Tal«, und »mein Freund ist weiß und rot und kenntlich unter vielen Tausenden«. Der Freund war eine Freundin, die »Weisheit« oder Liebes-Weisheit, die »Braut« Solomons, Sophia oder Metis oder wie immer SIE bzw. diese Kraft hieß, der »Christusgeist«, erhöhtes, göttliches Bewußtsein, den reinen Geist symbolisierend, der keine Trennung kennt, sondern sich wie der Mond in zwei Richtungen, hell und dunkel, verwirklicht, als Leben oder »Liebe« (rot) und als Tod/Wiedergeburt (schwarz/weiß). Nichts deutet hier auf grausame Opferhandlungen hin. Im anschließenden Raum befindet sich eine Art Nische, die ein Depot für Opfergaben darstellen könnte. Welcher Art diese Opfergaben gewesen waren, deutet der nackte »rote« Jüngling mit den Fischbündeln an. Seine auffallend rote Farbe könnte sich auf die rituelle Verwendung von rotem Eisenocker beziehen. Adoranten waren stets nackt, weil Kleidung die »Musik des Körpers« abwürgt (Aborigines); auch bei Abbildungen aus dem alten Ägypten stößt man auf diese rituelle Nacktheit. Es waren wohl auch die »ersten Früchte« der Natur, die dargebracht wurden, ein Brauch wie es ihn noch heute in Afrika bei den Zulu gibt, dem »Fest der ersten Früchte« am 21. Dezember (!), das ein Fest der Wiedergeburt des Königs ist.[123]

Eines der drei Mädchen, das mittlere, das wohl die Göttin als voll erblühte Frau darstellt, ist verletzt, aus einer Wunde am Fuß tropft Blut. Der verletzte Heiler war noch eine verletzte Heilerin und das Blut der erblühten Frau bezieht sich auf ihr »Mondblut«. Um das Mädchen herum wachsen Frühlingsblumen – in diesem Gegensatz von Blumen und Blut drückt sich der Gegensatz von Tod und Wiedergeburt aus. (Dr. Nanno Marinatos). Im Zimmer oberhalb des Allerheiligsten, genau über der Abbildung des verletzten jungen Mädchens darunter, sitzt die Göttin auf ihrem Hochsitz inmitten einer üppigen Vegetation. War DAS Nausikaas Welt, und Odysseus ein Bewerber um die Hand der Königstochter und Erbin? Auch seine Teilnahme an sportlichen Wettkämpfen, welche die Phäaken ihm zu Ehren veranstalten, läßt diesen Schluß zu. Dem Sieger winkte in dieser Übergangsphase nicht nur die »Heilige Hochzeit«, sondern auch die ursprünglich zeitlich begrenzte Herrschaft über das Reich der Erbin, in dem der Held in dieser Welt noch blieb. Die Abenteuer des Odysseus verweisen eindeutig auf Initiationsaufgaben oder »Heiratsaufgaben«, auch handelt es sich bei mythischen Gestalten zumeist um die Verschmelzung der Abenteuer mehrerer Helden, oft auch nur um symbolische Figuren, denn der Mythos gibt niemals eine lineare Entwicklung, sondern Zeit im Raffer wider.

Kalypso soll Odysseus drei Söhne geboren haben, schon die Dreizahl ist auffällig. Ihre Namen waren Nausinoos, Latinus und Nausithoos (!). Drei weitere Söhne werden seiner Verbindung mit Kirke zugeschrieben. Einen Sohn namens Latinus, den Vorfahren der »Lateiner«, hatte nicht überraschend auch Herakles. In jedem Fall sind die Namen Nausinoos und Nausithoos im Zusammenhang mit Nausikaas Namen auffällig, sowie die jeweilige Triade der Söhne des Heros, ob nun des Odysseus oder des Herakles. Sowohl Kalypso als auch Kirke gelten als »Todesgöttinnen«, woraus sich kein Widerspruch ergibt, wenn man Nausikaa als Priesterin der Großen Göttin versteht.

Wenn solche Überlegungen auch den Anhängern der

zarten Liebesbeziehung zwischen der jungen Nausikaa und dem alten Odysseus nicht gefallen mögen, steht doch eines fest: Hätte Nausikaa Odysseus gewollt, sie hätte sich genommen, was sie wollte und Odysseus würde wohl nicht abgelehnt haben. Voreheliche Keuschheit ist eine spätere und väterliche Erfindung.

*

Auf die unzweifelhafte Dominanz des weiblichen Elements, das bereits in Kreta für Überraschungen sorgte, wird auch bei den Zeugnissen von Akrotiri zumeist nur beiläufig eingegangen. Unsere am Krieg erkrankte Welt könnte Nachhilfeunterricht durch eine Gesellschaftsform, die Wohlstand mit Kultur, aber nicht mit kriegerischen Eroberungen zu verbinden wußte, dringend gebrauchen. Akrotiri ist die Bestätigung für das »minoische« Kreta, die Mutter, nicht der Vater, unserer Zivilisation, und seine Häuser, Straßen, Plätze und Wandgemälde geben Auskunft darüber, wenn man sie mit unvoreingenommenen Augen betrachtet.

Von einem Balkon eines der Häuser von Akriotiri aus beobachtet eine sichtlich hochrangige Frau, worauf die Kulthörner vor ihr hindeuten, eine »Flottenparade« vor der Stadt. Die Schiffsflotte auf dem Fries wird zumeist als Darstellung der Rückkehr einer Kriegsflotte bezeichnet. Im Gegensatz dazu interpretiert ihn die Tochter seines Entdeckers, Dr. Nanno Marinatos, als Darstellung eines religiösen Seefestes in Erinnerung an einen Sieg über feindliche Eroberer.

Wo kann dieser Sieg stattgefunden haben? In Libyen, wie manche annehmen? Trifft diese Annahme zu, worauf die Darstellung dunkelhäutiger und negroider Menschen hinweist, deutet die enge Verbindung der »minoischen« Kultur mit Nordafrika eher auf ein Bündnis als auf eine Gegnerschaft.

Frauen nehmen in dem Akrotiri-Fries unübersehbar eine bevorzugte Stellung ein, obwohl auch ein Priester abgebildet zu sein scheint, ein »Minos« oder »Mondwesen«. Männer und Frauen sind im Volk anwesend, dessen Kleidung die Zusammensetzung der Bevölkerung dokumentiert. Von Sklaven fehlt weit und breit jede Spur. Eine Gruppe junger nackter Männer, Adoranten, führt ein Opfertier mit sich.

Was im Mysterium der Göttin geschah, deren Höhepunkt die »Heilige Hochzeit« war, überlieferte der hellenische Dichter Apuleius, der zwar nicht schildern durfte, WAS er erlebte, aber WIE er es empfand. »Ich ging bis zur Grenzscheide von Leben und Tod, betrat die ... Schwelle, und nachdem ich durch alle Elemente gefahren, kehrte ich wieder zurück. Zur Zeit der tiefsten Mitternacht sah ich die Sonne in ihrem hellsten Licht ... Ich schaute die unteren und die oberen Götter von Angesicht zu Angesicht ... Nun hast Du alles gehört. Aber auch verstanden?« Apuleius war in die Isismysterien (Eleusinischen Mysterien) zu Cenchrea bei Korinth eingeweiht worden.[124] Weihgaben mit der Aufschrift »Der Eileithyia«, die auf Delos dem Apoll zur Geburt verhalf, fanden sich in der kretischen Kultgrotte in Amnissos, die seit der Steinzeit besiedelt war. Ihr Name ist ein nichtgriechischer, »minoischer«, von dem sich nach Nilsson der Name »eleusis« ableitet. Neben der Schlange war der Mond ihr wichtigstes Attribut. In Lerna, an der Küste des Golfes von Argos, später das Zentrum der archaisch-mykenischen Kultur (heute der Golf von Nauplion), befand sich gleichfalls ein derartiges Heiligtum mit der Schlange, der Hydra. In der 10. Nemeischen Ode Pindars ist zu lesen: »Schön ist ihr Thron – Argos. Heras herrliche Stätte besingt mir.«[125] Daß dieses Heiligtum von Kreta bzw. der »ägäischen« Kultur begründet wurde, deutet auch das

»Haus der Dachziegel« in Lerna an, das mit gebrannten Ziegeln verkleidet war wie sie von Kreta her ab/um 4000 v. Chr. bekannt sind. Auch Tonsiegel verweisen zur »Mutterinsel«, wie die Griechen Kreta noch heute nennen.

Offensichtlich verbindet sich in dem Fries von Akrotiri die Erinnerung an ein reales Ereignis, die erfolgreiche Verteidigung gegen fremde Eroberer, mit einem kosmisch-irdischem Ereignis wie es der Frühlingsbeginn darstellt, der »Sieg« des Frühlings über den Winter, der rituell nachvollzogen wurde. In seiner Gesamtheit gesehen, strahlt der Fries keine Gewalttätigkeit und keinen »Triumph« aus, und man fragt sich, was spätere Sieger aus einer erfolgreichen Seeschlacht gemacht hätten. Die gesamte Bevölkerung, die ganze Stadt, ja die Natur selbst scheint sich für ein großes Fest geschmückt zu haben.

Die Kleidung der Theraerinnen ist auf allen Fresken farbenprächtig und kostbar. Die Frauen tragen kunstvolle Frisuren, Ohrgehänge stellen die Mondsichel dar, Halsbänder sind mit kleinen Enten und Libellen verziert und verweisen auf die dominierende Rolle der Natur. Alles in allem spiegeln die Abbildungen eine hochentwickelte Kultur wider, die der Ägyptens in keiner Weise nachstand, eine Kultur, die nichts mit der auf Blut und Feuer konzentrierten Sonnenideologie der »Schmiede« zu tun zu haben schien, die in der Mythologie von Kulturbringern zu vielgehaßten Kulturzerstörern geworden waren.

Einige der in Akrotiri freigelegten Gebäude hatten offenbar vorwiegend religiöse Bestimmungen, wenngleich die Bevölkerung am Kultgeschehen in Form von »Erscheinungsfenstern« auf öffentlichen Plätzen immer mit eingebunden gewesen zu sein scheint. Es hat den Eindruck, als dominierte die Gemeinschaft das tägliche Leben, worauf »Gemeinschaftsküchen« und »Kommunalbauten« hinweisen, bei denen sich weder Einzelhäuser noch individuelle

Wohneinheiten feststellen lassen. Was sich auf dem Rest der durch die Explosion pulverierten Insel noch befand, läßt sich heute nicht einmal mehr erahnen. War das die Welt Nausikaas? War Thera, wie immer es früher hieß, eine kretische Kolonie?

Kreta stand mit Euböa, wohin Phäaken den kretischen König Rhadamanthys brachten, mit dem Bosporus, der schiffbaren Verbindung zwischen Europa und Asien, Völkern am schwarzen Meer und in Syrien und mit Ägypten in Handels- und wohl auch religiöser Verbindung, denn beides ließ sich einst nicht voneinander trennen. Erst seit der als Heldentat gefeierten Durchschlagung des »Gordischen« Knotens durch den Makedonier Alexander, den man seiner Eroberungszüge wegen den »Großen« nannte, wurde militärische Macht höher bewertet als religiöse Gelehrsamkeit, die sich einst mit Handelszentren verband, die wie Catal Hüyuc in Ostanatolien und die Orakelinsel Pharos vor dem Nildelta ursprünglich gleichzeitig sakrale Zentren waren.

Gordion lag im Osten Phrygiens, und der Überlieferung nach sollte jener, der den berühmten Knoten löste, zum »Herrscher Asiens« werden. Alexander LÖSTE den Knoten nicht, was bedeutet, daß er sich der bis dahin unerläßlichen Initiation in das Mysterium nicht unterzog, durch das der »Gottesname« enthüllt wurde, der sich in dem »Knoten« verbarg. In den »alleräItesten Zeiten«, überliefert das I-Ging, wurden die Menschen durch ein »System von Knoten« regiert. Auf die Darstellung derartiger »Knoten«, die auch den Hintergrund zu Ariadnes berühmtem »Wollknäuel« bilden, mit dessen Hilfe Theseus sicher aus dem »Labyrinth« seiner eigenen Seele herausfindet, stößt man im »keltischen« Britannien sowie bei Abbildungen schamanistischer »Reisen« in ein anderes Bewußtsein – sie stellen spirituelle »Reiserouten« dar – der »Knoten« ist eines jener sogenannten »entopischen« und universellen Phänomene, wie sie bei schamanistischen Erfahrungen außerkörperlicher Bewußtseinszustände auftreten, die zu Symbolen geworden waren. Auch die Inka, die nach dem Zeugnis der Hopi-Indianer offensichtlich zu jenen gehörten, die »tiefer« gesunken waren und begonnen hatten, die Sonne als Gott zu verehren, kannten die Knoten»Schrift« wie ihre Archive eindrucksvoll belegen.

Daß Gordion den Zugang zur Handelsroute nach Asien darstellte, liefert die nötige Erklärung für die Bedeutung seiner Eroberung ebenso wie die frühere Trojas durch Alexanders Ahnen, die mykenischen Griechen. Eines der Kuppelgräber in Los Minares (Spanien) wurde auf das Jahr 2350 (+/– 350 Jahre) datiert. Obwohl es Ähnlichkeiten mit mykenischen Gräbern dieser Art aufweist, entstand es früher, was nicht wirklich überrascht, weil die archaischen Mykener eine wesentlich ältere Kultur übernommen hatten. Das erweiterte Spiralmuster, die Mäanderverzierung, auf die man bei allen Stätten dieser Art stößt, finden sich in Süd-, Mittel- und Nordamerika, Asien, in Kleinasien und in Europa. Auch hierin verbirgt sich die »Heilige Hochzeit«, denn das griechische Wort Mäander, von »maiander«, stammt von »maia« – weiblich – und »andr« – männlich, und enthält so in sich die Verschmelzung der beiden polaren Ur-Prinzipien, deren Dualität durch diese Verschmelzung aufgehoben wird, wodurch sich der Zugang zu den unbegrenzten Weiten des »Überbewußtseins« eröffnet.

»Es gibt Stätten wo der Geist weht«, schrieb Barrés, Stätten, an denen die Erdkraft besonders stark wirksam wird, deren Strömungen in Form eines geodätischen Rasters eine Art unsichtbares Netzwerk über die Erde legt, das im lunaren »Netz« des Himmels seinen Ursprung und Gegenpol findet. An derartigen »Kraftpunkten« errichteten die »Megalith-Kulturen« ihre »Observatorien« und Orakelheiligtümer. Robert K. G. Temple verwies im Zusammenhang mit den alten Orakelzentren im Mittelmeerraum auf eine »geodätische Oktave«. Dazu gehörten Dodona am westlichen Peloponnes, das mit Athene in Verbindung steht, Delphi, aus dem Apoll die »Schlange« vertrieb, wie Herakles die Hydra in Lerna besiegte, die ägäische Insel Kythera, ein Zentrum alter semitischer Kulturen, auf dem sich ägyptische und babylonische Weihschriften fanden, Omphalos auf Kreta, ein Ort am Tritonsee der West-Sahara in Libyen (El Merg – Barka in der Cyrenaika?), ein unbekannter Ort an der Süd- oder Südwestküste von Zypern, sowie Thera![126] Einen Breitengrad südlich von Kythera liegt auf Kreta der Ort Omphalos. Kythera selbst befindet sich genau einen Breitengrad südlich von Delphi, das der Überlieferung nach von einem Neger, Delphos, begründet wurde.

Setzt man einen Zirkel in Behdet in Oberägypten, dem alten geodätischen Zentrum (heute in Greenwich) an, geht ein durch Aia in Kolchis am Schwarzen Meer gezogener Kreisbogen, durch Mekka, dem sakralen Zentrum des Islam! Eine andere Linie von Behdet nach Dodona am Peloponnes, verläuft durch Thera, heute Santorin (!), und verlängert man diese Gerade nach Süden, gelangt man wieder nach Mekka. Die Linien, die das ägyptische Theben, Dodona und Metsamor am Ararat, ein altes »astronomisches Observatorium«, in dem sich »kabbalistische« Zeichen aus der Jungsteinzeit fanden, miteinander verbinden, bilden ein gleichschenkeliges Dreieck. Setzt man den Zirkel im ägyptischen Theben an, liegen Metsamor und Dodona auf demselben Kreisbogen. Alle diese Orakelzentren scheinen einer nördlichen »Orakeloktave« angehört zu haben, welche die sieben Saiten der Lyra Apolls symbolisierten, und eine dieser »Saiten« war die Vulkaninsel Thera! Daß die Große Pyramide von Gizeh in diesem Vermessungskarussell die bedeutendste Rolle spielte, muß wohl nicht extra erwähnt werden. Sie liegt nicht nur genau im Zentrum aller Festlandmassen der Erde, auch genau an dem Kreuzungspunkt, an dem sich der alte Nullmeridian, Längen- und Breitengrad kreuzen – heute jeweils bei 30°, was wiederum auf eine enge Verbindung zwischen dem »minoischen« Raum und der altägyptischen Kultur verweist. Angelegt scheint diese und vermutlich auch andere geodätische Oktaven von den »Argonauten« worden zu sein, denn die Mittelmeer-Oktave ergibt sich, wenn man versucht, Teile des alten Sternbild Argo auf die Erde zu projizieren, das auf unseren Sternkarten nicht mehr verzeichnet ist. Argonauten, berühmte Seefahrer, waren auch die Phäaken, die – wie der Heraklesmythos berichtet – bis nach Finnland kamen, in dem man auf nach Südwesten ausgerichteten Steinsetzungen stößt, die auf das Sternbild der Jungfrau verweisen! Die Argo wird heute mit dem Heck voran in den Norden gezogen.[127] Das bedeutet, daß ihr Bug einst in die südliche Hemisphäre wies, wo der Fixstern Canopis, auch ein Name des oberägyptischen Behdets (!) unter Alexander, noch heute »Steuerruder« genannt wird.[128] Canopus steht so weit südwärts, daß er von Mitteleuropa aus nicht zu sehen ist; frühägyptische Tempel waren auf seinen Aufgangspunkt ausgerichtet und nicht auf Sirius, der ab 4240 v. Chr. im Zentrum des ägyptischen Kalenders stand (Richard Allen). Sowohl die 50 Namen Marduks in Babylon als auch die 50 Argonauten der griechischen Sage beziehen sich allem Anschein nach auf die Sterne des verlorenen Sternbildes der Argo, so daß der Argonauten-Mythos sich wohl auf die ERRICHTUNG geodätischer »Observatorien« durch eine rätselhafte seefahrende Kultur bezieht, und nicht auf deren Zerstörung durch die Griechen. Auch ganz Rußland war von dieser mysteriösen Kultur vermessen worden.[129] Und der Astronom Lyle B. Borts wies nach, daß die geometrische Anordnung megalithischer Bauten, die sich an geodätischen Knotenpunkten befinden, die Verwendung von 3 : 4 : 5-Dreiecken sowie von anderen rechtwinkeligen Dreiecken bezeugt, die »entlang der Achse astronomischer Visierlinien« angelegt worden wären. Das ist ein bedeutender Hinweis, weil Plato im »Timaios«, in dem auch die Atlantis-Legende enthalten ist, berichtet, der Kosmos wäre nach dem Muster des 3 : 4 : 5-Dreieckes »gebaut«. Auf dieses Verhältnis stößt man auch bei den Abmessungen der Hauptkammern der Großen Pyramide, es entspricht Pythagoras' berühmtem Lehrsatz bzw. der Formel $2 : \sqrt{5:3} - a^2 + b^2 = c^2$.[130]

Gehörten dieser rätselhaften Kultur, die um den »Bauplan« des Kosmos wußten, die Phäaken an?

Im Mittelpunkt der »Observatorien« standen »sprechende« Steine, die man Omphalos nannte, »Nabel der Erde«. Nach Goodfrey Higgins trug man bei den religiösen Feiern in Delphi, dessen mit mysteriösen Schriftzeichen versehener Omphalos der berühmteste ist, bei den Prozessionen ein Boot von riesiger Größe, das halbmondförmig gestaltet und an beiden Enden gleich geformt war. Man nannte es Omphalos bzw. Umbilicus oder auch das Schiff Argo! Der Omphalos symbolisierte den Schwingungsmittelpunkt der Erde, von dem die Hopi noch heute wissen, und dem auch die moderne Forschung auf der Spur ist. Om, (Gr.) omph, heißt »göttliche Stimme«, »heiliger Klang«, phé – »sprechen«, ist verwandt mit (phasko) »sagen«, (phéme) – »Orakel«. Omphé ist das Om-Sprechen, das Sprechen der heiligsten Silbe der Hindu, das AUM, das bei den Griechen zu OM wurde. Der Omphalos im Aphrodite-Heiligtum auf Zypern, das wie Thera Teil der geodätischen Oktave im Mittelmeer war, ein Meteorit, gilt als älteste Darstellung der Göttin Aphrodite. Ein solcher Meteorit befindet sich auch noch in Mekka; es gab ebenfalls einen in Troja, und so ist anzunehmen, daß auch Thera und vielleicht Akrotiri über einen derartigen »Nabel der Welt« verfügten.

Auf einem der Akrotiri-Friese, die sich heute in Athen befinden, kann man eine junge Priesterin sehen, deren Kopf bis auf eine einzige Haarsträhne rasiert ist. Dies ist auch ein Brauch des Fernen Ostens, Ägyptens und Alt-Mexikos. Lippen und Ohr sind auffallend mit roter Farbe bemalt, das Gesicht weiß geschminkt wie die Gesichter von Initianten in Afrika noch heute; auch von den Orpheus-Mysterien ist diese weiße Gesichtsbemalung überliefert – weiß ist die Farbe des »spirits«, der Initiation. Das Kleid der Priesterin, eine blaue mit einem weißen Sternen- oder Blütenmuster bestickte Bluse mit einem safranfarbenen Umhang, ähnelt auffallend einem indischen Sari. In der linken Hand trägt sie eine Art Räuchergefäß, aus dem sie eine gelbe Substanz auf die Holzkohle streut, vermutlich um narkotische Dämpfe zu erzeugen, die zur Trance führen. Sie trägt das erneuerte, heilige Feuer, das Symbol des immer erneuerten Mondlichtes, das die Erneuerung des Lebens, die Wiedergeburt der Sonne, des Bewußtseins, in sich enthält (Hindu-Philosophie). Dieses Seelen-Feuer, das nie ausgehen darf, brennt noch heute in allen Tempeln und Kirchen, in denen auch immer noch Weihrauch, ein Gummiharz, verwendet wird, das die Sinne auf subtile Weise beflügelt.

Nausikaas Mutter, Arete, die »Königin« der Phäaken, sitzt am Herd »im Schein der Flamme«, von der kein Hilfesuchender vertrieben werden darf. Sie selbst ist das Feuer, wie ihr Name verrät, nicht das verbrennende Feuer der Sonne, sondern das darüber hinausführende griechisch-klassische Ideal des »sich Ausbreitens in allem« – arete, das reine Seelenfeuer, das sich demjenigen eröffnet, der die eigenen seelischen Tiefen reinigt.

Ich saß auf meinem Lieblingsplatz nahe der Öffnung des Kraterbeckens und trank Santorinis Schönheit in mich hinein. Weit unter mir zog eine Yacht davon. Die Sonne stand bereits tief, aber noch verbarg ihr Strahlen den Himmel mit seinen nun unsichtbaren Gesetzmäßigkeiten. Der Zugang zum Rätsel der Phäaken verbirgt sich gleichfalls »hinter« der Sonne, in der älteren lunaren Kosmologie der Göttin, zu der Nausikaas Welt eindeutig verweist. »Denke daran, daß ihr Name sehr heilig ist«, sprachen Aphrodites Priester auf Paphos die Pilger an, bevor sie in den Tempel zu den Initiationsriten zugelassen wurden. »Du bist nicht würdig, ihn auch nur auszusprechen. Sie inspiriert und nährt Dich, mich und alle Menschen ...« Und wieder fragte ich mich, was geschehen war, daß wir diese Inspiration, die AUS unserem Selbst erwächst, aus jenem »göttlichen Funken« in jedem von uns, von dem die »Alten« wußten, nicht nur zurückwiesen, sondern von nun an verteufelten und in eine Unterwelt verbannten, die mit der der Alten nur gemein hat, daß sie von »Ungeheuern« bevölkert wird, die wir jedoch gerade durch diese Verweigerung nährten und mästeten, so daß sie uns und die von uns geschaffene Welt über zweitausend Jahre später zu zerstören drohen.

*

V Das Dämonium der Sonne

Die Frau war alt. Sie trug die traditionelle schwarze Witwentracht. Unermüdlich beugte sie sich und streckte sich, um Wasser aus dem Brunnen zu schöpfen, wie Frauen seit Jahrtausenden Wasser aus den Brunnen schöpfen. Scheinbar mechanisch liefen die Bewegungen ab; die Hände der Frau schienen mit dem Seil verwachsen, ihr Rücken krümmte sich im Takt, den die Rolle vorgab, von der das Seil ab- und zurücklief, um jedesmal, wenn es über eine bestimmte Stelle schliff, knirschend aufzuseufzen, als wäre es des Vorgangs müde, nicht aber die Frau, die schöpfte und goß und schöpfte und goß. So mochte jene Samariterin Wasser aus dem nie versiegenden Brunnen göttlicher Kraft geschöpft haben, der Jesus mit seinen Jüngern auf der Reise nach Galiläa an einem Ort des »Lebens-im-Tode« begegnete, worauf die Dreizehn ihre Reise für »zwei Tage« unterbrachen.

C. G. Jung verwendete gerne ein Gleichnis, nach dem die Menschen das Strömen der göttlichen Quelle an einem bestimmten Ort entdeckten und begannen, die Quelle, EIN Jerusalem, zu verehren. Bald GEHÖRTE die Quelle irgend jemandem und es wurden Regeln aufgestellt, die mit dem Besuch des Ortes verbunden waren – worauf die Quelle versiegte, um anderswo zu strömen. Aber die Menschen, die den Ort zu verehren begonnen hatten und darüber die Quelle vergaßen, erkannten nicht, daß sie versiegt war, und fuhren fort, den Ort als Quelle zu »verkaufen«. Einige, die es besser wußten, zogen aus, um den neuen Quell zu suchen, und das gleiche ereignete sich wieder und wieder bis zum heutigen Tag. Die Quelle gehört niemandem und allen und hört niemals auf zu strömen, an welchem Ort, von welcher Kultur auch immer sie wieder als rein strömend entdeckt wird. Habgier und der Anspruch auf Ausschließlichkeit lassen den Quell versiegen, so daß der Mensch ihn immer wieder aufs neue suchen und finden muß. Diese Quelle fließt von innen nach außen, was alle, die sie fanden, wußten. Sobald sie veräußerlicht wird, beginnt unaufhaltsam der Prozeß des Versiegens.

Traum und Wirklichkeit schienen bei dieser Reise in das Labyrinth des Mythos zunehmend ineinander zu verschmelzen. War es die Samariterin oder war es eine alte Frau oder war ich es, die sich über den Brunnen beugte wie ich mich über den Fluß gebeugt hatte? War es mein Gesicht, das mir wie aus hinter dem Spiegel entgegensah, oder war es nur eines von vielen Bildern, das ein imaginärer Spiegel zurückwarf, ein Abbild nur und nicht die Wirklichkeit?

Die Tage auf Santorini vergingen, ich zählte sie nicht. Ohne einen Fuß auf die Insel zu setzen, war ich auf Kreta gewesen, das ich von früher her kannte, so daß der Gedanke an die Mutterinsel das Wissen um fruchtbare Ebenen, Berge, Flüsse, Dörfer und Menschen, auch Farben und Gerüche mit einschloß. Im Bruchteil der einen Gedankensekunde, während der sich der Begriff Kreta formte, schwang die Ganzheit meiner Eindrücke mit, die alle aufzuzählen ich Stunden benötigen würde, und doch wäre die Aufzählung nie vollkommen. Das alles einschließende Bild, der seelische, nie mehr auszulöschende Abdruck, liegt jenseits unseres sprachlichen Ausdrucksvermögens.

Alles Sichtbare muß sich steigern und fortsetzen bis ins Unsichtbare hinein, heißt es im I-Ging. Ich begriff, daß sich meine reale, sichtbare Reise nicht mehr von jener anderen Reise trennen ließ und diese Reise veränderte mich. Wer sich durch das mythische Labyrinth bewegt, hat Anteil am Schicksal jener, die vor uns lebten, deren körperliche Existenz sich zwar unserem Begriffsvermögen entzieht, mit denen wir aber dennoch verbunden sind. Die Spur ihres seelischen Seins führt quer durch die Zeit und prägt unsere Gegenwart wie sie vergangene Zukünfte geprägt hatte – ein ständig im Fließen begriffener Fluß, der sich im ewigen Kreislauf selbst speist. Seitenarme mochten versiegt sein, neue sich gebildet, Stürme an den Ufern genagt, Trockenperioden zur Versandung geführt und künstliche Blockaden seinen Lauf scheinbar gestoppt zu haben, die Kraft des Flusses blieb dennoch stets gewahrt. Jedes Wassertröpfchen und jedes Sandkörnchen trugen das Ihre zum ständigen Fließen und Stauen, zum An- und Abschwellen bei. Eines ist Alles und Alles ist Eines, wußten die Menschen vor uns, die sich nicht bloß auf irdischen Stoffwechsel reduzieren ließen, womit wir uns heute zumeist zufriedengeben. Wir, deren äußeres Leben so kompliziert geworden und in so viele einzelne Teilbereiche aufgesplittert ist, wissen nicht mehr, WESHALB wir etwas tun. Weil wir gezwungen sind, ausschließlich »vernünftig« zu sein, um als kleines Rädchen in einem mehr oder weniger gut durchkonstruierten, unüberschaubar gewordenen Apparat zu funktionieren, den wir Zivilisation oder Kultur nennen, haben wir uns immer weiter von dem entfernt, was wir SIND. Schicht für Schicht umhüllen anerzogene Verhaltensweisen und ständige Einflüsse von Außen den Kern unserer Persönlichkeit, der in einer den Weltton angebenden westlichen Kultur kaum noch Nahrung von Innen erhält, wodurch uns der nötige Ausgleich zwischen Außen und Innen genommen wurde, der alleine fähig ist, das innere Ungleichgewicht, das durch den unerläßlichen Kultivierungsprozeß entsteht, auszubalancieren. So entfremden wir uns immer mehr unserem Selbst. Der Schein ersetzt das Sein, das Spiegelbild, das wir Wirklichkeit nennen, die wahre Wirklichkeit. Daran hat sich seit Platons berühmter Höhlenparabel nichts geändert, im Gegenteil, wir scheinen unsere Fesseln zu lieben, die uns mit dem Rücken zum Licht anketten; wir suchen die Dunkelheit, die WIR Licht nennen, und geben uns mit einem trügerischen Widerschein zufrieden. Aber der »göttliche Funke, verkörpert im menschlichen Fleisch« wie es vom Isis-Osiris-Mysterium überliefert ist, wohnt in jedem von uns. Ihn zu entfachen, »sehend« und »bewußt« zu werden, war das Ziel der alten und auch noch der frühchristlichen Mysterien. Die Einweihung in das Mysterium machte angstfrei, wie alle Adepten stets berichteten, sie schenkte Freude, den »Götterfunken« aus Elysium. Mit einem Leibhaftigen, wie ihn nur die katholische Kirche kennt, läßt sich Angst verbreiten, und wer Angst hat, gehorcht nicht aus Überzeugung, sondern aus Angst vor Strafe im Diesseits oder im Jenseits.

Da war dieses Dorf auf Kreta gewesen, dessen Bevölkerung von den deutschen Eroberern während des zweiten Weltkrieges beinahe vollkommen ausgerottet worden war. Ich sah das Mahnmal und verspürte Scham. Ich empfand Scham, als ich in Mauthausen vor den Verbrennungsöfen gestanden war, und ich verspürte diese Scham als Zeuge von zumeist fruchtlosen Diskussionen um Schuld oder Nichtschuld. Als Nachgeborene schämte ich mich meiner Kultur, die Auflehnung gegen eine scheinbar nicht mehr zu steuernde Fehlentwicklung des Menschen kam später. Die vor uns wußten, wie sie sich mit Typhon, dem Barbaren in uns, versöhnen konnten, indem sie seine zerstörerische Kraft nach innen, in die eigene Unterwelt richteten, wodurch sie geläutert und als »umgedrehte« Energie von einer äußeren, zerstörerischen, in eine innere positive und schöpferische Kraft transformiert werden konnte. Wer sich dieser Stärke des Ausgleiches psychischer Kräfte bewußt ist, braucht keinen Leibhaftigen und weiß um die Kraft des Positiven oder »Göttlichen«, das nur die andere Seite des »Negativen« oder »Teuflischen« darstellt. Daß »positiv« und »negativ« von Kultur zu Kultur oft die Plätze tauschten, zeigt nachdrücklich, daß es sich dabei um EINE zugrundeliegende Kraft mit zwei verschiedenseitigen Erscheinungsformen handelt.

Die Trennung von Licht(geist) und Schatten(geist), die Voraussetzung, um eine absolute Trennung in Licht und Dunkel, durchzuführen, aus denen Gut und Böse wurde, wird auf die die dualistische Religion des persischen Zarathustra oder Zoroaster, wie ihn die Griechen nannten, zurückgeführt. Nach esoterischer Überlieferung ist diese mythische Person nicht im 6. Jahrhundert v. Chr., sondern wesentlich früher anzusetzen. Die Lebensdaten dieses Propheten einer absoluten Trennung im Gegensatz zu einer bis dahin erkannten kosmologischen, mythischen Einheit mit zwei polaren Erscheinungsformen, sind umstritten. Aristoteles und Eudoxus nannten 6000 Jahre vor Plato, nach Berosus war Zarathustra ein babylonischer König um ca. 2200 v. Chr.[131] Darauf deutet auch die Überlieferung von ZU, »Weiser«, hin, der dem sumerisch/babylonischen Mythos zufolge die »Gesetzestafel« stahl, wonach die »göttlichen Formeln« aufgehoben waren.[132] Vermutlich geht die mythische Gestalt auf die Begründung der Religion des Mazdaismus oder der Feueranbetung durch Sonnenverehrer zurück, die sich von der Kosmologie der Schmiede nicht trennen läßt.

Der chinesische ZAS, »die Sonne, der Erlöser«, der die Welt um Mitternacht des 24. Tages des zwölften Monats betritt, entspricht dem persischen Sonnengott Mithra, und die Verwandtschaft zu anderen Sonnengöttern oder Heroen, wie den ägyptischen Göttern Osiris und Horus, Dionysos (Kleinasien), Pan (Griechenland), des arischen Vishnu der Hindu, des syrischen Tammuz und des hebräischen Set(h) ist eindeutig. Alle diese Sonnen-»Götter« wurden am 25. Dezember geboren, wie auch das Christuskind, dessen Geburtstag »kürzlich« in Rom am 25. Dezember fixiert wurde, wie S. Chrysostom zu Beginn des 5. Jahrhunderts schrieb, dem Geburtstag Mithras, den »sie den Geburtstag des Unsichtbaren (Mithra) nennen, den Geburtstag der solaren Scheibe«.[133] Auch der ägyptische Thoth, der den Sonnenkalender einführte, oder Amon, der ursprünglich sowohl das lunare als auch das solare Prinzip symbolisierte, bevor er zum Amon-Ra, dem Sonnengott der Phönizier wurde,[134] waren »Versteckte«. Dieses gegenteilige Prinzip lag auch dem hebräischen »König«, dem »Weisen« Sol-o-man zugrunde. Heute besteht kein Zweifel daran, daß zoroastrische Gedankengänge und Redewendungen vom pharisäischen und essenischen Judentum übernommen wurden, über das es in die Lehre der katholischen Kirche einfloß.[135]

Der erste Grenzen und Kulturen überschreitende Massenmord unserer Geschichte war der Holocaust an den »Hexen«, bei dem auf den Scheiterhaufen die »Weiblichkeit« verbrannt wurde, egal ob es sich bei den Opfern nun um Männer oder Frauen handelte. Diesen barbarischen Ausdruck einer absolutistischen Religion und Kultur übertraf nur noch der Holocaust an nicht-arischen Völkern. Beide Verbrechen an der Menschlichkeit wurzeln im gleichen Untergrund, der sich in der schlammigen Tiefe verbirgt, aus der nur die weiße Lotosblüte erwachsen kann, die symbolisch mit dem Bewußtsein des Menschen gleichgesetzt wird. Bert Brecht notierte zur Frage, wie etwas wie der Faschismus in unserem hochzivilisierten Jahrhundert möglich war: »... als ob er nicht die Frucht aller Jahrhunderte wäre«. Als ob man einen gegenwärtigen Abschnitt unserer Geschichte, in dem die gesamte Entwicklung kulminiert, losgelöst von der gesamten Entwicklung betrachten könnte. Jahrtausende zuvor hatte unter dem Hakenkreuz-Symbol der Triumphzug des arischen Sonnengottes über die semitische Zentralgottheit Mond begonnen, der durch Zahlensymbole ausdrückbare Kampf der Ur-Schöpfungskräfte, der Acht gegen die Sieben, der Kampf Typhons, der feurigen Ego-Kraft, gegen Isis, die wäßrige Kraft der Seele oder Psyche. Seit sich das Prinzip der Verdopplung, die Sonnenzahl Acht, auf Kosten des Prinzips der TEILUNG einseitig aus der Ganzheit herauslöste, wodurch die Auflösung der Gegensätze in der Einheit aufgrund der in der Sonnenkosmologie institutionalisierten Gesetzmäßigkeit der unbegrenzten Verdopplung (8, 16, 31, 64 usw.) nicht mehr möglich war, potenziert sich dieser Kampf bis in die Unendlichkeit, und ist dadurch unlösbar! Doch ist es gerade die Vereinigung der scheinbar unvereinbaren Gegensätze, die chymnische Hochzeit der Al-Chemisten zwischen Wasser und Feuer, zwischen Ober- oder Wachbewußtsein und Unterbewußtsein, die zur Transformation führt und Überbewußtsein, Erleuchtung, schenkt.

Die »Swastika« findet sich auf den zerstörten Mauern Trojas, wie sie bei der Welt größter Ansammlung gravierter Symbole auf einem Gletschergestein in Driekopseiland/Südafrika bereits zu sehen ist. Nach der Begründerin der Theosophie (»Gottesweisheit«) Helena Blavatsky ist die Swastika im Unterschied zu Kreuz und Mondsichel kein kosmisches, sondern ein zu einem bestimmten, magischen Zweck geschaffenes Symbol, das sich aus anderer Symbolik heraus entwickelte.

Es sollte nachdenklich stimmen, daß – wie die Geschichte anhand vieler Beispiele lehrt – jede Kultur, bevor sie »kippt«, ihre Symbole nochmals voll zur Entfaltung bringt. Die esoterischen Symbole der deutschen Nationalsozialisten waren die Symbole von Magoi und Sonnenanbetern; die Swastika, das »magische«, aus der Ganzheit, der Neunheit, dem Kreis, herausgelöste »phallische« Symbol der Erdkraft bzw. der »männlichen« Seite der Kraft der »Schlange« (Dunkelmond/Sonne), galt im Altertum als Rheas, der Erde »Mühlschaufelrad«, dessen Schaufeln in eine bestimmte Richtung weisen und damit einen Kreislauf andeuten, den Fluß der »Zeit« bzw. des magnetischen Feldes der Erde, die »Erdkraft«, die heute von links nach rechts, gegen den Uhrzeigersinn fließt. Die verdoppelte Sonnen-Rune, die das lunare Symbol der Labrys verdrängt hatte, tritt im griechischen Raum erstmals mit Sisyphos, dem Sonnenheros auf, und ist eigentlich das verdoppelte Symbol des »Donnerkeiles«, des Blitzes, der das Attribut aller alten »Götter« war, ein Symbol elektromagnetischer Kraft – die Kraft des Großen Geistes wird am Himmel während der Gewitter sichtbar (Maori). Die alte magische Silbe EL (»Heil!«) ist ein Symbol der Sonnenkraft, ursprünglich der Neumond/Sonnenkraft (Erde), der sich verdichtenden Materie, die AUS der Unterwelt strömt – Elen bei den Kelten, H.ele(n), Hekates Kraft als »Todesgöttin«. Auch die schwarzen Uniformen der SS-Elite deuten auf einen »schwarzen Ritus« hin, wie er vom »Todesgott« Osiris in seiner älteren Symbolform als Heros-Sohn von Isis (Vollmond) bekannt ist. »Osiris ist ein dunkler Gott«, heißt es in einem trismegistischen (hermetischen) Test. »Ich rufe Dich an, Herrin Isis, mit der sich der Gute Daimon verbindet, der in völliger Dunkelheit herrscht.«[136]

Da ist die abstruse Vereisungstheorie eines Hörbiger, dessen Theorie von den vier Monden – drei waren bereits auf die Erde gestürzt – auf die Überlieferung der jeweils vier Mondbilder zurückzuweisen scheint, die ihres ursprünglich lunaren Zusammenhanges beraubt, nicht mehr verständlich sein konnten. Und da gibt es den Spiritualismus eines Haushofer, der gemeinsam mit Hitler, Himmler und Göring Mitglied der esoterischen Thule-Gesellschaft war.

Thule ist ein anderer Name für das versunkene »Atlantis«, der in der nordischen Mythologie als Ursprungsort des arischen Volkes in der Wüste Gobi in Asien eine bedeutende Rolle spielte. Aber nicht nur. Auch die Maya gaben im Popul Vuh an, von einem Ort namens Tulan »von der anderen Seite des Meeres her« gekommen zu sein. Allerdings gab es vier Tulans. »Von vier (Orten) kamen die Menschen nach Tulan; im Osten ist ein Tulan; ein zweites in Xibalbay (der Unterwelt); ein drittes im Westen, wo wir selber herkommen, vom Westen, und noch eins dort, wo Gott ist (oben, im Himmel). Und so gab es vier Tulans.« Nach José Arguelles symbolisieren die vier Tulans die Sonnenbahn, Ost und West, sowie eine Ober- und eine Unterwelt. Tulan oder Tollan oder Thule ist ein »archetypisches Codewort«, das nicht einen geographischen Ort, sondern einen »Entstehungsvorgang« bezeichnet, den »Moment des Übergangs aus einer ›Welt‹ in eine andere«.[137]

Schließlich ist das »tausendjährige Reich« kein anderes als das versprochene Galiläa, »das goldene Zeitalter« (Neues Testament), während dessen Gottes Reich auf Erden errichtet werden soll. Daß es sich dabei um die Errichtung eines geistigen Reiches handelte, um jene »Kirche«, die nach Paulus auf Erden errichtet werden soll, um den inneren »Tempel«, den »Christus IN Dir«, hatte man seit an die zweitausend Jahren zunehmend übersehen. Auch ist heute bekannt, daß die deutsche Thule-Gesellschaft Verbindungen zu Geheimbünden in Tibet unterhielt.[138] Tibet, das Land des heute im Exil lebenden Dalai Lama, in dessen Titel sich die uralte Silbe Al und damit die »Schlange« verbirgt, hütet uralte Überlieferungen, die – wie der Taoismus – weit in unsere Vergangenheit zurückreichen. All das ist ein bestürzendes Beispiel dafür, wie gefährlich »Halbwahrheiten« und Fehlinterpretationen alter esoterischer Überlieferungen und deren rituelle Bekräftigung sein können.

Auch der durch die letzten zwei Jahrtausende in zu- und abnehmenden Wellen praktizierte »Antisemitismus«, der arische Wahn, die Rasse der »Edlen«, der Arier, »rein« zu halten, die doch von allem Anfang an bereits vermischt war, weil es, wie die moderne Forschung erkannte, Rassenreinheit beim »modernen Menschen« (Homo sapiens) so gut wie gar nicht gibt, sowie die Frauenfeindlichkeit einer Kultur kriegerischer Männerbünde und glorifizierter Kameradentreue von Männerbünden, die im »Mutterkreuz« mündete – Frauen werden vorzugsweise als Gebärmaschinen für Kanonenfutter, künftige Soldaten, empfunden, und auch die Sexualneurosen einer entsexualisierten Kultur, die jedoch unterschwellig auf einer sexualisierten Welt und Religion basiert, die Lust am Töten als Ersatzbefriedigung körperlicher Lust –, all diese Entwicklungen brechen scheinbar unerwartet mit voller Wucht aus, und lassen das »Volk der Dichter und Denker« in die eigenen Abgründe der indoeuropäischen Seele stürzen.

Das alte Brandopfer, das dem Sonnengott dargebracht wurde, schließt dank der technischen Entwicklung nun die Verbrennung ganzer Städte und Menschenmassen mit ein. Erst starben die Opfer auf glühenden Sonnenscheiben; in geschichtlicher Zeit waren es die brennenden Scheiterhaufen der Inquisition der katholischen Kirche, vor fünfzig Jahren die Phosphorbomben und Flammenwerfer nicht nur der Deutschen; es scheint, als hätten diese nur dank ihrer Gründlichkeit eine allgemeine Entwicklung zu ihrem unausbleiblichen Höhepunkt geführt. Nicht zuletzt wird dieser ins Negative verkehrt, weil auf physische Machtausübung aufgebaute Glaube an die geistige »Wiedergeburt« des Individuums auf ein Kollektiv (Volk) übertragen. Auch der gemeinsamen Kraft der Massen und der Magie des Wortes, der »Rede«, hatten sich Hohepriester magischer Religionen ebenso bedient wie die »Hohepriester« der Nationalsozialisten vor fünfzig Jahren.

Nach über dreitausendjähriger Entwicklung der Verherrlichung von »Kriegsgöttern«, die erstmals nachweisbar mit König Sargon I. von Akkad ihren Triumphzug gegen Westen antraten, erreicht auch diese im Verlauf der bisherigen Geschichte hin- und herschwankende Zerstörungswut einer Kultur, welche die AUSNAHME, den Krieg, von ihren Anfängen an zum NORMALEN erhoben hatte, ihren absoluten und nicht mehr zu überbietenden Höhepunkt – im »Totalen Krieg« findet die pervertierte Verkehrung menschlichen Erfindungsgeistes ihren Abschluß, denn ein weiterer totaler Krieg muß aufgrund des weltweit vorhandenen technischen Zerstörungspotentials in den gemeinsamen, globalen Untergang führen – auf moralisch-ethischer Ebene findet der Höhepunkt dieser Entwicklung seine Entsprechung in der INDUSTRIELLEN MASSENVERNICHTUNG MENSCHLICHEN LEBENS! Die geistige Gabe des Menschen, auf rationaler oder vernünftiger Ebene Werkzeuge zu entwickeln, die einst sein Überleben bedeutete, verkehrt sich in ihr Gegenteil und droht, nun in den Untergang, in das Aussterben der Art, zu führen. Die Hölle und ihr satanisches Treiben, von fanatischen Priestern jahrhundertelang beschworen (gedacht), war in den Konzentrationslagern der »Herrenmenschen« zur irdischen Wirklichkeit geworden. Die als Gott angemessenere feurige »männliche« Sonnenkraft der Acht, die eigentlich die »Erdkraft« (Schwarzmond/Sonne) ist, die Kraft Hekates oder Osiris' als Todes-Götter, welche die geistig-initiierende und dadurch ausbalancierende Kraft der »weiblichen« Sieben (Mond) verdrängt hatte, fegte derart »beschworen« in Feuerstürmen durch Städte und Länder. Wer dieses Phänomen, das ein Vorspiel zur prophezeiten Johannes-Apokalypse an die Wand malte, ausschließlich rational zu erklären versucht, muß scheitern. Dieses Scheitern birgt die Gefahr in sich, daß die Ursache für das Übel, das nur seine WIRKUNG war, weil scheinbar vergangen als erledigt zu den Akten gelegt wird. Der zugrundeliegende Ur-Konflikt, der ein Konflikt archetypischer Ur-Kräfte ist, wirkt unterschwellig weiter, und kann, wenn nicht rechtzeitig erkannt, nur in die vollkommene Katastrophe und in die Selbstvernichtung führen, sowohl individuell als auch kollektiv.

Das Menschenopfer, und dazu gehört letzten Endes auch die einkalkulierte »Opferung« des Soldaten im Krieg, ist eine degenerative Erscheinung der Tradition des Sonnenkultes (Hans Dieter Lautenberger), das auf Kulturen von Magiern und »Schmieden« und deren »Männerbünde« zurückweist, welche die Schöpfungskraft in einen Zeugungsvorgang umfunktioniert hatten (Mirca Eliade). Diese Opferungen waren ursprünglich rituell-magische Handlungen, und von dieser Art von Menschenopfern zur Opferung für »Gott und Vaterland« ist es ein wesentlich kleinerer Schritt als vom tabuisierten Töten, das nur im Verteidigungsfall erlaubt war, zum Töten im Angriff, das von Kriegerkulturen solange gerechtfertigt wurde, bis das Nichtnormale im Bewußtsein der Menschen zum Normalen wurde. Doch die Neurosen überlebender Soldaten, die zum Töten trainiert wurden und werden, weisen darauf hin, daß das Tabu »Du sollst nicht töten« tief in der menschlichen Seele verankert ist.

Kulturen, die mit ihrer eigenen »Schattenwelt« auf Du und Du lebten, erlagen und erliegen nicht der Zerstörungswut patriarchaler Kulturen. Die Greuel, zu denen es etwa in ihrer jüngeren Vergangenheit auch in Afrika kam, stehen jeweils proportional zur Entwurzelung ihrer Kulturen und der Zwangsmissionierung ihrer Religion.

Alle Eingeweihten warnten stets vor der zerstörerischen Kraft schwarzmagischer Handlungen, wozu das Menschen-, aber auch das Tieropfer wie jedes Blutopfer überhaupt gehört. Der ägyptische Osiris, der ursprünglich ein Hykso-Gott, also arischen Ursprungs war, wurde als Sonnen-Heros geopfert, was symbolisch für den »Tod« der Sonne im Jahreszeitenzyklus stand. Es sollte nachdenklich stimmen, daß dieses magische Ritual in den christlichen Ritus übernommen wurde. Der Heiland, der Heils-Bringer, der Heilende, stirbt den Opfertod am Kreuz, das die Materie symbolisiert, und in jeder katholischen Messe wird sein Leib – die Hostie – und wird sein Blut – der Wein – symbolisch »verzehrt«. Obwohl es sich dabei um Symbolik handelt, erfolgte der Opfertod am Kreuz nach exoterischem Glauben und demnach in der Projektion gläubiger Christen tatsächlich! Es fällt auf, daß die Tempelritter, die in Jerusalem auf vielerlei Arten von Geheimnissen gestoßen zu sein scheinen, den Kreuzigungstod ablehnten. Tatsächlich ist er in den Zeugnissen der ersten Christen vor dem zweiten Jahrhundert nirgendwo zu finden. Allen verfügbaren Hinweisen nach wußten die Ur-Christen weder vom »Sühnetod« noch von der »Erbsünde« und auch nichts von der Gottessohnschaft Christi, jenen drei Säulen, auf denen das Fundament der katholischen Kirche errichtet wurde![139] Auch erinnert dieses Sühneopfer, das die kollektive Schuld auf sich nimmt, zu auffällig an die etwa aus Indien überlieferte Opferung eines »Sündenbocks«, der eine bestimmte Zeitlang »Ersatzkönig« spielen durfte, um zu Neujahr als Repräsentant der kollektiven Sünden seiner Gemeinschaft geopfert zu werden. Das gleiche Opfer ist auch von den »Zwillingsheroen« der Mythen weltweit überliefert und verweist in eine Epoche, die im Zeichen des endgültigen Überganges zu einer patriarchalen Ordnung stand. Daß es sich bei der Opferung des »Zwillings« ursprünglich um das Opfer bzw. die Reinigung oder Läuterung des Zwillings- oder Geistkörpers (Ka), der mentalen Seelenschicht handelte, war vergessen worden.

Anfänglich reinigte ein Schamane zu einem bestimmten kosmischen Zeitpunkt rituell die »Sünden« seiner Gemeinschaft. Hierin verbirgt sich die Bedeutung des »schwarzen Mannes«, der die Kinder holt, sofern sie nicht artig sind. Der Schamane »stirbt«, jedoch nicht körperlich. Er stirbt den Ego-Tod, um geistig leben zu können – bewußter zu werden und seiner Gemeinschaft dienen zu können! Zur tatsächlich körperlichen Opferung kam es erst später. Auf diese ABIRRUNG einer Religion bezieht sich wohl die Überlieferung der Ophiten, deren Name wörtlich »Schlangenverehrer« bedeutet – ophis (gr.) »Schlange«, hebräisch Naassener. Die Naassener waren ein Zweig der Essener, die Jesus den Nazarener (!) belehrt haben sollen. In Umkehrung der seit der Bibel üblichen Deutung der Schlange als Verkörperung des Bösen, brachten die gnostischen Ophiten die Schlange im Garten Eden mit dem Heilsbringer in Verbindung, weil sie als erste versucht hatte, »die Menschheit aus der Knechtschaft eines unwissenden Gottes zu befreien, der sich mit dem Absoluten gleichgesetzt hatte und den Weg zum ewigen Leben versperrte«.[140] Demnach hatte eine Religions-REFORM versucht, das verlorene Gleichgewicht des »Goldenen Zeitalters«, des »Paradieses« wieder herzustellen, indem sie den Menschen den Zugang zum Mysterium schenkte, von dem sie durch einen Tyrannen, der sich für Gott hielt, ausgeschlossen worden waren. Der Zugang zum Mysterium der Verschmelzung mit Gott IST die Schlange, die in sich die Kundalini-Kraft der Hindu trägt. »Schlangenverehrer« wie die gnostischen oder essinischen Ophiten waren auch die frühen Athener, und die Schlange begleitete als wesentliches Symbol allerorten die Große Göttin. Auch die Hyperboreer, die »Ahnen« der Danäer, die als Vorfahren der Kelten gelten, waren »Schlangen« – und das lange vor den Essenern Alexandriens – wie überhaupt Eingeweihte verschiedener Kulturen stets Schlangen oder Großschlangen (Hyperboreer) genannt wurden, bis sie – wie im eroberten Ägypten – den Titel Hephaïstos, des Schmiedegottes, übernahmen.

Der Jude Jesus, der Nazarener, stirbt in der christlichen Exoterik den Opfertod, den vor ihm als degenerative Erscheinung des Sonnenkults der Sonnen-Heros, noch später dessen Zwilling gestorben war. So überrascht es nicht weiter, daß die syrische Ur-Kirche auch von einem Zwilling Jesus weiß, Thomas Didymos (gr. Zwilling), auch »Judas der Zwilling«, der oft mit dem »ungläubigen« Apostel Thomas verwechselt wird.[141] Der »Verrat« des Judas im christlichen Mythos sollte wohl in diesem Licht gesehen werden – welcher Zwilling, welche Seite hier »verraten« wurde, ist eindeutig. Auch stößt man in Tibet auf die Spuren eines Propheten mit Namen Issa, der aus Israel nach Persien, Indien und Tibet reiste und in Kaschmir etwa um die Zeitenwende hochbetagt gestorben sein soll! Nach Meinung des indischen Archäologen Prof. F. M. Harsnain waren Issa und Jesus eine Person![142]

Auffallend ist in jedem Fall der Name des vom »Christusgeist« erleuchteten Nazareners Jesus oder Iesus oder Issas im Zusammenhang mit Is.is, der »Schlange«! Indische Weise wissen trotz »Arisierung« bis heute, daß das »absolute Wesen« (Gott) der GEIST, die Seele, des Feuers (ist), NICHT das Feuer selbst, das »weise Männer« als Gott »gemäßere« KRAFT zum alleinigen Gottessymbol erhoben hatten, womit sie seinen Urgrund, die »Göttin«, Mutter und Tochter-Sohn in einem, verdrängten. Das Symbol einer Religionsreform, der vermutlich die esoterische Weisheit Asiens, Afrikas und Europas (Kleinasiens) zugrunde lag, die Mutter mit dem Kind als Symbol der geistigen Wiedergeburt, weist nach Kreta zurück, jedenfalls in den ägäischen Raum, aus dem es sich auch nie restlos verdrängen ließ.[143] Es wurde durch das neue Symbol des geopferten Sohnes verdrängt, das ein sehr altes zu sein scheint. Das »sichtbare Feuer und die Flamme sind Zerstörung, Tod und Übel« heißt es im Sankaracharya. Der Mensch erlag, und scheinbar nicht zum erstenmal, Surath, dem »Dämonium der Sonne«.

Das Wort Sorath oder Surath drückt im Hebräischen die »Knechtung der Individualität« aus, ein Wort, das auf das hebräische Suria zurückgeht, das aus dem Doppelnamen Suriel Serahpanim entstand. Suriel bedeutet »Mein Verkehr«, sur, »ist Gott« – El. Aus der Unterdrückung des Gottesnamen El, der wegen seiner Heiligkeit oder Magie nicht ausgesprochen werden durfte, entstand Suria bzw. Suriath, die weibliche Form.

Horus, Sohn der ägyptischen Isis und des Osiris, im Griechischen Heru = helu, war nach Richard Allen »der alte Name des Sonnengottes«, Helios-Serapis, eine ägyptische Gottheit. Serapis ist die griechische Form von Osar-apis; Asar-Hapi (im Griechischen apis) ist der Apis-Stier. Die Wörter Asar, Osiris, und Sura im Sanskrit, stehen mit heros, »Held«, in Verbindung. Die Kraft von Heroen wie Herakles, »Ruhm der Hera«, oder Herkules, »Held der Hera«, war die Neumond/Sonnenkraft, eine Seite der magischen »Lebensessenz«, die Kraft, Leben zu nehmen, die andere Seite der lebengebenden »weiblichen« Kraft. Es ist diese Kraft, die als zwischen der Unterwelt, den Toten (Seelen) und der Erde (Materie), sowie als zwischen den Sterbenden und den Lebenden vermittelnd verstanden wurde, die Kraft Osiris' oder Hekates, die Kraft des Todes oder des Nicht-Seins. Diese Kraft symbolisierte das berühmte E in Delphi, das seinen Ursprung in einem minoischen Zeichen hat. Als man es nicht mehr verstand, wurde es mit dem Sonnen-Lichtgott Apoll, dem einstigen Orakel-Heros der »Kuh« (Vollmond-Isis), in Verbindung gebracht.[144] Der Heros übernahm die »männliche« Lichtfunktion der Mutter/Göttin, wodurch die sich in zwei Richtungen verwirklichende Materie, die er ja ursprünglich symbolisierte, nicht mehr aus dem Geist geboren verstanden wurde, sondern der Geist, die Energie, AUS der Materie, das »Weibliche« aus dem »Männlichen«, ein Ding rationaler Unmöglichkeit wie wir heute wieder wissen. Das griechische El (EL?), das dem delphischen bzw. »minoischen« E entsprechen zu scheint, bedeutet »wenn« oder »Du bist«. In dem berühmten EIM Odysseus, »Bin Odysseus«, drückt sich die Selbst-Erkenntnis des Adepten der Mysterien aus, der die »Heilige Hochzeit« mit dem DU vorausgehen muß, das »E« von Delphi, dessen Zahlwert Fünf ist; prapantschi, »sich herausfünfen«, nennen die Inder die Wiederkehr kreativer Kräfte. Die Fünfzahl, der Fünfstern, das Pentagramm, ist das esoterische Symbol für die Wiedergeburt des Menschen aus dem Geist. Auf diese Wiedergeburt verzichtete der Held Odysseus als archetypisches Symbol. Denn das spirituelle Leben wird bereits dem Heidentum versagt, das die Samariterin in eingangs erwähntem Gleichnis symbolisiert. Weshalb? Weil sie »fünf Ehemänner« verließ und es vorzog, mit einem Leichtfertigen zu leben. Die »fünf Ehemänner« sind eine Metapher für den Verzicht der Einweihung, vermutlich die echte »messianische Initiation«, der Leichtfertige bezieht sich wohl auf den »Sauerteig der Pharisäer«, (Matthäus 16,5-12) bzw. die Paulinische Lehre. Der Pharisäer Paulus, dessen Bibelauslegung zur Basis der sich etablierenden christlichen Kirche wurde, brach im Jahr 46 zu seinen Missionsreisen zu den »Heiden« auf und schon um das Jahr 70 war die Lehre der ursprünglich jüdischen Christen, der Nazarener, und damit die »originale Botschaft Jesu von der Menschheit als Ganzes« bis auf Spuren verschwunden. Erst die Funde der Schriftrollen vom Toten Meer um die Mitte unseres Jahrhunderts rücken das Bild von der Urlehre der Christen wieder zurecht. Seither stellen Forscher wie Dr. Hugh Schonfield (Passover Plot) die Überzeugung, die Lehre des Paulus und die Aufzeichnungen seiner Anhänger wären die eigentliche Botschaft Jesus' gewesen, nachdrücklich in Frage.[145]

Der gnostische Schöpfergott Jehova, dessen andere Seite Sophia verlorengegangen war, steht mit Sorath, mit der Kraft des einstigen Sonnenheros (Dunkelmond/Sonne) in Verbindung. Nach Ernst Bindel ist das jene Macht, die den Menschen in der Sphäre seiner Kreatürlichkeit zurückzuhalten bestrebt ist. »Der Mensch sollte in der fortschreitenden Entwicklung nicht dahin gelangen, wo in ihn als ein Fünftes ein selbstschöpferisches Prinzip einzog.«[146] Dieses selbstschöpferische Prinzip, welches das Mysterium schenkte, Solomons »Liebesweisheit«, symbolisierte u. a. das E Apolls in Delphi. Der Mensch wurde zum »square man«, der wie Odysseus zugunsten rein weltlicher Freuden auf die der Göttin heilige Fünfheit verzichtete, auf die Wiedergeburt aus dem Geiste, die wahre Individualität des Menschen. Diese Fünfheit aber steht, wie noch die Pythagoreer wußten, unmittelbar mit der Zweiheit in Verbindung, mit der symbolischen Zahl des Menschen und seiner beiden Richtungen, weiblich-männlich, anima-animus, usw. Zahlensymbolisch vereint die Fünfzahl in sich die zwei als erste gerade Zahl und die Drei als Anfang der ungeraden Zahlen, und wurde daher als ein Sinnbild für die Trennung und Wiederverbindung des Männlichen und Weiblichen verstanden, ohne die geistige Wiedergeburt, die Wiedergeburt des »geopferten« Egos, nicht möglich ist. Aus dieser Hochzeit zwischen Wasser und Feuer entstehen die »fünf Wandelkräfte«, aus denen die »zehntausend Dinge« geboren werden. Zehntausend ist in China ein Symbol für die Unendlichkeit und Unsterblichkeit. Unsterblichkeit, Wiedergeburt und Schöpfung sind nur möglich, wenn der Mensch das Dividuelle (Zwei) und dessen »wäßrige« Inspiration in die feurige Ego-Kraft (Drei) aufnimmt, wodurch das alte Ego stirbt und ein neues Ego, ein neues »Bewußtsein« geboren werden kann. Das ist ein fortlaufender und nicht bloß ein einmaliger Prozeß, dem auch die moderne Psychologie wieder erhöhte Aufmerksamkeit zuweist.

Indem die Menschen offensichtlich nicht zum erstenmal dem alles überstrahlenden, alles versengenden Glanz des sichtbaren Feuers, der Sonne bzw. der Egokraft als Ausdruck dessen, was wir rationales Bewußtsein nennen, erlagen, dessen zerstörerische und nicht dessen lebenspendende Kraft sie durch die Verdrängung der anderen, balancierenden Kraft, beständig aufbauten, legten sie den Keim zu einer Entwicklung, die Zerstörung bereits in sich trug. DAMALS begann es.

*

Es war mein letzter Abend auf Santorini. Ich saß auf dem Balkon meines Zimmers, um Abschied zu nehmen. Unter mir trieb eine alte Frau ihre Ziege in eine der aus dem Fels herausgeschlagenen Höhlen. Die See lag ruhig und spiegelglatt und vom Glanz der untergehenden Sonne vergoldet. Vor dreißig Jahren hatte sie zum letztenmal gekocht. Der alte Mann in der Taverne im kleinen Yachthafen, dessen Arme bis über die Ellbogen und dessen Beine bis zu den Knien mit Brandnarben übersät waren, war dem Inferno aus glühender Lava, Schlacke und Aschenregen ausgesetzt gewesen, aber er blieb.

Der ständige Tanz auf dem Vulkan ängstigt und fasziniert zugleich, als ob sich in ihm der Tanz der menschlichen Seele widerspiegelt. Gefangen in ihrem Körperkleid irrt sie zwischen Licht und Dunkelheit, zwischen Himmel und Hölle hin und her. »Komm zu mir jetzt auch! Löse mich von schweren Gedanken und was alles zu erfüllen mein Herz begehrt, erfülle. Sei Du selber die Kampfgenossin!« Sapphos Gedicht an Aphrodite weist in ferne Zeiten zurück. Ich war IHR und ihrer Welt auf dieser Insel der Gegensätze ein gutes Stück nähergekommen. Mein nächstes Reiseziel war Ithaka, die Insel des Odysseus.

VI Die Welt des Odysseus

»Im weitsichtbaren Ithaka wohn ich,
es gibt einen Berg dort, Neriton, hochaufragend,
mit blätterschüttelndem Laubwald.
Viele Inseln liegen ringsum,
sehr nahe beieinander,
Same, Dulichion und das waldbedeckte Zakynthos.
Aber sie selbst ist niedrig und liegt ganz oben
im Salzmeer nach dem Dunkel,
die anderen fern nach Morgen und Sonne,
rauh, aber gut für der Jugend Aufwuchs.«

(Homer, Odyssee)

»In raschem Lauf« durchglitt das Fährschiff die »Wogen des Meeres«. Als wären sie Boten aus einer anderen Welt tauchten über mir kleine Silberpfeile durch die flirrende Bläue der Ägäis – Möwen, die Landnähe versprachen. Hinter mir lagen »im Nebel des Meeres« die rauchgrauen Schatten von Paxi und Antipaxi. Von Paxi aus soll zur Zeit des Tiberius dem Führer eines nach Italien fahrenden Schiffes der Tod des Großen Pan verkündet worden sein. Seither schweigt das Orakel, besagt die Überlieferung. Zu Odysseus' Zeiten sprach es noch aus jeder Felsgrotte und aus dem Vogelflug deutete man das Schicksal.

Wieder durchfuhr ich die einst »fischdurchwimmelte« See, vielleicht auf der gleichen Route, die das »schwarze« Phäakenschiff genommen hatte. Allein, nach zwanzig Jahren Irrfahrt, kehrt Odysseus nach Ithaka zurück.

Die Zahl Zwanzig hier ist wohl kaum ein Zufall, weil nichts im Mythos zufällig ist. Zwanzig ist eine »Sonnenzahl« und verweist wie das irische Boibel-Loth-Alphabet keltischer Druiden auf einen bereits veränderten Kalender. Die ehemals dreizehn Konsonanten für die 13 Monde des lunaren dreizehnmonatigen Jahres waren um 2 Konsonanten auf 15 erweitert worden. Gemeinsam mit den 5 Vokalen für die »Jahreszeiten« ergaben sie 20 Buchstaben. 20 war die Sonnenzahl der Essener Alexandriens, die sich vom Ur-Christentum nicht trennen lassen, und die »männliche« Zahl Zwanzig des Maßes, allerdings gemeinsam mit der »weiblichen« Zahl der Bewegung, Dreizehn, ist eine Schlüsselzahl im Zahlensystem der Maya. Die Erweiterung des Kalender-Alphabets im prähellenischen Raum wird Palamedes zugeschrieben, einem Bundesgenossen der Griechen im Trojanischen Krieg, der auch als Erfinder des Leuchtturms gilt. Er herrschte über den Stamm der Myser, die laut Herodot aus Kreta gekommen waren. U. a. soll er den »drei Moïren« bei der Entwicklung des Alphabetes geholfen haben, doch war es mit Sicherheit umgekehrt. Darauf verweist auch sein Name, der vermutlich »der Alten eingedenk« bedeutet. Alle ihm von den Griechen zugeschriebenen Erfindungen stammten aus Kreta, und das 15-Konsonanten-Alphabet wurde nicht von Palamedes, sondern von Epicharm, einem frühen Asklepiaden (Heiler) aus dem griechischen Alphabet von fünf Vokalen und dreizehn Konsonanten abgeleitet, das ursprünglich nicht auf einem phönizischen, sondern auf einem kretischen Vorbild basierte, und um 2 Konsonanten erweitert wurde.[147] Heiler wie der Asklepiade Epicharm waren auch die Essener oder Essär, von (hebr.) asa, »heilen«, und alle diese »Heiler« waren in die Mysterien Eingeweihte, »Baumeister«, »Künstler und Seher«, wie sich die Tolteken, die Nachfahren der Maya nannten, welche die Sprache des Zuvuya kannten, die kryptische Sprache des kodierten Wissens um die Bedeutungen der verschiedenen Zeitzyklen.[148] Auf das »pelasgische«, vorgriechische Alphabet von 13 Konsonanten und fünf Vokalen, das dem siderischen Mondlauf entspricht, verweisen Aussagen von Hygin und Diodorus Siculus, auch Aristoteles nannte für das erste Alphabet dreizehn Konsonanten und fünf Vokale, seine Buchstabenreihe entspricht genau dem irischen Sakral-Alphabet Beth-Luis Nion, außer daß Zeta für den H-Hauchlaut und Phi für F eingesetzt sind.[149]

Allein auf fremdem Schiff, nach zwanzig Jahren der Irrfahrt, kehrte Odysseus in die Heimat zurück. »Als nun östlich der Stern mit funkelndem Schimmer emporstieg, landeten die Phäaken in der Bucht des Phorkys.«

Wieder stieß ich zuerst auf SIE. Denn Phorkys ist die männliche Form von Phorkis. Die einfache Lautverschiebung im Lateinischen von Porcus, dem Schwein, zu Orcus, dem Hades, liefert den wichtigen Hinweis. Phorkis war die Große Göttin in ihrer Saugestalt, die sich von Leichen ernährte – die Göttin in ihrem letzten Aspekt als Herrscherin über die Unterwelt, das Totenreich, eine Erscheinungsform der Hekate, der man Schweine opferte.

Eumaios, »der erfolgreich Suchende«, den Odysseus sofort, nachdem er die Phäakengeschenke sicher verwahrte, als ersten aufsuchte, ist ein Schweinehirt, ein Wahrsager oder Magier oder Schamane, was Schweinehirten im früheuropäischen Mythos stets symbolisierten. Homer bezeichnet Eumaios als dios, als »gottähnlich«. Als Schamanen-Priester stand Eumaios offensichtlich im Dienst der Todesgöttin (Neumond/Sonne) wie Apoll, der Orakelheros und Kuhhirt ursprünglich im Dienst der »Weißen Göttin«, (Vollmond) stand. Hinter dem profanen Schwein und dessen Opfer verbirgt sich der kosmische Bezug, denn das Schwein symbolisierte den dreizehnten Mond bzw. den Dreizehnten der jeweiligen »Tafelrunden«, jenen Monat, in dem der volle Mond seinen Höchststand und die Sonne ihren Tiefststand erreicht. Wie der achte Ton der Oktave, nachdem er sieben Intervalle oder »Initiationen« durchlaufen hat, zum Grundton zurückkehrt, aber nun höher schwingt, reicht auch der in der Zahl 13 symbolisierte »Klang«, die Schwingung, der siderische Mondlauf, an jenem Punkt, an dem einander die beiden entgegengesetzten Zeitzyklen überschneiden, über den Raumklang der 12, den synodischen Mondlauf, hinaus, wodurch sich das Symbol der Spirale ergibt, des sich immer höher windenden Kreis-Laufes. Dieser dreizehnte »Ton« des siderischen Kalenders, der über den 12monatigen synodischen »einfachen Mondlauf«, den Lauf der Erde durch den Tierkreis bzw. den Sonnenlauf durch das Jahr hinausschwingt, ist der einzige »Ton auf der Solar-Tonleiter, der eine deutlich hörbare Oberton-Matrix«, eine »dimensionale Lücke« kreiert. »Die Zahl Dreizehn ist (ein Symbol für) die wichtigste Lichtdaten-Welle und somit Medium von Verlängerungen zwischen verschiedenen Dimensionen.«[150] Hier klingt das »Gesetz der Erde« an, die Matrix der Großen Mutter bzw. der Strom des in sich entgegengesetzten heliokosmischen Zeitgeschehens (siderisch und synodisch), in dessen Überschneidungspunkt das »Auge« wohnt, Symbol für die transzendente Kraft des jeweiligen Dreizehnten, die im Mittelpunkt der Mysterien um Tod und Wiedergeburt stand.

In der irischen Überlieferung der »Romanze des Taliesin«, einem Merlin – Magier bzw. Barden – die irischen Barden hatten das Erbe der Druiden-Priester angetreten –, ist Cerridwen die »weiße Sau-Göttin«, die bei walisischen Barden auch als Getreide-Göttin galt, als Kulturbringerin. »Wen« heißt »weiß«, und »cerdd« im Irischen und walisischen »Zunahme«, auch »die inspirierten Künste, vor allem die Dichtkunst« – das lateinische »credo« steht damit ebenso im Zusammenhang wie die Weiße Göttin Cardea, die »Göttin der Türangeln«, die Geliebte des zweigesichtigen römischen Gottes Janus, der an der Schwelle der Zeit steht.

»Es gibt keine verschiedenen Götter für verschiedene Menschen, nicht für Barbaren und Griechen, nicht für Süd und Nord, sondern genauso wie Sonne und Mond und Erde und Meer allen gemeinsam sind, obwohl sie von verschiedenen Menschen bei verschiedenen Namen genannt werden, so wurden ihren Gesetzen entsprechend von verschiedenen Nationen dem Wort (logos), das alle Dinge ordnet, und die eine Vorsehung, die auch die Kräfte dirigiert, die verordnet wurden, um ihr für alle Zwecke zu dienen, mit verschiedenen Ehren und Titeln versehen« (Plutarch).[151] Das Prinzip des zweiköpfigen Janus der Römer entspricht daher nicht überraschend dem 64-Hexagramm-System und damit dem »einfachen Mondlauf« (synodisch), bei dem je sechs Drachen aufsteigen oder absteigen, Winter- und Sommersonnwende, das Prinzip auch der hebräische Jakobsleiter bzw. des zwölfteiligen Tierkreises, der Basis der Sonnenkalender.

Vor dem römischen Janus stand an der Zeit-Schwelle Cardea, ein anderer Name der Minerva (Mond) oder der babylonischen Mondgöttin Danu; von Cardea leitet sich das Wort für die Kardinalpunkte im Raum ab, die vier »Himmelsspitzen«, in ihrer (Cardeas) Macht steht es, wie Ovid überlieferte, das Verschlossene zu öffnen und das Offene zu schließen – sie ist die ursprüngliche Personifikation des dreizehnten Mondes (Vollmond), bis der Heros (Sonne) ihre Funktion übernahm. Sie hütet den Schlüssel zu dem vom »Hüter der Schwelle«, dem »Bewußtsein«, versperrten Schloß an jener Tür, die in eine Welt führt, in der sowohl Vergangenheit als auch Zukunft gleichzeitig überblickt werden können, den Neujahrspunkt. An dieser Schwelle zwischen Oberwelt und Unterwelt, stand auch Odysseus, der Ithaker, der seinen Ahnen begegnete.

Bei meiner Ankunft auf Ithaka grüßte nicht wie bei Odysseus die Venus vom Morgenhimmel, die den »König des Tages«, die Sonne, ankündigt, während ihr einst männlicher Gegenpart, den man auch Lucifer nannte, als Abendstern die »Königin der Nacht« ankündet. Sein Name »Lichtbringer« bedeutet »ein scheinendes Kind, zu Sonnenaufgang oder Sonnenuntergang geboren«.[152] Während das Licht des Tages zum »König« wurde, stürzte sein scheinbarer Widerpart, das Licht des Mondes, vom nächtlichen Sternenhimmel, der zum Sinnbild der Hölle wurde. Sein Symbol, das Horn, bewahrte man in der skandinavischen Mythologie unter Yggdrasil, dem heiligen Weltenbaum, auf. Es befand sich den Finnen zufolge »in der Mitte des Himmels«, und seinem Klang schrieb man die gleichen magischen Eigenschaften zu wie dem Heiligen Gral. Das »Horn«, das den Göttertrunk enthielt, Honig, Met, war das Symbol des vollen Mondes, in Ägypten von Nut, der Mutter der Isis, der Kuh oder Mutter des Himmels und »Spenderin flüssigen Lebens«.[153]

»Weitsichtbar« ist Ithaka an klaren Tagen wohl nur vom Osten, vom Festland her, und vom Süden, wenn man der Küstenlinie folgt. Im Altertum segelte man von Kyllene, einem Hafen an der Westküste des Peloponnes in der Provinz von Ellis zu den Ionischen Inseln, worauf sich Homer im vierten Buch der Odyssee bezieht. Nur wenn man die alte Seefahrerroute berücksichtigt, wird die Angabe, Ithaka liege »ganz oben im Salzmeer« verständlich. Man richtete sich nach den Gestirnen, nach der Küstenlinie und vor allem nach der Zeit, die man benötigte, um von einem Hafen zum anderen zu gelangen.

Homer soll die Insel besucht haben, bevor er die Odyssee schrieb. Die nautischen Kenntnisse prähellenischer Seefahrer waren in den »dunklen Jahrhunderten« verlorengegangen. Während »Atlas« die »Tiefen des Meeres« gekannt hatte, das ägäische Völker seit nachweisbaren 7000 Jahren befuhren, gehörte eine derartige Kenntnis zu Homers Zeiten bereits einer sagenhaften Vergangenheit an. Heroen wie Odysseus oder der walisische Bran, der von seinem Zwilling Belen (Widder) verdrängt werden würde, reisten alle über das Wasser, den Okeanos, um in das paradiesische Land ihrer Ahnen zu gelangen, ob wie Odysseus zu den Phäaken oder der Babylonier Gilgamesch nach Atlantis, oder der Walise Bran über den Atlantik. Ihr Ziel war das Totenreich, im nordischen Mythos Utgard, das der Held Thorgil sucht. Kosmischerseits spiegelt sich bei derartigen Reisen der siderische »himmlische« Mondwandel durch den »Erdkreis« oder Tierkreis, durch das Jahr, die Zeit, wider, im inneren Kosmos die Reise des Bewußtseins oder Egos in das Unbewußte, die Unterwelt. Jede Kultur, die diese uralte »Legende« bewahrte, gab ihr ein äußeres Gewand, das der jeweiligen eigenen Umwelt entsprach; Homer, der Weitgereiste wählte Ithaka und als seinen Helden Odysseus nach einem historischen »König«, den es tatsächlich auf Ithaka gegeben hatte, wie Münzfunde belegen. Daß der »Sänger« Homer als blind überliefert ist, weist ihn als »Seher« aus, als Barden und Hüter alten Weisheitsguts.

*

Ithaka besteht aus zwei Halbinseln von etwa gleicher Größe, die durch den Isthmus des Ätos verbunden werden, der an seiner schmalsten Stelle nur 620 Meter breit ist. Nördlich erhebt sich der Berg Anogni, Homers Neriton, südlich der Berg Merovigli, Homers Neion. Dazwischen liegt der Aëtos. Auf seinem Gipfel entdeckte Heinrich Schliemann die »Kyklopenmauer«, die der Volksmund die »Burg des Odysseus« nennt. Mittlerweile konnte nachgewiesen werden, daß es sich dabei um eine Burg aus späterer, klassischer Zeit handelte.

»Rauh« sieht Ithaka nicht aus, nicht auf den ersten Blick. Weichfließend sind seine Konturen und überraschend feminin. An sanft und bewaldeten, dann wieder steil und zerklüftet ansteigenden Hängen vorüber, die sich zum »hochaufragenden Neriton« türmen, zieht das Fährschiff in eine sich jäh auftuende Bucht hinein, den Golf von Aëtos, Homers Reithron. Noch wirkt die Insel unbewohnt, bis sich, überraschend für jeden, der Ithaka zum erstenmal besucht, hinter einer schmalen Durchfahrt einer der größten und sichersten natürlichen Häfen des Mittelmeeres auftut, der Hafen von Vathi.

»Zwei schroffe Felsen sind in ihm, steil abbrechende Küsten, jedoch nach dem Hafen sich senkend, die nun halten die große Woge der widrigen Winde draußen zurück, im Inneren ruhen die gutüberdeckten Schiffe unangebunden, wenn einer die Landung erreicht hat.« So beschreibt Homer den Hafen des Phorkys im Gebiet von Ithaka, in dem die Phäaken landeten.

Der Überlieferung nach soll die Landung in der Bucht Dexia erfolgt sein, die sich hinter einem der beiden Landvorsprünge verbirgt, welche die Einfahrt nach Vathi einengen. Dagegen spricht Homers Beschreibung. Sie trifft auffallend auf den heutigen Hafen von Vathi zu. Vathi bedeutet »tief«, und Homer nennt den Hafen »vieltief«.

Von röhrenden Motorrollern, schnatternden Touristen und einheimischen Reisenden eingekeilt, betrat ich Ithaka. Entlang der Hafenpromenade ziehen sich pastellfrohe Häuser. Ein kleiner Junge, Tortenschachteln voll köstlicher Leckereien wie einen Schutzschild vor sich her balancierend, schlängelte sich gekonnt durch die Masse der An- und Abreisenden. Ich bemerkte einen alten Mann, der auf einem alten Moped saß; die Kappe schief ins verwitterte

Gesicht gezogen, bildete er inmitten des hektischen Treibens eine kleine Insel der Ruhe. Ich sollte ihn noch öfter so unbeweglich sitzen sehen. Stets mustert er, ohne einen Muskel in dem durchfalteten Gesicht zu bewegen, den über das Fallreep auf den Pier strömenden Menschenstrom. Tag um Tag saß er da und wartete, doch niemand kam. Nachdem das Fährschiff ablegte, fuhr er davon, um nach wenigen Stunden wiederzukommen und wieder zu warten und wieder wegzufahren.

Taucht man in eine der schattigen Nebenstraßen ein, gelangt man über eine sich steil nach oben windende Steintreppe zu einem herrschaftlich wirkenden Haus, das über die Bucht und den Hafen blickt – Poppys Haus, in dem ich während meines Aufenthaltes auf Ithaka wohnen würde. Auch ihr Schicksal sollte sich wie das so vieler seit Odysseus auf dieser »rauhen« Insel erfüllen. Als Tochter einer wohlhabenden Familie und Angehörige des britischen Empires in Ägypten geboren, mehr in Afrika als in Europa zu Hause, mit einem Ithaker verheiratet, der sich nach finanziellen Verlusten auf seine Heimatinsel zurückgezogen hatte, den in England lebenden Kindern entfremdet, verwitwet und plötzlich mittellos, blieb Poppy den Ithakern fremd. Das rauhe Ithaka, »gut für der Jugend Aufwuchs«, steht in die Gesichter der Männer in den Tavernen eingeschrieben. Es macht hart und auch grausam. Der Verlust einstigen Reichtums wird zur gerechten Gottesstrafe für die Fremde, und von irdischen Gesetzen vollzogen. Nicht die Ehefrau beerbt den Mann, wenn kein Testament das ausdrücklich festhält, sondern die Familie des Mannes. Während Alter, Einsamkeit und Erinnerungen wie Gespenster durch die hohen Räume irren, in denen kostbare Möbel und vergilbte Fotografien an eine bessere, kosmopolitische Vergangenheit erinnern, erwartet die Verwandtschaft des Mannes den Tod der noch Lebenden, die mit viel Talmi und Schminke die äußere Fassade aufrechtzuerhalten versucht. Das Klicken der hohen Absätze, das Flattern seidiger Gewänder, der blutrot nachgezeichnete Mund und die schwarzumrandeten Augen der über Sechzigjährigen, die sich an einer längst entschwundenen Jugend festklammert, stellten eine traurige Rebellion dar, der ein Sprung über die Klippen am höchsten Inselpunkt ein jähes Ende setzen würde. Auch das ist ein griechisches Frauenschicksal, wie das der Penelope, der Fremden, der Gattin des Odysseus, die zum unsterblichen Wunschbild der geduldig-treuen Ehefrau werden sollte.

Odysseus, der »Listenreiche«, wollte nicht in den Krieg, er mußte selbst überlistet werden, sein vorgetäuschter Wahnsinn, den er mit Herakles gemein hat, sowie sein Zögern, sich wie ein König zu benehmen, sprechen für Odysseus, wenn sich daraus allerdings auch ein kräftiger Widerspruch zu seinen späteren »Heldentaten« ergibt. In prophetischer Weise pflügt er mit Hilfe von Ochs und Esel, Symbolen von Zeus und Kronos, bzw. Sommer und Winter, das Feld und streut in jede Furche Salz, um die verschwendeten Jahre zu symbolisieren. In der zehnten sitzt sein Sohn. Notgedrungen hält Odysseus den Pflug an. Der Name seines Sohnes Telemachos bedeutet »die entscheidende Schlacht«. Diese wird im zehnten Jahr stattfinden. Tiefgründig verbirgt sich hier Zahlensymbolik, denn die Zehn ist die »Mutter« der Zahlen, die den »Sohn« gebiert, die »pythagoreische« Punktepyramide, nach der 1 + 2 + 3 + 4 Zehn ergeben: Im Inneren verbirgt sich die geheimnisvolle fünfte Essenz, und nimmt man für die drei Dreiecke der Pyramide jeweils vier Punkte an, insgesamt zwölf, das Mysterium des Dreizehnten. Dem wiedergeborenen »Sohn«, Eins, hat sich die »Nichtzahl«, die eiförmige Null, Symbol für den Urgrund, das Chaos oder Nicht-Sein, beigestellt; die Null kann sich nach der Zahlenlehre nur verwirklichen, wenn ihr eine Zahl, das Symbol für die verkörperte Materie, vorausgeht – der »Sohn« wird AUS dem Geist, aus dem Nicht-Sein, aus dem Chaos, wiedergeboren.[154]

Seither hat der Krieg die Insel nicht verlassen, die im Verlauf so vieler Eroberungen verarmte. Ganze Dörfer, zum Schutz vor Piratenüberfällen in die Berge verlegt, stehen heute verlassen. Die schönen venezianischen Häuser, die von einer der seltenen friedlichen Epochen Ithakas künden, wurden bei einem katastrophalen Erdbeben in den sechziger Jahren zerstört. In den verlassenen Häusern von Paleochora, hoch oben in den wildromantischen Bergen, findet sich manche byzantinische Kostbarkeit. Die Heiligenbilder in den von der Macchia bedrängten Ruinen, die schutzlos Wind und Wetter ausgesetzt sind, fordern zum Nachdenken über die Vergänglichkeit alles irdischen auf. El Greco besuchte die Insel und hinterließ ihr eine Ikone und Salvadore Dali setzte Ithaka mit seinen Zeichnungen ein künstlerisches Denkmal.

Ich stand am Aëtos-Isthmus. Wie die Wogen der »zwei Meere« zu meiner Rechten und Linken schwoll das Konzert der Zikaden an und ab. Vor mir zeichnete die Sonne tanzende Lichtkringel auf den duftenden Boden. Es roch betäubend nach Thymian und Salbei, nach Harz und Wald, und nach der allgegenwärtigen See. Inmitten von Olivenbäumen, deren Blätter wie kleine Silberfischchen im Wind hin- und herschwankten, liegt das, was vom Tempel des Lichtgottes blieb, den englische Archäologen während der dreißiger Jahre entdeckten. Sie hielten ihn für einen Turm aus klassischer Zeit.

Heute gilt als gesichert, daß es sich um einen Tempel aus dem 6. Jahrhundert v. Chr. handelt. In seiner Nähe befand sich ein Schrein, der auf die Zeit zwischen 900 und 600 v. Chr. datiert wird. Homer wird im achten Jahrhundert v. Chr. angesiedelt.

Irgendwo blökten Schafe. Vielleicht, so dachte ich, stand ich mitten in Homers Ithaka, in der Nähe des Marktplatzes womöglich, auf die der mit Athenes Hilfe mutig gewordene Knabe Telemachos die Freier zitierte? Hier befand sich eine Siedlung, die von der mykenischen Periode bis in das erste vorchristliche Jahrtausend durchgehend, also auch während der »dunklen Jahrhundert«, besiedelt war.

Während wir uns heute auf die Insel Ithaka beziehen, erwähnt Homer in zumindest zwei Passagen der Odyssee Ithaka als Stadt, die er mit der Insel gleichsetzt. Er nennt nur die Stadt und zwei Güter, die des Schweinehirten Eumaios und den Obstgarten von Odysseus' Vater Laertes, der eigentlich sein Stiefvater war, denn Odysseus gilt (auch) als »illegitimer« Sohn des Sonnenheroen Sisyphos – was sich vermutlich darauf bezieht, daß nun nicht mehr die Göttin bzw. ihre Priesterin den Adepten in die Mysterien einweihte, sondern ein Hohepriester. Aus Homers Angaben über die Entfernung zur Stadt schließt Prof. Symenoglou, der die Ausgrabungen auf Ithaka seit 1987 leitet, daß sich diese zwischen der Farm im Süden und dem Landgut im Norden befand, eben auf dem Isthmus des Aëtos, der das Meer in den Kefallnia-Kanal und den Golf von Aëtos, Homers Reithron, die »zwei Meere«, trennt. Auf diesem geschichtsträchtigen Boden, der sein Geheimnis noch für sich behielt, im Schatten eines Olivenbaumes, vom warmwürzigen Wind umschmeichelt, ließ ich mir frischen Feta und Oliven schmecken und fühlte mich dank dieser Göttergaben auch ohne Palast königlich. »Wir werden Euch Gaben bescheren wie früher« verspricht Odysseus, sofort nachdem er seine Heimatinsel erreicht hat, den »Nymphen, Nejaden, den Töchtern des Zeus«.

Die Nejaden waren nicht Zeus' Töchter, der wohl zu dieser Zeit um die Dominanz über die Göttin kämpfte, sondern Töchter der Todesgöttin Phorkis, sie sind die

»Schicksalsgöttinnen«, die Dreifaltigkeit der Demeter, und ein neuerlicher Hinweis auf die eleusinischen Mysterien, auf die auch Odysseus »vorgetäuschter Wahnsinn« hinweist, wie er bei ekstatischer Trance auftritt.

Zwei Eingänge hat die Nymphenhöhle, in der Odysseus der Göttin huldigte, so besagt die Überlieferung, einen für die Menschen und einen für die Götter, ein Loch in der Felskuppel, durch welches das Licht eines bestimmten Sternes bei einer bestimmten Konjunktion fiel. Auf einen derartigen Eingang, der zugleich Ausgang ist, stößt man auch bei der unterirdischen Zeremonienkammer der Hopi, der Kiva, in der diese zum Zeit-Ort des Mythos reisten. Kiva bedeutet wörtlich »die Welt unten«. In der Kiva befindet sich eine Dachöffnung, durch die eine Leiter ragt wie die Birke bei sibirischen Schamanen; Birke oder Leiter – die Himmelsleiter des hebräischen Jakob – symbolisieren den »Weltenbaum« oder die »Weltachse« auch der Kelten, die polare Achse, die auf das Loch in der Himmelskuppel verweist, durch das der Schamanen-Priester auf seiner INNEREN Reise und Achse in die »mythische Erde, in den Himmel«, reist. Eine derartige Höhle mit »zwei Eingängen«, die Nemeische Löwenhöhle bei Nomea in der Nähe von Kleone, zwischen Korinth und Argos, steht im Mythos auch mit Herakles in Verbindung, dessen Aufgaben in vielem denen des Odysseus ähneln.[155]

Herakles erste Aufgabe, der Kampf gegen den Löwen, Panther, Katze, der weiße Hirsch oder Falke – alles Tiersymbole, die der Göttin in ihrer ersten Mond-Triade heilig waren, war Teil des Krönungsrituals der Sakral-Könige in Griechenland, Kleinasien, Babylonien und Syrien (Kanaan). Besondere Bedeutung kam den Kalendertieren Stier, Widder, Löwe, Schlange, oder Stier, Löwe, Skorpion und Wasserschlange zu, den vier Bildern des Tierkreises, auf welche die Tagundnachtgleichen und die Sommersonnwenden fallen.

Die ägyptische Sphinx, die eine geflügelte Löwin mit einem Schlangenschwanz und einem (nubischen) Gesicht darstellt, ist ein Symbol für den Zyklus des Jahres und seiner Jahreszeiten, Überschwemmung durch den Nil, Anbau und Ernte, die, weil sie am Sternenhimmel als konstellare Gesetzmäßigkeiten eingeschrieben standen, mit der Göttin untrennbar verbunden waren. In der Bibel sind die Symbole der vier Evangelisten Matthäus, Markus, Lukas und Johannes, in Gestalt eines Menschen oder Engels, eines Löwen, eines Stieres und eines Adlers dargestellt. Dabei handelt es sich um die vier Tierkreiszeichen der Sonnenwenden und Tagundnachtgleichen des Stierzeitalters (ca. 4500–2333 v. Chr.), als die Wintersonnenwende in den Wassermann fiel, die Sommersonnenwende in den Löwen, die Tagundnachtgleiche des Frühlings in den Stier, und die des Herbstes in den Adler (später Skorpion).[156] Daß die gleiche Symbolik, die um mindestens 2000 Jahre älter ist als die geschichtlich angesetzte Geburt des Christentums, nach über viertausend Jahren noch immer unverändert verwendet wird, obwohl wir heute an der Schwelle vom Fisch-Zeitalter in das Wassermann-Zeitalter stehen, zeigt wiederum deutlich auf, daß eine ältere esoterische Überlieferung übernommen und – weil nicht mehr verstanden – als Istzustand in die Statuten einer Religion aufgenommen wurde. Das christliche Fisch-Zeitalter stand im Zeichen des Sternbildes Fische, wie das des keltischen Belen im Zeichen des Widders, davor war es der Minotaurus im Stier-Zeichen, Zwilling, Krebs (Skarabäus), Löwe, usw., einfach deshalb, weil die Sonne, früher der volle Mond auf der gegenüberliegenden Sprosse der »Jahresleiter«, etwa alle 2100 Jahre zur Frühlings-Tagundnachtgleiche in ein anderes Zeichen innerhalb des vermutlich seit den Sumerern zwölfgeteilten Zodiak eintritt.

Vor uns liegt der Beginn des Wassermann-Zeitalters, das in der universellen Überlieferung und bei Endzeitprophezeiungen verschiedener Kulturen eine bedeutende Rolle spielt, und das nach Berechnungen des französischen Institut Geographique National im Jahr 2010 beginnt. Diese Endzeit soll in ein »goldenes Zeitalter« überleiten, »Galiläa«, in jenen Zielpunkt einer Reise, die Jesus und seine Jünger nach Begegnung mit der »Samariterin« an einem Ort »Leben-im Tod« für zwei Tage unterbrachen – die zweitausend Jahre des Fische-Zeitalters? Das Neue Zeitalter soll in einem »neuen Himmel und einer neuen Erde« kulminieren, (Offenbarung Johannes 20,2,4,5 und 6), wohl in der fünften Welt, die auf den Untergang der gegenwärtigen vierten erfolgen soll. In ihr kehren nach den Hopi die (magnetischen) Pole an ihre Plätze zurück, was auf eine dem »Goldenen Zeitalter« VORAUSGEHENDE Katastrophe der Umpolung des magnetischen Feldes der Erde hinweist. Tatsächlich ist der heutige magnetische Nordpol eigentlich der südliche und umgekehrt, weil es in unserer Vergangenheit bereits zu einer Umkehrung der Polarität des magnetischen Feldes der Erde gekommen war. Nach der Drangsal der Tage, die jedoch »um der Auserwählten willen werden abgekürzt«, wird sich die Sonne verfinstern und der Mond nicht mehr scheinen, die Sterne werden vom Himmel fallen und die Kräfte des Himmels erschüttert werden. Dann wird das Zeichen des Menschensohnes am Himmel erscheinen ... »Jenen Tag aber und jene Stunde weiß niemand, auch nicht die Engel des Himmels, auch nicht der Sohn, nur der Vater allein.« All das brachte man stets mit der Wiederkehr eines Messias in Verbindung und nichts dergleichen geschah während der letzten zweitausend Jahre, weshalb manche frühen Christen zum alten Glauben zurückkehrten und in mystischen Bruderschaften mündeten, die erbarmungslos ausgerottet wurden. Trotz dieser Verfolgung überlebte das uralte mystische Weisheitsgut im Untergrund – und in den Mythen.

Entkleidet man den Mythos seiner symbolischen Sprache, bezieht sich die geweissagte Katastrophe auf eine von heftigen Vulkanausbrüchen und erdbebenartigen Erschütterungen begleitende Verlagerung der Erdachse, die mit einer Umpolung des Magnetfeldes der Erde in Verbindung steht. Wie bei einer in unserer VERGANGENHEIT geschilderten Katastrophe des »Unterganges der Erde« steigen in dieser PROPHEZEIUNG dicke Wolken vulkanischer Asche in den Himmel auf und verbergen Mond und Sterne und Sonne, deren scheinbarer Lauf sich verändert, weil sich die Stellung der Erdachse zu den Himmelspolen verändert. Fallende Sterne mögen sich auf Meteoritenschauer oder einen Kometen beziehen, der mit der Erde kollidiert, wie das vermutlich bereits mehrmals in der Geschichte der Erde geschah, vermutlich auch, als vor Millionen von Jahren die Dinosaurier plötzlich ausstarben. Nur die sich etablierenden Kirchenväter der christlichen Religion legten die Wiederkunft des Messias in einer unmittelbaren Vergangenheit fest, während Judentum und Islam, die auf die gleichen Überlieferungen zurückweisen, sie im Sinne der alten Prophezeiungen noch erwarten; feststeht jedenfalls, daß es nach dem Auftreten des christlichen Messias zu keinem »Untergang der Erde« gekommen war und daß die letzten beiden Jahrtausende den Menschen alles andere als »goldene« Zeiten beschert hatten. Unabhängig von den Prophezeiungen der Wiederkunft eines Messias oder Neuverkünders einer uralten Botschaft, der in der christlichen Welt, die ihren Messias bereits hatte, zum Anti-Christus werden mußte, auch um die Diskrepanz zwischen dem nach dem Willen der Kirchenväter rein vermännlichten Messias Jesus v. Nazareth und dessen anderer »weiblichen« Seite, Christus, auszugleichen, stehen die Zeichen unserer Zeit auf einen Sturm ausgerichtet. Vor ihm warnen die Prophezeiungen moderner Propheten wie des Club of Rome scheinbar ebenso vergeblich wie Propheten früherer Zeiten. Daß eine von den Maya in ihrem Heiligen Kalender, dem Tzolkin, vorausberechnete »galaktische Synchronisation« der Erde 2012 stattfinden soll, etwa zu jenem von der modernen Forschung errechneten Zeitpunkt, an dem das kosmische Wassermann-Zeitalter beginnt, ist wohl kein Zufall – das Verhalten kosmischer und irdischer Zyklen ist exakt berechenbar, das der Mensch nicht.

Gehen wir dem Ende eines kosmischen Zyklus entgegen, der mit dem Auftreten Odysseus als Proto-Archetypen begann? Jedes Ende ist zugleich ein Anfang und Nausikaas Welt mußte untergehen, damit Odysseus' Welt geboren werden konnte.

Wieder durchwanderte ich einen Olivenwald zur Mittagsstunde. Die Luft vibrierte vor Hitze. Eine steile Sandstraße führt den Hang hinauf zur »Höhle der drei Nymphen«. Dunkelgrün hochragende Zypressen, die sich wie Zeigefinger aus der silbrigen Laubkuppel des Olivenwaldes himmelwärts recken, deuten schon von weitem auf den einstigen heiligen Ort hin. Die Zypresse gilt noch heute als »Friedhofsbaum«, als ein Baum, den man an Orten des Todes pflanzte. Darüber ragt steil das zerklüftete Felsmassiv des Neion empor. Unter mir lag im gleißenden Licht Vathi. Von hier oben wirkte die in den Hafen einlaufende Fähre wie ein Spielzeugschiffchen. Über die Berge schwang sich der zittrige Ton einer Glocke, die für einen läutete, der »heimgekehrt« war.

Welcher Art der Tod war, der die Initianten hier einst erwartete, beschreibt die Inselüberlieferung. Als ängstliche Kinder betraten junge Männer die Höhle, um sie als Männer, die weder Tod noch Teufel fürchteten, zu verlassen. Was in ihr wirklich geschehen war, erfuhr niemand, denn keiner der Initianten sprach oder spricht je wirklich darüber. Im traditionellen Afrika finden diese Riten noch heute statt.

Als Kinder betreten die jungen Menschen die Rundhütten, um sie als Frauen und Männer zu verlassen.

Außerhalb der Öffnungszeiten verschließt heute ein Gitter die Nymphenhöhle. Sicher ist sicher, denn niemand kann sagen, ob sich in ihren Tiefen nicht die sagenhaften Phäakenschätze verbergen, mit denen Odysseus nach Ithaka zurückkehrte. Natürliche Erosion und die vielen Erdbeben, die Ithaka immer wieder erschüttern, machen Grabungen unmöglich, weil Tonnen von Gestein bewegt werden müßten. Doch handelte es sich bei den Geschenken der Phäaken vermutlich um geistige Schätze, und so muß eine Suche nach weltlichen Kostbarkeiten bis in alle Ewigkeit fruchtlos bleiben.

Eine Öffnung im Fels führt in einen schmalen Gang, dessen glitschige Wände eisige Kühle ausströmen. Der Weg geht weiter, hinein in den »Schoß der Erde«. Unnötigerweise wird die Höhle bunt beleuchtet und von einem Endlosband tönt griechische Folklore. So gelang es mir nur mühsam, die einstige Stille des heiligen Ortes einzuatmen. Ein Block, rechteckig, mit eingekerbter Vertiefung, erinnert an einen Opfertisch. Drei dreieckige Steindolmen stehen, die Spitzen einander zugekehrt, unter dem »Eingang für die Götter«, durch den nun gleißend ein Tagesfunke fällt. Es gelang mir nicht, in Erfahrung zu bringen, ob sie so gefunden oder später hier aufgestellt worden waren.

Welcher Stern sollte bei seinem Aufgehen durch die Öffnung »eintreten«? Alte Erdheiligtümer waren je nach ihrer geodätischen Lage stets auf den Aufgang eines bestimmten Sternes ausgerichtet, der einen Namen erhielt und zur Schutzgottheit wurde.

Homer erwähnt »Mischgefäße und zweigehenkelte Krüge, steinerne«. Handelte es sich dabei um Begräbnisurnen der Ahnen? Auch »Webstühle aus Stein, sehr große«, sollen sich in der »dämmrigen, lieblichen Höhle« befunden haben, denn an dem heiligen Ort der Nymphen, welche Nejaden genannt sind, »bauen sich drin ihre Nester die Bienen«. Abgesehen davon, daß es hier vermutlich wirklich wilde Bienen gab, deren Honig sehr geschätzt wurde, ist die Biene ein Symbol für die »Matrix« der Großen Mutter, dessen sich noch die Alchemisten des Mittelalters bedienten; Aphrodite wurde als Biene dargestellt wie Q'ar oder Kar, die »Bienengöttin Kretas«. Vom lauten Summen einer Biene umgeben, wird Aphrodites Sohn, Eros, das einst zweigeschlechtliche Kind als erste Schöpfungsursache, als erster logos, geboren, den (die) man auch Phanes, »Offenbarer« nannte, und ebenso Dionysos, das »göttliche Kind«, das »Neujahrskind«, der »Vorläufer des Christus« wie ihn irische Barden nannten.[158] Er war die Frucht der Heiligen Hochzeit zwischen Bewußtsein und Unterbewußtem, der (die) durch den Christusgeist, früher durch die Göttin vom Meere, durch göttliches Überbewußtsein, das die geistige Ekstase schenkt, mit »Gold« Beschenkte, Erleuchtete, und dadurch Wiedergeborene; und so war die berühmte Höhle der drei Nymphen wohl ein eleusinisches Heiligtum. HIER, wenn auch vielleicht nicht gerade in dieser Höhle, denn Homers Beschreibung deutet auf einen landungsnäheren Ort hin, trat der Seelenreisende Odysseus vermutlich seinen Weg an, der ihn in die Unterwelt und schlußendlich zu den Phäaken führte. Hatte Homer den esoterischen Kern der Überlieferung nicht mehr gekannt oder ihn aus Schutzgründen durch äußere Beschreibungen derart verschleiert, daß er nur dem oder der »Eingeweihten« verständlich sein konnte? Der Gegensatz zur Ilias, die das archaische Kriegertum vergöttlicht, ist nicht zu übersehen und führte auch zu vielerlei Spekulationen um die Autorenschaft der Odyssee. Doch dieses Rätsel ist wohl nicht mehr zu lösen.

Oberhalb der Höhle steht auf der Bergkuppe eine kleine, weiße Kapelle. Zog über den von unzähligen Füßen in den

Berghang gemeißelten Pfad, den die wuchernde Macchia beinahe unsichtbar macht, einst der Zug der Priesterinnen? Den Bruchteil einer Sekunde lang schien es mir, als ob ich ihre Gesänge hören könnte. Oder war es der jäh aufspringende Wind, der sich in den Bäumen fing? Auch beleuchtete kaum die Sonne die Zeremonie der Tänze und Gesänge, die vermutlich hier zu Ehren einer Jahreszeitengöttin die Bergkuppe belebten. Vermutlich fand sie unter der Kuppel des Sternenhimmels statt, die in griechischen Nächten die Erde umfängt wie eine Liebende. Es waren wohl auch orgiastische Riten, worauf Penelopes Name, »die mit einem Netz über dem Antlitz«, hindeutet. Fand hier die Schwängerung Penelopes durch die »Freier« statt, aus der Pan, der Hirtengott hervorging, ein anderer Name des Dionysos – die »Heilige Hochzeit« zwischen Initiant und Priesterin, als deren Resultat das »heilige Kind«, das Über-Bewußtsein des Adepten oder Neophyten und dessen Unsterblichkeit geboren wurde? Das »minoische« Kreta war von den Mykenern erobert worden und die Riten und Bräuche der Religion der Großen Mutter waren von den Eroberern wohl nicht nur übernommen, sondern auch bereits abgewandelt worden – aus einstigen geistigen Kriegern waren zunehmend körperliche und angriffslustige Krieger geworden. Auch symbolisierten die »Freier« wohl ursprünglich die Tierkreiszeichen, mit denen sich die Mondin (der siderische Mondlauf) vermählt, wodurch als dreizehnter Mond das Kind geboren werden konnte, der »König«. Der (alte) König ist tot, lang lebe der (neue) König, das neue Jahr.

Pan, des Hirtengottes Orakelgabe mochte versiegt sein, aber seine Flöte tönte immer noch über die duftenden Weinberge im nördlichen Teil der Insel. Der Atem und die Lippen eines Knaben zauberten aus diesem uralten Hirteninstrument die süßesten Töne hervor. Ich lauschte dem kleinen Spieler, der mich nicht bemerkte, lange, während die untergehende Sonne die Weinreben vergoldete. Ist Pan, der Gott der sinnlichen Lust, tot, oder begruben wir ihn nur tief in unserer Schattenwelt, in der er nun ein Eigenleben führt? War dies ein dionysisches Gelächter, das über die Insel rollte, oder kündigte sich nur ein Gewitter an? Der Himmel war klar und die Flöte schwieg und schwergliedrig legte sich die Nacht über das Land, das wie die Höhle der drei Nymphen ihr Geheimnis nicht preisgibt.

*

Auch unterhalb des »Rabenfelsens« beim »Arethusa-Quell«, wo Eumaios seine Schweine geweidet haben soll, befindet sich eine Kulthöhle. Hier im Süden ist die Küste steil zerklüftet. Kleine Buchten mit strahlendweißem Kiesstrand und grünklarem Wasser laden zu ungetrübtem Badevergnügen ein. Oberhalb eines Abbruches stehen die kugelförmigen Häuser deutscher Zivilisations-Aussteiger, die sich auf der Flucht vor der Großstadt hierher in ein einfaches Inselleben zurückzogen. Es spricht für die Ithaker, daß sie die jungen Menschen aufnahmen. Ithaka ist, wie die meisten griechischen Inseln, eine Insel der Gegensätze. Während Poppy, die »stolze« angeheiratete Frau ein Fremdkörper blieb, läßt man die Deutschen auf einem Stück Land, das niemandem gehört und nicht bebaubar ist, gewähren, treu nach dem Motto »Jeder Reisende ist ein Einwohner Ithakas«. Auch diese jungen Deutschen sind Reisende auf der Suche nach einem verlorengegangenen »Gral«, den nach Homer noch so viele Dichter besangen.

An einem der hellen Nachmittage stand ich unterhalb des »Rabenfelsens«, wie er noch heute genannt wird, von dem sich der »Arethusa-Quell«, eine nun ausgetrocknete und von dichtem Wildwuchs überwucherte Rinne, tief in den Berg eingrub. Vom Landesinneren her dröhnte ein stetig anschwellendes Geräusch. Einer der Helikopter, von denen aus die Olivenhaine gegen Ungeziefer besprüht werden, schwang sich wie ein Rieseninsekt über die Felsen und kreiste auf das dahinterliegende, fruchtbare Land zurück. Die Umweltsünde bescherte mir ein seltenes Erlebnis. Von dem Gedröhn aufgeschreckt, erhob sich ein Schwarm Raben und schwirrte verstört über dem Feldmassiv, das diesen schwarzen Vögeln seinen Namen verdankt. Immer noch bewohnen Raben den »Rabenfelsen«! Nährten sie sich einst vom Fleisch der Opfertiere, der Schweine, die man über diesen Abhang der Hekate opferte, indem man sie in die Tiefe stieß?

Eumaios war dio, »gottähnlich«, ein Orakelseher und Schamanenpriester. Ein anderer mythologischer Schweinehirt ist Eubelus, der im Dienst der Göttin Marpessa stand. Auf Marpessa war ich auf der Insel Pharos als Spenderin des »göttlichen Marmors« gestoßen. Apollons vergeblicher Versuch, die Nymphe Marpessa zu vergewaltigen, ist überliefert. Offensichtlich versuchten sich die Eroberer vorerst erfolglos, die Mysterien der »Leben-im-Tod« anzueignen. Als Heros ihrer anderen, hellen Seite ist neben Apoll auch Triptolemos, wie Apoll ein Kuhhirt, überliefert, der im Dienst der »Kuh«, Io, »Mond«, stand. Bevor Demeter Eleusis »verließ« – verlassen mußte, weil sie verdrängt wurde und die Heroen die Mysterien übernahmen – unterrichtete sie Triptolemos, Eumolpos und Kelleus in den Mysterien. Kore, die »Gerstengöttin« in ihrer ersten Triade, brachte Triptolemos (Apollon) die Kunst des Ackerbaues bei, wie im irischen Mythos die weiße Saugöttin dem Helden Diarmuidod und wie im ägyptischen Mythos Isis die Möglichkeit der Kultivierung wilden Getreides entdeckte. Auf die einstige nötige Handlung der »Heiligen Hochzeit« zwischen Heros und Göttin bzw. deren Priesterin im Mysterium verweist auch noch der Ausdruck »bridegroom« für

Bräutigam in der englischen Sprache, »groom« bedeutet »Stallknecht«. Der Bräutigam war einst ein Kuh- oder Schweinehirt im Dienst der Großen Göttin, Licht- und Schattengeist waren noch miteinander vereint, Gott und Teufel noch nicht voneinander getrennt worden.

Und der Arethusa-Quell?

Arethusa gilt im Mythos als Tante von Aristaios, den sie, als er in Arkadien alle seinen Bienen verloren hatte, in den wunderbaren Palast der Nejaden unter Wasser einlud. Diese wuschen ihn mit Wasser aus einem ewigen Quell. Aristaios war der kultische Name des arkadischen Zeus, auch der des Apollon und des Hermes. Hesiod nannte ihn einen »Hirten des Apollon«. Derartige Unterwasserpaläste, auf deren Beschreibung man auch beim walisischen Vorläufer der Artus-Mythe stößt, symbolisieren stets die »Jenseitswelt«. Und alte Heiligtümer und Schreine befanden sich stets an unter- oder überirdischen Quellen, die erdmagnetisch bzw. geodätisch »starke« Plätze markieren.

Unterhalb der Schlucht der »Rabenfelsen« liegt dem Land vorgelagert eine grüne Kuppel, das Pera-Pigadi-Inselchen, eben groß genug, daß sich in seinem Landschatten eine Schiff ungesehen verbergen kann. Prof. Symeonoglou, der mich hierher begleitete, hält es für Homers »Asteris«, ein Name, der an Ast-Isis-Io-Asterie-Astarte-Ischtar usw. erinnert, an die »Schöpferin der planetarischen Kräfte«. Hinter der Insel lauerten die Freier, um Telemachos zu ermorden. Vergeblich, wie man weiß. Odysseus' Rache war bekanntlich furchtbar. Wieder dampften die Hallen vom Blut.

Asteris soll auf halbem Weg im »Sund«, der Ithaka trennt, liegen. Tatsächlich passieren die Fährschiffe die Insel in der Hälfte der Fahrzeit von Same nach Vathi, der »Bucht des Phorkys«.

Vermutlich handelte es sich bei Ithaka um eine ehemalige kretische Kolonie. Behauptet Odysseus nicht selbst, »aus dem geräumigen Kreta rühm ich mich herzustammen«? (Odyssee 12/200). Lüge und Wahrheit sind bei dem »Listenreichen« schwer zu trennen. Aber wem tischt Odysseus die »Lüge« auf – Eumaios, dem »Seher«!

Der vermännlichte Phorkys, nach dem der Hafen Ithakas von Homer benannt wurde, galt als der »alte, weise Mann des Meeres«, ein Titel, der früher Ma.ria, »der vom Meere«, oder Eurynome unter anderem Namen, zugeschrieben wurde, die mit Sophia, »Weisheit«, gleichgesetzt wurde, der anderen weiblichen Seite des gnostischen Jehova. Phorkys' Beschreibung erinnert an den Utnaphisthim im babylonischen Gilgamesch-Epos, dessen Beiname »der über alles Weise« ist, ein Titel der Schamanen-Priester und späteren Sakralkönige bzw. Hohepriester, die in die Mysterien eingeweiht waren. Utnaphisthim (Phorkys), der Atlantis noch kannte (!), fordert Gilgamesch auf, sechs Tage und sieben Nächte lang ohne einzuschlafen auf seinen Geist zu achten.

Das ist eine Übung des Yoga Nidra, des Yoga des Schlafes, der Hindu. Der Yogi beobachtet, wie sich sein Geist zuerst in den sogenannten hypnagogischen Zustand und dann in den Traumzustand begibt, wie er schließlich »aufwacht« zum wachen Geist auf der Astralebene, von der aus er auf seinen physischen Körper herabblicken kann.

Schließlich gelingt es ihm auch, den Astralkörper abzustreifen und sich zu den höheren Ebenen des spirituellen Bereiches zu begeben. Gilgamesch aber schläft ein und schnarcht. »Schau Dir den starken Mann an, der (ewiges) Leben will«, sagt der Weise zu seiner Frau. Als Gilgamesch erwacht, erkennt er, daß die Suche nach seiner Unsterblichkeit umsonst war. Er ist ein Mensch wie alle anderen auch, dem sich die höchsten geistigen Bereiche, zu denen Utnaphisthim als Vertreter einer »versunkenen« Kultur noch Zugang hatte, verschließen.

Auch Odysseus schläft auffallend viel. Nicht nur der

Mythos, auch sein nichtgriechischer Name verweisen auf einen frühen Sonnenheros, dessen Initiationsaufgaben in der Odyssee mit den Abenteuern eines historischen Königs der mykenischen Epoche verschmolzen wurden, wie im Arthur oder Artus-Mythos ein englischer kriegerischer Fürst mit dem um vieles älteren walisischen, ja universellen »Fischerkönig« verschmolzen wurde, wodurch es hier wie dort zu vielerlei Unstimmigkeiten kam. Auf Ithaka wird Odysseus Ulysseus genannt. Ulysseus (Lat.) oder Ulixes leitet sich vermutlich von »Wunde« (Oulos) und »Hüfte« (isches) ab, dem Kennzeichen des »verletzten« Heilers. Verbirgt sich hier die Wortwurzel ut, auf die man auch beim »Vater« eines anderen »verletzten« Heilers, dem König Ar.tus, trifft – Utherpendragon, beim ägyptischen Namen der Großen Pyramide, »Ta chut«, die (das) »Geistselbsthafte«, beim Totenreich Utgard der nordischen Mythologie, im Namen der ägyptischen Schöpfergöttin Nut, beim Namen der Ägypter für die Unterwelt, Ta duat, beim ägyptischen Hekat bzw. dessen »Bruchteilen«, dem Heiligen Udjat der Isis- und Osiris-Mysterien, dessen Symbol das »Auge« war, sowie bei der alten Bezeichnung gälischer Völker für die erste Solminations-Silbe des Tones C, dem Symbol für Neumond/Sonne, heute do (re-mi-fa-sol-la-si)? Utherpendragon, Ythr ben dragwn, leitet seinen Namen von dem Kometen und zwei goldenen Drachen ab (Lewis Thorpe). Uther = Ythr und Ythr = Jesus![159] Des Saman Essenz ist Ud.githa, die Silbe AUM, lehrt eine vedische Schrift,[160] die Essenz des Chris-tus-Geistes in der Esoterik des Christentums. All das bezieht sich auf die »flüssige Essenz« der Göttin Nut als Mutter, auf Isis, das »Prinzip der Formgebung«, auf den Schöpfungsklang, das WORT, und dessen Gesetzmäßigkeiten, auf die Ur-Matrix der Großen Mutter!

»Der Weizen, reich an Ähren, und rot fließender Wein,

bilden Christi reinen Leib, des Sohnes Alpha« (Gwion).[161] Brot und Wein, der symbolische Ausdruck für die Vereinigung der zwei Seiten des Drachens oder der Schlange, »verdickt« und »verdünnt«, Materie und Geist, reicht Jesus Christus, der Dreizehnte, beim Abendmahl den Jüngern oder Neophyten, den zwölf Tierkreiszeichen (synodischer Mondlauf), mit denen Odysseus auf seine »Irrfahrt« aufgebrochen war, um einen nach dem anderen zu verlieren, um als siderischer Mond das Sonnenjahr zu durchwandern. Daß sich im walisischen Artus-Mythos, der eindeutig »christliches« Gedankengut vorwegnimmt, noch andere Übereinstimmungen zum Odysseus-Mythos bzw. zu vor- und noch frühchristlichen Mysterien verbergen, überrascht demnach nicht. Darauf deutet auch die Beschreibung des alten Britanniens in »De excidio Britanniae« von Gildas aus dem 6. Jahrhundert hin, das mit einer »Stadt«, wohl einem Heiligtum, an der Mündung von zwei »edlen Flüssen« (Themse und Severn), sowie von »acht und zwanzig Städten« gleichgesetzt wurde.[162] Die zwei Flüsse beziehen sich wie auch die beiden Meere in Homers Beschreibung Ithakas auf die beiden entgegengesetzten Richtungen des solaren Zeitgeschehens, das nur der Mondwandel als Einheit zu vermessen vermag, in deren Überschneidungspunkt – das Symbol des dreizehnten siderischen Mondes – sich das Kraftzentrum befindet, das »Auge«. 28 ist nicht nur die lunare Anzahl der Tage des siderischen Mondlaufs 13x im Jahr, sondern auch die kabbalistische Aufschlüsselung der Zahl Sieben (1 + 2 + 3 + 4 + 5 + 6 + 7), und die Siebenzahl war, bevor sie durch die feurige Sonnenzahl Acht von ihrem »Ort der Ehre« verdrängt worden war, die heilige Zahl der lunaren Kosmologie.

Odysseus' Aufgaben und Abenteuer verweisen auf eine innere Initiations-Reise wie sie der Sakral-König, der sich »mana« aneignen, göttlich werden, wollte, um an der Seite einer Hohepriesterin, welche die Göttin symbolisierte, herrschen zu dürfen, ursprünglich bewältigen mußte. Phorkys, der wahrscheinlich mit Eumaios, dem »Schweinehirten« gleichzusetzen ist, ein Schamanen-Priester im Dienst der »Saugöttin« Hekate (Neumond/Sonne), der »Todesgöttin«, soll mit Keto Ladon, Echidne und die drei Gorgonen, die in Libyen wohnen (!), gezeugt haben. Im hebräischen Mythos entspricht Keto Rahab, im babylonischen Tiamat, dem »Meerungeheuer«, das von Marduk (Baal, Bel) besiegt wird, wie Apoll die Schlange aus Delphi vertrieb und Herakles die Hydra im korinthischen Lemnos besiegt, und wie auch Odysseus seine Aufgaben bewältigt. Tiamat symbolisiert das noch unerschaffene Chaos, die Mutter als Matrix. Sie wird auch mit Elektra, der »Spenderin« des begehrten, nordischen Bernsteins gleichgesetzt, auf den man in mykenischen Schachtgräbern stieß. In der Ilias ist die »Bernsteinstraße« im Zusammenhang mit den Phäaken erwähnt.

Elektra, auch eine Pleiade, verweist nach Kreta, in der sie als Meeresnymphe in einer Höhle gelebt haben soll. Deren Töchter waren die Nereïden oder Najaden, denen Odysseus Opfer »wie früher« darzubringen verspricht. Man nannte sie auch Harpyen, »Ferkel«, und Phorkiden – sie sind gleichfalls ein Sternbild; ihre Mutter ist die Mutter Erde – der Erdkreis, bzw. der Jahreslauf der Erde durch den Tierkreis um die Sonne.

Keto, Phorkys »Frau«, ist Ker oder Kar oder Q're, die »Biene«, Aphrodite usw., und ihr Sohn Ladon die Orakelschlange, die sich um den Paradiesbaum windet, wie sich die aufsteigende Schlangenkraft Kundalini in den beiden Nervenkanälen um die Wirbelsäule windet. Das dritte Kind der Keto Echidne, wird vom hundertäugigen Argos getötet – eine Überlieferung, die nach Ranke-Graves auf eine Veränderung der Religion und einen damit Hand in Hand erfolgenden Kalenderwechsel hinweist – 100 lunare Monate ergeben acht sakrale Jahre, welche die Sakralkönige an der Seite einer Hohepriesterin herrschten. Zuvor waren es 50 Monde und vier Jahre gewesen. Daß noch die Göttin im Mittelpunkt des Sakralkönigtums stand, belegt ihr Name Hekate, »Hundert«, deren Symbol die Spirale und deren Gesetzmäßigkeiten die Bruchteile oder Fraktalen des »Auges« waren, das heilige Udjat der Ägypter, das den 64 Hexagrammen des I-Ging entspricht.

Die mit den Phorkiden verwandten 50 Nereïden waren eine Gemeinschaft von Mondpriesterinnen, die magische Riten praktizierten. Man nannte sie Gorgonen, weil sie Masken trugen. Diese Masken, gar schrecklich anzuschauen, dienten dazu, Unbefugte von den Mysterien fernzuhalten. Noch in historischen Zeiten zierten die Türen der Öfen griechischer Bäcker Gorgonenmasken, um ein frühzeitiges Öffnen zu verhindern, wodurch das Brot verderben würde. Gorgonenhaupt nannten die Orphiker das Antlitz des Mondes! Die orphischen Riten, in deren Mittelpunkt wie bei den Dionysosriten bereits das »Neujahrskind« stand, hatten die Eleusinischen Mysterien abgelöst, bei welchen der Adept noch der Tochter begegnete. Gorgonen sind nur ein anderer Name für die Priesterinnen-Gemeinschaft der Mainaden, »mit dem Netz über dem Antlitz«, dem Namen von Odysseus Gattin Penelope, die dadurch als Hohepriesterin ausgewiesen wird, deren »Sakralkönig« Odysseus sich dem Mysterium unterzog.

Skylla, das bellende Ungeheuer mit sechs Häuptern und zwölf Füßen, gilt gleichfalls als Tochter des Phorkys. Beides sind Kalenderzahlen und die Mutter war ursprünglich der Mond bzw. der »Erdkreis« oder die »lunare Achse«; die sechs Häupter entsprechen den sechs Drachen im I-Ging und weisen wie die Zahl Zwölf auf den synodischen Mondlauf hin, den »Weg der Erde« oder den »einfachen Mondlauf« in zwölf Stationen, durch die auch der christliche Jesus von Nazareth vor seinem Opfertod als Sonne sein Kreuz, das Symbol der Materie tragen muß. Auch die schreckliche Gorgo ist eine solche Tochter. Einer ihrer anderen Namen war die schlangenhäuptige Medusa, die von Perseus getötet wird. Gorgo, die einer anderen Überlieferung nach keinesfalls ein Ungeheuer, sondern die »schöne Tochter« war, welche die Libyer im Kampf gegen Perseus anführte, wird von dem persischen Eroberer getötet. Als Vertreterin ihrer Kultur, deren mächtiges Symbol die Schlange war, verteidigt sie ihre Religion. Perseus besiegt Gorgo wie der lykische Bellerophon das »Monster« Chimära besiegt, das ein Kalendersymbol der Mondgöttin war, wie die Abbildung in einem hethitischen Tempel zeigt, das heißt die patriarchalen Eroberer besiegen die matriarchalen Kulturen und übernehmen deren Heiligtümer und das Mysterium; im inneren Kosmos besiegte der Heros seine eigenen Ungeheuer – sich selbst!

Schließlich sind auch die »Sirenen«, die mit ihrem Gesang die Reisenden in den Tod locken, Kinder des (der) Phorky(i)s, deren Mutter, Skylla, »die die reißt«, nicht überraschend als Tochter der Hekate überliefert ist. Auch die kretische Seegöttin stellte man als Polyp dar – einer ihrer vielen Namen war Arethusa, das »Meerungeheuer« bzw. »die-vom-Meere«, die Mutter der Götter, der kosmische Ozean. Womit sich wiederum ein Kreis schließt. Alle Spuren führen zu IHR, zur Mutterinsel nach Kreta, und weiter bis nach Libyen zu Neith-Athene zurück. Und es ist klar ersichtlich, daß es sich bei all diesen »Ungeheuern«, die Odysseus – wie andere Seelenreisende auch – besiegen muß, um die Relikte einer älteren und dämonisierten Religion handelt – die sirenischen Gesänge symbolisieren die magischen Gesänge, die zur Trance führen, und die »die reißt« ist die Beschreibung der Erfahrung der Zerstückelung oder des Todes des Schamanen auf seiner Reise durch die Tiefen der Unterwelt, die alle vergangenen Bewußtseinszustände, und damit auch die Vergangenheit versunkener Kulturen speichert.

*

Die Tage vergingen auch auf Ithaka schnell. Ich schwamm in der Bucht von Polis, unter deren meist spiegelglatter See eine versunkene Stadt, ein »Jerusalem« ruht, auch eine andere heilige Höhle. Ich erwanderte mir die malerischen Hafenstädtchen Friskes und Kioni und stand vor dem gewaltigen »Hermes-Felsen« nahe Anoghi in den Bergen, der auffallend an einen Hinkelstein erinnert. Abends saß ich zumeist mit Poppy auf der Terrasse des schönen, alten Hauses, unter uns lag die Bucht von Vathi, das bunte Lichter aufsetzte, auf dem Marktplatz spielten Kinder, und im Yachthafen reihte sich Yacht an Yacht. Jahr für Jahr werben Plakate für das Musikfestival, das jeden August Musiker und Sänger aus ganz Griechenland zum friedlichen Wettstreit nach Ithaka lockt. Das ist ein schönes Gedenken an jenen Sänger, der den bedeutendsten Heroen der Insel und damit auch Ithaka unsterblich machte, und damit auch Nausikaa und ihre versunkene Welt.

An Lazaretto vorüber verlassen die Fährschiffe den Hafen. Einst stand auf dem winzigen Eiland inmitten der Bucht eine Kirche, später wurde ein Gefängnis daraus. Beidseits der Hafeneinfahrt drohen von den Ruinen der einstigen britischen Verteidigungsanlagen alte Kanonenrohre. Der Krieg, den der göttliche »Städtezerstörer« mit gewinnen half, brachte seiner Insel kein Glück. »Ach wie sehr nur schieben die Menschen den Göttern die Schuld zu«, läßt Homer den Zeus sagen, »aber sie selber schaffen sich – über das Los – noch Leiden durch eigene Frevel«.

An einem windstillen Abend, an dem die ganze Insel

nach blühendem Jasmin duftete, nahm ich Abschied von Ithaka und von Poppy. In unseren Gläsern funkelte honiggelb der harzige Wein der griechischen Inseln, der nirgendwo sonst so sehr nach Griechenland schmeckt als im Angesicht seiner Meere und Inseln. Poppys Gesicht drückt die Angst vor der Wiederkehr ihrer Einsamkeit aus. Ich würde wiederkommen, versprach ich, aber meine innere Unruhe trieb mich fort. Zwei Jahre später kehrte ich nochmals nach Ithaka zurück, aber Poppy sah ich nicht wieder.

*

Ich saß auf einer Bergkuppe, das Gesicht empor, himmelwärts gewendet. Ich war allein. Neben mir brannte ein Feuer.

Ich war weder Mann noch Frau, weder jung noch alt, ich fühlte nichts und dachte nichts, war weder Hoffen noch Wollen, auch nicht Träumen.

Ich war die Priesterin, die Treppe um Treppe den Tempel hochstieg, war Tempel und war Treppe. Ich war der sterbende Mann in seiner Hütte, war Hütte und war Tod. Ich war die Frau, die ihr Kind gebar, war Kind und war der Mann, der es zeugte. Ich war Erde und Luft, Wolke und Regen, Wind und Welle. Tropfen um Tropfen floß ich in den Ozean und wogte vor und zurück; Körnchen um Körnchen rieselte ich auf die goldgelbe Düne, wurde abgetragen, verlor mich tanzend im Wind, rieselte nieder, verlor mich wieder, und tanzte – eine Ewigkeit lang.

Ich war das Korn, das auf den Feldern wogte, war Wurzel, Schaft, und Blatt und Blüte ...

Ich erwachte und fühlte die Schwere meiner Glieder und die Kraft meiner Gedanken, Wünsche und Hoffnungen. Die Kerze, neben der ich eingeschlafen war, war niedergebrannt und erloschen. WO war ich und WAS war ich gewesen?

»Den Mond ließ er glänzen, die Nacht ihm vertrauend, als nächtlichen Schmuck, die Zeit zu bestimmen«, heißt es auf der letzten der fünf Schöpfungstafeln der Babylonier. Für die Hopi kommen die »Schmetterlingsmädchen« aus den »Blumen der Erde« hervor, wenn das gelbe Licht im Osten und das fahlblaue Licht im Norden aufgeht. Der Mond, das gelbe Licht im Osten, und seine polaren Bilder schreiben den Weg der Erde in den Himmel, deren verlängerte Achse auf die jeweiligen Polarsterne als Fixierpunkte verweist. Die Polarachse oder Weltachse fixiert dadurch die Nord-Süd-Richtung, aufgrund derer nur die Ost-West-Richtung von Aufgang und Untergang von Sonne, Mond, Sternen und Planeten bestimmt werden kann. Ta Mari, eine altägyptische Hieroglyhpe, bedeutet »Magnet des Himmels« oder »Erde«, die »Anziehungskraft kosmischer Energie«. Den damit verbundenen Text übersetzte Schwaller de Lubicz als »Die Erde atmet (vibrierende kosmische Energie) durch den Norden (den magnetischen Pol) ein und manifestiert durch den Süden. Der Süden ist der Ort des Wachstums und der Ursprung der Manifestation. Wie von Samen zur Frucht bewegt sich die Manifestation durch Stadien nordwärts.«[163] Im alten China hieß der Kaiser des südlichen Meeres Shu, der Kaiser des nördlichen Meeres Hun, und der Kaiser der Mitte (Achse) Hun-tun. Diese »Mitte« ist nicht die Sonne als Zentralstern unseres Systems, sondern die »Himmelskönigin« alter Mythen, die auf der Achse der Milchstraße, auf der Achse unserer Galaxie wohnt und ihren Gegenpart, die eigentliche Mutter Erde im Mittelpunkt bzw. der Achse der Erde hat. Bei den Maya ist es das

»galaktische Herz«, Ziel- und Ursprungsort eines Kreislaufes, Zuvuya, jenes Stromes, durch den alles entsteht und in den alles mündet, der gleichzeitig vorwärts und rückwärts fließt, der Quelle zu; die moderne Astrophysik vermutet es als riesiges »Schwarzes Loch« mit ungeheuerer Anziehungskraft und nennt es »Great Attractor«. Wie das ch'i im I-Ging gleichzeitig Gefäß und Essenz, Organ und Werkzeug und die Verkörperung der Bilder des Himmels ist, ist auch das Zuvuya der Maya gleichzeitig die kryptische Sprache des kodierten Wissens um die Bedeutungen der VERSCHIEDENEN Zeitzyklen, die auf die Erde, den Magneten des Himmels, einströmen. Davon wußten auch die westafrikanischen Dogon, für die das Doppel-System Sirius (Sirius A und Sirius B, sein Trabant), das sowohl die alten Ägypter als auch die Maya kannten, das Zentrum eines galaktischen Systems ist, das sich bisweilen mit unserem System, das die Sonne als Achse hat, überschneidet, wodurch die verschiedenen Kalendersysteme entstehen.[167]

Nach Erkenntnissen der Maya, und ausgedrückt in der Sprache unserer Tage, erfolgt die Resonanz der Erde wie die Oszillationen einer riesigen elektromagnetischen Batterie, die zwei Hüllen besitzt, die »untere, lunare« und die »obere, solare«, die beide der Ionosphäre angehören, und sich 90 bzw. 105 Kilometer über dem »irdischen Meeresboden des elektromagnetischen Ozeans« befinden. Die Ionosphäre steht mit Oszillationen von circa 7,8 Zyklen pro Sekunde in Resonanz mit dem menschlichen Hirn, das, wenn es ebenfalls mit circa 7,8 Zyklen pro Sekunde oszilliert, in einen Zustand von samadhi, in die meditative Versenkung gerät. Weit überhalb der Ionosphäre befinden sich die Strahlungsgürtel, ein unterer und positiv aufgeladener »lunar-galaktischer Protonen-Gürtel« und ein oberer, negativ aufgeladener, der »solare Elektronengürtel«. Diese beiden »Gürtel« vermitteln wie eine zellulare Membrane die größeren elektromagnetischen Ströme, welche die Erde mit der Sonne und anderen Systemen des galaktischen Herzens verknüpfen. Der »Gedächtnis-Mantel« der Erde, ihre Psi-Bank, das »globale Hirn der Nus-Sphäre«, das Reich der Archetypen des evolutionären Gesamtzyklus, das mystische Königreich Shambala usw. ist in polarer Resonanz den äußeren Strahlungsgürteln zugeordnet.[165]

Zeit und ihre zyklischen Energien verstanden die Maya als das Ein- und Ausatmen des Heliokosmos (nicht nur der Sonne). Ilya Prigogine, der 1977 den Nobelpreis für Chemie erhielt, bezeichnet Zeit als eine Form der Symmetrieberechnung, die entsteht, weil die Erde eine Art Magnet im Raum ist, der (heute) die Nordrichtung auszeichnet. Er nennt die Zeit die »Achse der Welt«,[166] wie sie auch die alten Kulturen verstanden.

Der Mond maß und mißt FÜR die Erde das Strömen der Zeit, in der der Mensch nach seinem »Fall« ruht. Dieser »Fall« ist die in alten Mythen beschriebene Trennung von Himmel und Erde, der Vorgang der Bewußtwerdung des Menschen als rationales »Tier«, die endgültig und mit weitreichenden Folgen erst wahrhaftig vollzogen wurde, als man die Sonne als archetypisches Symbol aus der Ganzheit einer lunar-geozentrischen Kosmologie löste, die eigentlich eine heliokosmische Kosmologie war, in der jedoch die Erde im Mittelpunkt des Interesses stand.

Zeit und Raum lassen sich nicht voneinander trennen, wie wir seit Einstein wieder wissen. In unseren Träumen vermögen wir jedoch beides aufzuheben. Ein ganzes früheres oder zukünftiges Leben kann sich während jener Frist, in der unser Körper im Schlaf ruht, erfüllen. Im Traum überschreiten wir unbewußt jene unsichtbare Grenze zu anderen Dimensionen wie das auch im Augenblick des Todes geschieht, worauf Berichte von Nahtoderlebnissen hinweisen. Die Reise führt durch einen Tunnel, ein universell gültiges »entopisches« Symbol, wie es heute von der geistigen Reise des Schamanen bekannt ist, das durch die Funktion des menschlichen Nervensystems in veränderten Bewußtseinszuständen entsteht. Die Maya nannten den Tunnel oder Durchgang, der die verschiedenen Welten miteinander verbindet, Sipapu, er ist der Lebensstrang, der mit dem »galaktischen Herzen« in Verbindung steht, auch mit anderen Sternensystemen und Planeten, und der verschiedenen Welt-Perioden miteinander verknüpft, weil er jenseits von Zeit und Raum reicht. Am Ende einer Weltperiode ist Sipapu gleichzeitig als Wegweiser UND Weg zum Beginn der nächsten Weltepoche angegeben.[167]

Am Ende des »Tunnels« wartet nach übereinstimmender Beschreibung von Nahtoderlebnissen oder schamanistischen Erfahrungen eine Lichtgestalt, das Höhere Selbst, der reine Seelen- oder »Bewußtseinskern«, das wahre Ego, dem gegenüber es »wahrhaftig« zu sein gilt. Die eigentliche »Reise« beginnt erst danach! Der Schamanen-Priester oder Neophyt der Mysterien trat diese Reise BEWUSST an, während der sich Gedanken und Gefühle so realistisch äußern, daß sie sofort erlebt werden. Der derart Reisende bewegt sich in einer geistigen Welt, in der sich Gedanken und Gefühle, ohne körperlicher Handlungen zu bedürfen, sofort materialisieren! »Man kann sich in Räumen bewegen, die vollkommen dreidimensional sind und so ›real‹ wie irgend etwas, das in der äußeren Welt erfahren wird«. Die Realität des die Sinne gegenüber dem normalen Wachbewußtseinszustand verschärfenden ekstatischen Trance-Zustandes, kann »nicht nur Visionen, sondern auch Töne, Berührungen, ein Gefühl der Bewegung (des »Fliegens«), der Auflösung des Egos – des Unterschiedes zwischen ›Ich‹ und ›Nicht-Ich‹ (Sein und Nicht-Sein), und Veränderungen der Körpererscheinung«, inkludieren.[168]

Während derartiger bewußtseinsverändernden Erfahrungen, wie sie auch von Zen-, Yoga- und Sufi-Adepten im Zustand tiefer Meditation erfahren werden, verändert sich die Schwingung der Gehirnwellen von, im Zustand normalen Wachbewußtseins, 23 bis 30 Zyklen pro Sekunde, dem sogenannten Beta-Rhythmus, auf 8 und 13, dem Alpha-Rhythmus, einem Zustand »entspannter Aufmerksamkeit«. Ein schlafendes Gehirn produziert Schwingungen mit Spitzen zwischen 1 und 4, dem Delta-Rhythmus, während Träume in einem meditativen Zustand zu einer Erhöhung von 4 bis 7 Zyklen führen, dem Thetha-Rhythmus.[169] Bei 7,8 Zyklen, also zwischen der obersten Grenze des Thetha-(Traum) und der untersten Grenze des Beta-Rhythmus (Meditation), vermag das Gehirn mit den Strömungen der Ionosphäre in Resonanz zu treten. Der tief meditative oder Trancezustand liegt gerade unterhalb der Bandbreite der Gehirnschwingungen im bewußten Wachzustand, wie die mythische Erde der Hopi, die zeitraummäßig in die äußersten Bereiche des Universums zu führen vermag, sich gerade »über- oder unterhalb« unserer eigenen Erde, unseres Wachs-Bewußtseins, befindet. In sie kann der Schamane oder Adept der Mysterien oder der tief in Meditation versunkene Mensch NUR im Inneren reisen und die Reise führt entlang der subjektiv schwingenden Achse, dem »Herzen aller Ereignisse« BEVOR sie stattfinden, der inneren Polarachse des Menschen, die der ruhende Punkt im Hopi-Universum ist. Hier ist der Ort, um Ereignisse mit größtmöglicher Kraft zu »hegen, heranzuziehen und fortdauern zu lassen«.[170] Die Grenze zu diesem Reich der unendlichen Weiten des Bewußtseins bewacht der »Hüter der Schwelle«, das Wach-Bewußtsein, auch selbstschützend, denn wer mit ihm ohne entsprechende Vorkehrung (Initiation) oder Hilfestellung, etwa durch extensiven Drogengebrauch unvorbereitet konfrontiert wird, ohne das ihn eine Ariadne mit ihrem »Wollknäuel« sicher aus dem Labyrinth herausbegleitet, kann sich zwischen den »Welten« verirren und verrückt werden. Trance, die auf Drogen zurückgeht, erzeugt Gehirnschwingungen wie sie bei bizarren Alpträumen auftreten! Liegt hierin, weil die Menschen, als sie ihren eigenen »sechsten Sinn« verloren, sich mehr und mehr der Drogen bedienten, um die begehrte innere Ekstase zu erlangen, die Ursache dafür, daß mehr und mehr »Ungeheuer« die »Seele der Erde« bevölkerten? Von den San ist bekannt, daß sie sich der Droge nur bedienten, wenn ihr »num« trotz aller Bemühung »klein« blieb.[171]

Die Seele, so heißt es, steht als Ausdruck des Bewußtseins eines individuellen Seelen-Kerns, dem »Höheren Ego«, außerhalb der in einer bestimmten Frequenz schwingenden Zeit oder »Realität«, die wir als Umwelt erfahren, und vermag Vergangenheit, Gegenwart und Zukunft gleichzeitig zu sehen – für ältere Kulturen eine tiefe Erfahrung, die für uns, die wir uns so sehr in den Netzen der materialisierten Raum-Zeit verstrickten, schwer nachzuvollziehen ist. Sie hätten immer schon gewußt, daß die Zeit zeitlos ist, lautet etwa ein indianisches Sprichwort, nur der jüngere Bruder müsse es erst noch lernen. Daß die Vorfahren des weißen Mannes das gleiche Wissen besaßen, belegten Texte über Initiationen in außerkörperliche Erfahrungen und des Prozesses beim körperlichen Tod wie die ägyptischen und tibetischen »Totenbücher«; auch in Europa war noch während des Mittelalters die »Kunst zu sterben« – ars moriendi – bekannt.

Die Verteufelung des Symbols Schlange, das sich von Schamanismus ebensowenig trennen läßt wie von den eleusinischen Mysterien der Demeter oder den orphitischen Riten Griechenlands, das Symbol der befruchtenden und ewigen und anfang- und endlosen Zeit als eine Art »Überbewußtsein«, als kosmische »Lebensessenz«, die als Aufsteigen der Kundalini-Kraft zu Yoga, »Vereinigung mit

Gott«, oder als »num« bei den San zum Zustand göttlicher Ekstase, kia, führt, weist nachdrücklich darauf hin, daß dem westlich-christlichen Menschen die Praxis, in die erleuchtenden Weiten des Bewußtseins zu »fliegen«, genommen wurde, die alle Völker und alle Religionen einst praktizierten, auch wenn sie sich verschiedener Mittel bedienten. Der »Heilige Geist« kann nur in einen vorbereiteten Geist und Körper »herabsteigen«, was auch für die »zufällige« Inspiration zutrifft. Intuition strömt aus inneren Bewußtseinsräumen und ohne sie gibt es keine »göttliche« Inspiration wie sie den großen Künstler oder Wissenschaftler auszeichnet.

Das äußerliche Symbol der Erleuchtung, der weiße Vogel oder die weiße Taube, schon das Sinnbild der pelasgischen Schöpfungsgöttin Eurynome, ist nicht vom Symbol der Schlange zu trennen. Die geflügelte Schlange, der fliegende Drachen, oder die Schlange, die zum Vogel wird, kennen alle Mythen, im prähistorischen Amerika war es Quetzalcoatl – coatl heißt »Schlangenrock«![172] Bei den Hebräern wurde die »erhöhte Schlange« daraus, im Unterschied zur anderen, verteufelten Seite der »Schlange«, die »anzubeten« ein Edikt Moses verbot. Das Edikt, das sich auf all das, »das im Wasser unter der Erde ist«, bezog, meint offensichtlich die »Unterwelt«, die im Zuge der Solarisierung und Umkehrung der ursprünglichen Bedeutung vom Nachthimmel und dessen Symbol Vollmond zum irdischen, nächtlichen Reich der Schatten geworden war, während die Oberwelt ursprünglich als irdische, von der Sonne beschienene Tagwelt begriffen worden war. Der Blick auf die Bilder des Himmels war dadurch versperrt, der Lichtgeist Vollmond, der zum Lichtgeist Sonne geworden war, nicht mehr konkret und physisch erfahrbar, sondern metaphysisch auf ein wesenhaft unsichtbares Jenseits, auf eine Transzendenz gerichtet. Die KRAFT des höchsten Geistwesens wurde durch neue Gottheiten ersetzt, die nun den Namen Himmel trugen, wie Shangti in China zu T'ien wurde, oder Alalu in Sumer zu Anu-an, »Himmel«, usw. Alles was mit der Erde und deren Fruchtbarkeit zu tun hatte, wurde suspekt und alles was »unter« der Erde war, in ihrer »Seele«, verteufelt. Rettung, Erlösung, kam nur noch von einem unsichtbaren Oben, und weil das nicht mehr konkret erfahrbar war, mußte die Erlösung in das Jenseits verlegt werden. Auf all das ist wohl das so folgenschwere Mißverständnis zurückzuführen, sich die Erde untertan machen zu können. Denn im Gegensatz zur dämonisierten Unterwelt, deren konkrete Erfahrung und Kenntnis Harmonie mit der inneren und äußeren Umwelt schenkt, ist nun alles, was auf der Oberwelt kreucht und fleucht, dem Menschen zur »Speise« und zur Beherrschung freigegeben, ohne daß die Wechselwirkung zwischen Ober- und Unterwelt berücksichtigt wird. Die »erhöhte Schlange«, mit der Mose in der Wüste die Pest abwehrt, ist das Symbol von IS, Jesus, dem Salvator, »König des Tages«, der nun der Erlöser ist, doch liegt die versprochene Erlösung genau in dem, was man durch die Einseitigkeit des Sonnen-Erlösers verteufelte. Kein Wunder, daß »Verdammnis« und Angst, welche Kulturen, die diesem Irrtum nicht erlegen waren, nie in einem solchen Ausmaß kannten, begannen, ein Eigenleben zu führen. Die »Schlange des Materialismus«, jene Seite der zweiseitigen Schlange, deren archetypische Kraft Dunkelmond/Sonne/Oberwelt/Tag war – (in der Psyche das Wach-Bewußtsein –, schließt von nun an den Zugang zum »Paradies« aus, der über die »Unterwelt«, die Seele, führt; die »Unterwelt« ist nun nicht mehr von Schöpfungskräften, den »Göttern«, sondern von Ungeheuern bewohnt, den von den Menschen in ihrer eigenen Unterwelt kreierten Dämonen und »bösen« Geistern. Daß sich seelische Konflikte weder verdammen noch zwangsweise abschaffen lassen, sondern nur verdrängen, wodurch sie solange unterschwellig ihr Unheil anrichten, bis es zum Ausbruch und zur Materialisierung kommt, sondern bewußt gemacht werden müssen, wodurch sie geheilt und erlöst werden können, wurde den Menschen unbewußt und erst in unserer unmittelbaren Gegenwart wieder entdeckt (bewußt) – auch daß die Quelle der »Verkündigung«, auf der alle Religionen basieren, die Psyche ist (Joseph Campbell), und Psyche ist nur ein anderes Wort für Seele.

Weil Phänomene, wie sie bei den Reisen in die Tiefen des die Raum- und Zeitgrenzen überschreitenden Bewußtseins auftreten, der »Realität« der auf linearer Abfolge und rationaler Beschreibung alleine ausgerichteten Erfahrung der Welt widersprechen, und somit an den Vorstellungen der westlichen Philosophie rütteln, die aus der griechischen hervorging, konnten ihre Zeugnisse lange Zeit nicht »gelesen« werden. Gemeinsam mit den Erkenntnissen der modernen Forschung bieten sie nun jedoch ein eindrucksvolles Zeugnis dafür, daß sich die Menschen von jeher als in erster Linie geistiges Wesen verstanden und keine physische, sondern die geistige Unsterblichkeit der »reinen Seele« suchten. Während vorwestlich-christliche Kulturen aufgrund ihrer eigenen konkreten Erfahrung den menschlichen Geist als grenzenlos und raum- und zeitüberschreitend und die Umwelt kreierend, als schöpferisch erschaffend verstanden, führte das ausschließlich solar-rational-»männliche« Weltbild des Westens dazu, die Umwelt nur noch einseitig zu REFLEKTIEREN, wodurch die Funktion des menschlichen Geistes reduziert wurde. Ein solches Weltverständnis, das wie es im Wesen der Materie liegt, in den Begrenzungen einer dreidimensionalen Welt der Materie verstrickt bleibt, mußte konsequenterweise zunehmend ein »Gottesbild« ausschließen, das unstimmig geworden war, weil der Große Geist (Bantu), das Geist-Selbsthafte, Ta

Chut (Ägypten) usw., seit jeher nicht nur als dimensionsüberschreitend, sondern auch als DIMENSIONSLOS begriffen wurde, und sich Mehrdimensionales bis vor kurzem rational nicht erklären ließ. Auch das beginnt sich dank der modernen Wissenschaften wieder zu ändern, so daß heute manche Physiker Gott wieder als Seele des Universums bezeichnen. Nur in einem reibungslos mechanisch funktionierenden Kosmos, der sich maßgetreu im Modell nachbauen läßt und durch Veränderung dieser Maße manipulierbar ist, konnte sich der Mensch selbst als Gott fühlen. Ein sehr gefährlicher Irrtum, wie die Mythen eindrucksvoll und warnend berichten. Erkenntnisse der modernen Bio-Chemie, Mathematik, Chaos-Forschung, Quanten- und Astrophysik, zeigen wieder eine Art des Denkens auf, die im Gegensatz zur scheinbaren Transzendenz des klassischen Denkens immer »undurchsichtiger« wird, und auch die moderne Psychologie legt immer mehr Gewicht auf das Funktionieren des undurchsichtigen Unbewußten. In der Welt dieser modernen Forschung ist »die Sicherheit von stabilen, dauerhaften Regeln für immer dahin«. Und weil »selbst die kleinsten Schwankungen oder Abweichungen anwachsen und dadurch die gesamte Struktur verändern können, ist das persönliche Handeln nicht zur Bedeutungslosigkeit verurteilt«.[173] Zunehmend erkennen wir wieder, daß wir in einer Wirklichkeit leben, deren schöpferisches Potential das Chaos und deren Kennzeichen Wandlung ist – wir scheinen es nur eine Zeitlang vergessen zu haben.

Der Odysseus/Nausikaa-Mythos verweist, versucht man ihn seines lokalspezifischen Gewandes zu entkleiden, in seinem Kern auf die Zeit davor.

*

Die Hindu sprechen von der ewig fließenden Gegenwart, und für Bantu-sprechende Völker Afrikas ist die Gegenwart das »Zentrum der Zeit«. Den körperlichen Tod verstand man als eine Art Transformation, die Verwandlung von einer Form in eine andere, ohne daß die Substanz, das »Ich bin«, angetastet wird. »Jeder lebt des anderen Tod, stirbt des anderen Leben« (Heraklit). Und im ägyptischen Totenbuch heißt es: »Da ist kein Teil in mir, der nicht göttlich ist.« Nur durch unsere begrenzte Ich-Perspektive existieren Vergangenheit und Zukunft, die in verschiedenen Dimensionen schwingen, als voneinander durch die Gegenwart scheinbar getrennte Maßeinheiten. Der Tod, ob als körperlicher oder als Ego- oder Initiationstod, der zum Mysterium der Erfahrung von »Gott« zu führen vermag, ist »Durchgang«, wie der Geburtsvorgang oder die geistige Wiedergeburt »Durchgang« in ein neues Leben ist. Gefangen in unserer irdischen Körperlichkeit tappen wir im Dunkeln. Aber nur wer in das Licht noch jenseits des sichtbaren Lichtes eingeht, in jenes Bewußtsein, das weder die Begrenzungen von Raum noch Zeit kennt, vermag die Götter zu erkennen und sich noch jenseits dieser Erkenntnis höherzuschwingen, weil die »Götter« zu erkennen letztendlich nichts anderes bedeutet als SICH SELBST zu erkennen. Rationales »Bewußtsein«, das unerläßliche mentale Werkzeug, um die Erfahrungen zu ordnen und zu klassifizieren, ist EINE Art zu denken oder zu »schwingen«, die sich vorwiegend auf die linke Gehirnsphäre beschränkt, die nur zur auszugsweisen Analyse von etwas Abgeschlossenem fähig ist. Ihr nötiger Gegenpol, die intuitive Art des Denkens, ohne das es keinen »Geistesblitz«, keine Inspiration gäbe, weil sie zum holistischen VOR-Denken befähigt, wurde dämonisiert, verteufelt und zur Schattenwelt gestempelt! Hierin liegt wohl der tiefere Grund für die gewalttätige Verachtung, die der Europäer »primitiven« Kulturen entgegenbrachte, weil deren Geisterwelt ihn UNBEWUSST mit den eigenen verdrängten »Schatten« konfrontierte, und es stets einfacher ist, die eigenen Ängste und »Ungeheuer« nach außen und auf andere zu projizieren und die Objekte dieser Projektionen zu »missionieren« als sich selbst, wie es das eigentliche christliche Gebot war.

Die intuitive Art zu denken nannten die Griechen logos, ein Wort, das seinen Ursprüngen nach nichts mit der Logik zu tun hat, die das rationale Denken in den Vordergrund rückte. »Logoi« waren die Schöpfungskräfte wie die Elohim der hebräischen oder die Néter der ägyptischen Überlieferung, aus denen später Götter wurden, die anfänglich stets als zweigeschlechtlich bzw. als dual wirksam werdende Kräfte verstanden wurden. Wo positiv ist, da ist negativ, wo Licht ist, da ist Dunkel, wo weiblich ist, da ist männlich, ohne das eine würde das andere nicht existieren, und das Ziel der Mysterien war es, die nötige psychologische Balance herzustellen, wie das bei »primitiven« Einweihungsritualen im traditionellen Afrika noch heute geschieht. Die »rechte Hand Gottes«, wie sie etwa das Dextra Dei zeigt, ein symbolischer Schmuck auf einem monumentalen Steinkreuz in Irland, das dem Abt Muiredach von Monasterboice (Louth, 10. Jahrhundert) zugeschrieben wird, wurde zum Göttlichen, wie die Herrscher und Könige, die ursprünglich selbst wußten, wie sie »mana« erreichen konnten, zum Rechten, Richten und Rechtenden – die Wortwurzel reg, rex usw.; Re, oder Ra, der Sonnengott bzw. die Kraft der Sonne – die rechte Körperhälfte aktiviert oder wird spiegelverkehrt von der linken »rationalen« Gehirnsphäre aktiviert, während das Unsterbliche und Göttliche davor stets mit links und »weiblich« gleichgesetzt wurde. Es ist die durch das überhelle »Rechte« ins Übermaß anwachsende »Dunkelheit«, die sich nach Überlieferung der südafrikanischen San schon einmal drohend angekündigt hatte, worauf Dxui, die Gottesanbeterin, ein Symbol für das Leben, erkennt, daß sich etwas IN ihm falsch entwickelte, und er, um das Leben zu retten, SICH SELBST dem großen, »alles verschlingenden Schatten« opfert. Wird unsere zivilisierte westliche Kultur die gleiche Stärke aufbringen wie der »Heros« einer als »Steinzeitkultur« qualifizierten »Rasse«, die als »älteste Rasse Afrikas« zu den Ursprüngen des »modernen Menschen« zurückweist? Sowohl die San als auch die ältesten Bantu-Legenden berichten davon, daß die Menschen FREIWILLIG darauf verzichteten, in die Natur und ihre Gesetze einzugreifen, weil die erste Welt aufgrund der »Erfindungsliebe« ihrer Menschen zerstört worden war. Mythen lassen sich zumeist nicht »beweisen«, aber sie können so manches »missing link« schließen, sofern wir sie als geistiges Erbe der Völker anerkennen und ihnen den Respekt entgegenbringen, den sie als solches verdienen.

Über sieben Brücken oder Initiationen führte der Weg in das Paradies der eleusinischen Gefilde, weshalb die Siebenzahl im Mittelpunkt der Mysterien einer lunaren Kosmologie stand. Nach dem körperlichen Tod oder beim psychischen Initiations-Tod fliegen die Seelen der »Toten« wie Vögel davon, heißt es – der Geist entledigt sich der Fesseln der Materie und »fliegt« in die Bereiche höheren Bewußtseins. Die weiße Lotosblüte wurzelt im Schlamm, der Dunkelheit, die es zu transzendieren gilt, d. h. hinüberzuschreiten. Diese Transzendenz ist geistiger Art und steht im Widerspruch zu materiellem, auf das diesseitige beschränkte Streben. Sein Mißbrauch führt in den Untergang, worüber die Mythen ausführlich berichten.

Mit Hilfe der Technik, die dem Menschen solange zum Fluch gereichen muß und nicht zum Segen, als sie Hand in Hand mit dem Drang nach physischem Machtstreben einhergeht, vermögen wir uns zwar körperlich in die Luft zu erheben, aber unser Geist hat das Fliegen verlernt. SIE wußte um die für uns Heutigen unvorstellbare Kraft des menschlichen Geistes, die man mit Hilfe geistiger Techniken kultivierte, von denen manche bis heute erhalten sind. So kennen arabische und indische Yogi das Ritual der Vamacharis oder der Jünger des Pfades zur Linken. Bei diesem sexual-magischen Ritual zelebrieren Mann und Frau, die »lunar« oder »zur Linken« ist, gemeinsam die »Feier der fünf Elemente«. Vier davon entsprechen unseren Elementen Feuer, Luft, Wasser und Erde, auf das fünfte verzichtete der Westen. Platon nannte es »Äther« und bezeichnete es als die »Quintessenz« einer die vier Elemente und die Körperwelt überschwebende Kraft – es ist jene »Essenz«, welche die Hindu Kundalini-Kraft nannten, die Kogi aluna, die Basken die Kraft, die die Idee der Gottheit beinhaltet, Al oder Ahal, die Buschmänner num, dessen »Kochen« zu kia führt, und andere mana, das »Brot« oder das »Fleisch«, die Essenz der Götter – ch'i, jene kosmische »Essenz«, welche die Leere des Kosmos füllt. Ch'i, wörtlich »Gas« oder »Äther«, ist der »Lebensatem« oder die Energie, die den Kosmos belebt; die moderne Physik nennt es Antimaterie. »Das was der feinste Stoff ist, ist die Seele der ganzen Welt. Das ist das Wahre. Das ist Atman, das bist Du« (Chandogya Upanischade 6,9). Atman ist im Hinduismus der Name für die Manifestation Brahmans in der menschlichen Seele, und Brahma ist »alle (diese) Götter«, deren Namen Symbole der verschiedenen Aspekte der Göttlichen sind, Reflexionen der einen letzten Wirklichkeit (Maitri-Upanischade 6,17). Mit diesem Du galt es im Mysterium das Ich zu verbinden, das eine Reflexion des ursprünglichen »Ich bin Du« darstellt, die eigentliche Bedeutung des »minoischen« E von Delphi, EI im Griechischen. Diese Reflexion wurde von den die alten Kulturen erobernden indoeuropäischen Völkern und deren Verbündeten für Gott gehalten oder zu Gott erhoben; das Ich-bin (ich), das auch Odysseus ausspricht (Eim Odysseus, Bin Odysseus) allerdings erst, NACHDEM er Nausikaa begegnete. Die Erkenntnis des ICH ist die nötige Vorstufe zur Erkenntnis des DU, die eigentliche Bedeutung des »Erkenne Dich selbst« der alten Mysterien, das in der eigenen Psyche zu suchen und zu finden ist, nicht in einem gegengeschlechtlichen Partner, worauf sich die im europäisch-christlichen Mittelalter erfundene »romantische Liebe« konzentrierte; weil der innere Zugang den Menschen genommen wurde, mußte man einen äußeren Ersatz für dieses Grundbedürfnis erfinden! Auf dieses Mißverständnis bezieht sich Platons berühmte Höhlenparabel, in welcher der Mensch das Spiel der Schatten für die Quelle hält und darüber die eigentliche Quelle vergißt, die noch HINTER dem Feuer liegt und noch hinter dem Licht, das in der Genesis Gott von der Dunkelheit trennt, die das Licht als ihre eigene andere Seite, aus sich selbst gebiert.

Das geheimnisvolle »fünfte Element«, die Quintessenz, nach der noch die europäischen Alchemisten suchten, symbolisierte man im Hinduismus durch die Vereinigung der Zweiheit von Shiva und Shakti, durch die »Heilige Hochzeit« zwischen »links« und »rechts« usw., zahlensymbolisch durch die Hochzeit zwischen der Zwei- und der Dreizahl, zwischen »Gefühl« und rationalem Denken, dem feurigen Sitz der Egokraft (drittes Chakra), wodurch das »göttliche Feuer« in der SEELE des Menschen entfacht wird, was der Öffnung des vierten Chakra im Hinduismus entspricht, durch das die unteren drei Chakras oder »Räder« als Ausdruck grundlegender physischer Energien und Triebe nach erfolgter Reinigung in »spirituelles Entzücken« (viertes Chakra) umgewandelt werden können. Das war die nötige Voraussetzung für Schamanen, Adepten oder Neophyten welcher Kultur(en) auch immer, um die innere »Stimme Gottes«, das Orakel, hören zu können (fünftes Chakra). Daß in diesem fünften Chakra die Silbe ham mitschwingt, gibt wohl Aufschluß über Cham oder Ham, den »Ahnherrn der Neger«, bzw. das Volk, das Ägypten besiedelte, dessen Nachfahren Ägypten, Punt (Yemen) und Kanaan (Syrien, Phönikien) und auch Babel waren, und auf andere Kulturen, die in der biblischen Genesis als Nachfahren des die Flut überlebenden Noah und als Ahnen des hebräischen Volkes vor der Trennung in Hamiten, Semiten u. a. angeführt sind.

Erst nach Aktivierung dieses fünften Chakra (Apoll) konnten die Adepten hell sehend werden (sechstes Chakra), vom »Christusgeist« erleuchtet, »bewußt«, werden, (siebentes Chakra, das »Kronenchakra«), wodurch sie »strahlten« – der Heiligenschein auch christlicher Heiliger.

Die Öffnung des sechsten Chakra oder Stirn-Chakra, das sich zu dem »magnetischen Organ«, der Zirbeldrüse verdichtet, in dem die Kundalini-Kraft »explodiert« und zur Ekstase führt, ist die nötige Voraussetzung, um erleuchtet zu werden, weil die »Öffnung« oder Aktivierung des »Stirn«-Chakra (Ajna) das »Zentrum spiritueller Bemühung« aktiviert, das die »höchste Vision« der Göttin oder eines Gottes mit Form trägt – den Messias! In ihm ist der Klang der Silbe AUM zu hören, die »Verkündigung«, das WORT. DAS ist das eigentliche Mysterium der siebenstufigen Initiation vorchristlicher und auch vorbuddhistischer und noch frühchristlicher Mysterien, auf das sich auch die Mythen bei den Aufgaben der Heroen beziehen, und das verteufelt und dadurch abgeschafft wurde!

Die Blendung des »dritten Auges« beschreibt eindringlich eine Überlieferung der Tolteken.

»Die Menschen der Urzeit nahmen wahr und sofort erreicht ihr Blick sein Ziel ... Wenn sie Umschau hielten, konnten sie sogleich von der Höhe zur Tiefe und das Himmelsgewölbe und das Innere der Erde erblicken und überschauen ... Sie brauchten nicht etwa erst zu wandern, wollten sie die Welt betrachten, sondern an Ort und Stelle blieben sie, wenn sie Umschau hielten. Umfassend war ihr Wissen.« Die Götter nahmen den Menschen ihre Hell-Sichtigkeit. »Nur noch in die Nähe soll ihre Sicht reichen! Nur noch ein klein wenig sollen sie von der Erdoberfläche sehen.« Angehaucht wurden die Augen der Menschen, »da trübten sie sich, wie wenn eine Spiegelfläche angehaucht wird, so trübten sich über und über ihre Augen. Nur das in der Nähe sahen sie noch, nur das allein war, was ihnen sichtbar blieb. Auf diese Art ging ihr Wissen verloren und mit ihm die Geisteskraft.«[174] Gibt es eine bessere Definition des Sieges der auf das nur noch auszugsweise reduzierten ratio über logos? Dargestellt wird der Verlust des »übersinnlichen« dritten Auges durch Dolche oder Pfeile, welche die Stirnmitte durchbohren. Hier handelt es sich um keine körperliche, sondern um eine symbolische Durchbohrung. Spätere Völker, die die ursprüngliche Symbolik nicht mehr kannten, mögen derlei wirklich praktiziert haben, der Sinn der Symbolik im Mythos bedeutete jedoch den Verlust des geistigen Auges und Wahrnehmungsvermögens, einst eine natürliche Fähigkeit der Menschen, die man wohl deshalb »Götter« oder »Halbgötter« nannte; Odysseus, der Städtezerstörer, nicht Odysseus, der Irrfahrer, gehört bereits zu den »Blinden«.

Die geblendeten Giganten sind mit dem Blut von keltischen Schweinen beschmiert, wie es im König-Artus-Mythos beschrieben ist, und auch das ist ein schönes Beispiel dafür, wie Symbolik, die man nicht mehr verstand, ab nun wörtlich genommen und ins Negative, »Böse«, verkehrt wurde – denn das Schwein symbolisierte das Mysterium des Dreizehnten, die lunare Kosmologie, und das eine Kyklopenauge, das dritte Auge, mit dem diese »Riesen« noch sehen konnten. Der Ausspruch Jesus »Unter den Blinden ist der Einäugige König« bezieht sich wohl hierauf. Vielleicht waren diese »Giganten«, die stets als »Schmiede« beschrieben sind, keine körperlichen Riesen (mehr?), sondern geistige Riesen und Überlebende einer versunkenen Kultur, die bzw. deren Kultur und/oder Religion von kriegerischen Eroberern der Bronzezeit, wie sie der mykenische Odysseus verkörpert, endgültig vernichtet wurden, nicht ohne daß die Eroberer zuvor das »heilige Schwein« stahlen, worauf man u. a. auch in einer walisischen Frühversion der König-Artus-Mythe stößt.[175]

»Seeriesen«, die als erste nach der Flut vom »äußersten Ende Afrikas« (?!) nach Irland kamen und aus mitgebrachten »Bluestones« Steinkreise errichteten, die zu Heilzwekken verwendet wurden, wie Geoffry v. Monmouth dem Merlin in »Die Geschichte der Könige von Britannien« sagen läßt, trugen immer »ein Schwein« bei sich.[176] Die irische Überlieferung nennt sie Fomhoire. Im »äußersten Ende Afrikas«, im südlichen Afrika, sind sie als Ba-Fumi überliefert, deren heiliger Blasebalg, auch »Verschlinger« oder Schwein genannt wird – das Symbol für den dreizehnten Monat, an dem der volle Mond seinen Höchststand erreicht und die Sonne »stirbt«, vom Mond, dem »Feind der Sonne« (Bantu), »verschlungen« wird bzw. für die »dimensionale Lücke«, welche die Zahl 13 als im Jahres- oder Erdkreis wichtigste »Lichtdatenwelle« symbolisiert. Sie ist jene geheimnisvolle Kraft, dank derer die Dreizehnten der Mythen die »Himmelskuppel« durchstoßen konnten, wie die Hopi berichten.

Solche Magoi reisten noch in andere Dimensionen jenseits des »normalen« Bewußtseinszustandes, in das Land der Toten, das Land der Seelen, doch bedienten sie sich vermutlich nicht mehr innerer, sondern äußerer, magischer Mittel. Anders ausgedrückt vermochten derartig »außerkörperliche«, weil geistig Reisende, die Schwingung ihrer Gehirnwellen BEWUSST, so zu verändern, daß sich ihnen jenseits unserer »normalen« Sinnesorgane, auf deren Reizung unser Gehirn reagiert, andere »Welten« eröffneten. Heute ist bekannt, daß solche bewußtseinserweiternde Zustände durch magnetische Anreize – Verstärkung oder Verringerung des magnetischen Feldes – ausgelöst werden können. Im Zentrum von Steinkreisen herrscht bei gewissen Konstellationen magnetische Stille!

Daß der Speer, der zumeist das dritte Auge durchbohrt, ursprünglich durch den Phallus, wie etwa bei Osiris in Ägypten, symbolisiert wurde, stellt ein schönes Gleichnis dar. Wieder mußte ich an ein Bild meiner Freundin Michelle denken, die eine dreidimensionale Technik in Form von »Reliefbildern« entwickelt hatte. Über dem »Stamm« einer schlanken Nasenwurzel wächst zwischen geschlossenen Augen eine Blüte hervor, deren geöffneter Kelch an eine Vagina erinnert, während sich unter dem »Stamm« die Lippen öffnen, als ob sie das erste Wort formulieren wollten.

Die Organe der »Zwillingsmysterien« Sprache und Sexualität finden sich an den entgegengesetzten Enden des »Stammes« der Wirbelsäule. Zwischen den »zwei Polen« der Erde, so berichteten die Hopi, verläuft eine Art Rückgrat-Achse, die vibrierende, schwingende Zentren enthält, die den sieben feinstofflichen Organen des menschlichen Körpers, den Haupt-Chakren, entsprechen; auch dem lebenden Organismus Erde schrieb man eine Seele, eine »Unterwelt«, eine Psyche, ein BEWUSSTSEIN zu! Der Wirbelsäule entspricht die polare Achse der Erde.

Diese sieben schwingenden Zentren können die Götter »herbeirufen«, sobald die im Zustand des Wach-Bewußtseins am unterem Ende der Wirbelsäule wie eine eingerollte Schlange ruhende Kundalini-Kraft aktiviert wird und entlang des »Stabes« hochsteigt, um, im Gehirn »explodierend«, Ekstase, Vereinigung mit Gott oder »Überbewußtsein« auszulösen. Hierauf bezieht sich die Metapher Paradies, die keinen lokal zu bestimmenden Ort meint, sondern eine geistige und in vollkommener Harmonie schwingende innere Welt! Die Vertreibung AUS dem Paradies symbolisiert somit den Ausschluß der Menschheit aus diesem Paradies durch einen »unwissenden Gott«, der stets als Tyrann und/oder »erster Herrscher« beschrieben wird. Dazu verhalf ihm die Kenntnis von Kuxan Suum, wie es die Maya bezeichneten, das Wissen um »die Straße zum Himmel, die zur Nabelschnur des Universums führt«,[177] Ariadnes »Faden«, über den der Mensch mit anderen geistigen Welten verbunden ist. Allmächtig und sich göttlich fühlend, versiegelte dieses mythische Wesen, das immer wieder mit der Eisenschmelze in Verbindung gebracht wird, die »Reiserouten der Götter« für die Menschen, deren Kenntnis von nun an zum alleinigen Anspruch der herrschenden Sakralkönige wurde, worauf die Menschheit, wie die Mythen berichten, in die Katastrophe eines »Unterganges der Erde« stürzte! Alles schon dagewesen?

Jedes der »geistigen« Organe des Menschen ist der esoterischen Überlieferung nach mit einer Drüse und über sie mit einem körperlichen Organ verbunden, die es nach mystischer Lehre verdichtet. Die »Krone der Schöpfung«, der Mensch, konnte erst »geschaffen« werden, nachdem sich all die vitalen Kräfte in »individuell abgeschlossenen und spezifisch funktionierenden Organen« verwirklicht hatten, was in der Tierwelt und ihrer vielfältigen Erscheinungsform, besonders in der Evolution der Säugetiere geschah. Der Augenblick des Überganges von einer Lebensform zu einer anderen ist stets das Ergebnis der Zerstörung eines gegebenen Zustandes, jener Moment, der natürliche Mutation der Gene erzeugen kann, weshalb eine auf Linearität ausgerichtete Forschung vergeblich nach sogenannten »missing links« suchen mußte – denn jene »Lücken« in der

Evolution des Lebens sind »chaotische Einbrüche« einer nicht linearen Qualität, wie die moderne Chaosforschung erkannte. In solchen Augenblicken, die »Verzweigungsstellen« genannt werden, deren in eine Graphik umgesetzte Gesetzmäßigkeiten das Spiralmuster ergeben!, öffnet sich für einen flüchtigen Augenblick ein Fenster auf das Ganze. Die Ursache für eine derartige Verzweigung oder Abweichung vom linearen Weg kann etwas Winziges sein, ein einzelnes Photon oder Lichtteilchen, eine kleine Schwankung der äußeren Temperatur usw., und das System teilt sich in Leben, das sich, weil es kooperiert, in eine neue Richtung weiterentwickelt, und in Leben, das, weil es NICHT zur Kooperation fähig ist, ausstirbt. WIE sich dieser Punkt erreichen läßt, überliefern Hekat, I-Ging, und der Tzolkin der Maya, die als Orakel-Kalender-Alphabete trotz oder vielmehr gerade wegen ihrer ausgeklügelten Zahlensymbolik das allem zugrundeliegende chaotische Moment miteinbezogen. Letzterer stellt für José Arguelles das Gesetz der »harmonikalisch binäre(n) Progression von universeller Geltung« dar, »durch das sich Phänomene im Raum manifestieren«. Die gleichen harmonikalischen Gesetze bestimmen sowohl die »Periodizität von Bewegungen in der Zeit wie die Periodizität von Manifestationen im Raum«. Diese harmonikalischen Gesetzmäßigkeiten werden von ein und derselben, weil universellen, binären Progression bestimmt, womit die Harmoniegesetze des Raumes von den Harmoniegesetzen der Zeit nicht zu unterscheiden sind;[178] das ist seit Einstein auch die Erkenntnis der modernen Physik.

Diese universelle binäre Progression und deren Gesetzmäßigkeiten, die dem Maya-Zahlensystem, dem I-Ging, dem ägyptischen Hekat, der »Pythagoreischen Skala«, dem Gesetz der wechselweisen Durchdringung der auf- und absteigenden Obertonreihen der Quinten und Oktaven des Tones C zugrunde liegen, sowie der kosmischen Meton-Periode, der Periodentabelle der Elemente, der DNA, dem genetischen Code und auch der Binär-Sprache der modernen Computer, weist auf ein »Evolutionsgesetz« hin, dessen Kenntnis sich seit Tausenden von Jahren nachweisen läßt, »das wir jedoch erst seit Entdeckung und Erforschung der DNA in seiner umfassenden Bedeutung erkennen können«[179] – wobei die Evolution als aufsteigender Klang verstanden wurde (synodischer Mondlauf), dem die Involution, das Gesetz der absteigenden Töne oder Schwingungen gegenüberstand, die INKARNATION, die Verkörperung von etwas Geistigem oder Energetischem. Physik, die Lehre vom Leben, und Religion ließen sich derart nicht nur miteinander verbinden, sie WAREN die Religion. Und so ist es kein Zufall, daß die moderne Physik und deren zunehmend wieder »geistbeseelte« Kosmologie dem Begriff Gott erneut mehr und mehr Bedeutung zumißt.

Das umfassende Wissen dieser ursprünglichen Religion in der »Sprache Gottes«, der Mathematik, ging durch das Zehnersystem verloren, das keine Erfindung der Araber ist, sondern nach Indien zurückweist. Bei ihm bleibt die Grundzahl Eins Eins, egal wie oft sie mit sich selbst multipliziert wird, während die ältere Grund-Zahl, die I-Ging, Hekat und Tzolkin zugrunde liegt, mit sich selbst multipliziert, eine unendliche binäre Progression ergibt. Es leuchtet ein, daß die Fixierung auf die Eins als Zahl für den »Einen Gott« adaptiert werden mußte, nachdem Gottvater und Gottmutter als Zweiheit in der Einheit voneinander getrennt worden waren und sich aus der Ur-Matrix eine Ur-Schöpfungskraft herausgelöst hatte, welche die ihr innewohnende Zweiteilung, und damit die eigene andere Seite verdrängte. Aus dieser einen Kraft, die IN SICH gegenpolig ist, gehen alle weiteren Zahlen, d. h. alle Schöpfungskräfte und somit alles Leben durch proportionale Teilung hervor. Denn es ist heute bekannt, daß das Ausgangssystem der

Menschheit beim Zählen NICHT das heute übliche quantitative Zählen war, bei dem Einheit zu Einheit quantenmäßig aneinandergefügt wird, sondern ein qualitatives, teilendes Gliedern. Der Wandel von Quantität zu Qualität kam mit der Potenzierung der acht Trigramme des I-Ging zu den 64 Hexagrammen, wodurch nicht mehr die Auflösung der Gegensätze in der dritten, vollendeten Stufe, $2^3 = 8$, sondern deren Verdopplung in den Vordergrund rückte, $8^2 = 64$. Diese Solarisierung der lunaren Kosmologie mit Hilfe der Meton-Periode, die sich in China ab dem 2. Jahrtausend v. Chr. nachweisen läßt, von wo aus sie wohl im Verlauf der indoeuropäischen Eroberungen weltweit ihre Verbreitung fand, drückt eine Bewegung aus, »die von der Bi-Polarität des inneren Gegensatzes zur allseitig stetigen Homogenität des Kreises strebt«.[180] Daß wir uns seither innerlich im Kreis bewegt zu haben scheinen, der im Gegensatz zur Spirale in sich geschlossen und somit ausweglos ist, ist so gesehen kein Zufall! Daß der Weg zur Bewußtwerdung über sieben initiierende Stufen führt, wurde vergessen, doch wußten noch europäische Al-Chemisten, daß Blei, das Saturnsche Metall, ein Symbol für die Kristallisierung (Verhärtung) des Egos, nur zu Gold werden kann, wenn man mit Todesver-acht-ung durch die Pforte des Ego-Todes hindurchgeht, und daß dieses Ego als Ausdruck des jeweiligen Bewußtseinszustandes, der »Seele«, in sich selbst zweigeteilt ist, in Sichtbares (Bewußtes) UND Unsichtbares (Unbewußtes), Oberwelt UND Unterwelt, anima UND animus.

Der »Weg der Initiation« ist ein unsichtbarer, stellte Joan Halifax fest, die mit bewußtseinsverändernden Drogen experimentierte, um »außerkörperliche« Reisen von Schamanen, die »Routen der Toten«, zu erkunden, bei denen u. a. auch Labyrinthe, Spiralen, und mäanderartige Wege empfunden werden – alles »entopische« Muster, wie sie in anderen Bewußtseinszuständen vom zentralen Nervensystem auf das »innere Auge« produziert werden. Diese Muster entstehen in einem dimensionslosen Raum, dem sich rational nur die moderne, theoretische Mathematik annähern kann, die erkannte, daß in einer derartigen »überirdischen« Welt gerade Linien zu Kurven werden, Dreiecke zu Quadraten usw., NUR Kreuzungen von Linien bleiben Kreuzungen. Die als geodätische Linien der Erde eingeprägten Leylines, vollkommen gerade Linien, die geodätische Knotenpunkte, »Kreuzungen« miteinander verbinden, gehören nicht einer dreidimensionalen Welt an! Sie wurden von den »Ahnen« errichtet (Kogi-Indianer), und sind »Routen des Geistes«! Solche »Routen« spiegeln die terrestrischen Landschaften wider, die »Lage des Landes« (ley), was im Englischen auch die »Lage der Dinge« bedeutet, »jedoch in einem verschieden dimensionalen Raum«. Aber an manchen Stellen, an Kreuzungspunkten derartiger Leylines, überschneiden einander die verschiedenen Welten. An solchen Orten errichteten alte Kulturen Steinmale oder Steinkreise. Sie stellen eine Art »Sprungbrett« in die »geistige Erde« dar (Kogi), in die Welt der Ahnen oder Toten, in die »Unterwelt« in die Odysseus bekanntlich nicht mehr »hinabstieg«, sondern die Toten (Ahnen) »beschwörte«. Dieses »Totenreich« kann man in der Sprache unserer Tage als das »Bewußtseinsfeld« der Erde oder ihre Seele bezeichnen, in dem alle »Erinnerungen« der Evolution gespeichert sind, was im sumerischen Mythos tatsächlich als Speicher oder Lagerhaus beschrieben wird. Dieses geistige »Feld« gleicht auffällig den »morphogenetischen Feldern«, welche die Zeit und Raumgrenze schneller als Licht reisend überwinden, die der Biochemiker Rupert Sheldrake als Speicher der Verhaltensmuster alles Lebens entdeckte.[181] Für die Maya war die »geistige Erde« der Schamanen der »Lichtkörper der Erde«, ihr feinstofflicher astraler oder mentaler »Leib«, der an den magnetischen Polen in Form eines geodätischen Rasters »aufgehängt« ist. In der Verbindung zu diesem »Feld« liegt wohl auch die »rationale« Erklärung für »übersinnliche« Fähigkeiten wie der Telepathie, eine Kunst, die Völker wie etwa die Tuareg vom Atlas noch beherrschen und die vermutlich mit jenem den meisten Menschen verlorengegangenen »magnetischen Sinn« zusammenhängt, der sich von der Zirbeldrüse, dem »dritten Auge« nicht trennen läßt, und den man in Ritualen aktivierte.

Nach Arguelles gibt die irdische Zeitsequenz von dreizehn harmonikalischen Frequenzen den Zeitraum an, den eine spezifische Manifestation braucht, um alle ihre möglichen Permutationen zu durchlaufen, ehe sie um eine Oktave angehoben wird. Weil dieser Große Zyklus nach Gregorianischem Kalender 3113 v. Chr. begann, einem »Nulldatum« der Maya, das auch den Beginn des Kali-Yuga-Zyklus der Hindu entspricht, dessen erster Zyklus sich nun seinem Ende zuneigt (!), und am 21. Dezember 2012 zu Ende geht, ist zu vermuten, daß die Erde und das Leben auf ihr mit Beginn des Wassermann-Zeitalters (ca. 2010), in einen neuen energetischen Zyklus eintritt und nicht nur in ein neues Tierkreiszeichen (!). Die Herrschaft des »Städtezerstörers« Odysseus, die sich als archetypisches Symbol in diesem Großen Zyklus in all seinen Variationen manifestierte, scheint demnach ihrem Ende zuzugehen. Ein neuer großer kosmischer Zyklus bedeutet nach esoterischer Überlieferung, daß sich die Erde bzw. ihr »Bewußtsein« höher und in eine andere Dimension hineinschwingt, vermutlich in die »fünfte Welt«, die unsere gegenwärtige vierte ablösen soll. Auch dieser Dimensionssprung ist bereits VOR-gedacht, seit Einstein erkannte, daß sich Raum und Zeit nicht voneinander trennen lassen und wir zunehmend beginnen, uns mit einer vierdimensionalen Raumzeit anzufreunden. Ersetzen wir das Wort Zeit durch Geist oder Bewußtsein, ist der Sprung, der von uns gefordert zu sein scheint, wollen wir den »Bewußtseinssprung« der Erde mitvollziehen, ohne unterzugehen, leicht zu erkennen.

Ein System wie es im Mysterium des »Gesetzes der Erde« überliefert ist, setzt ein einheitliches Feld voraus, dem die moderne Physik gleichfalls auf der Spur ist. Neuesten und noch kontroversen Theorien der Quantenphysik nach entstehen Bausteine der Materie wie Elektronen oder Protonen (Lichtteilchen) durch Herausnahme aus dem »Feld« eines WISSENDEN elektromagnetischen Ozeans.[182] Handelt es sich dabei um den Okeanus der alten Mythen, der ewig und unendlich ist und von dem demnach nur etwas weggenommen, aber nichts hinzugefügt werden kann? Die Kenntnis dieses »Feldes«, das wieder in unser Bewußtsein tritt, ist ein Erbe von Kulturen, die fähig waren, in eine rein geistige Resonanz zur Ordnung des Universums zu treten, und die ein universelles »Gesetz« in eine universell gültige Sprache, in Zahlen zu formen wußten, die das Tor zu einer Wirklichkeitsordnung auftut, »die rein resonatorischer Natur und damit nichtmateriell ist«.[183] An der Schwelle zum Öffnen dieses Tores, das so lange verschlossen war, steht die moderne Forschung heute, deren neueste Erkenntnisse »sogar auf kosmische Dimensionen der Koevolution in der Natur hinweisen«, wie es der Systemwissenschaftler Erich Jantsch ausdrückte. In dieser Koevolution zwischen Kosmos und Natur entwickeln sich die »Mikro- und Makro-Skalen« gemeinsam. Die Koevolution koppelt »das Große und das Kleine in einem nahtlosen Zyklus gegenseitiger Kausalität aneinander«.[184]

Das »weibliche« Prinzip der »Wechselwirkung und Durchdringung«, und das »männliche« »Prinzip des Maßes«, DAS wir zu »Gott« erhoben, bildeten einst eine Einheit. Durch die Solarisierung der Kosmologie und die damit erfolgende Umkehrung der Bedeutungen wurde das »Prinzip der Formgebung«, das Isis (Vollmond) symbolisierte, von Seth (Toth), dem »Prinzip der Begrenzung« abgelöst, von jenem Maß »das selbst zur Form wird« (W. I. Thompson). Im Tzolkin der Maya symbolisieren die dreizehn senkrechten Säulen das »weibliche« »Prinzip der Bewegung«, die zwanzig horizontalen (5x4) das »männliche« »Prinzip des Maßes«. Sowohl Tzolkin als auch I-Ging scheinen zahlenmäßig den »Lebenskodex« zu kodieren, in dem der Code für den »Bauplan Kinans« beschlossen ist, des »mystischen Körpers der Erde« mit all ihren »Erinnerungsmustern«. In diesen mystischen Körper, Rheas »Mühlschaufelrad«, das sich heute von links nach rechts, GEGEN den Uhrzeigersinn, dreht, was konsequent gedacht eine Periode des Rückkreisens der oder IN die Zeit inkludieren würde (!), in der »geistigen Erde« der Schamanen, die unser »Himmel« ist, reisten Schamanen. Sie bereisten, wie es die Thomsos-Indianer von Britisch Kolumbien ausdrückten, die »alten Wege«, »die die Ahnen in der Vergangenheit benutzten, um das Land der Toten zu erreichen«.[185] Der Weg in den Himmel führt über die Unterwelt, welche die westliche Welt vollkommen verdrängt! Nur hier liegt nach Lehre der Alten die Möglichkeit, Vergangenes durch Bewußtwerdung abzuschließen, wodurch durch Verschmelzung zwischen Vergangenheit und Gegenwart, dem »Zentrum der Zeit«, von Unbewußtem und Bewußtem, in die Zukunft positiv verändernd eingegriffen werden kann. Aus dieser »Unterwelt« treten besonders in Übergangszeiten, überlebte, »konservative« Verhaltensmuster nochmals geballt an die Oberfläche, BEVOR die Veränderung, der Bewußtseins-Sprung nötig wird.

Ich sah die Bilder meines Traumes vor mir, die brennenden und einstürzenden Häuser, und dachte an den Mythos vom Einsturz des Turmes zu Babel, der seines ursprünglichen Fundamentes beraubt und mit einem monströsen Überbau versehen, geradezu einstürzen mußte. Unserem rationalen Wachbewußtsein ist der seelische Unterbau in verdrängten Tiefen entschwunden und unerreichbar – irreal geworden. Doch scheint sich Kain, der Abel immer wieder erschlägt, seit er der Läuterung der Triebe und Begierden im Mysterium entsagte, der Gefährlichkeit seines Weges zunehmend bewußt zu werden, der ihn und uns, falls er und wir uns nicht rechtzeitig wieder besinnen, in den Untergang führen muß. Wir sind noch nicht erblindet, nur wie Polyphemos geblendet.

Die Eule der Minerva, die sich bei Anbruch der Dunkelheit erhebt, kehrt bei Tagesanbruch in den mütterlichen Schoß der Erde zurück. Die Reise zum Licht führt durch die Dunkelheit, die Reise zum bewußten Sein durch die dunklen Tiefen des Nicht-Seins, aus dem die Materie und jegliche Verwirklichung strömt, in die Welt der Psyche, und die Reise in die Zukunft führt durch die Vergangenheit. Odysseus' Irrfahrt, die der Mythos mit 20 Jahren ansetzte, scheint Tausende von Jahren gedauert haben. Vermutlich stehen wir, seine Nachfahren, nicht vor dem Zielpunkt der Reise, sondern nur vor einem neuerlichen Wendepunkt, der uns in eine Zukunft hineinzukatapultieren vermag, die lange schon begonnen hat. Wir stehen auch vor der Enträtselung des »Gesetzes der Erde«. Werden wir es diesmal verantwortungsvoller gebrauchen als in einer mythischen Vergangenheit, in der ein Herrscher und »Gott« es mißbräuchlich angewandt zu haben scheint, wonach es zum »Untergang der Erde« kam? Oder warnen uns die »zeitlosen« Mythen vor einem Mißbrauch, der noch in unserer Zukunft liegt?

*

VIII Ende und Anfang

»Ein anderes Troja muß entstehn und fallen,
ein anderes Geschlecht die Krähe füttern.
Einer anderen Argo bemalter Bug
zu noch glänzenderen Spielen aufbrechen.«
(W. B. Yeats)

»Ich bin so weit gereist«, sagte Gandhi, den man Mahatma, »die Große Seele« nannte, »um schließlich doch nur wieder nach Hause zu kommen.« Sind wir nicht alle Reisende, auf der Suche nach äußeren Wundern, nur um, wenn wir Glück haben, zu entdecken, daß wir das wahre Wunder von allem Anfang an in uns selbst trugen? Jede Reise, die ins Innere führt, führt ins Labyrinth, dessen Mittelpunkt zugleich Ausgangspunkt ist. Odysseus und seiner Welt war ich allerorten begegnet, aber Isis verbarg sich nach wie vor hinter ihrem Schleier. Auch ihren Enthüllungstanz, bei dem ihre Priesterin (Salome) nach und nach die sieben Schleier ablegt, die symbolische Umschreibung der Initiation wohl Salomons im Sieben-Schritt, das Mysterium der Wiederverbindung des Menschen mit dem Göttlichen, profanisierten wir. Je weiter wir uns von der Göttin fortbewegen, je ausschließlich »männlicher« wir wurden, desto stärker fielen wir aus dem Gleichklang mit Natur und Kosmos. Das ist keine Frage der Religion, sondern die eines Prinzips! »Wir können unmöglich eine Wissenschaft von der Natur haben, wir können lediglich eine Wissenschaft vom menschlichen Wissen über die Natur haben«, schrieb der Physiker und Philosoph Werner Heisenberg warnend. Dennoch gebärden wir uns immer noch, als ob wir der

Weisheit letzten Schluß bereits gefunden hätten. Sind wir davon nicht weiter als je zuvor in unserer Geschichte entfernt? Legt davon nicht unsere gewalttätige, unmenschliche und unsere natürliche Umwelt systematisch zerstörende Gegenwart ein bestürzendes Zeugnis ab?

Die Welt, wie wir sie mit Hilfe unserer Sinnesorgane wahrnehmen können, ist die Verkörperung des Bewußtseins, lehrte Buddha, das musikalische und geometrische Bewegungsmuster in der Schöpfung, die Zusammenfassung aller Energiemuster, ist der logos, die schöpferische Kraft. Es gibt nur zwei Möglichkeiten, bewußt zu leben oder gelebt zu werden. Nie zuvor in der uns bekannten Geschichte der Menschheit waren wir der Selbstzerstörung nicht nur einer Kultur oder »Rasse«, sondern aufgrund unserer hochentwickelten technischen Fähigkeiten der Zerstörung der Erde so nahe. Die Kraft des zerstörerischen Potentials aller unserer Waffen reicht, abgesehen von der Gefahr einer Millionen Jahre währenden Verstrahlung, die Leben, wenn nicht unmöglich, so doch mit Sicherheit nicht lebenswert machen würde, aus, um unseren Planeten aus seiner Bahn herauszukatapultieren! Das Pendel Erde ist ein fragiles Ding, wußten die alten Kulturen, die ihm und seinen Gesetzmäßigkeiten deshalb große Aufmerksamkeit schenkten, und Liebe. Nicht um zu hassen, um zu lieben bin ich da, ließ ein antiker Dichter eine griechische Frau sagen. Woher kommt all dieser Haß, all dieser Zorn, all diese Wut, mit der wir, die wir uns als hochzivilisiert und kultiviert einstufen, tierisches und menschliches Leben, die Natur und letzten Endes uns selbst in einem nie zuvor gekannten Ausmaß zerstören? Die FRAGE ist der Heiler, die Antwort die Wunde, wissen traditionelle Heiler.

Unsere ewige Qual der Wahl scheint die zwischen Materie und Geist zu sein. Materie ist das, was wir sehen, riechen, fühlen, hören, tasten, schmecken können. Aber

»Alles Sichtbare muß sich steigern ins Unsichtbare hinein«, heißt es im I-Ging, und Proklos schrieb: »Wir müssen von den sichtbaren Erscheinungen zu den Spuren der unsichtbaren Naturen« kommen.« Das Unsichtbare liegt in unserer Schattenwelt verborgen, die das Sichtbare, unser jeweiliges Wach-Bewußtsein gebiert, deren beider Summe unser Ego oder Jungs »persona« ausmachen, die ständigem Wachstum und ständiger Weiterentwicklung ausgesetzt ist, wie alles in Natur und Kosmos sich weiter und höher entwickeln muß. »Alles fließt«, alles bewegt sich, und wir mit ihm. Was sich gegen dieses Urgesetz wehrt, muß untergehen.

Isis' Schleier ruht über der Schwelle zwischen dem Sichtbaren und Natürlichen und dem Unsichtbaren, das wir gerne das »Übernatürliche« oder »Übersinnliche« nennen, nur weil wir es rational noch nicht erklären, vermessen können, weil es noch hinter Isis' Schleier ruht, noch nicht in unserem Bewußtsein verankert ist. Ihr Symbol, die Ur-Schlange, die sich in den eigenen Schwanz beißt, symbolisierte seit Urzeiten das Chaos, die scheinbare Leere, in der doch, wenn auch noch unkreiert, die Fülle schwingt. Mit diesem »Chaos«, der Großen Mutter als Matrix, auch wenn man es nicht so ausgedrückt hätte, lebten die Menschen anderer Kulturen durch das Mysterium, das ihnen die Religion schenkte, einst auf Du und Du.

Die Schlange, die sich in den eigenen Schwanz beißt, ist anfangs- und endlos wie die nur im Geist mögliche Vorstellung des »perfekten« Symbols, des Kreises, der zahlenmäßig niemals vollkommen zu errechnen ist, weil er in die Unendlichkeit verweist. Die arche genesis ist der Ur-sprung, jenes »Schiff«, das die Seelen über den Styx in den Tartarus, die »Unterwelt«, bringt, der vor der Umkehrung mit dem nächtlichen Sternenhimmel, den Erscheinungsformen des Kosmos, gleichgesetzt wurde.

Borea (Ophion), die Urschlange der ägyptischen und

hebräischen Mythologie, auch der »Gott des Nordwindes«, hinter dem die Hyperboreer im Land Borea wohnen, gilt im östlichen Kulturkreis als Sohn der Aurora. Die Aura ist das siebenschichtige elektromagnetische Energiefeld, das »astrale« oder »mentale« Feld der Seele, die geistige Form der jeweiligen Bewußtseinszustände, das alle Bewußtseinsmuster speichert.

Chinesische Überlieferungen bezeichnen die Hyperboreer, die »Ahnen der Kelten«, als TRANSZENDENTE MÄNNER. Ein Bogen aus Tönen, eine Brücke aus Licht, führt hinüber in das Paradies der transzendenten Menschen, in dem die Körperlichkeit aufgehoben ist, in die Welt der »Ahnen«. Der Bogen aus Tönen meint die sieben Intervalle der Oktave und das Licht ist in sich selbst siebenfältig, die sieben Spektralfarben, die in ihrer Summe Weiß ergeben.[186] Am Ende des Regenbogens ist das Gold vergraben! Jenseits der Oktave als Ausdruck der das Leben beschwingenden Gesetzmäßigkeiten, und jenseits des Lichts liegt die Welt der Hyperboreer, das Reich der Seelen oder Toten, der »Ahnen«.

Die Seelen der Heroen, deren Körper sicher in der Erde ruhen, »lustwandeln im Rücken des Nordwindes«, in der »geistigen Erde« der Schamanen, die unser Himmel ist, in einer achten Welt (Hopi), die stets unsichtbar, auf einer anderen Ebene, in einer anderen Dimension schwingend vorhanden ist, während die Erde als lebender und beseelter Organismus durch sieben Welten hindurchgeht. Wir befinden uns nach dem Abstieg bzw. der Involution kosmischer Kräfte durch drei Stadien am Ende der »vierten Erde« oder Welt, im letzten Zyklus des am tiefsten schwingenden Intervalles, wovon unsere auf die am tiefsten schwingende Form von Energie, die Materie, konzentrierte Gegenwart ein deutliches Zeugnis ablegt; ab der fünften Welt schwingt sich die Erde und das auf ihr dafür bereite Leben, dem

Gesetz der kosmischen Oktavenordnung und ihren sieben Intervallen folgend, wieder höher. Diese esoterische Angabe der Hopi trifft sich mit der universellen esoterischen Überlieferung. In diese achte Welt, die nach Angaben der Hopi alle anderen »Erden« stets unsichtbar begleitet, das »Bewußtseinsfeld« der Erde in seiner Gesamtheit, reisten Schamanen oder Adepten der Mysterien innerlich entlang der »subjektiven« Achse, über die sie sich mit den »Universalseele« in Verbindung setzen konnten, mit den unendlichen Weiten des universellen »Bewußtseins«, das keinerlei Beschränkungen kennt, mit »Gott«. Im Zuge des Sturzes in die Materie scheint die Reise, die über die »Seele der Erde« führt, in der die Ionosphäre zu erkennen ist, zum Selbstzweck geworden zu sein, wodurch die darüber hinausführende Verbindung mit der »Universalseele« den »Strahlungsgürteln« jenseits der Ionosphäre, räumlich dem äußersten Rand unseres Universums, wo das ursprüngliche Ziel der geistigen Reise lag, zunehmend verlorenging. Im inneren Kosmos wird die »Ionosphäre der Psyche« das »kollektive Unbewußte« der Menschheit genannt, das sowohl individuell als auch kollektiv erfahren wird. Die Universalseele – Jungs universelles kollektives Unterbewußte, eröffnet sich nur dem Initiierten.

Shambala, der geheimnisvolle »nordische Sitz«, zu dem die »Pfade des Nordens« leiten, der »nordische Weg«, Ut.tarayana, der sich auf den Weg der Sonne zwischen Winter- und Sommersonnenwende und damit hintergründig auf die »lunare Achse« bzw. die Achse des gesamten Heliokosmos bezieht, IST NUR IN MEINEM GEIST, heißt es in der Lehre der tibetischen La.ma. Das Land der Hyperboreer, der »Großschlangen«, ein Titel der in das Mysterium eingeweihten Hohepriester, Weisen oder Sakralkönige, ist wie Atlantis oder Tura-ya-Moya (Bantu), nicht im Außen, sondern im Inneren zu suchen. Es ist keine körperliche, sondern eine transzendente Welt der Vergangenheit und/oder der Zukunft, die Welt des Mythos, die auf einer anderen Ebene, in einer anderen Dimension, schwingt – die »Feen« eine Rasse sind die Menschen einer früheren Rasse, Archetypen unserer Mythen.

Wie die Angabe des Nordens nicht auf ein Land im Norden verweist, sondern auf die Spitze der Polar- oder Weltachse, den nördlichen Polarstern bzw. auf die Energetisierung der Erde DURCH den Norden, und der Nordwind sich nur vordergründig auf Wind bezieht, der aus dem Norden bläst – in allen Sprachen haben die Wörter für Wind oder Luft auch die Bedeutung von Geist/Seele als spiritueller Energie –, ist auch die Angabe, jenseits der Säulen des Herkules habe Atlantis gelegen, keine örtliche, sondern eine esoterische Angabe, denn Säulen symbolisieren im Mythos Buchstaben. So waren die zwei Säulen des Herkules auch den Hebräern bekannt, die sie Boaz und Jachim nannten. Wie der zweigesichtige Janus beziehen sie sich auf eine jahreszeitliche und somit eine kosmologische Symbolik, und die geometrische Angabe von Atlantis' Hauptstadt ist vermutlich eine spirituelle Angabe jener »geistigen Stadt«, oder des himmlischen Reiches Galiläa, das es im Inneren zu errichten gilt, damit es sich äußerlich manifestieren kann – das geometrische »mandorla« einander überschneidender Kreisläufe, in dessen Zentrum die Kraft wohnt.

Atlantis liegt JENSEITS dieser beiden Säulen, jenseits des Weges der Sonne zwischen Sommer- und Wintersonnenwende, und damit unserer Raum-Zeit, wie das geistige Reich Shambala am äußersten Rand des sichtbaren Kosmos, in der Nus- oder Nun-Sphäre der Ägypter, AUS der die Schöpfungskräfte geboren werden, doch im inneren Kosmos gerade überhalb oder unterhalb unserer Welt oder Erde (Hopi) bzw. unseres Wach-Bewußtseins. Solange wir Atlantis oder andere versunkene Welten nur im Außen suchen, werden wir es entweder nirgendwo oder überall finden, wie es ein gegenwärtig letzter Versuch in Trojas Kultur ortete. Als eines der archetypischen Codewörter der Menschheit für eine mythische Vergangenheit und die Welt der Ahnen ist es wie Shamballa oder die »goldenen Hügeln« von Tura-ya-Moya, oder das Hyperboreische Reich überall und nirgendwo, und das Zeugnis mehrerer und bisher immer fehlgeschlagener Versuche, das »Reich Gottes auf Erden« zu errichten. Das geschieht nach den Hopi erst in der neunten Welt, auf der neunten Erde, nachdem sich der letzte Zyklus der Erde, die siebente Welt mit der achten, bis dahin unsichtbaren, vereint und zur neunten wird – womit die Erde als Planet ihre Aufgabe der Transformation der Materie erfüllte. So gesehen haben wir noch einen langen Marsch in Richtung Vollendung vor uns, und wir sollten uns besser davor hüten, Atlantis im Außen finden zu wollen. Taucht es tatsächlich wieder auf und nicht nur Spuren der Erben einer einst weltumspannenden »versunkenen« Kultur, ist das wohl ein unmittelbarer Hinweis darauf, daß das Pendel Erde davor steht, in eine andere und neue Richtung umzuschlagen.

Nach der Johannes-Apokalypse erstehen die Geister der Toten am »jüngsten Tag« aus ihren Gräbern auf. Das bedeutet, daß das »Land der Seelen«, das »Bewußtseinsfeld« der Erde, das »kollektive Unbewußte« C. G. Jungs, in dem alle bisherigen Bewußtseinsmuster der Evolution des Lebens gespeichert sind, in das Bewußtsein der Menschen treten, auch daß die Zeit jünger wird, zurückläuft, um schließlich am Punkt des Überganges von einer zur anderen Welt »ausgeschaltet« zu werden, wie es von einem »Untergang der Erde« im Buch Hiob überliefert ist, was sich wohl darauf bezieht, daß das »Pendel« Erde, bevor es von der heutigen Linksdrehung in die gegenpolige Bewegung umschlägt und die magnetischen Pole an ihre angestammten Plätze zurückkehren (Hopi), stillsteht. Die Säulen des Himmels zerbrachen, berichtet der chinesische Mythos, die Stellung der Erdachse zu den Gestirnen veränderte sich, »die Erde erzitterte in ihren Grundfesten. Die Himmel im Norden senkten sich immer tiefer. Die Sonne, der Mond und die Sterne änderten ihren Lauf. Die Erde öffnete sich und die in ihrem Inneren eingeschlossenen Wasser brachen hervor und überfluteten die Länder.« In der nordischen Voluspa rührte »südher die Sonne, des Mondes Gesellin ... mit der Rechten den Himmelsbord. Sonne kannte ihre Säle nicht, Mond kannte seine Macht nicht. Sterne kannten ihre Stätten nicht ...« Darauf »verdampften« die Ozeane und Meere, und während eines langen Fimbulg-Winters »fiel der Wasserdampf als Schnee über neue Polgebiete, eine Eiszeit begann.[187] Die Erdachse wies eine andere Richtung auf, und die Jahreszeiten hatten sich verändert.« Im griechischen Mythos ist es (natürlich) Zeus, der die Gesetze des Himmels, »die bis dahin unabänderlich gewesen waren«, umkehrte, »Helios (die Sonne), der sich bereits in der Mitte seiner Bahn befand, riß seinen Wagen herum und wendete seine Pferde gegen die Morgendämmerung. Die sieben Plejaden und alle anderen Sterne kehrten aus Mitgefühl auf ihrem Weg um ... an diesem Abend, zum ersten und zum letzten Mal, ging die Sonne im Osten unter!« In einem anderen griechischen Mythos verliert Phaëthon, der sich gegen die »rasende Achse« stemmen will, die durch die »wirbelnden Pole« hin- und hergeschleudert wird, den Stand und wird vom Wagen (aus seiner Bahn) geschleudert. Danach folgt die Sonne »nicht mehr denselben Bahnen wie vorher«, was bedeutet, daß die Erde ihre Bahn bzw. ihre Stellung zu den Gestirnen verändert! Bei Ovid ist nachzulesen: »Indem sie alle Dinge unter ihrem gewaltigen Beben erschüttern ließ, sank schließlich die ganze Erde tiefer unter ihren gewohnten Platz«, und die ägyptische Überlieferung berichtet, daß derlei bereits mehrmals in der Geschichte der Erde geschah. Die Gesetzmäßigkeiten der Erde innerhalb des kosmischen Geschehens bleiben nur solange unverändert, als sich NICHTS verändert, der Anstoß zur Veränderung mit unvorstellbar katastrophalen Auswirkungen für das Leben auf der Erde kann – wie die Chaosforschung entdeckte – etwas Winziges sein. Wie viele »Winzigkeiten«, die in den fragilen Gesamtorganismus Erde-Kosmos verändernd eingreifen, haben wir unserem Planeten bereits zugemutet?

»Hier ist die Erde, die wir geschaffen haben«, sagt Sotuknang im Mythos der Hopi zu »Spinnenweib« am Beginn der »Ersten Welt«. »Sie hat Form und Substanz, Richtung und Zeit, einen Anfang und ein Ende.« Dreimal ging die Erde danach unter, um in die heutige »vierte Welt« zu münden. Diese »ist nicht so schön und bequem wie die vorangegangenen Welten. Sie hat Höhe und Tiefe, Hitze und Kälte, Schönheit und Unfruchtbarkeit; es gibt alles und ihr könnt wählen. Was ihr wählt wird entscheidend dafür sein, ob ihr diesmal auf ihr den Schöpfungsplan ausführen könnt oder ob die Welt wieder zerstört werden muß«.[189]

Das »eiserne Zeitalter« das mit Prototypen wie Odysseus, dem Städtezerstörer begann, nicht mit Odysseus dem Seelenreisenden, bescherte der Welt bis zum heutigen Tag eine ständige Abfolge von Kriegen und eine ständige Zunahme an Gewalt. »Mit dem von Tag zu Tag fortschreitenden Verfall von Wohlstand, Sitte und Gesetz taumelt die Menschheit ihrem unabwendbaren Ende entgegen. Der Wert eines Menschen wird nur nach seinem Besitz bemessen, seine Frömmigkeit nach dem äußeren Schein. Das Verhältnis zwischen Mann und Weib beruht nur mehr auf reiner Sexualität, Erfolg vor Gericht auf der Kunst zu lügen. Allein um ihres Körpers willen werden Frauen geliebt, die

Erde ihrer Bodenschätze wegen. Auf Ehrlosigkeit beruht die Existenz, des Lebens Sicherheit auf Schwäche. Das Studium besteht in Einschüchterungsversuchen und Anmaßungen, die Religion in dünkelhafter Erfüllung leerer Formen, die Ehe als Interessengemeinschaft, die Würde im Tragen eleganter Kleider.« Was so nachdrücklich an unsere heutige Welt erinnert, ist eine PROPHEZEIUNG des Vishnupurana aus dem ersten Jahrtausend! Nausikaas Welt hatte damit nichts zu tun, die wohl das »versunkene« Land der »Ahnen« des Odysseus war. Dieses Land der Ahnen beschreibt Eduard Schuré aufgrund von Überlieferungen der »Alten Meister« als das geheimnisvolle Land der strahlenden und durchsichtigen SEELEN, die in der ewigen Morgenröte einer vollkommenen Seligkeit leben. Dort sind seine wahren Priester und seine geliebten Priesterinnen. Er (Apoll) lebt mit ihnen und wenn er den Menschen ein königliches Geschenk machen will, so bringt er ihnen aus dem Land der Hyperboreer eine jener großen, strahlenden Seelen und läßt sie auf der Erde geboren werden, um die Sterblichen zu belehren und zu bezaubern.[190] So gesehen waren wohl Christus und Buddha und Pythagoras Hyperboreer. Derartige Seelen stehen nach esoterischen Überlieferung ÜBER jenen »Geistern« oder Seelen Verstorbener, den Ahnen, die Magier wie vermutlich auch Odysseus einst »beschworen«; sie gehören einer höherschwingenden »Welt« oder Dimension an, die als Himmel bezeichnet wurde, der in sich selbst als neundimensional oder neunsphärisch beschrieben wird.

Die Welt Nausikaas, die VOR den Beginn der mykenischen Kultur und vielleicht sogar vor den Beginn unserer gegenwärtigen »vierten Welt« zurückweist, ist als hyperboreisches Reich beschrieben, das Odysseus nur außerkörperlich, geistig reisend, besucht haben kann. »Den mühsam lebenden Menschen fern« wohnen die Phäaken, »ganz am Ende«. »Ihre Schiffe steuern sie mit der Kraft ihrer Gedanken. Denn nicht Steuerleute haben phäakische Schiffe und nicht Steuerruder, wie andere Schiffe sie haben, sondern sie wissen von selbst die Gedankengänge der Männer. Und sie kennen die Städte und üppigen Felder von ALLEN Menschen« ... »Wir sind ihnen (den Göttern) so nahe wie die Kyklopen auch und das wilde Geschlecht der Giganten«, erklärt Alkinoos dem Odysseus, wodurch die phäakische Welt eindeutig in eine versunkene und bereits mythische Epoche, in das »Land der Seelen«, zurückdeutet.

»In unserem Volk sind zwölf erlesene Fürsten, welche als König walten, doch mit mir selbst sind es dreizehn«, sagt Alkinoos und gibt dadurch einen deutlichen Hinweis auf die lunare Kosmologie und auf das Mysterium des Dreizehnten und seine Transzendenz.

Nausikaa zur Seite sind »zwei Mägde mit der Schönheit von den Chariten«. Auch das ist eine klare Andeutung. Homer erwähnt zwei Chariten, Pasithëa und Kale, eine Trennung der drei Wörter Pasi thea kale, »die Göttin, die allen Männern schön ist«, Aphrodite, die Dreifaltigkeit der Göttin. Mit ihr zeugt Zeus die Chariten, die lange vor ihm existierten. Hesiod nennt drei Chariten, Euphronyme, Auxo (Zuwachs) und Hegemone (Herrschaft), Frühlings-, Sommer- und Herbst-/Winteraspekt.

Charis, »Gnade«, ist die Göttin in ihrem versöhnenden Aspekt, den sie bei der »Heiligen Hochzeit« mit dem Heros zeigt. Vom Wort »charis« leitet sich Eucharistie, die »Erlösung« ab.

Auch die Erwähnung der »Tochter des Dymas, des Schiffeberühmten«, die »von Herzen ihr (Nausikaa) lieb war«, ist aufschlußreich. In ihrer Gestalt spricht Athene im Traum zu Nausikaa. Als Tochter des Dymas gilt Hekabe, die zweite Gattin des Priamos, die ihm neunzehn legitime seiner insgesamt fünfzig Söhne gebiert. Was wiederum nicht auf die Potenz des »Königs« zurückzuführen ist, sondern einen Hinweis auf die neunzehnjährige Meton-Periode darstellt und auf 5 x 10 Mondviertel, mit denen das Jahr gerechnet wurde (I-Ging). Hekabe ist Hekate, die »Zauberin« bzw. die Göttin in ihrem Neumond/Sonnenaspekt. Ein Besuch einer ihrer Priesterinnen, Medea, der Kolcherin, bei den Phäaken ist überliefert; Medea steht mit der Argo und ihren 50 Sternen (Argonauten) in Verbindung. 50 Priesterinnen sind auch von den Danäern im prähellenischen und prämykenischen Argos bekannt.

Der Zahl 50 begegnet man mehrmals. Fünfzig dienenden Frauen gibt es im Phäakenpalast. »Ein Teil mahlt mit der Mühle die apfelfarbige Feldfrucht«, andere »weben am Stuhl und drehen den Faden der Spindel«. Demeter ist auch die Göttin der Getreidemühlen, die Triade der Schicksalsgöttin, die die »Weltmühle« dreht. Ihr Symbol war das »Mühlschaufelrad«, das die Drehung der »Seele der Erde« anzeigt – die Swastika mit ihren beiden Richtungen bzw. die Weltspindel der Schamanen-Priesterinnen bevor sie der »Weltenbaum« ablöste, und die Dreifaltigkeit auf die Potenz der Dreizahl, die Neun, erweitert wurde. Sie wohnt als Achse im Mittelpunkt der Erde und als »Jungfrau« oder Himmelskönigin auf der »Achse der Milchstraße«, wo sie das Rad des Himmels dreht.

Fünf Söhne haben Arete und Alkinoos, jeweils fünfmal im Monat ist die auf- bzw. absteigende Mondsichel am Himmel zu sehen, »je fünf Eber« bzw. »je fünf Keiler« (I-Ging), in je 5 x vier Sequenzen ist die Zahl Zwanzig, gemeinsam mit der Dreizehn, die Basiszahl des Tzolkin der Maya, geteilt.

52 Jünglinge der Gemeinde bereiten das »schwarze« Schiff für Odysseus' Heimfahrt. Das ist die Anzahl der Wochen im dreizehnmonatigen (siderischen) Kalender. 52 ist 4 x 13 und bezieht sich auf 50 lunare Monate – vier Jahre, die der Sakralkönig an der Seite einer Hohepriesterin

herrschte, ein Zyklus, der später auf acht Jahre, 100 lunare Monate, und schließlich auf die 19 Jahre der Meton-Periode verlängert wurde. Die vier Jahre bereiten das »Schiff« vor, die Heimkehr, die Reise über den »Styx«, der die sichtbare von der unsichtbaren Welt trennt, das Opfer, den Tod des Heros. Doch weist in der Schilderung der lichten und fröhlichen Welt Nausikaas noch nichts auf die körperliche Opferung des Königs hin.

»Reihenweise sitzen sie (die 50 Dienerinnen) da wie die Blätter der ragenden Pappel.« Die Schwarzpappel war in prähistorischen Zeiten ein der Erdmutter geweihter Baum, der sich zumeist bei Begräbnisstätten fand und auch beim Orakelsagen eine Rolle spiele. »Wenn du bleibst, dann ist jene Pappel oder die Silbertanne Dein«, überliefert Plautus in »Casina«. Im irischen Baum-Alphabet, dem Beth-Luis-Nion, dem sakralen Geheimalphabet druidischer Priesterinnen, das dem der prähellenischen Io gleicht, und das vorwiegend für Orakelzwecke verwendet worden war, stehen fünf Vokale für die Jahreszeitenfolge. E ist der vierte Baum, der Baum des Herbst-Äquinoktiums und des Alters, die Pappel, ein Todesbaum. Danach folgt I, das Symbol der Achse als Sinnbild der Wiedergeburt und mit A beginnt der neue Zyklus, das neue Jahr. AOUEI war die alte Reihung der Vokale, wobei das U in der Mitte der »Sommergöttin« geweiht war, die über die gesamte Pentade herrschte; zur Zeit der Sommersonnwende steht die Sonne in der nördlichen Hemisphäre auf der höchsten Sprosse der Himmelsleiter.

Im Herbst, symbolisiert durch den Buchstaben E, tritt der griechische Sonnen-Heros Apoll ursprünglich seine Reise in die hyperboreische Welt an, in die Unterwelt (Herbst-Äquinoktium), um sieben Monate später als Licht (Frühlings-Äquinoktium) wiedergeboren zu werden. Sieben »Jahre« hält sich Odysseus in Kalypsos Unterwelt auf, vor deren Höhle eine Erle als erster der »drei Bäume der Auferstehung« wächst. Im Beth-Luis-Nion symbolisiert die Erle den Baum des Frühlings-Äquinoktiums! Die Schwestern des Sonnengottes Phaëthon, dessen Name nur ein anderer für den Sohn der Mondin ist, Helios – sein Kult erinnert an den hethitischen Sonnengott – beweinten Apollons »Tod« und wurden in Pappeln verwandelt. Vergil überliefert Erlen. Die Erle symbolisierte im Beth-Luis-Nion den Konsonanten f, ein Zeichen für »Eingeweihter«, das im Lydischen für die Zahl Acht stand! Im Zuge der Eroberungen und Vermischung zwischen den Völkern und damit einhergehenden Kalender- und Religionsreformen wurden die »Säulen« bzw. Bäume, die Buchstaben symbolisierten, hin und her getauscht, je nachdem, wann das Jahr endete und begann, wie etwa im hebräischen Kalender-Alphabet-System die beiden Säulen Jachim und Boaz im Zuge der religiösen Reform, bei der das Neujahr auf das herbstliche Weinlesefest verlegt wurde, die Plätze tauschten. Auch veränderte sich die Symbolik der Bäume je nach Umwelt – weshalb etwa im Norden die Silbertanne die Pappel ersetzte.

Zum »Hain der Athene«, »schimmernd von Pappeln«, sendet Nausikaa den Odysseus, einem Ort, bei dem sich »eine Quelle inmitten« befindet. »Immerfließende Wasser« gibt es auch in der Höhle der »drei Nymphen« auf Ithaka – wie Quellen, als Ausdruck dessen, was sich im Wasser unter der Erde befindet (das Mose verbot »anzubeten«), stets an heiligen Orten, die mit der Jenseitswelt in Verbindung standen, erwähnt werden. Dort, beim Hain der Athene, liegen auch Alkinoos' »sprossende Gärten«, in denen die Frucht nie verdirbt, die paradiesischen Gärten der eleusinischen Gefilde.

Zweimal im Jahr ernten die Phäaken, wie es auch von Atlantis überliefert ist, und das Al im Namen des »Königs«

der Phäaken, Alkinoos, deutet darauf hin, daß im Mittelpunkt der Kosmologie noch der Kosmos als Einheit und das Licht auch noch hinter der Sonne stand, die »natürliche oder kalendarische Zeit des irdischen Umweltprogrammes in ihrer qualitativen Bestimmung«, »Werden und Sein«, die das sind, »was die Zeit ausrichtet«, und die »nichts Größeres« kennen als die Jahreszeiten. Daß die sagenhaften Phäaken mit den Rhythmen der Natur und damit mit den Rhythmen des Kosmos, mit den Rhythmen der befruchtenden Zeit und ihren Zyklen, in Harmonie lebten, geht aus ihrer Beschreibung deutlich hervor. Auf die Kenntnis der beiden einander überschneidenden Zeitzyklen verweist auch die Erwähnung der silbern und golden von Hephaïstos geschmiedeten Hunde am EINGANG zum Phäakenpalast. Odysseus' Hund, der ihn als erstes Lebewesen nach seiner Rückkehr in die Oberwelt erkennt, heißt argo, »weiß schimmernd«! Der Hund symbolisiert den »Hüter der Schwelle«, das Wach-Bewußtsein, das es zu überwinden galt, um in das Land der Seelen eintreten zu können.

»Ja, in Delos sah ich einmal am Altar des Apollon solch ein junges, aufgeschossenes Reis einer Palme«, schmeichelt Odysseus der Nausikaa. Die Palme war der Baum, der im Baum-Code-Alphabet der Io Delos symbolisierte. Sie repräsentierte den einen Resttag im Dreizehn-Monate-Kalender (364 + 1 Tag), jenen Tag, an dem der Sonnen-Heros nach vorausgegangenem Wettkampf »gekrönt«, aus dem Geist wiedergeboren wurde. Im irischen Beth-Luis-Nion steht die Palme, die im Norden durch die Silbertanne ersetzt wurde, für den Vokal A und den 23. Dezember! Unter einer Palme wird auf Delos Apoll (wieder) geboren. Manchmal ist auch die Steineiche als »Geburtsbaum« erwähnt, der achte Baum im Beth-Luis-Nion, der nach einer Kalender- und Religionsreform die Eiche als siebenten Baum verdrängte. Die Steineiche galt als Geburtsbaum in Ägypten,

Babylonien, Arabien und Phönizien, wo der Vogel Phönix, der sich aus seiner Asche erhebt, in einer Steineiche wiedergeboren wird, und so ist die Steineiche im hebräischen Mythos nicht überraschend der Lebensbaum im Garten Eden; ihr Name, Tamar, war ein Name der Großen Göttin Ischtar oder Aschtaroth.

Daß Odysseus die Nausikaa mit Artemis, einem anderen Namen der Ischtar, vergleicht, der »Weißen«, worauf auch der mehrmalige Hinweis auf Nausikaa mit den »weißen Armen« hindeutet, erinnert an die Beschreibung der Erscheinung der »Weißen Göttin« durch Lucius.

Allmählich »erschien mir aus der Mitte der See ein göttliches, verehrungswürdiges Antlitz ... strahlend und weithin über das Meer ragend stand sie vor mir« ... sie besaß »eine große Fülle von Haaren, die in Wellen und Strahlen um ihren göttlichen Nacken flossen und wallten, auf dem Haupte trug sie reiche Girlanden mit Blumen geflochten, und mitten auf der Stirn (!) fand sich ein flaches Diadem in der Art eines Spiegels, oder vielmehr, nach dem Lichte, das von dort her strahlte, dem Mond zu vergleichen, und dieser wurde von beiden Seiten von Schlangen getragen, die aus den Furchen der Erde emporzuwachsen schienen und darüber wölbten sich Kornähren.

Ihr Gewand war von feinstem Leinen, in verschiedenen Farben leuchtend ... und ihr Mantel war ganz dunkel und finster, mit leuchtender Schwärze bedeckt ... Hie und da funkelten an dessen Rändern und über seine Oberfläche verstreut die Sterne, und inmitten zwischen ihnen stand der Mond in halber Fülle, der wie eine Feuerflamme leuchtete ... Ihre wohlduftenden Füße steckten in Schuhen, bestickt und mit Siegespalmen umwunden.«

Und die Erscheinung spricht: »Ich bin es, die natürliche Mutter aller Dinge, die Herrin und Herrscherin aller Elemente, die erste Erzeugerin der Welt, Haupt aller göttlichen

Mächte, Königin auch derer in der Hölle, die Gebieterin derer, die im Himmel wohnen, verkörpert einzig und allein in der EINEN Gestalt aller Götter und Göttinnen.

Meinem Willen gehorchen die Planeten des Himmels, die günstigen Winde der Meere und die trostlose Stille der Hölle; mein Name, meine Göttlichkeit wird in aller Welt verehrt, in allen verschiedenen Formen, in unterschiedlichen Gestalten angebetet, und unter vielen Namen. Denn die Phrygier, die ersten unter den Menschen, nennen mich die Mutter der Götter zu Pessinus; die Athener, aus ihrer eigenen Scholle entsprungen, nennen mich die kekropische Athene; die Zyprer, vom Meere umgeben, hießen mich die paphianische Aphrodite; die Pfeile tragenden Kreter nennen mich die diktynianische Artemis; die in drei Sprachen redenden Siziler kennen mich als die höllische Proserpina; den Eleusiern bin ich ihre alte Göttin Ceres; die einen nennen mich Juno oder Bellona, die anderen Hekate oder Thamnusia, und vor allem rufen mich beide Arten von Äthiopiern, die im Osten wohnen, und von den Morgenstrahlen der Sonne erleuchtet sind, und die Ägypter, hervorragend in allen Arten der alten Lehre und durch ihre eigenen Gebräuche unterwiesen mich zu verehren, bei meinem wahren Namen Königin Isis.«[191]

Isis (Ios) Name auf Delos war Brizo, die hyperboreische Göttin, der man Votiv-Schiffe, kleine Nachbildungen, opferte. Schiffe werden in der Mythologie sowohl mit der Geburt als auch mit dem Tod assoziiert, die sich beide in der Polarität der Einen-in-sich, der Leben-im-Tod verkörperten. Nausikaas Name bedeutet »Verbrennung der Schiffe« oder »brennende Schiffe«. Die Verbrennung der Schiffe bezieht sich wohl auf den »Tod« des Mondes, auf ein lunares Ritual der allmonatlichen »Verbrennung« des Mondes im Feuer der Sonne, symbolisch des Egos, woraus sich aus der Dunkelheit des Nachtmeeres und Urgrundes strahlend das neugeborene »Bewußtsein«, die Sonne, erhebt. Nach all dem symbolisiert Odysseus einen Sonnen-Heros, mit dem Nausikaa, das Symbol für den Mond, die Tochter der Himmelskönigin Arete, jenes Licht, das sich in allem ausbreitet, als Sieger im sakralen Wettkampf, zu dem ihm Athenes (Aretes) Unterstützung verhilft, als »Heiliger König« die »Heilige Hochzeit« vollzieht – Bewußtsein und Unbewußtes feiern miteinander Hochzeit, wodurch Überbewußtsein, das sich überall ausbreitende Licht, in der christlichen Mystik der Christusgeist, geboren wird. Die Tochter (anima) ist der Zugang zur Mutter, die den Sohn, die Form, die Materie, das alte Ego als Summe der Bewußtseinszustände, in den Schoß zurücknimmt, in das Nichts oder Chaos VOR der Formenschöpfung, in die Auflösung, den Tod, woraus nur Neuschöpfung, Wiedergeburt, möglich ist. Zwölf gute Feen bestimmen im Märchen wohlwollend das Geschick von Dornröschen, die dreizehnte fordert den Tod und Dornröschen schläft hundert Jahre lang – »Hundert« ist Hekate, die »Todesgöttin«, die Leben-im-Tod.

Odysseus, der sich zu »sterben« weigerte, möchte die Macht, die das Mysterium schenkt, jedoch nicht mehr teilen und verzichtet dadurch auf seine Unsterblichkeit. Er, bzw. die Kultur, die er als archetypische Figur symbolisiert, erlag der Sucht nach irdischer M.acht, ein Wort, in dem sich nicht zufällig die Acht verbirgt.

Der Glaube an eine Macht, vielmehr eine Kraft, leitet sich in der Religionswissenschaft von »mana« ab, jener geistigen Kraft, der sich die Sakralkönige bedienten und die sie dem Mysterium verdankten. Mana stellt ein »zauberhaftes Fluidum« dar, das mit der »Wirkung von elektrischer Kraft« verglichen werden kann. In der Macht verbirgt sich nicht nur die Acht, sondern auch die N.acht, der einstige »Lichtgeist« der göttliche Neunheit, welche die Achtheit und ihre zweimal vier polaren Richtungen gebiert, und damit alles Leben. Im Hebräischen bedeutet Mana ka.bod, und bezeichnet im Alten Testament eine Eigenschaft, die nur Gott zukommt, weshalb derartige Eingeweihte, wie etwa der Pharao in Ägypten, gottgleich wurden, unsterblich. In der modernen Welt, die Macht auf die Herrschaft von Geld oder Besitz und physischer Überlegenheit, dem Bruder der Gewalt und dem Freund des Krieges, gründet, bedeutet das Wort nach M. Webers »die Chance, innerhalb einer sozialen Beziehung den eigenen Willen auch gegen Widerstreben durchzusetzen, gleichviel, worauf diese Chance beruht«. Der Triumphzug Typhons, der »männlichen« Seite der »Schlange«, das »Ich will um jeden Preis«, ist ebensowenig zu übersehen, wie der Abgrund, der zwischen einem auf ausbalancierter geistiger Kraft beruhendem Verständnis von Macht im Sinne von sich beherrschen und DADURCH zu herrschen (Mysterium) und von beherrschen (Magie) klafft, der schließlich zur rein physischen bzw. materiellen Machtausübung führte, an der die Welt seither leidet. Diese Kluft zu überbrücken war die Funktion der Religion, deren Effektivität an dem Grad gemessen werden kann, in dem diese Aufgabe gelingt.

Der seelenreisende Odysseus erkennt SICH selbst, nachdem er Nausikaa begegnete – EIM Odysseus, »bin Odysseus«. Als »hypterboreischen Schwan« stellte man den arisch-indischen Gott Hamsa dar. Aham bedeutet »Ich« und Sa »göttliches Wort«. Das göttliche Wort und der dieses symbolisierende »weiße Vogel«, der Geist, die »erhöhte Schlange«, das »DU«, standen im Mittelpunkt der Mysterien und beziehen sich auf die Erkenntnis nicht des irdischen Egos, sondern des »Höheren Selbst«, des göttlichen Wortes, das im reinen Seelenkern widerschwingt, DEN zu erkennen und mit Hilfe des eigenen Willens zu erfüllen nach mystischer Auffassung der Zweck irdischen Lebens ist, weshalb man alles Leid, das dem Menschen widerfährt, als Symptom des ABWEICHENS von der göttlichen Schöpfungsordnung verstand und keineswegs, wie dies mißinterpretiert wurde, als Voraussetzung, um erlöst zu werden! Leiden bedeutet eine »schlechte Achse« zu haben, aus der eigenen Mitte gefallen zu sein. Odysseus, der Zornige, besiegt den Tod, anstatt seinen Ego-Tod zu durchleiden, UM wieder in die »Mitte« zu gelangen. Dadurch verhalf er der Macht des Egos, dem Individuellen, dem Individuum, dem Einzelwesen, dem Unteilbaren (!), welches das Di.viduelle verdrängte, zum Durchbruch und wurde dadurch doch noch unsterblich; »in« ist eine Vorsilbe, die den Begriffsinhalt des folgenden Wortes verneint – divide (lat.), »vide« heißt »teile«. Im Mysterium der Transformation, der Umwandlung durch Verschmelzung, wurde der zweigeteilte Mensch, »weiblich«-»männlich«, anima-animus, göttlich, zur wiederverbundenen Einheit. Die Natur führt uns dieses Urgesetz bei ihrem größten Mysterium, der Menschwerdung, nach wie vor vor Augen; denn erst die chemische Zusammensetzung der weiblichen Sexualsekrete bewirkt, daß sich die chaotisch und ziellos bewegenden männlichen Spermien in Richtung Uterus in Bewegung setzen, wo die Befruchtung erfolgen kann. Männliche Energie alleine oder im Übermaß bedeutet Stillstand, Tod, weibliche Energie alleine oder im Übermaß Chaos – die wahre, wenn auch unsichtbare, »Bewegung« (Leben) ist »weiblich«, auch wenn es heute umgekehrt interpretiert wird – und BEIDE bedingen einander.

Odysseus, das archetypische Symbol, verdrängt einen Teil dieser Zweiheit, das unsichtbare »Weibliche«, das Unsichtbare und Unbewußte, aus seinem eigenen Selbst und verneint es von nun an. Aus der einstigen geistigen Teilung wird das »divide et imperare«, das »teile und herrsche«, das, weil die kommenden Herrscher sich dank der ihnen durch das Mysterium verliehenen mana-Kraft als unteilbares, göttliches und ganz und gar männliches Wesen empfanden, seither dem Gesetz der unendlichen Verdopplung folgend zur einseitigen Vervielfachung führte. Nicht mehr Qualität, sondern Quantität bestimmte die weitere Entwicklung, nicht mehr der Geist, sondern die Materie, so daß Aristoteles schließlich festhält, ausschließlich die Materie sei die Ursache für die Vervielfachung einer Form. Das qualitative Wissen, daß sich in der kleinsten Einheit die Ganzheit spiegelt, und daß diese Ganzheit stets größer ist als die Summe ihrer Teile, ging verloren und wurde erst durch die moderne Chaosforschung wiederentdeckt.

Der Mond, das »natürliche Urphänomen des Symbolischen und damit des Geistigen«, der »Weltgeist, der in den lebenden Geschöpfen eine strahlende Wohnstätte hat«, wie es in einem sumerischen Mythos heißt, geriet zum bloßen bedeutungslosen Trabanten einer Erde, die wie das Leben auf ihr zunehmend entseelt wurde, wodurch beides mehr und mehr zur Ausbeutung und Unterdrückung freigegeben wurde. Mond und Seele bzw. Psyche lassen sich nicht voneinander trennen, wie die alten Chinesen wußten: »Die Mondgeister verwandeln sich in die Seelen des Tageslichtes, wie sich der Mond am Himmel in die Sonne verwandelt.«

Die Eroberer der alten lunar-orientierten Kulturen vereinnahmten die geistige Transzendenz der »Großen Schlange«, der Unterwelt des kosmischen Ozeans, um die körperliche Transzendenz ihres Sonnengottes zu rechtfertigen. Das »Land der Hyperboreer« der Mythen ist das transzendente, geistige Land der Seelen. Es ist auch die Insel der Phäaken, die nur finden kann, wer sie mit der Seele sucht, kein diesseitiges Schlaraffenland mit weltlichen, materiellen Genüssen, sondern ein »jenseitiges«, geistiges Paradies, dessen Zugang im Inneren jedes Menschen liegt, vorausgesetzt er oder sie ist bereit, dem furchterregenden »Hüter der

Schwelle« zu begegnen, der die sichtbare Welt des (Wach-) Bewußtseins von der unsichtbaren des Unbewußten trennt, dem eigenen Ich, das seine Begrenzungen liebt und verteidigt, dem Ego, das es bewußt zu töten gilt, damit Neugeburt und Höherentwicklung folgen kann. Dem vielgereisten Homer mochte die Insel Korfu als der ideale Hintergrund für die Odyssee erschienen sein, denn das Kreta seiner Zeit lag in Schutt und Asche. So ist das Land der Phäaken auch das Land des »Goldenen Zeitalters«, das in jener mythischen Ferne liegt, in der einander Vergangenheit und Zukunft umarmen. Es ist jenes »Atlantis«, das jeder von uns in sich selbst trägt.

In ihrer Dreifaltigkeit stand die hyperboreische Göttin von Delos der Heilkunst, der Schmiedekunst und der Dichtkunst vor. So gesehen hat der Dichter und Sänger Homer der Weißen Göttin in der poetischen und bildhaften Sprache des Mythos ein schönes Denkmal gesetzt.

So lange schlafe das Meer in den Armen der Erde als Nausikaa schläft! Poseidon, der Gott des Vaterrechts, später von Zeus, danach von Apoll verdrängt, mußte zum Gott über die Gewässer werden, denn Wasser symbolisiert die Seele, das »Weibliche«, Chaotische, das »Wasser« mit dem die nächtliche Unterwelt gefüllt ist, wie es die Chinesen überlieferten. Der Mond (die Seele) wandert hin und her zwischen den Wassern der Unterwelt (dem Unbewußten) und der Höhe des Sonnenortes (dem Bewußten). Der Große Strom, t'ai chi, ist die »Große Mutter« oder Himmelskönigin. Von den Armen der Erde, der »männlichen« Materie gefesselt, schläft sie seit Jahrtausenden ihren Dornröschenschlaf.

Wie der griechische Narziß verliebt sich Odysseus, vom strahlenden Sonnenlicht verblendet, wodurch er seine Seher-Gabe, sein drittes Auge verliert, in sein eigenes, körperliches Spiegelbild, in die äußere und sterbliche Hülle seines unsterblichen und unsichtbaren Selbst. Sein Vorfahre, der babylonische Gilgamesch, bittet den »Schatten«, die Seele seines toten Freundes, seines Spiegelbildes Enki, ihm das »Gesetz der Erde« zu verkünden. Und Enki antwortet: »Ich kann es Dir nicht sagen, kündete ich Dir das Gesetz der Erde, die ich schaute, Du würdest dich hinsetzen und weinen ...«

Wieder sah ich die vom Blut dampfenden Hallen vor mir, die abgehauenen Köpfe, im Todeskampf zuckende Leiber, gepfählte, gemarterte Menschen, rauchende Scheiterhaufen, Gaskammern, die sterbende Natur ...

Hat sich das unerbittliche Gesetz der Erde nicht im Verlauf der Jahrtausende, die seither vergingen, unerbittlich vollzogen?

*

»Wenn der Mann sich nicht mit Isis
auseinandersetzen will,
muß er mit Lilith zurechtkommen.«

(W. I. Thompson)

Ich war zum Ausgangspunkt meiner Reise zurückgekehrt, auf jene Insel, die Homer oder wer immer besucht hatte und zur Heimat der Phäaken machte. Die alten Überlieferungen wurden an die zur Zeit der Niederschrift herrschenden Verhältnisse angepaßt, wodurch sich der Widerspruch zwischen einem historischen Odysseus und einem seelenreisenden Heroen ergibt. Viele Rätsel gäbe es noch zu lösen. Vielleicht, so wünsche ich mir, gelingt es einer Wissenschaft, die sich nicht mehr in winzige Teilbereiche aufsplittert, die prähistorisch nicht mehr, weil prätechnisch, als unzivilisiert und primitiv versteht, jenen nötigen Schritt zu vollziehen, durch den Wissenschaft wieder zur »Wissenskunst« wird, wie es W. I. Thompson vorschlug.[192] Das wäre eine vielversprechende »Heilige Hochzeit« zwischen ratio und logos, zwischen Vergangenheit und Zukunft, zu der die Mythen, entkleidet man sie ihrer jeweiligen kulturspezifischen Gewänder, einen wichtigen Beitrag liefern können. Es gilt jahrtausendealten Schutt beiseite zu räumen, um zu den Wurzeln, zur Wahrheit, zu gelangen; und die Zeit, die unserer, Adams Heldentaten, zusehends müder wird, drängt. Vieles, das vorgestern noch als unmöglich erschienen war, ja als ketzerisch oder utopisch galt, wurde gestern bestätigt und ist heute Allgemeingut. Je erfolgreicher der Mensch den scheinbar unnütz gewordenen Ballast seelischen Bewußtseins über Bord warf, um so ausschließlicher konnte er sich dem Mechanischen zuwenden, wodurch immer mehr das Prinzip der Quantität in den Vordergrund trat. Reichtum und technischer Fortschritt der westlichen Zivilisation beruhen auf der Eroberung und Ausbeutung anderer Kontinente, Völker und Rassen. Solange wir die Ursachen für die Krise der modernen Welt nicht verstehen können, werden wir Aus-Wirkungen wie Drogen- und Waffenhandel, und die stets latente Gefahr eines »Dritten Weltkrieges« nicht wirklich verstehen können. Nicht Waffengewalt, die nur wieder neue Wirkungen schafft, sondern ein Überdenken unserer Wertvorstellungen scheint angebracht, ein globales Umdenken, wie es sich bereits ankündigt, das in einen »Quantensprung«, einen Bewußtseinssprung münden kann, der die FREIWILLIGE Höherschwingung auf den neuen Ton der Oktave bewirken könnte, dem wir entgegenzugehen scheinen.

Adam, der seinen ursprünglich materiellen Bezug nicht leugnen kann, hat sich, indem er dem Dämonium der

Sonne erlag, selbst unterdrückt. Denn die Seele läßt sich nicht abschaffen, nur verdrängen. Geblendet vom alles überstrahlenden Sonnenlicht, der »göttlichen Vernunft«, erhob er dessen verkörpertes Symbol, den Phallus, zur Gottheit, und kastrierte sich damit geistig selbst. Nicht am mißinterpretierten Ödipus leidet unsere abendländische Kultur, sondern an Odysseus »dem Zornigen«, den wir zum Helden machten. Von seinem »Bin Odysseus« führt eine geradlinige Verbindung zu Descartes »Ich denke, also bin ich.« Womit die »Diktatur der ratio« ihren Siegeszug vollenden konnte, der uns an den Rand des Abgrundes führte. Soll die Dämonin Lilith, jener Geist, den WIR riefen, die dunkle Seite der Göttin, deren beschworene Kraft stets mit Zerstörung und Untergang einhergeht, sofern sie nicht durch ihre gegenteilige Kraft ausbalanciert wird, nicht über den Trümmern unserer Zivilisation tanzen, tut eine RASCHE Umkehr not. Keine Rückkehr. Denn obwohl das patriarchale Schreckgespenst Matriarchat nach allem, was heute von dieser versunkenen sozialen Ordnung bekannt ist, alles andere als das bloße Gegenteil der Ordnung der Väter war, ist es nicht wiederholbar. Geschichte ist mehr als nur zeiträumliche Zuteilung, ist ein ganzheitlicher Prozeß. Zwischen einem Ab-Schnitt der Vergangenheit und der Gegenwart liegen stets auch vergangene Zukunften, die unberücksichtigt bleiben würden. Das Ganze und nicht ein herausgelöster Teil bestimmt Gegenwart und Zukunft, die immer in der Gegenwart gemacht wird, die ihr vorausgeht, im unmittelbaren Augenblick des JETZT und HIER, der Schnittstelle von Zeit und Raum, die – wenn visioniert – Zukunft, und – wenn gedacht – bereits Vergangenheit ist, und dennoch das »Zentrum der Zeit«, wie alte Kulturen wußten.

Soll die weltweit zunehmende Forderung nach einem »neuen Bewußtsein« nicht bloßes Lippenbekenntnis bleiben, ist ein neues Verständnis unserer eigenen Geschichte gegenüber unerläßlich, in der sich unser Bewußtseinszustand widerspiegelt. Bewußtes SEIN bedingt das Wissen um das WERDEN. Das erbarmungslose Gesetz der Erde wird sich weiter vollziehen, falls wir ihm nicht rechtzeitig die positive und grenzenlose Kraft des menschlichen Geistes entgegenzusetzen wissen.

Wieder saß ich auf der Terrasse des Hauses meiner Freunde unter dem Feigenbaum und sah auf das Meer. Die Sonne ging unter, wie sie seit an die 4500 Millionen Jahren untergeht. Bald würde ein Lichtschimmer über den Bergen, die dunkel standen und schweigend, das Aufsteigen des Mondes ankündigen. Solange schlafe das Meer in den Armen der Erde als Nausikaa schläft ... SIE war erwacht, ich spürte es wie damals, als ich IHRE Anwesenheit zum erstenmal wahrgenommen hatte. Unsere Reise in das Labyrinth der Seele hat erst begonnen. Viele sind bereits auf Reisen, vielleicht noch nicht allzu viele, aber auch kleine Quantitäten bewirken schließlich, treten sie nur häufig genug auf, eine neue Qualität. Nicht Revolution oder Evolution, sondern Transformation scheint das Gebot unserer Zeit zu sein. Die Odyssee der Menschheit ist noch lange nicht zu Ende, und nur das Ende eines winzigen Abschnittes in unserer Geschichte des Werdens kündigt sich an. Wie dieses Ende sich gestalten wird, das zugleich ein neuer Anfang ist, liegt letzten Endes bei jedem einzelnen von uns selbst.

Werden wir weiterhin den Weg beschreiten, den Odysseus der »Städtezerstörer« einschlug, oder werden wir Nausikaa rechtzeitig in uns selbst wiederfinden können, bevor IHRE zerstörende Seite zuschlägt?

Wieder schlenderte ich den Strand entlang, vorüber an den stillen Häusern auf die Klippen zu, bis zu dem kleinen Friedhof, der sich nah ans Wasser lehnt. Die weißen Steinkreuze hoben sich nur blaß vom Himmel ab. Vor mir wand sich die trockene Narbe des Flußbettes ins Landesinnere. Hinter den Bergen stieg der Mond empor.

Zuerst kam das Flußbett wieder, aber es war nicht ausgetrocknet. Kaskadenartig ergoß sich Wasser ins Meer. Ein Gesicht spiegelte sich darin. Mein Gesicht? Bevor ich es erkennen konnte, ließ es eine Brise in winzigen Wellen auseinanderlaufen. Wieder ein Gesicht. Das Gesicht eines Mannes mit blauen Augen und rötlich schimmerndem Bart.

So begann es. Aber gibt es nicht immer ein DAVOR?

*

Anmerkungen

Motto: aus Esther Harding, Frauenmysterien, Berlin 1982

1. moira (griech.), ein Teil oder eine Phase, die Dreifaltigkeit der »semitischen Zentralgottheit Mond«, der »Göttin mit den tausend Namen« (Joseph Campbell). Ihre erste Triade symbolisierte das junge Mädchen (Mondsichel), die zweite die vollerblühte Frau (Vollmond), die letzte die alte Frau (Dunkelmond). Sie ist auch als »Gerstengöttin« überliefert wie etwa Demeter/Kore, das junge Getreide, Persephone, das reife Getreide, und Hekate das geerntete Korn. (Ranke-Graves, R. Die Weiße Göttin)
2. Dionysios Solomos
3. Eurynomes sumerischer Name war IAHU, »Erhabene Taube«, ein Titel, der später auf den hebräischen JAHWE (Jehowa, Jesus) überging. (Ranke-Graves, R. Die Weiße Göttin)
4. Pelasgischer Schöpfungsmythos. Ranke-Graves, Robert, Griechische Mythologie, Hamburg 1960
5. Ranke-Graves, Robert, Griechische Mythologie 2/112 h, Hamburg 1960
6. Diop, Cheikh Anta, Les Nations Nègres et Culture, Paris 1979
7. Dollinger, Hans, Schwarzbuch der Weltgeschichte, München, o. J.
8. Das universelle Symbol der stets zweiköpfigen oder zweileibrigen Schlange symbolisiert die beiden Seiten der »Lebenskraft«. Die »Schlange des Materialismus« bezieht sich auf die »männliche«, rechte und sterbliche Seite der Kraft der Schlange, deren andere Ausdrucksform als »weiblich«, links, und unsterblich galt.
9. Fiedeler, Frank, Die Monde des I-Ging, München 1988
10. Devereux, Paul, Shamanism and the Mystery Lines, London, NY, Toronto, Sydney 1992
11. Herm, Gerhard, Die Kelten, Hamburg 1977
12. Thompson, William Irving, Der Fall in die Zeit, Stuttgart, o. J.
13. Ranke-Graves, Robert, Die Weiße Göttin, Reinbek 1985
14. Sitchin, Zecharia, Der Zwölfte Planet, München 1989
15. E. M. Paar. Ranke-Graves, Robert, Die Weiße Göttin, Reinbeck 1985
16. Mit Hilfe des Besens, einem unauffälligen hausfraulichen Gegenstand, führten die »Hexen« eine über die Schleimhäute wirkende halluzinogene Droge in die Vagina ein, die oral eingenommen tödlich gewesen wäre. Vermutlich handelte es sich dabei um das

Gift des Fliegenpilzes. Nach Michael Harner war der Sabbat, die Hochzeit mit dem Teufel, den die »Hexen« feierten, tatsächlich eine magische oder halluzinare Versammlung und keine physische. Im sibirischen Schamanismus reiten Schamanen auf pferdeköpfigen Stäben durch die Himmel ekstatischer Trance zum Weltenbaum, der kosmischen Achse. All das sind Beispiele für »außerkörperliche« Flüge von Schamanen. (Devereux, Paul, Shamanism and the Mystery Lines/Larsen, Stephen, The Shaman's Doorway, NY 1976)

17. Andreas, Peter/Davies, Rose Lloyd, Das verheimlichte Wissen, München 1984
18. Bailey, Harold, The Lost Language of Symbolism, London 1986
17. Die esoterische Lemniskate gilt als Symbol der Ausgewogenheit im kosmisch-schöpferischen Formenprinzip, als Symbol der Vielheit in der Einheit. Dieses Symbol, die graphische Darstellung der beiden Mondläufe (siderisch und synodisch) ist eines der ältesten gravierten Symbole und steht stets mit »Zeit« im Sinne der alten Kulturen als befruchtende Lebensessenz in Verbindung.
19. Devereux, Paul, Places of Power, London 1990
21. Die Verdrängung der Überzeugung an einen »Urgrund des Ewig-Weiblichen« aller alten Kulturen, der »Weiblichkeit« des »per definitionem« jungfräulich, das heißt aus sich selbst geborenen »Heiligen Geistes«, woraus die körperlich mißverstandene Geburt aus der »Jungfrau« Maria wurde, war von christlichen Kirchenvätern ab dem zweiten Jahrhundert als häretisch erklärt worden. Zu dieser Zeit wählte die Kirche die Schriften für den Kanon des Neuen Testamentes, aus, danach »war so gut wie jedes frauliche Bild aus der orthodox-christlichen Tradition verschwunden« (Pagels). Während sich Frauen während des ganzen ersten nachchristlichen Jahrhunderts noch »einer bemerkenswerten Emanzipation erfreuten und Ämter bekleideten«, institutionalisierte die Anti-Ketzerschrift Adversus Valentianos Tertullians entgegen der Lehre von Jesus von Nazareth, der Frauen »zeit seines Wirkens demonstrativ als gleichberechtigt behandelte und in seinen engsten Kreis aufnahm«, das neue Verhältnis von Kirche und Frau. »Es ist einer Frau nicht erlaubt, in der Kirche zu sprechen, noch ist es ihr erlaubt zu lehren, zu taufen, zu opfern (bei der Eucharistie) oder Anspruch auf irgendeine Funktion zu erheben, um vom priesterlichen Amt ganz zu schweigen.« (Andreas/Davies. Das verheimlichte Wissen, München 1984) Letzteres »Gebot« wurde 1994 vom Patriarchen der katholischen Kirche in Rom bekräftigt!
22. Andreas, Peter/Davies, Rose Lloyd, Das Verheimlichte Wissen, München 1984
23. Das einzige auf Kreta entdeckte Menschenopfer, das offensichtlich vor einem schweren Erdbeben stattfand, dem auch die Priester zum Opfer fielen, verweist auf einen Zeitpunkt ab 2000 v. Chr., als

Kreta bereits von frühen Hellenen erobert worden war. Alle anderen Zeugnisse der »minoischen« Kultur sprechen gegen einen derartigen Brauch, wie er bei indoeuropäischen Völkern üblich war.

24. Fiedeler, Frank, Die Monde des I-Ging, München 1988
25. Thomson, W. I., Der Fall in die Zeit, Stuttgart, o. J.
26. Eubulos, Fragment 120. Bornemann, Ernst, Recht und Sexualität im griechischen Mythos. Unveröffentl. Manuskript, das E. Bornemann der Autorin 1984 zur Verfügung stellte.
27. Kaiser, Peter, Vor uns die Sintflut, München 1985. Einer neuen Theorie nach soll der Vulkan nicht Mitte des 2. Jahrtausends, sondern wesentlich früher explodiert und damals nur katastrophal ausgebrochen sein. Darauf weisen prähistorische Funde im Innern des Kraters hin.
28. Mutwa, Credo Vusamazulu. Hohepriester d. Erdmutter/Südafrika, Original-Information (1990–1995)
29. Charpentier, Louis, Das Geheimnis der Basken, Olten 1986
30. Leda ist eine andere Form von Leto, Apolls Mutter, oder von Latona, Al-Latz, eigentlich ein lykisches Wort für »Frau«, doch weist die lykische Sprache nach Kreta zurück. Sie gebar (als Lat) nicht nur Apoll, auch dessen weiblichen »Zwilling« Artemis. (Ranke-Graves, Robert, Griechische Mythologie 1/62 pass, Hamburg 1960)
31. Bucher, Hebert, Spirits and Power, Cape Town 1980. The »Voice of Mwari», das Orakel, spricht zu dem Fragenden wie im griechischen Delphi aus einer Erdspalte.
32. Schwaller de Lubicz, R. A. Zit. Lawlor, Robert, Voices of the First Day, Rochester, Vermont 1991
33. Thompson, William Irving, Der Fall in die Zeit, Stuttgart, o. J.
34. Diop, Cheikh Anta, Les Nations Nègres et Culture, Paris 1979
35. Er dürfte mit Brizo, der hyperboreischen Mondin bzw. deren Kultur identisch sein. Als Ägir verweist er auf die Ägis libyscher Frauen, auf die sakrale Alphabet-Kalenderscheibe und das lunare Geheimnis. Ägir, die »Ziegengöttin«, nannte man auch die libysche Neith, die spätere Athene.
36. Griaule, Marcel/Dieterlen, Germaine, Journal de la Societé des Africanistes, Paris 1950
37. Topper, Uwe, Das Erbe der Giganten, Bergisch Gladbach 1979
38. Fester, Richard E., Das Protokoll der Sprache, in: Weib und Macht, Frankfurt a. Main 1980
39. Hahn, Theophilus, Tsuni; //Goam – The Supreme Being of the Khoi-Khoi, London 1981
40. Schuré, Edouard, Die Großen Eingeweihten, Barth 1986
41. Von sagenhaften Riesen berichtet auch das AT sowie Überlieferungen von Asien bis Irland, aus Südamerika und Afrika.
42. Zettel, Christa, Die Seele der Erde, Bergisch-Gladbach 1997

43. El und Jah sind austauschbare Namen des hebräischen patriarchalen Gottes. (Ranke-Graves, R., Die Weiße Göttin)
44. Bailey, Harold, The Lost Language of Symbolism, London 1968
45. Fiedeler, Frank, Die Monde des I-Ging, München 1988
46. Katz, Richard, Boiling Energy, Harvard University Press, 1982
47. Aluna ist die »Lebenskraft«, die VOR der Schöpfung bestand. Nach Alan Ereira, From the Heart of the World, in: Devereux, Paul, Shamanism and the Mystery Lines, London, NY, Toronto, Sydney 1992
48. Diop, Cheikh Anta, Les Nations Nègres et Culture, Paris 1979
49. Topper, Uwe, Das Erbe der Giganten, Bergisch Gladbach 1979
50. Plato, Timaios 21e–25d (Auszug), Zangger, Bernhard, Atlantis, Übers. v. Ulrike Wasel u. Klaus Timmermann, München 1992
51. Nach Cheikh Anta Diop sind Indianer eine Mischung zwischen Zuwanderern aus Afrika und mongoliden (indoeuropäischen) Völkern aus Asien. Negroide Cromagnoide fanden sich etwa auf Malta und in Frankreich. (Les Nations Nègres et Culture, Paris 1979).
52. Charpentier, Louis, Das Geheimnis der Basken, Olten 1986
53. Lewis-Williams, David/Dowson, Thomas, Images of Power, Johannesburg 1989
54. Hahn, Theophilus, Tsuni; //Goam, The Suprene Being of the Khoi-Khoi, London 1881
55. Ovid (Publius Ovidius Naso), Metamorphosen, Übers. v. W. Plankl, Stuttgart 1971
56. Lewis-Williams, David, Believing and Seeing – Symbolic meanings in Southern San rock paintings, London, NY, Toronto, Sydney, San Francisco 1981
57. Thompson, W. I., Der Fall in die Zeit, Stuttgart, o. J.
58. Cleary, Thomas, The Essential Tao, San Francisco 1991
59. Das Symbol findet sich auf einer kretischen Münze (Knossos, um 200 v. Chr.). Sowohl der Ethnologe Harold Sterling Gladwin, Men out of Asia, (NY, McGraw-Hill 1947) als auch Dr. Keeler erkannten die Identität. (Waters, Frank, Das Buch der Hopi, München 1990.) Es findet sich auch bei Felsgravierungen der San in Südafrika und entspricht auch einem Stein-Labyrinth auf Gotland. (S. Granlund, in: Shamanism and the Mystery Lines, London 1992).
60. Fiedeler, Frank, Die Monde des I-Ging, München 1988
61. Bailey, Harold, The Lost Language of Symbolism, London 1969
62. Die Türangel bezieht sich auf den nördlichen Polarstern, um den das »Jahr«, der Sternenhimmel, vom Mittelpunkt der Erde aus gesehen, kreist.
63. Mutwa, Credo Vusamazulu, Indaba my Childeren, Hsg. Adrian S. Brink, Univ. of the Witwatersrand, Pietermaritzburg 1965 (3. Aufl.)
64. Van der Post, Laurens, The Heart of the Hunter, London 1965

65. Meylam, Paul, A History of the African People of South Africa, Cape Town 1987
66. Blumrich, J. F., Kasskara und die sieben Welten, München 1985
67. Devereux, Paul, Places of Power, London 1990
68. Ranke-Graves, Robert, Die Weiße Göttin, Reinbeck 1985
69. Beschreibung des griechischen Hades, dem Eingang in die Unterwelt.
70. Marpessa, »Ergreiferin« oder »Verschlingerin« war ein Titel der »Saugöttin«, der Todesgöttin – Heras letzte Triade als Hekate.
71. Buchebner, Wolfgang, Die Idealpyramide, Wien 1986
72. Kaiser, Peter, Vor uns die Sintflut, München 1985
73. Um 1400 v.Chr. vernichtete ein schweres Erdbeben Troja, auch die Mauern von Jericho stürzten ein, im Nahen Osten kam es zu regelrechten Völkerwanderungen.
74. Thompson, W. I., Der Fall in die Zeit, Stuttgart, o. J.
75. Mitchell, John, The View over Atlantis, London 1972
76. Harding, Ester, Frauenmysterien, Berlin 1982
77. Briggs, John/Peat, F. David, Die Entdeckung des Chaos, München 1989
78. Johnson, R. A., Owning your own Shadow
79. Mitchell, John, The View over Atlantis, London 1972
80. Lawlor, Robert, Voices of the First Day, Rochester, Vermont 1991
81. Main, Michael, Kalahari, Johannesburg 1987
82. Lawlor, Robert, Voices of the First Day, Rochester, Vermont 1991
83. Mutwa, Credo Vusamazulu, Südafrika
84. Arguelles, José, Der Maya-Faktor, München 1990
85. Kehnscherper, G., Kreta, Mykene, Santorin, Neuhausen 1986
86. Thompson, William Irving, Der Fall in die Zeit, Stuttgart o. J.
87. Bornemann, Ernst, Das Patriarchat, Frankfurt a. Main 1975
88. Dank der Arbeit von Lovelock, Margulis und McClintok (Nobelpreis 1983) sowie von Prigogine gibt es Hinweise auf »kosmische Dimensionen der Koevolution in der Natur«, Erich Jantsch, Systenwissenschaftler. In ihr entwickeln sich Mikro- und Makro-Strahlen gemeinsam. Die »Koevolution« koppelt das Große und das Kleine in einem »nahtlosen Zyklus gegenseitiger Kausalität aneinander«. (Briggs, John/Peat F. David, Die Entdeckung des Chaos, München 1989)
89. Durch Anpassung an den Wandel und »nicht durch Wiederherstellung der alten Ordnung« war es dem Leben gelungen, als vor 2 Mill. Jahren Sauerstoff in die Luft sickerte, den »mörderischen Eindringling« in einen »mächtigen Freund umzuwandeln«. Eine höhere Ordnungsform entwickelte sich infolge einer auf Sauerstoffnutzung gestützten Lebensform. Erich Jantsch, in: Die Entdeckung des Chaos, München 1989)
90. Lawlor, Robert, Voices of the First Day, Rochester, Vermont 1991

91. Gebser, Jean, Gesamtausgabe, Schaffhausen 1979
92. Fiedeler, Frank, Die Monde des I-Ging, München 1988
93. Elementares Urphänomen des Seins im heliozentrischen Standpunkt ist das Licht der Sonne, sind die Erscheinungsgestalten des Taghorizontes. NUR VON der Sonne AUS gesehen, herrscht ewiger Tag auf der Erde, während ihre Nachtseite nie zu sehen ist. In diesem »trockenen« »Oberbewußtsein« (der Transzendenz des solaren Gottes) ist naturgemäß das »Unterbewußte«, die Nacht, verschwunden.
94. Fester, Richard E., Protokoll der Sprache, in: Weib und Macht, Frankfurt a. Main 1980
95. James Lovelock, in: Die Entdeckung des Chaos, München 1989
96. Der Schlüssel sind vermutlich jene »entopischen« Symbole, wie sie bei Menschen in tiefer Trance EMPFUNDEN und auf das »innere Auge« projiziert werden. In The Signs of All Times beschrieben die südafrikanischen Archäologen J. D. Lewis-Williams und T. A. Dowson neuropsychologische Informationen der Felskunst der San (Buschmann) und der Shoshanean Coso Indianer Kaliforniens, die sie auf die Höhlenkunst der europäischen Eiszeit ausweiteten. Lewis-Williams, J. D./Dowson, T. A., The Signs of All Times, in: Current Anthropology, Vol. 29, No. 2, April 1988
97. Andreas, Peter/Davies, Rose Lloyd, Das Verheimlichte Wissen, Interlaken 1984
98. Fiedeler, Frank, Die Monde des I-Ging, München 1988
99. Devereux, Paul, Shamanism and the Mystery Lines, NY, Toronto, Sydney 1992
100. Endres, Franz Carl/Schimmel, Annemarie, Das Mysterium der Zahl, Köln 1986
101. Mead, G. R. S. Hsg., Übers. u. Komm., Thrice Greatest Hermes, Bd 1–3, London 1964
102. Bayley, Harold, The Lost Language of Symbolism, London 1968 (S. 118)
103. JAHWE ist mit CHAVAH oder CHAVVA verwandt, der »Mutter allen Lebens« – Eva, dem »immerwährenden A«. Bayley, Harold, The Lost Language of Symbolism, London 1968. Alpha oder Aleph (gr. u. hebr.) ist die »Mutter« oder »Kuh«, aus der alles geboren wird, auch das Alphabet, die Buchstaben, oder die Jahreszeiten oder Schöpfungskräfte, die Zahlen.
104. Bucher, Hubert, Spirits and Power, Cape Town, 1980
105. Yeats, W. B., The Collected Poems of W. B. Yeats, NY 1957, in: Thompson, W. I., Der Fall in die Zeit, Stuttgart, o. J. (S. 234)
106. Bayley, Harold, The Lost Language of Symbolism, London 1968
107. Campbell, Joseph, Die Mitte ist überall, München 1992
108. Eliade, Mirca, Schmiede und Alchemisten, Freiburg i. Breisgau 1992

109. Thompson, W. I., Der Fall in die Zeit, Stuttgart, o. J.
110. Campbell, Joseph, Die Mitte ist überall, München 1992
111. Eliade, Mirca, Schmiede und Alchemisten, Freiburg i. Breisgau 1992
112. z. B. AT – 5. Mose 7, 1–6, 5. Mose 20, 10–18, 5. Mose 6, 10–12
113. Powell, James N., Tao der Symbole, Vom wahren Wesen unserer Sprache, München 1989
114. Mathers, S. L. MacGregor, The Bock of The Sacred Magic, Wellingborough, Northamptonshire 1976
115. 72 Gelehrte arbeiteten 72 Tage. 72 ist ein Fünftel des assyrisch-ägyptischen Sonnenjahres (360 + 5 Resttage). Pharos war in prähellenischer Zeit ein großer Hafen, die Arbeiten nach Plänen von kretischen oder phönizischen Architekten wurden gegen Ende des 3. Jahrt. v. Z. ausgeführt. Die Insel besaß einen Proteus (Atlas) geweihten Schrein, der mit Osiris als identisch verstanden wird – Apuleius brachte das Sistrum des Osiris mit Pharos in Verbindung. (Ranke-Graves, Robert, Die Weiße Göttin, Reinbek bei Hamburg 1985)
116. Wachstumsbranche Prostitution, Der Spiegel, Titel, Nr. 46/14. 11. 1994, S. 178
117. Devereux, Paul, Shamanism and the Mystery Lines, London, NY, Toronto, Sydney 1992
118. Diallo, Yaya/Hall, Mitchell, The Healing Drum, African Wisdom Teachings, Rochester, Vermont 1989
119. Schwaller de Lubicz, R. A., Sacred Science, Rochester, Vermont 1991
120. Fiedeler, Frank, Die Monde des I-Ging, München 1988
121. Neolothische Grabkeramik aus der Provinz Kansu. 19 Zacken geben die 19 Jahre des Meton-Zyklus wieder, 13 mit einer Schlangenlinie markierte Zacken stellen die 13 siderischen Monate des Jahres dar, 6 mit je zwei Vierecken verzierten Zacken zeigen die 12 synodischen Monate. Fiedeler, Frank, Die Monde des I-Ging, München 1988 (S. 56)
122. Die »Blendung« verdrängt das lunare Prinzip und damit das »natürliche Urphänomen des Symbolischen und damit des Geistigen«. (Frank Fiedeler). Alles mit dem Mond und dem Weiblichen verbundene ist von nun an dunkel, beängstigend, »teuflisch«, monströs, wie die Giganten der Mythen.
123. Berglund, Axel Ivar, Zulu Thought-Patterns and Symbolism, UK, Claremont 1989
124. Andreas, Peter/Davies, Rose Lloyd, Das Verheimlichte Wissen, München 1984 (S. 154)
125. Ranke-Graves, Robert, Die Weiße Göttin, Hamburg 1960
126. Temple, Robert K. G., Das Sirius-Rätsel, Frankfurt a. Main 1977
127. Allen, Richard Hinckley, Star Names, Their Lore and Meaning, NY

1963. Im Schwanz des Großen Hundes befindet sich der Sirius, der im Mittelpunkt des ältesten bekannten Kalenders Ägyptens stand (4200 v. Z.). Die Arche (argo) brachte Isis und Osiris über die Wasser der Großen Flut, ebenso Isi und Iswara (Hindu). Iswara – Ishvara, vermutlich von ishu (ischu) – Skr. – bedeutet »Pfeil«, auch »Lichtstrahl«, ishvasa heißt auch »Bogen« wie »Bogenschütze«. Ishustrikanda bedeutet eigentlich »dreifacher Pfeil« und ist der Name eines Sternbildes, vielleicht der »Gürtel des Orion«, der durch drei auffällige Sterne charakterisiert wird. Osiris setzte man in Ägypten ursprünglich mit Orion gleich. Robert K. G. Temple, Das Sirius-Rätsel, Frankfurt a. Main 1977

128. Nach Stecchini lag die prähistorische Hauptstadt Ägyptens unweit der Nilmündung in Behdet, direkt auf dem Hauptmeridian (heute 31°30).
129. Die Grundlinie war längs des Parallelkreises in 45°12' Nord an der Nordküste des Schwarzen Meeres markiert. Sie begann an der Donaumündung, lief quer über die Krim und endete am Fuß des Kaukasus. Davon ausgehend wurde Rußland über eine Distanz von 10° vermessen, längs dreier Meridiane, die den drei Achsen Ägyptens entsprachen, bis zu 55°12 nördlicher Breite. Symmetrisches Gegenstück zum Nil war der Dnepr, der zwischen den gleichen Meridianen strömte. (Temple, Robert K. G., Das Sirius-Rätsel, Frankfurt a. Main 1977)
130. Thompkins, Peter, Secrets of the Great Pyramid, NY 1971, m. Anh. v. Livio Catullo Stecchini
131. Miers, H., Lexikon des Geheimwissens, München 1989
132. Sitchin, Zecharia, Der Zwölfte Planet, München 1988
133. S. Heath, Romance of Symbolism, NY 1968, Übers. d. Autorin aus Bayley, Harold, The Lost Language of Symbolism, NY 1968 (S. 145/146). Den »Advent«, die »Ankunft des göttlichen Kindes«, symbolisierte bei ZAS ein Hahn, wie bei den Sonnengöttern aller Nationen. (Bayley); man nannte ihn auch »der Hahn von Abraxa«, der Wurzel des magischen Wortes Abracadabra. Abraxas, das mystische Äquivalent von Mithras, ergibt (wie Mithras) den Zahlenwert 365, die Tage des Sonnenjahres. (Bayley, Harold, The Lost Language of Symbolism, S. 146). Daß cock (engl. Hahn) auch Phallus bedeutet, ist kein Zufall – Osiris Symbol war ein Steinphallus.
134. Schwaller de Lubicz, R. A., Sacred Science, Rochester, Vermont 1991
135. Campbell, Joseph, Die Mitte ist überall, München 1992
136. Mead, G. R. S., Hsg., Übers. u. Komm., Der Augenstern des Kosmos in: Thrice Greatest Hermes, Band 1–3, London 1964
137. Arguelles, José, Der Maya-Faktor, München 1990 (S. 79)
138. Pauwels, Louis/Bergier, Jacques, Aufbruch ins dritte Jahrtausend, Bern, München 1962

139. Nach Papst Gregor wurde Christus bei seiner Geburt ein Mensch, im Tod Opfertier, in der Auferstehung Löwe und während seiner Himmelfahrt Adler. (Dr. Johanna Wagner zur Konzilsfrage der Trinität.) Das sind die Symbole der Evangelisten Matthäus, Markus, Lukas und Johannes, auch der vier assyrischen »Torhüter« vom Palast Assurnasirpal II. (883–859 v. Z.) – der Kopf eines Menschen, die Schwingen eines Adlers, der Leib eines Stieres, die Pranken eines Löwen, entsprechen den Tierkreiszeichen der Sonnenwenden und Tagundnachtgleichen des STIERZEITALTERS (um 2000 v. Chr.). (Campbell, Joseph, Die Mitte ist überall, München 1992 (S. 94)
140. Campbell, Joseph, Die Mitte ist überall, München 1992 (S. 94)
141. Andreas, Peter/Davies, Rose Lloyd, Das Verheimlichte Wissen, München 1984
142. Es wird vermutet, daß Essener nach Kaschmir auswanderten oder verschleppt wurden. Auffallend sind auch die Übereinstimmungen zur Vedanta (Skr.) – »das Ende allen Wissens«, deren Hauptwerk die Brahma Sutra sind. Elphinstone verglich in History of India die Brahmans mit dem Talmud der Juden, die Vedas mit den mosaischen Büchern der Bibel, und die Vedanta mit der Kabbala. Das Alter der Vedanta wird auf 3400 Jahre geschätzt! (Miers, H., Lexikon des Geheimwissens, München 1989)
143. Ranke-Graves, Robert, Die Weiße Göttin, Reinbek 1985
144. Bates, W. N., Amrican Journal of Archeology XXIX, 1925 (S. 239–246)
145. Schonfield, H. J., The Passover Plot, Hutchinson 1965
146. Bindel, Ernst, Die geistigen Grundlagen der Zahlen, Frankfurt a. Main 1983
147. Ranke-Graves, Robert, Die Weiße Göttin, Reinbek 1985
148. Arguelles, José, Der Maya-Faktor, München 1990
149. Die Reihung der Vokale war AOUEI, die Mitte beherrscht die »Sommergöttin« als Herrscherin der gesamten Pentade (des Jahres) – U (V) – sowohl das keltische als auch das alte ägyptische Jahr begann im Juli. (Ranke-Graves, Robert, Die Weiße Göttin)
150. Die Solar-Tonleiter beruht auf einer Abfolge der Grundzahlen 1–16 in ihrer Wellenform. Das »doppelte System« der Maya beruhte (wie das ägyptische Hekat und das chinesische I-Ging) auf einer binären Progression auf der Grundlage eines Systems von 20 Zeichen. Ausgangssystem war die ABSOLUTE universale binäre Progression 2-4-6-16-32-64, welche die Grundzahlen für die Oktave (8), die Eigenschaften der Kristallsymmetrie (32) und die DNS-Code-Einheiten (64) enthält. Das modifizierte System der Maya enthält nach Arguelles die relative, an der Erdzeit orientierte Progression 1-20-360-7200-144 000, die nötig ist für kalendarische Berechnungen und gleichzeitig der Progression der harmoni-

kalischen Frequenzen des Lichts entspricht. (Arguelles, José, Der Maya-Faktor, München 1990)
151. Petrie, Sir. W. M. Flinders, Personal Religion in Egypt, in: Bayley, Harold, The Lost Language of Symbolism, London 1968 (S. 71, Übers. d. Autorin).
152. Bayley, Harold, The Lost Language of Symbolism, London 1968
153. ebenda
154. Zettel, Christa, Das Geheimnis der Zahl, München 1996
155. Der Weltenbaum oder die Weltachse gehört einem bereits patriarchalen Kosmos an, das lunare Symbol war die Spindel der drei Moïren, mit der das »Netz« des Himmels gewoben wird – durch den Mondlauf und -wandel.
156. Campbell, Joseph, Die Mitte ist überall, München 1992
157. Matthäus 24, 29–31 u. 24, 36
158. Ranke-Graves, Robert, Die Weiße Göttin, Hamburg 1985
159. Monmouth, Geoffrey of, The History of the Kings of Britain, Übers. Lewis Thorpe (Anm. S. 151)
160. Powell, James N., Tao der Symbole, München 1989
161. Für den Barden Gwion waren der Getreide- und der Wein-Dionysos Christus, der Sohn von Alpha – dem Buchstaben A.Alpha (gr.) oder aleph (hebr.), jeweils »Kuh«, war die »Mutter« der Buchstaben oder Zahlen (Götter). Irische Barden traten das Erbe keltischer Druiden an. Der Sage nach wurde Gwion vom »Elfenkönig« Elphin der Titel Taliesin verliehen, »guter Schatz« oder »schöne Stirn«, was darauf schließen läßt, daß sein »Auge« glänzte – offen war.
162. Monmouth, Geoffrey of, The History of the Kings of Britain, Übers. Lewis Thorpe, England, NY, Australien, Kanada, Neuseeland 1986
163. Lawlor, Robert, Voices fo the First Day, Rochester, Vermont 1991
164. Griaule, Marcel/Dieterlen, Germaine, Un Système Soudanais de Sirius, in: Journal de la Societé des Africanistes 20, 1, Paris 1950
165. Arguelles, José, Der Maya-Faktor, München 1990
166. Ilya Prigogine, in: Briggs, John/Peat, F. David, Die Entdeckung des Chaos, München 1989
167. Arguelles, José, Der Maya-Faktor, München 1990. Bei den Hopi ist es Sotuknang, erschaffen als erste Kraft, um den Plan des Lebens im endlosen Raum auszuführen. (Powell, James N., Tao der Symbole, München 1989, Schöpfungslied der Hopi, 194–217
168. Devereux, Paul, Shamanism and the Mystery Lines, London, NY, Toronto, Sydney 1992
169. Watson, Lyall, Supernature II, GB 1992
170. Powell, James N., Tao der Symbole, München 1989
171. Katz, Richard, Boiling Energy, Harvard University Press 1982
172. Fester, Richard E., Das Protokoll der Sprache in Weib und Macht, Frankfurt a. Main 1980

173. Briggs, John/Peat, F. David, Die Entdeckung des Chaos, München 1989
174. Dolbrod, Paul G., Auf dem Weg des Regenbogens, Das Buch vom Ursprung der Navajo, München 1988
175. Ashe, Geoffrey, The Quest of Arthur's Britain, St. Albans 1975
176. Bord, Janet und Colin, The Secret Country, London, Glasgow, Toronto, Sydney, Auckland 1986
177. Arguelles, José, Der Maya-Faktor, München 1990
178. ebenda
179. Fiedeler, Frank, Die Monde des I.Ging, Die Isomorphie von I-Ging und DNA, München 1988
180. Fiedeler, Frank, Die Monde des I-Ging, München 1988
181. Sheldrake, Rupert, Das schöpferische Universum, Die Theorie des morphogenetischen Feldes, München 1983
182. Prof. David Bohm, der zu den führenden Denkern der theoretischen Physik der Gegenwart zählt.
183. Arguelles, José, Der Maya-Faktor, München 1990
184. Briggs, John/Peat, F. David, Die Entdeckung des Chaos, München 1989
185. Der Schamane »fliegt« durch das »Sonnentor« in die Ebenen ewig wachen Bewußtseins – die Ebenen der Unsterblichen. Joan Halifax, Shaman – The Wounded Healer, Cronroad 1982
186. Das ist auch die Eigenschaft der polaren Erscheinungsform von Weiß (Isis), der Farbe Schwarz (Hekate? Nephtys usw.), nur daß das Licht nicht abgestrahlt, nicht sichtbar wird, sondern »verborgen« bleibt. Hierin verbirgt sich wohl die wahre Bedeutung der »versteckten« esoterischen Mythen.
187. Muck, O. H., Atlantis, die Welt vor der Sintflut, Olten 1956 u. Donnelly, Ignatius, Ragnakok, The Age of Fire and Gravel, USA 1971 u. Götterlieder der älteren Edda, Übs. K. Simrock, Stuttgart 1969
188. Ranke-Graves, Robert, Griechische Mythologie, 2 IIIe
189. Powell, James, Tao der Symbole, München 1989
190. Schuré, Edouard, Die großen Eingeweihten, Bern, München, Wien 1976
191. Aus: Apuleius »Goldenem Esel«, in: Ranke-Graves, Robert, Die Weiße Göttin, S. 80–82/Übers. Thomas Lindquist u. Lorenz Wilkens, Reinbek 1985
192. Auch der Physiker Prof. David Bohm fordert: »Die Wissenschaft sollte sich in Zukunft mehr der Kunst annähern.« (Briggs, John/Peat, F. David, Die Entdeckung des Chaos, München 1989)

Weitere Quellen

Plutarch, Isis und Osiris, Manetho Fragment 1977
Giorgio de Santillana/Hertha v. Dechend, Hamlets Mill, Boston 1969
Paul Reibisch, Ein Gestaltungsprinzip der Erde, o. O. 1901
Sylvannus Griswald Morely, Die alten Maya
O. Rossler, Die Literaturen der Welt in ihrer mündlichen und schriftlichen Überlieferung, 1964
Andre Levoi-Gourhan, Treasures of Prehistoric Art, New York 1967
Ägyptische Mythen und Mysterien, Dornach 1931
Erich Neumann, Ursprungsgeschichte des Bewußtsein, München 1974 und Die Große Mutter, Leipzig 1956
Gopi Krishna, Kundalini – The Evolutionary Energy in Man, Berkley 1971
Alexander Marshack, The Roots of Civilization, NY 1971
James Mellaart, Catal Hüyuk, Bergisch Gladbach 1967
Robert Ardrey, Adam kam aus Afrika, Wien 1967
Steven Weinberg, Die ersten drei Minuten, München 1977
Robert Graves/Raphael Patai, Hebrew Myths – The Book of Genesis, NY 1966
M. A. Murray, The God of the Witches, Oxford 1931
J. G. Frazer, The Golden Bough, NY 1977
Nigel Pennick, Das Runen Orakel, München 1990
Der Rig-Veda, Übs. Karl Friedrich Geldner, Cambridge, Mass 1951
Robert Jungk, Heller als tausend Sonnen, Reinbek 1986
Paul Deussen, Übs. Sechzig Upanishad's des Veda, Leipzig 1987
Herodot, Historien, Stuttgart 1971
Herbert L. Samuel, Essay in Physics, NY 1952
Mirca Eliade, Schamanismus und archaische Ekstasetechnik, Frankfurt a. Main 1976
C. G. Jung, Gesammelte Werke, Olten, Freiburg, 1976
P. Coll, Das gab es schon im Altertum, Würzburg 1964
Diodor von Sicilien, Biblioteca Historica, Stuttgart 1866–1869
Gilgamesch, Epos aus Mesopotamien, Übs. A. Schott, Stuttgart 1958
Heilige Schrift, Das Alte und Neue Testament, Übs. M. Luther, Stuttgart 1966
Die Bibel im heutigen Deutsch. Deutsche Bibelgesellschaft 1985
Peter Kolosmo, Viele Dinge zwischen Himmel u. Erde, Wiesbaden 1970
Joseph Campbell, Creative Mythology/The Masks of God, Middlesex 1986
Fritjof Capra, Das Tao der Physik, Bern, München, Wien 1983
Thomas Lehner, Hsg., Keltisches Bewußtsein, München 1988
Erich Neumann, Die Große Mutter, Leipzig 1956
Gerhard Herm, Die Kelten, Reinbek 1977

Louis Charpentier, Die Geheimnisse d. Kathedrale v. Chartres, Köln o. J.
Hazrat Issayat Khan, Musik u. Kosmische Harmonie, Heilbronn o. J.
Paul G. Zobrod, Auf dem Weg des Regenbogens, München 1988
Klaus Theweleit, Männerphantasien, Frankfurt a. Main 1977
H. P. Blavatsky, Isis entschleiert, Hannover o. J.
H. P. Blavatsky, Die Geheimlehre, Graz 1975
Dane Rudhyar, Die Magie der Töne, München 1988
Otto Muck, Alles über Atlantis, Düsseldorf 1976
Alfred Kröner, Motive der Weltliteratur, Stuttgart 1980
J. J. Bachofen, Mutterrecht und Ur-Religion, Stuttgart 1984
Homer, Ilias, Zürich 1980
Homer, Odyssee, Stuttgart 1979
Ovid, Metamorphosen, Stuttgart 1971
Koran, Übs. M. Ali, Lahore 1951

Von der Kraft des Mondes

Christina Zacker
Die Monddiät
Schlank und schön im Einklang mit dem Mondjahr
08/5036

Christina Zacker
Mondphasen
Der Einfluß des Mondes auf den Lebensrhythmus der Frau
08/5047

Erich Bauer/Barbara Conrad
Das Mondphasen-Kochbuch
Gesunde Ernährung im Einklang mit dem Mond
07/4690

Jessica Macbeth
Mond-Meditationen
Die neue Schule der Meditation Meditation als Weg
08/9934

07/4690

08/5047

Heyne-Taschenbücher